युद्ध और शांति में मेरा जीवन

युद्ध और शांति में मेरा जीवन

ले.जन. जे.एफ.आर. जैकब

प्रभात प्रकाशन

प्रकाशक

प्रभात प्रकाशन प्रा. लि.

4/19 आसफ अली रोड, नई दिल्ली–110002

फोन : 011–23289777 • हेल्पलाइन नं. : 7827007777

इ–मेल : prabhatbooks@gmail.com ❖ वेब ठिकाना : www.prabhatbooks.com

संस्करण

प्रथम, 2024

अनुवाद

रमाशंकर सिंह

पेपरबैक मूल्य

चार सौ रुपए

मुद्रक

आर–टेक ऑफसेट प्रिंटर्स, दिल्ली

YUDDHA AUR SHANTI MEIN MERA JEEVAN

by Lt. Gen. J.F.R. Jacob

(Hindi translation of AN ODYSSEY IN WAR AND PEACE)

Published by **PRABHAT PRAKASHAN PVT. LTD.**

4/19 Asaf Ali Road, New Delhi-110002

by arrangement with Roli Books Pvt. Ltd.

ISBN 978-81-970692-9-1

₹ 400.00 (PB)

जनरल पी.पी. कुमारमंगलम

डी.एस.ओ. एम.बी.ई.

एक महान् सैनिक, महामानव एवं मित्र।

यदि वे नहीं होते तो मैंने सेना से त्यागपत्र दे दिया होता।

प्राक्कथन

यह एक तूफानी यात्रा थी, जो अब समाप्तप्राय है। 1941 में जब मैंने सेना में प्रवेश किया और अगस्त 1978 में जब पूर्वी कमान के सेनानायक (कमांडर) के रूप में अवकाश ग्रहण किया, इसके बीच का समय तलवार का युग था। मैंने अपने सैनिकत्व का प्रशिक्षण द्वितीय विश्वयुद्ध के दौरान मध्य-पूर्व के रेगिस्तानों एवं बर्मा में अराकान के जंगली दलदलों में प्राप्त किया। जापानियों के आत्मसमर्पण के तत्काल बाद हम सुमात्रा में अत्यंत अलोकप्रिय उग्रवाद-विरोधी काररवाइयों में लिप्त हो गए, जिसका लक्ष्य वहाँ हॉलैंड के शासन को पुनः बहाल करना था।

स्वाधीनता-प्राप्ति के पश्चात् इंग्लैंड में तोपखाना (आर्टिलरी) कर्मी का प्रशिक्षण प्राप्त करने के बाद मैं भारत में देवलाली स्थित आर्टिलरी स्कूल (तोपखाना विद्यालय) में वापस लौट आया। अंग्रेज भारत छोड़कर जा रहे थे और वहाँ उपलब्ध एकमात्र वरिष्ठ भारतीय अधिकारी होने के नाते मुझे अंग्रेजों से विद्यालय का प्रशासन अपने हाथ में लेना था और मुझे विद्यालय की संपत्तियों का भारत एवं पाकिस्तान के मध्य विभाजन भी करना था।

इसके बाद मेरी शांतिकालीन सैनिकत्व की अवधि प्रारंभ हो गई।

वर्ष 1969 में मुझे नक्सलियों को पश्चिम बंगाल से बाहर खदेड़ने के लिए काररवाई करने का आदेश दिया गया। तत्पश्चात् मुझे उत्तर-पूर्व (एनई) में उग्रवाद-विरोधी काररवाइयों के संचालन का दायित्व सौंपा गया, जिसकी परिणति सन् 1975 में 'शिलांग समझौते' के रूप में हुई। मिजोरम में की गई प्रभावशाली काररवाइयों ने उनके नेताओं को कलकत्ता आने के लिए प्रेरित किया, ताकि आगामी कलकत्ता सम्मेलन में शांति बहाली संबंधी नीतियों के बारे में चर्चा की जा सके।

दिसंबर 1971 में पूर्वी पाकिस्तान में चलाए गए हमारे अभियान के कारण पाकिस्तान को अपनी पूर्वी कमान के 93,000 सैनिकों का बिना शर्त सार्वजनिक आत्मसमर्पण करना पड़ा, जो इतिहास का एकमात्र सार्वजनिक आत्मसमर्पण था। युद्ध के बारे में 'पाकिस्तान नेशनल डिफेंस कॉलेज' द्वारा किए गए अध्ययन का उद्धरण इस प्रकार था—

> *भारतीयों ने अपने आक्रमण की योजना एवं उसका कार्यान्वयन एक पाठ्य-पुस्तक शैली में किया था। वह आमूलचूल योजना, सूक्ष्म समन्वय एवं सशक्त कार्यान्वयन का एक उत्कृष्ट उदाहरण थी। इसका श्रेय स्पष्टत: भारत की पूर्वी कमान में जनरल जैकब की सतर्कतापूर्ण तैयारियों एवं उनके कोर कमांडरों द्वारा किए गए कार्यान्वयन को जाता है।*

नियाजी ने कोई प्रतिशोधात्मक काररवाई न करने की गारंटी के साथ युद्धविराम एवं संयुक्त राष्ट्र को सरकार का हस्तांतरण करने का प्रस्ताव दिया था। उसमें भारत का कोई उल्लेख नहीं था। नियाजी द्वारा प्रस्तावित युद्धविराम को भुट्टो द्वारा तत्काल निरस्त कर दिया गया था, जिसने अपनी अंतिम साँस तक लड़ाई जारी रखने की कसम खाई थी। उसका अंतिम परिणाम इतिहास के एकमात्र बिना शर्त सार्वजनिक आत्मसमर्पण के रूप में सामने आया था। 'हमूदुर्रहमान जाँच आयोग' ने जनरल नियाजी से पूछा, "जनरल नियाजी, जब आपके पास ढाका में 26,400 सैनिक थे और भारतीयों के पास केवल कुछ हजार सैनिक ही थे और वे भी ढाका से बाहर थे, उस स्थिति में आप कम-से-कम दो सप्ताह तक और युद्ध कर सकते थे। उस समय पोलैंड के प्रस्ताव पर संयुक्त राष्ट्र का सत्र चल रहा था और यदि आपने एक दिन और युद्ध किया होता तो भारतीयों को वापस जाना पड़ता—आपने एक अत्यंत अपमानजनक सार्वजनिक आत्मसमर्पण क्यों स्वीकार किया, और केवल इतना ही नहीं, आपके ए.डी.सी. के नेतृत्व में गार्ड ऑफ ऑनर क्यों दिया गया ?" नियाजी ने उत्तर दिया कि उन्हें वैसा करने के लिए जनरल जैकब द्वारा विवश किया गया था, जिसने मुझे आत्मसमर्पण के लिए ब्लैकमेल किया था। इसकी पुनरावृत्ति नियाजी ने अपनी पुस्तक 'बिट्रेयल ऑफ ईस्ट पाकिस्तान' (पूर्वी पाकिस्तान का विश्वासघात) में भी की थी—"पाकिस्तान के 93,000 सैनिकों के आत्मसमर्पण के बाद भारत एक क्षेत्रीय महाशक्ति बनकर उभरा था। अकसर मैं यह सोचकर चकित रह जाता हूँ कि यदि संयुक्त राष्ट्र के तत्त्वावधान में प्रस्तावित युद्धविराम को मैं बिना शर्त आत्मसमर्पण में परिवर्तित करने में विफल हो जाता तो क्या हुआ होता ? हमें उसके अगले ही दिन वापस लौटना पड़ता।"

मेरी पुस्तक 'सरेंडर एट ढाका : बर्थ ऑफ ए नेशन' (1997) में मैंने सन् 1971 में पूर्वी पाकिस्तान में की गई काररवाइयों का वस्तुनिष्ठ विवरण दिया है। पुस्तक का चीनी, थाई, फारसी, अरबी, हिब्रू और बंगाली भाषाओं में अनुवाद किया गया था। मैंने अपनी पुस्तक की प्रतियाँ फील्ड मार्शल मानेकशॉ एवं ले.जन. जगजीत अरोड़ा दोनों को भेंट की थीं। दोनों की ओर से कोई प्रतिवाद नहीं किया गया था। मेरी पुस्तक विदेशों में अनेक सैन्य संस्थानों एवं कुछ विश्वविद्यालयों में भी पढ़ाई जा रही है।

युद्ध छेड़ना एक जटिल प्रक्रिया है, जिसमें जनसंख्या के लगभग सभी वर्गों को शामिल होना पड़ता है। सैन्य संचालन की प्रगति एवं व्यवहार कोई सरल कार्य नहीं है और कभी भी इसकी पूरी तरह भविष्यवाणी नहीं की जा सकती। सैन्य काररवाइयों का सफल संचालन कल्पनात्मक योजना, लचीलेपन एवं फुरतीली प्रतिक्रिया की योग्यता पर निर्भर होता है। यह अत्यंत अनिवार्य है कि व्यक्ति पर घटनाएँ हावी न हों। युक्तियाँ एवं सचलता युद्ध-कला के अनिवार्य घटक हैं।

सैन्य काररवाइयों के लिए उचित आधारिक संरचना (इंफ्रास्ट्रक्चर) एवं रसद सहायता की आवश्यकता होती है। 1971 में हमारी सफल काररवाइयों में आधारभूत तंत्र की स्थापना एवं रसद की सुचारु आपूर्ति महत्त्वपूर्ण कारक थे। एक बार काररवाई (ऑपरेशन) शुरू हो जाने के बाद हमारी टुकड़ियों को पीछे मुड़कर नहीं देखना पड़ा। प्रत्येक चीज अपने पूर्व निर्धारित स्थान पर थी।

युद्ध की तरह राजनीति भी एक जटिल कार्य व्यापार है। गोवा में राज्यपाल के रूप में मेरा कार्यकाल अत्यंत घटनाप्रधान रहा था। गोवा में राजनीति कुरसी-दौड़ के समान है। वहाँ विधायक बड़ी तेजी से अपनी निष्ठाएँ बदलते हैं। मैं वहाँ राज्यपाल के रूप में लगभग छह महीने तक रहा। इस अवधि में मैंने चार सरकारें देखीं। उसके बाद वहाँ चार महीने तक राष्ट्रपति शासन रहा और तत्पश्चात् एक चुनी हुई सरकार की स्थापना हुई।

पंजाब में मेरी कर्तव्य-यात्रा अपेक्षाकृत कम उथल-पुथल भरी थी। मेरी अधिकतर ऊर्जा चंडीगढ़ शहर के प्रशासन को समर्पित थी।

आज नक्सलवादी विद्रोह बढ़ रहा है। पुलिस एवं अर्धसैनिक बल उससे निपट पाने में असमर्थ हैं। व्यावहारिक दृष्टिकोण रखने वाली श्रीमती इंदिरा गांधी जानती थीं कि क्या करना चाहिए! उन्होंने सन् 1969 में सेना को आदेश दिया कि वह नक्सलियों को पश्चिम बंगाल से बाहर खदेड़ दे। दुर्भाग्यवश, केंद्र सरकार संबंधित राज्यों के दबाव के कारण सशस्त्र बलों का प्रयोग करने में हिचकिचाती है। फिर भी

हिंसा की कुछ ताजा घटनाओं ने अनेक नागरिकों की जिंदगियाँ छीन ली हैं और इन हिंसक घटनाओं ने सरकार को नए सिरे से सोचने के लिए विवश कर दिया है। इस बात की प्रबल संभावना है कि निकट भविष्य में सशस्त्र बलों को नक्सल विरोधी कारवाइयों में किसी-न-किसी रूप में शामिल होना ही पड़ेगा।

कहा जाता है कि नक्सलियों को चीन से धन एवं हथियार प्राप्त हो रहे हैं और वे नेपाल में मार्क्सवादियों से संपर्क स्थापित कर रहे हैं। नक्सल उग्रवाद व्यापक रूप से बढ़ रहा है और यदि इससे कठोरतापूर्वक नहीं निपटा गया तो यह शीघ्र ही नियंत्रण से बाहर हो जाएगा।

पाकिस्तान हमारे देश को अस्थिर करने का अपना प्रयास जारी रखे हुए है। भारत में उसकी आतंकवादी गतिविधियाँ दिनोदिन बढ़ती जा रही हैं। 26/11 जैसी अन्य उग्रवादी गतिविधियाँ निश्चय ही दोहराई जाएँगी। भारत को अस्थिर करने एवं हमारे संसाधनों का दोहन करने के लिए पाकिस्तान जम्मू एवं कश्मीर में घुसपैठ एवं आतंकवादी गतिविधियों को रणनीतिक औजार के रूप में प्रयोग कर रहा है। पाकिस्तान भारत को अपने सबसे बड़े शत्रु एवं संकट के रूप में देखता है। भारत को अस्थिर करने के लिए पाकिस्तान एवं चीन दोनों आपस में साँठ-गाँठ कर रहे हैं।

चीन भी सीमावर्ती क्षेत्रों में अपने दुष्प्रचार एवं गतिविधियों में वृद्धि कर रहा है। हवाई पट्टियों, रेलवे लाइनों एवं सड़कों के निर्माण के साथ चीन तिब्बत में भी अपना आधारभूत ढाँचा (इंफ्रास्ट्रक्चर) मजबूत कर रहा है। कुछ ही सप्ताहों में चीन तिब्बत में अपने सैनिकों की 30 अथवा उससे अधिक डिवीजनों तक की तैनाती कर सकता है।

उत्तर-पूर्व एवं लद्दाख में हमारे पास सेना की पर्याप्त डिवीजनें नहीं हैं। उन क्षेत्रों में तैनात हमारी डिवीजनों के पास पर्याप्त आग्नेयास्त्रों एवं सचलता का अभाव है। हमारी वायुसेना को वहाँ अनेक अन्य स्क्वाड्रनों की तैनाती करने की आवश्यकता है। उत्तर-पूर्व में आधारभूत ढाँचे को उन्नत किए जाने की आवश्यकता है। हम भूटान की रक्षा करने के लिए भी वचनबद्ध हैं। सरकार दो अतिरिक्त माउंटेन (पर्वतीय) डिवीजनों की स्थापना के लिए राजी हो गई है। लद्दाख, उत्तर-पूर्व एवं भूटान की रक्षा के लिए न्यूनतम चार अतिरिक्त डिवीजनों की आवश्यकता है। आधारभूत ढाँचे के निर्माण एवं डिवीजनों की स्थापना में तेजी लाई जानी चाहिए। इसके साथ-साथ हमारी सेना को भी आधुनिक शस्त्र प्रणाली (एडवांस्ड वैपनरी सिस्टम) से लैस किए जाने की आवश्यकता है।

इस बीच चीनी विषधर (ड्रैगन) अपना अग्निवमन निरंतर जारी रखे हुए है और हमें स्मरण कराता रहता है कि 1962 में क्या हुआ था? सरकार को किसी भी स्थिति में उसके सामने कभी मिमियाना नहीं चाहिए। हमें पूरी दृढ़ता के साथ खड़े होना चाहिए और उसकी धमकियों के समक्ष घुटने नहीं टेकने चाहिए।

कहने का तात्पर्य यह कि हम शत्रुतापूर्ण प्रवृत्तियों वाले पड़ोसियों से घिरे हुए हैं—पश्चिम में पाकिस्तान से, उत्तर में चीन से और नेपाल में उभरते माओवादी प्रभाव से। देश, सौभाग्यवश, बांग्लादेश, उत्तर-पूर्व एवं भारत के अन्य शहरों में आई.एस.आई. द्वारा प्रायोजित आतंकवादियों के प्रवेश पर अंकुश लगाने का प्रयास कर रहा है।

रूस के साथ हमारे संबंधों को और अधिक सुदृढ़ करने की आवश्यकता है। श्रीमती इंदिरा गांधी द्वारा 1971 में प्रतिपादित वह सोवियत संघ के साथ की गई शांति एवं मैत्री संधि ही थी, जिसके कारण सोवियत संघ ने अपनी 40 डिवीजनों को शिंजियांग की ओर तथा 7 डिवीजनों को मंचूरियाई सीमाओं की ओर रवाना कर दिया था, जिसने चीनियों के पूर्वी पाकिस्तान में हस्तक्षेप करने पर अंकुश लगा दिया था।

प्रधानमंत्री डॉ. मनमोहन सिंह द्वारा किए गए प्रयासों के कारण पहले जॉर्ज बुश एवं तत्पश्चात् बराक ओबामा के माध्यम से अमेरिका के साथ हमारे संबंधों में बड़े पैमाने पर सुधार आया है। पूर्व में निक्सन एवं किसिंगर के जमाने के शत्रुतापूर्ण संबंधों की अपेक्षा इन संबंधों ने वर्तमान में काफी प्रगति की है।

आगे का मार्ग कंटकाकीर्ण एवं बाधाओं से भरा हुआ है। आशा की जानी चाहिए कि सरकार पाकिस्तान-चीन गठजोड़ की ओर से आने वाली चुनौतियों एवं दबावों का सामना करने की शक्ति अर्जित करेगी।

एक आत्मकथात्मक विवरण लिखना कोई सरल कार्य कभी नहीं रहा है। लेखक के लिए यह निर्णय करना अत्यंत कठिन होता है कि क्या प्रकाशित किया जाना चाहिए और क्या नहीं प्रकाशित किया जाना चाहिए? यहाँ मैं अपने संपादक तपन के. घोष के योगदान को कृतज्ञतापूर्वक स्वीकार करता हूँ, जिन्होंने पाठक के दृष्टिकोण से प्रकाश्य सामग्री के विषय में मेरे साथ व्यापक चर्चा की। उन्होंने सतर्कतापूर्वक प्रकाश्य सामग्री का अध्ययन किया और मुझे अपना लक्ष्य एवं संतुलन बनाए रखने में मेरी सहायता की। अंतत: मैं इस परियोजना को हाथ में लेने और प्राथमिकता के आधार पर प्रकाशित करने हेतु अपने प्रकाशकों के प्रति ऋणी हूँ।

—लेफ्टि. जनरल जे.एफ.आर. जैकब

अनुक्रम

1
प्रारंभिक वर्ष

मेरा जन्म कलकत्ता अथवा वर्तमान में कोलकाता के नाम से ज्ञात एक सुंदर एवं सुसंस्कृत शहर में हुआ था। यह 1920 के दशक का वही जीवंत कलकत्ता शहर था, जो अँधेरा होते ही अगणित आकर्षक रंगों के प्रकाश में नहा उठता था। यह शहर सुदूर क्षेत्रों से आने वाले प्रवासियों का बाँहें फैलाकर स्वागत करता था और अपनी इस गुणवत्ता का आनंद यह आज तक ले रहा है। लगभग 200 वर्ष पूर्व अनेक यहूदी परिवार बगदाद से यहाँ आए थे। भारत के कोचीन एवं मुंबई नामक शहरों में दो अन्य यहूदी समुदाय थे, जो लगभग 2000 वर्ष पूर्व आए थे। मेरी मातामही (पड़दादी) ने लगभग 200 वर्ष पूर्व सीरिया छोड़ा था और वे इराक, पर्सिया एवं अफगानिस्तान से मुल्तान होते हुए भारत आई थीं। कुछ समय बाद मेरी नानी मुल्तान से कलकत्ता आ गईं, जहाँ मेरी माँ कैरी का जन्म हुआ।

मेरे माता-पिता अत्यंत धार्मिक प्रवृत्ति के लोग थे और खाने की मेज पर कठोर यहूदी अनुशासन का पालन किया करते थे। मुझे वह घटना आज भी याद है, जब बचपन में मुझे इसलिए धमकाया गया था कि मैंने दूध से बनी चीजें खाने के लिए बनी कटलरी (चाकू, चम्मच, छुरी) से मांस खा लिया था।

मेरा परिवार बड़े त्योहारों एवं छुट्टियों में हमारे उपासना-गृह 'बैथल' में जाया करता था। बैथल में हमारे परिवार के बैठने के लिए चार स्थायी बेंचें आरक्षित थीं, जो तब हमेशा भरी रहती थीं। हमारा परिवार पर्याप्ततः एक संपन्न परिवार था। लाउडन स्ट्रीट स्थित हमारा विशाल भवन मुझे आज भी याद है। हमारे पास घोड़ों द्वारा खींची जाने वाली दो बग्घियाँ और दो कारें थीं। मेरे अन्य भाई मौरिस एवं एरिक तथा मैं बोटैनिकल गार्डन जाने के लिए साइकिल का प्रयोग करते थे और कभी-कभार हम लोग वहाँ जाने के लिए प्रिंसेप घाट से पाइपर स्थित बोटैनिकल गार्डन

तक के लिए नाव पकड़ लिया करते थे। उद्यान में स्थित विशाल पीपल के पेड़ से हमें बहुत प्यार था। हम उस क्षेत्र के जैन मंदिर एवं विक्टोरिया स्मारक के निकट बने सरोवर में स्नान एवं नौकायन भी करते थे और फोर्ट विलियम स्थित मैदान में अनेक प्रकार के खेल खेला करते थे। हम अपने घर की छत पर खड़े होकर पतंगें उड़ाया करते थे और दूसरों की पतंगों को काटने और उन्हें अपने पास रखने में हमें बहुत मजा आता था। झीलों तक जाने के लिए हम बग्घी की सवारी करते थे और वहाँ पहुँचकर झील में नाव चलाया करते थे। मुझे याद है कि नया बाजार स्थित बेकरी से केक खरीदने के लिए हम लोग अपना जेबखर्च बचा लिया करते थे। नेशनल म्यूजियम (राष्ट्रीय संग्रहालय) हमारा सबसे प्रिय स्थान था। हम वहाँ बर्मा टीक की लकड़ी से बनाए गए टीबा के सिंहासन पर बैठते थे, जिसे सन् 1947 में लॉर्ड लुईस माउंटबेटन द्वारा बर्मा को वापस लौटा दिया गया था। हम लोग संग्रहालय की मिस्र शाखा की सदियों पुरानी मूर्तिकला को देखकर अत्यंत रोमांचित होते थे।

शहर में ग्लोब, न्यू एंपायर, मेट्रो, रीगल एवं नवनिर्मित लाइटहाउस नामक अनेक सिनेमाघर थे। हमने वहाँ अपनी शीतकालीन छुट्टियों के दौरान कई फिल्में देखीं, जिनमें शामिल थीं—'विजार्ड ऑफ ओज', 'चाइना सीज', क्लार्क गैबल की 'गॉन विद दि विंड' एवं 'म्युटिनी ऑन दि बाउंटी'। उस समय मैटिनी शो में बीच की पंक्तियों में बैठने के लिए नौ आने खर्च करने पड़ते थे, जिससे हमारा सारा जेबखर्च टिकटें खरीदने में ही खर्च जाता था।

मेरे पेरेंट्स (माता-पिता) ने हमारे लिए एक हिब्रू शिक्षक नियुक्त किया था। मेरा बड़ा भाई मौरिस अत्यंत परिश्रमी एवं भाषा सीखने में बहुत कुशल था। कई बार अपनी कक्षाएँ छोड़ने के लिए मुझे आज अत्यंत दु:ख होता है।

हम अमरूद की कठोर लकड़ी से बनी और चमकीले रंगों से रँगी हुई नुकीली गिल्लियों से खेला करते थे और दूसरे लड़कों की गेंदों को तोड़ने के लिए उनकी नोकों को तेज बना दिया करते थे। उन दिनों हमें यो-यो (चकरी) खेलने में बड़ा मजा आता था और हमने उनसे करतब दिखाने की अनेक युक्तियाँ भी सीख ली थीं।

1930 के दशक में अनेक यहूदी शरणार्थी कलकत्ता आ गए थे और हमारे परिवार ने उनमें से कुछ की देखभाल में सहायता भी की थी। मेरे पिता का अपना निजी कारोबार था। वे उसके विषय में बहुत कम बातें किया करते थे, उसके बजाय वे गोरखपुर में बिताए अपने पुराने दिनों की चर्चा अधिक करते थे। उनकी बातों से ऐसा प्रतीत होता था कि वे वहाँ नील की खेती किया करते थे और जब जर्मनी में बने कृत्रिम रंगों ने नील का स्थान ले लिया तो वे कलकत्ता आ गए।

मेरे पिता एक बार दुर्घटना का शिकार हो गए और रोगी के रूप में लंबे समय तक प्रेसीडेंसी अस्पताल में रहे। मेरी माँ उनकी देखभाल में अत्यंत व्यस्त रहती थीं, जिससे वे बहुत परेशान हो उठी थीं। हम लड़कों को, अर्थात् मेरा बड़ा भाई मौरिस और छोटा भाई एरिक तथा मुझे विक्टोरिया स्कूल भेज दिया गया, जो दार्जिलिंग की पहाड़ियों में 6,000 फीट की ऊँचाई पर स्थित था। हम घर छोड़कर बोर्डिंग स्कूल में जाने से बहुत दु:खी थे और जब हमने सुना कि हमारी पढ़ाई की अवधि को नौ महीने अर्थात् मार्च से नवंबर के अंत तक बढ़ा दिया गया है तो हम यह सोचकर और भी अधिक परेशान हो गए कि आगे न जाने क्या हो ?

बोर्डिंग स्कूल

'दार्जिलिंग मेल' रेलगाड़ी सिलीगुड़ी से छुक-छुक करती तथा हाँफती हुई खड़ी चढ़ाई पर जाती थी। वह 2 मार्च, 1932 की तिथि थी। एक हँसमुख नेपाली लड़का गाड़ी के इंजन के बंपर पर बैठकर पहियों को फिसलने से बचाने के लिए पटरियों पर रेत फेंकता जाता था। रेलगाड़ी कार्ट रोड चौराहे को पार कर आगे बढ़ गई। उसकी रफ्तार ऊब पैदा करने वाली और बहुत धीमी थी। रेलवे लाइन के दोनों ओर बच्चे हँसते और हाँफते हुए दौड़ते रहते थे। उनके चेहरे की आकृति भिन्न थी। उनमें से कुछ नेपाली, भूटिया और लेपचा जातियों से थे और उनके चेहरों पर मुसकान थी। मैंने अत्यंत विस्मय के साथ बर्फ से ढकी पहाड़ियों को देखा। वह विशाल हिमालय शृंखलाओं का मेरा प्रथम अवलोकन था। हम चाय बागानों, उसकी साफ-सुथरी झाड़ियों, टीक के जंगलों और लंबे जापानी क्रिप्टोमारिया से होकर गुजरे। रेलगाड़ी प्रत्येक छोटे स्टेशन पर खड़ी हो जाती थी। हमारे रास्ते में सुखना और टिंधारिया स्थित रेलवे कार्यशाला जैसे स्थान आए। हमारी भाप के इंजन वाली रेलगाड़ी धीरे-धीरे कुरसियांग की ओर बढ़ी, जहाँ हमें लड़कों और लड़कियों की टोलियाँ मिलीं, जो एक ऊँची पहाड़ी पर स्थित हमारे विक्टोरिया स्कूल तक हमारा सामान ढोकर ले जाने के लिए आपस में खींचातानी कर रही थीं।

मैंने घने जंगलों के बीच बने अपने उस आवासीय विद्यालय की पहली झलक देखी, जो आगामी आठ वर्षों के लिए मेरा दूसरा घर होने वाला था। विद्यालय का भवन अत्यंत आकर्षक था, जो लगभग 250 गज लंबे समतल मैदान पर बना था। उससे कोई 200 फीट नीचे पहाड़ी को काटकर एक अन्य मैदान बनाया गया था। इसी मैदान पर हॉकी एवं क्रिकेट के मैदान बनाए गए थे। एथलेटिक्स के मैदान की विशेषता यह थी कि वह 220 गज का सीधे ट्रैक वाला मैदान था। वहाँ मैलरी, इरविन

एवं केल्लास नामक तीन भवन थे, जिन्हें एवरेस्ट के नायकों के नाम पर बनाया गया था। यद्यपि हमारे स्कूल से एवरेस्ट खुद तो दिखाई नहीं देता था, अलबत्ता साफ मौसम में कंचनजंगा की चोटी अवश्य दिखाई दे जाती थी। सूर्योदय के समय उसका रंग देखना अत्यंत रोमांचकारी प्रतीत होता था, विशेषतया सूर्यास्त के समय दमकता गुलाबी रंग धीरे-धीरे गहराता हुआ पहले गहरा लाल और बाद में बैंगनी दिखाई देने लगता था।

विद्यालय में पढ़ाई की अवधि नौ माह लंबी अर्थात् बहुत लंबी थी। हमें अक्तूबर में पूजा के दिनों में छोटा सा अवकाश मिलता था। उसके बाद तीन महीने की लंबी छुट्टियाँ पड़ जाती थीं, जिनमें बीच-बीच में वार्षिक परीक्षाएँ भी होती रहती थीं। मेरे विद्यालय के दिनों के विषय में मेरी भावनाएँ मिश्रित हैं। विद्यालय का धनात्मक पक्ष यह था कि अधिकतर शिक्षक अंग्रेज थे, जिनमें से कुछ योग्य थे और कुछ नहीं। मेरे लिए यह सौभाग्यशाली था कि मैं वर्ष-प्रतिवर्ष शीर्ष पर रहने में सफल हो जाता था और लगभग सारे पुरस्कार जीत लेता था। हमारे दिन की शुरुआत व्यायाम से होती थी। खेल अनिवार्य थे। मैं क्रिकेट, हॉकी, रग्बी, फुटबॉल और थोड़ी सी टेनिस खेलता था। मैंने हॉकी में पाँचवें स्थान से पहले स्थान पर आने में सफलता प्राप्त कर ली थी। मैंने 'नॉर्दर्न बंगाल माउंटेड राइफल्स' (एन. एम.बी.आर.) नामक क्षेत्रीय सेना की कैडेट शाखा में प्रवेश प्राप्त करने में सफलता प्राप्त कर ली और साप्ताहिक परेडों और निशानेबाजी के अभ्यास में भाग लेने की कोशिश करने लगा। हम 'ली एनफील्ड' राइफल एवं 'लेविस' बंदूक चलाने में दक्ष हो गए थे। मैं सन् 1937 से 1939 तक लगातार तीन वर्षों तक बंदूकबाजी में बेकर मस्केट्री शील्ड जीतने वाली टीम का अंग था। 100, 300 एवं 600 गज वाले अभ्यास सत्र अत्यंत कठिन थे। 'नॉर्दर्न बंगाल माउंटेड राइफल्स' में शामिल होने के कारण मेरे मन में सेना में जाने की चाहत पैदा हो गई। मेरा नकारात्मक पक्ष यह था कि स्कूल में यहूदी-विरोधी भावना अत्यंत प्रबल थी। स्टाफ में दो लोगों ने अपनी भावनाओं को छिपाने की कोई कोशिश नहीं की। कई बार कुछ विद्यार्थी भी शिक्षकों की इस भावना में शामिल हो जाते थे, जिससे हाथापाई की नौबत आ जाती थी; परंतु मैं सौभाग्यशाली था कि मुझे किसी की सहायता लेने की आवश्यकता नहीं पड़ी। आश्चर्यजनक रूप से मैंने अंग्रेज गिरजाघर के पादरी जी.बी. एलियट को अपने प्रति अत्यंत हमदर्द एवं समर्थक पाया। वे अकसर मुझे अपने घर पर शाम की चाय पीने के लिए आमंत्रित करते थे और उन्होंने मेरा परिचय पाश्चात्य शास्त्रीय संगीत से भी कराया। उनके संग्रह में ब्रह्मस, बीथोवेन, मोजार्ट एवं एल्गर शामिल थे। उन्होंने मेरे

साथ धर्म के विषय में कभी कोई चर्चा नहीं की। वे मुझे बड़े प्यार से 'जैकी' कहकर बुलाते थे और कहते थे—'जैकी, एक टॉफी ले लो।' आगे चलकर वे कलकत्ता के प्रतिष्ठित सेंट पॉल कैथेड्रल (बड़ा गिरजाघर) के पादरी बन गए और उन्होंने शहर में अंग्रेज समुदाय को सशक्त बनाने में महत्त्वपूर्ण कार्य किया था। मैं उनकी दयालुता एवं करुणा की भावना को सदैव अपनी स्मृतियों में सँजोकर रखूँगा।

हमारा स्कूल प्राकृतिक जंगलों के बीच स्थापित था और हमें उन जंगलों में उन्मुक्त विचरण करने की स्वतंत्रता थी। मेरे मन में जंगली पहाड़ियों और घाटियों, शैवाल एवं फर्न तथा भावुक 'झोरास' (पर्वत-शृंखलाओं) के प्रति स्नेहिल भावना उत्पन्न हो गई थी। मेरे संपूर्ण विद्यालयी वर्षों के दौरान डेसमंड डोइग मेरा मित्र था और हम दोनों ने मिलकर एक साथ जंगलों की खोज की और हम कई बार 'झोरास' के उद्‌गम स्थल तक संघर्ष करते चले गए। हम कई बार 6,000 फीट की ऊँचाई पर बने स्कूल से नीचे आ जाते थे और उससे भी 400 फीट नीचे बालासन नदी एवं कैटज घाटी तक उतर आते थे। एक बार ट्रेकिंग के दौरान हमारी मुलाकात एक मोटे भिक्षु से हुई, जो अपने हाथों में लाठी लेकर चल रहा था। वे ऑक्सफोर्ड मिशन के फादर प्रायर थे, जो सँकरे जंगलों में भ्रमण करते हुए गाते जा रहे थे—'कद्दू गिराओ, कद्दू गिराओ, मेरे पास बिस्कुट और लाल चेरियाँ हैं।' उनके पास चेरियाँ तो नहीं थीं, अलबत्ता उन्होंने हम भूखे लड़कों को खाने के लिए कुछ बिस्कुट अवश्य दिए थे।

जैसाकि मैंने पहले उल्लेख किया है, हमें पूजा-त्योहारों के लिए पंद्रह दिनों की छुट्टियाँ मिलती थीं। सन् 1938 में मैंने और डोइग ने सर बेसिल गोल्ड से संपर्क किया। वे सिक्किम में एक ब्रिटिश नागरिक थे और सिक्किम में रहते थे। एक दिन हम तिब्बत स्थित चुंबी घाटी में जाने के लिए सिक्किम हाउस में उनके पास परमिट लेने गए थे। सर बेसिल अत्यंत शालीन व्यक्ति थे। उन्होंने हमें लंच के लिए आमंत्रित किया और हमारी यात्रा के लिए हमें अपनी शुभकामनाएँ दीं। मैं यह देखकर चकित था कि क्या आज हम बच्चों का 'सिक्किम हाउस' में इस तरह स्वागत-सत्कार किया जाएगा? वही 'सिक्किम हाउस' आज सिक्किम के राज्यपाल का सरकारी आवास है। हम अपने मार्ग में चरने के लिए आगे बढ़ती सुर्रा गायों के झुंड से आगे निकल गए। वहाँ हमें आश्चर्यजनक रूप से हाथ में छड़ी लिये; आगे की ओर बढ़ती एक वृद्ध मिशनरी महिला मिली। उसने सिर पर चुन्नी और सोला टोपी पहन रखी थी। उसने हमें सुर्रा गाय के दूध से बनी 'छुर्पी' (टॉफी) दी। हम यंगहस्बैंड ट्रेल के साथ-साथ चलते और जेलेप ला होते हुए वापस लौट आए।

कई वर्षों बाद, सन् 1943 में मुझे दिल्ली से अराकान की यात्रा करनी थी। रेलगाड़ी पूरी तरह भरी हुई थी। प्लेटफॉर्म पर आगे बढ़ते हुए मैंने बाहर से खिड़की में झाँककर देखा। चार सीटों वाले उस कंपार्टमेंट में सिक्किमी टोपी पहने एक व्यक्ति बैठा हुआ था। मेरी किस्मत ने मेरा साथ दिया। उस कंपार्टमेंट में सर बेसिल गोल्ड बैठे थे, जो कलकत्ता जा रहे थे। मैंने उन्हें अपनी व्यथा बताई और उन्होंने मुझे अपने सामने वाली नीचे की बर्थ पर बैठने का प्रस्ताव दिया। उसके बाद उन्होंने मुगल सराय स्टेशन पर एक विशेष भोजन के लिए तार भेज दिया। उसके बाद उन्होंने अपनी 'तिब्बतन वर्ड बुक' पर हस्ताक्षर करके मुझे दी, जिसे मैंने खेदजनक रूप से खो दिया। वास्तव में, गोल्ड एक सज्जन व्यक्ति, कूटनीतिज्ञ एवं प्रशासक थे।

सन् 1938 में मैंने सीनियर स्कूल सर्टिफिकेट की परीक्षा दी और पूरे देश में सर्वोच्च अंक प्राप्त किए और मुझे स्कॉलरशिप (छात्रवृत्ति) भी प्रदान की गई। सन् 1939 में मैंने विक्टोरिया कॉलेज में अपना एक वर्ष बिताया और सन् 1940 में कलकत्ता स्थित सेंट जेवियर्स कॉलेज चला गया। अपने जन्मस्थान कलकत्ता शहर में वापस आकर मैं अत्यंत रोमांचित था। इराक से आने वाले यहूदी इस शहर में लगभग सन् 1780 में आए थे। प्रताड़ना से पीड़ित यहूदियों का वहाँ गर्मजोशी से स्वागत किया गया था। वे कलकत्ता में खूब समृद्ध हुए और उन्होंने समाज को अपना भरपूर योगदान दिया और अनेक धार्मिक कार्य किए। भारत में यहूदियों को कभी भी भारतीयों की ओर से यहूदी-विरोध का सामना नहीं करना पड़ा।

कलकत्ता मेरा प्रिय शहर है। बच्चों के रूप में हमने खूब भ्रमण किया था और लगभग हर जगह साइकिल चलाई और यहाँ तक कि एक दिन हम साइकिल चलाते हुए चंदरनगर पहुँच गए, जो एक फ्रांसीसी-बहुल क्षेत्र था। वहाँ मेरा एक स्कूली मित्र रहता था। वह एक पदच्युत कैथोलिक पादरी का पुत्र था।

युद्ध के बादल मँडरा रहे थे। मैं नाजी आक्रमणों एवं उत्पीड़नों से अत्यंत क्षुब्ध था। यहूदी शरणार्थी बड़ी संख्या में कलकत्ता पहुँचने लगे थे। मेरे परिवार ने अपनी सामर्थ्य के अनुसार उनकी यथासंभव सहायता की। उसके बाद मैंने ए.ई. हॉजमैन, जूलियन ग्रेनफेल, सेग्फ्रायड सॉसन, रूपर्ट ब्रुक, विल्फ्रेड ऑवेन और हर्बर्ट रीड जैसे प्रसिद्ध युद्ध कवियों की कविताओं से प्रेरित होकर सेना में भरती होकर लड़ने का मन बना लिया। फिर भी मेरे माता-पिता चाहते थे कि मैं स्नातकोत्तर उपाधि प्राप्त होने तक अपनी पढ़ाई जारी रखूँ। सेना में भरती होने का आदेश प्राप्त होने तक मैं स्वयं को उसके लिए तैयार करता रहा।

संयोगवश, मेरे दोनों भाइयों को भी युद्ध में लिप्त होना पड़ा। सन् 1942 में बड़े भाई मौरिस को 2 पंजाब में कमीशन प्राप्त हुआ और उसने युद्ध के दौरान पूरे समय बर्मा में नौकरी की। युद्ध की समाप्ति के बाद उसे इंग्लैंड में सेना से मुक्त कर दिया गया, जहाँ उसने न्यायालय में एक जिम्मेदारी वाला पद ग्रहण कर लिया। ऐरिक ने युद्ध समाप्त होते-होते वायुसेना में प्रवेश किया और उसके बाद वह भी इंग्लैंड चला गया और उसने वहाँ तकनीकी क्षमता (टेक्नीशियन) में एक औद्योगिक इकाई में नौकरी कर ली।

□

2

द्वितीय विश्वयुद्ध के लिए प्रस्थान

मैंने सन् 1941 के मध्य में सेना में शामिल होने का निर्णय लिया। मैं कलकत्ता में फोर्ट विलियम से बहुत अच्छी तरह परिचित था, क्योंकि मेरे स्कूल के दो मित्र वहाँ रहते थे। उनका नाम टिच ब्रोगन और बर्नेट था। मैं साइकिल चलाकर प्लासी गेट होते हुए एक साक्षात्कार हेतु दुर्ग कमांडर, मेजर जनरल हेडेमेन के पास पहुँचा। मेरा इंटरव्यू सफल रहा और मुझे अपने प्रासंगिक कागजात लाने के लिए कहा गया। उन्होंने कहा कि चूँकि मेरे कागजात पूरे नहीं थे, इसलिए मुझे पूरे कागजात लेकर दोबारा वापस आने के लिए कहा गया। ज्यों ही मैं निराश होकर बाहर आने लगा, उन्होंने मुझे आवाज देकर वापस बुलाया और कहा कि चूँकि मैं सेना में भरती होने के लिए अत्यंत इच्छुक हूँ, अत: मैं आगे की काररवाई में भाग ले सकता हूँ। उसके बाद मेरा एक अन्य साक्षात्कार भारतीय सेना के ग्रीष्मकालीन मुख्यालय शिमला में हुआ। इंटरव्यू का संचालन ब्रिटिश भारतीय सेना के गैबरडीन परिधान एवं पीतल की टोपी वाले एक बोर्ड द्वारा किया गया। इंटरव्यू बोर्ड में एक छोटे भारतीय राज्य का एक शासक भी शामिल था। बोर्ड की अध्यक्षता करने वाले जनरल द्वारा मुझसे दो प्रश्न पूछे गए। उस शाही अधिकारी ने मुझसे पूछा, "क्या तुम खेल दागते हो?" उसके इस प्रश्न को सुनकर कुछ पलों के लिए मैं अवाक् रह गया, क्योंकि मुझे उसका अर्थ समझ में नहीं आया था। उसके बाद मैंने पलटकर कहा, "नहीं महोदय, मैं खेल नहीं दागता, मैं लक्ष्य दागता हूँ।" मेरा उत्तर सुनकर वहाँ हँसी के ठहाके गूँजने लगे और मुझसे अन्य कोई प्रश्न नहीं किया गया। मैं उनसे अनुमति लेकर बाहर निकल आया। वह मुझे अत्यंत अविश्वसनीय प्रतीत हुआ कि यूरोप में युद्ध गंभीर अवस्था में पहुँच गया है, उसके बावजूद सेना मुख्यालय में अभी भी शांतिपूर्ण वातावरण है। उनका

यह आत्मतोष शीघ्र ही पर्ल हार्बर एवं मलाया तथा बर्मा में जापानी आक्रमण की घटनाओं से भंग होने वाला था!

कलकत्ता वापस जाते समय मैं दिल्ली में लेडी इरविन कॉलेज में कार्यरत एक मित्र से मिलने के लिए रुक गया। हम दोनों ने कॉलेज के प्रधानाचार्या हन्ना सेन से उनके सुंदर नगर स्थित बँगले में मुलाकात की। मैं इस लड़की के बारे में गंभीर था और उसकी माँ भी मेरे साथ उसकी शादी करने की इच्छुक थी। कुछ समय तक उसके साथ डेटिंग करने के बाद सन् 1952 में मेरी तैनाती कश्मीर के बीहड़ क्षेत्र में तीन साल के लिए हो गई। लड़की इतनी लंबी अवधि तक प्रतीक्षा नहीं करना चाहती थी, इसलिए हमारे रिश्ते की बात टूट गई; लेकिन फिर भी हमने अपना संपर्क बनाए रखा।

मैंने आगरा में ताजमहल देखने के लिए दोबारा अपनी यात्रा बीच में छोड़ दी। उन दिनों ताजमहल की मीनारें जनता के लिए खुली थीं। मैंने एक मीनार पर चढ़कर अपने कोडक ब्राउनी बॉक्स कैमरे से कुछ तसवीरें खींचीं। ताजमहल के आधार शिविर पर पहुँचने के बाद मुझे पता चला कि मेरी जेब काटी जा चुकी है। मेरा रेलवे टिकट मेरे बटुए में था। इस प्रकार मेरी जेब में अब कुछ खुले पैसे (रेजगारी) ही शेष रह गए थे। मुझे कुछ समझ में नहीं आ रहा था कि मैं क्या करूँ? स्टेशन मास्टर एक भला एवं सहृदय व्यक्ति था। उसने मुझे आश्वस्त किया कि उसके अधिकार क्षेत्र में आने वाले मुगल सराय स्टेशन तक कोई भी मुझे टिकट दिखाने के लिए नहीं कहेगा, लेकिन उससे आगे मैं अपने जोखिम पर यात्रा करूँगा। मैंने खुद को एक कूपे में बंद कर लिया और रास्ते में विभिन्न स्टेशनों पर दरवाजे पर दस्तक होने के बावजूद मैंने दरवाजा नहीं खोला और किसी कठिनाई के बिना कलकत्ता के हावड़ा स्टेशन पर पहुँच गया और बिना किसी रुकावट के बाहरी दरवाजे से निकलकर अपने घर पहुँच गया। कुछ सप्ताह बाद मेरी नियुक्ति के आदेश आ गए और मुझे महू स्थित अधिकारी प्रशिक्षण विद्यालय में रिपोर्ट करने अर्थात् हाजिरी देने के लिए कहा गया। मुझे घर से अपनी अनुपस्थिति के लिए अनेक प्रश्नों का स्पष्टीकरण देना पड़ा, क्योंकि घर में मेरे सेना में भरती होने के इरादे के बारे में किसी को भी जानकारी नहीं थी। फिर भी जब मैंने स्पष्ट किया कि मैं नाजियों से लड़ने जा रहा हूँ तो वे मान गए और मुझे अपना आशीर्वाद दे दिया।

मध्य भारत की महू स्थित छावनी में अधिकारियों का प्रशिक्षण विद्यालय बड़ी जल्दबाजी में स्थापित किया गया था। महू से ही सन् 1857 में जनरल सर हफ रोज ने झाँसी की रानी पर आक्रमण किया था, जो बंबई से अपनी सेना लेकर आए

थे। महू के आसपास का क्षेत्र सैन्य प्रशिक्षण हेतु अत्यंत अनुकूल था। प्रशिक्षण की अनुसूची अत्यंत कठोर एवं थकाऊ थी। तथापि परेड के पश्चात् हमारे साथ अधिकारियों जैसा व्यवहार किया जाता था। हमें सुविधाजनक आवास एवं निजी सेवक भी उपलब्ध कराए जाते थे। हमारा कंपनी कमांडर ब्रिटिश भारतीय सेना के पुराने स्कूल का शिक्षक था। हमारे लंबे रूट मार्च के दौरान जब वह हमारे साथ-साथ हंटर लेकर चलता था तो हमें बहुत बुरा लगता था। एक बार उसने रास्ते में ही मुठभेड़ आयोजित की थी। जब वह मुठभेड़ समाप्त हो गई तो उसने हमसे पूछा कि क्या आप लोग जानते हैं कि हमारे साथ मुठभेड़ करने वाले लोग कौन थे? हमने नकारात्मक उत्तर दिया। उसका उत्तर सुनकर मानो हमारे ऊपर बिजली टूट पड़ी—'मैं भी नहीं चाहता था कि तुम लोगों को इसका पता चले; याद रखो कि एक अच्छा सैनिक केवल अपने मोरचे को देखता है, आगे बढ़ते रहो!' लगभग दो वर्षों बाद हमारा वही प्रशिक्षक अराकान की मायू रेंज में हमारी तोपखाना इकाई की सहायता से एक बटालियन की कमान सँभाल रहा था। मैंने उसे उसकी टिप्पणी याद दिलाई, जिसे सुनकर वह हँस पड़ा था।

तोपची बनने का प्रशिक्षण

मुझे कंपनी कार्यालय में बुलाया गया और मुझसे स्वेच्छापूर्वक तोपखाने में जाने के लिए कहा गया। मैंने उत्तर दिया कि मेरी पहली पसंद इन्फेंट्री रही है और क्योंकि मैं उसमें बहुत अच्छा कार्य कर रहा था, इसलिए मुझे मेरी पहली पसंद मिलनी चाहिए। उनका उत्तर बहुत तेज था—"तुमने अब आर्टिलरी (तोपखाना) में जाने की इच्छा व्यक्त की है और तुम्हें वहीं जाना होगा—फौरन बाहर निकलो।" तोपखाना उन दिनों कोई लोकप्रिय पसंद नहीं था, क्योंकि उसमें जाने का अर्थ था कि मुझे अतिरिक्त समय तक प्रशिक्षण लेना होगा और सेना की अन्य शाखाओं की अपेक्षा उसमें मेरी कमीशनिंग कुछ महीने बाद होगी। तोपखाना विद्यालय की छवि यह थी कि वहाँ प्रशिक्षुओं का एक बड़ा प्रतिशत असफल होकर वापस लौट आता था। जिन कुछ लोगों को चयनित किया जाता था। उन्हें देवलाली स्थित तोपखाना विद्यालय में रिपोर्ट करने से पूर्व कुछ दिनों की अतिरिक्त छुट्टी प्रदान की जाती थी।

देवलाली उन दिनों एक-दो कंपनियों वाली छोटी सी छावनी थी, जो पूरी सेना में अपने मानसिक रोग अस्पताल (पागलखाना) के लिए प्रसिद्ध थी। उसका 'देवलाली टैप' नाम एक सैनिक के नाम पर पड़ा, जो मानसिक रूप से विक्षिप्त था। दुःखदतः जिस मानसिक अस्पताल रोड पर वह स्थित था, उसका पुनः नामकरण

कर दिया गया था। देवलाली स्टेशन पर रेलगाड़ियाँ मात्र दो मिनट के लिए रुकती थीं और यह समय यात्रियों को अपना सामान उतारने के लिए पर्याप्त होता था। प्लेटफॉर्म का मुख्य आकर्षण उसपर लगी पुरानी जेम्स मैकब घड़ी थी। स्टेशन पर लोगों को अपना सामान ले जाने के लिए कोई टैक्सी नहीं थी। वहाँ यातायात का मुख्य साधन स्थानीय ताँगे थे। सन् 1940 में तोपखाना स्कूल को काकुल से देवलाली स्थानांतरित कर दिया गया था। महू के बाद उसका भी आधारभूत ढाँचा तंत्र (इंफ्रास्ट्रक्चर) अत्यंत अपर्याप्त था। वहाँ चार लोगों के ठहरने योग्य एक अनोखा टेंट लगा हुआ था। उन टेंटों में बिजली नहीं लगी थी, इसलिए हमें तूफानी लालटेन की रोशनी में पढ़ाई करनी पड़ती थी। हमें वहाँ सात सप्ताह का एक क्रैश कोर्स ऐसे प्रशिक्षकों के अधीन करना होता था, जिन्हें शिक्षण का अनुभव बहुत कम अथवा अपर्याप्त था। वहाँ का प्रभारी अधिकारी एक आरक्षित व्यक्ति था, जिसे 'बॉक्सवाला' (कारोबारी) कहते थे और वह कलकत्ता की एक जूट मिल से आया था। उसकी सहायता के लिए ब्रिटिश तोपखाना रेजिमेंट से एक बमवर्षक नियुक्त किया गया था। हम वहाँ पढ़ते कम थे, फटकार अधिक सुनते थे—'तुम लोग कभी एक कुशल तोपची नहीं बन सकते।' हमें विश्राम अथवा मनोरंजन के लिए बहुत कम समय मिलता था। हमारी छुट्टी के घंटों में भी तोप चलाने का अतिरिक्त अभ्यास कराया जाता था। वहाँ हमारे कोर्स में मूलत: 28 कैडेट थे और उनमें से सात को अन्य सशस्त्र सेवाओं में वापस भेज दिया गया था। वहाँ कभी कोई पासिंग आउट परेड अथवा प्रशिक्षण समाप्ति समारोह नहीं होता था। 7 जून, 1942 को मैंने सेकंड लेफ्टिनेंट के रैंक वाला अपना बिल्ला (बैज) पहना।

मैंने मध्य-पूर्व में स्वेच्छा से एक संचालनात्मक (ऑपरेशनल) नियुक्ति के लिए आवेदन किया। जिस रेजिमेंट (पहली भारतीय टैंकरोधी रेजिमेंट) में मुझे भरती किया गया, वह उत्तरी अफ्रीका के पश्चिमी रेगिस्तान के बियर हैचियम नामक स्थान में युद्धरत थी। मैं बंबई में एक सैनिक जहाज में सवार हुआ, जिसे इराक में शत-अल अरब के बसरा अपस्ट्रीम (प्रतिप्रवाह) की ओर मोड़ दिया गया। मैंने अपना सामान उतारा और अगले निर्देश प्राप्त करने के लिए शायबा स्थित ट्रांजिट कैंप की ओर बढ़ गया। मैंने कमांडिंग ऑफिसर के पास जाकर अपनी हाजिरी लगाई। वह भारतीय सेना की टैंक रेजिमेंट 'शिंदे हॉर्स' का एक मेजर था। वह एक लाल चेहरे और स्थूल आँखों वाला व्यक्ति था। उसके शरीर की नीली धमनियाँ साफ दिखाई देती थीं। उसने मुझे तीन दिनों का राशन जमा कराने के लिए कहा, जिसके बारे में उसने मुझसे कहा कि वह राशन मुझे जहाज से उतरते समय अपने साथ लाना चाहिए

था। मैंने उससे कहा कि मैं इस प्रावधान से परिचित नहीं था, इसलिए अपने साथ कोई राशन नहीं लाया। उसने प्रतिवाद करते हुए कहा कि यदि ऐसी बात है तो मुझे तीन दिनों तक खाना नहीं मिलेगा। मैंने अपना सामान पास ही लगे एक टेंट में रखा और भोजनालय (मेस) वाले टेंट में वापस लौट गया।

वहाँ ब्रिटिश टैंकरोधी रेजिमेंट के मेजर और कैंप कमांडेंट के बीच तीखी नोकझोंक हो रही थी। तोपची मेजर ने उससे कहा कि जितने तोपची उसके साथ आए हैं, उन सबको भोजन दिया जाना चाहिए, लेकिन उसकी बात का कोई असर नहीं पड़ा। उसके बाद मेजर ने कैंप कमांडेंट से कहा कि यदि इन लोगों को भोजन नहीं दिया जाएगा तो मैं मेस कमांडेंट को गिरफ्तार कर लूँगा। उन दोनों के मध्य जारी हंगामे के बीच मैं चुपके से भोजन वाले टेंट (शामियाना) में चला गया और वहाँ खाना खाकर वापस अपने विश्राम करने वाले टेंट में चला आया। मेरा टेंट अनेक खाली टेंटों के बीच था। रात में धूल भरी आँधी आई और हमारी नींद को बाधित कर गई।

मैं सोच रहा था कि यहाँ मैं अकेला नहीं था। प्रात:काल जब मैं अपने टेंट से बाहर आया तो देखा कि आसपास लगे खाली टेंटों को वहाँ से उखाड़ दिया गया था। स्पष्टतया यह कार्य धूल भरी आँधी आने के बाद किया गया होगा। किसी संगठित दस्ते ने उन्हें वहाँ से हटाया था। मैंने वहाँ खड़े कुछ ट्रकों में अपना सामान भरा और लेकर चला गया। मैं अपना मूवमेंट ऑर्डर (तैनाती आदेश) लेने के लिए कैंप कार्यालय में गया। कमांडेंट मेजर वोस्पर ने मुझे ब्रिटिश सेना के अन्य श्रेणियों वाले फौजियों को उनके वेतन का भुगतान करने का आदेश दिया और मेरी ओर दीनारों (अरब की मुद्रा) की एक थैली सरका दी। जब मैंने उन्हें गिनना शुरू किया तो उसने व्यंग्यात्मक ढंग से टिप्पणी करते हुए कहा कि मुझे उन्हें गिनने की कोई आवश्यकता नहीं है, क्योंकि मैंने स्वयं उनकी जाँच कर ली है। भुगतान करने के बाद मेरे पास एक सौ दीनार कम थे (उस समय एक दीनार एक पाउंड स्टर्लिंग के बराबर था)। मैंने कार्यालय में वापस जाकर कमांडेंट को अवगत कराया। उसने प्रतिवाद करते हुए कहा, "मूर्ख, तुम्हें लेने से पहले उनकी अच्छी तरह गिनती कर लेनी चाहिए थी; अब मेरा समय नष्ट मत करो और यहाँ से चले जाओ!"

मुझे बगदाद स्थित तोपखाना मुख्यालय में प्रतिवेदन (रिपोर्ट) करने के लिए कहा गया। मैं अन्य लोगों के साथ रेलगाड़ी में बैठकर कैटल फ्लैट्स में गया। रास्ते में मुझे मरुमक्षिका (सैंडफ्लाई) बुखार हो गया। मुझे बगदाद के निकट एक ब्रिटिश सेना अस्पताल में भरती कराया गया, जो अस्पताल बनाए जाने से पूर्व एक महल

था। अस्पताल का संचालन बड़ी अच्छी तरह किया जा रहा था। मुझे भलीभाँति याद है कि वहाँ प्रतिदिन एक कमांडिंग ऑफिसर (कमान अधिकारी) का दौरा होता था। उसके आने से पहले रेजिमेंट के सार्जेंट मेजर ने ऊँची आवाज में ब्रिगेडियर डॉक्टर के आने की घोषणा की। उस अधिकारी के आगमन से पूर्व हमसे अपेक्षा की जाती थी कि हममें से प्रत्येक अपने बिस्तरों पर सावधान की मुद्रा में बैठ जाए। एक सप्ताह बाद मुझे अस्पताल से छुट्टी दे दी गई।

मैंने तोपखाना मुख्यालय में प्रतिवेदन (रिपोर्ट) किया, जहाँ मुझे अपनी रेजिमेंट, प्रथम टैंकरोधी रेजिमेंट में रिपोर्ट करने के लिए कहा गया, जिसके कुछ सैनिक पश्चिमी रेगिस्तान से वापस लौट रहे थे। उन्हें खोजने के लिए मैं पाइपलाइन के साथ-साथ हाइफा गया, किंतु बाद में मैं आठवीं बटालियन की अन्य इकाइयों के साथ उत्तरी इराक स्थित किफरी में मौजूद अपनी रेजिमेंट में गया। पुनर्गठन की प्रक्रिया से गुजर रही रेजिमेंट में एक नए कमांडिंग ऑफिसर ले. कर्नल जॉन डेनियल ने अभी हाल में रेजिमेंट का कार्यभार सँभाला था। मुझे एक तोप टुकड़ी की कमान सौंपी गई। वह टुकड़ी 1/5 रॉयल गोरखा राइफल्स से संबद्ध थी, जिसकी कमान कर्नल ब्रिग्स सँभाल रहे थे। उन्हें ब्रिग्स अथवा 'ब्रिग्गो' के नाम से जाना जाता था और उनकी श्रवण शक्ति क्षीण थी, अर्थात् उन्हें कम सुनाई देता था, जो हमारे लिए एक परेशानी का विषय था, क्योंकि उसका अर्थ यह था कि वे पूरी तरह आदेश प्राप्त करने में सक्षम नहीं थे और उस कार्य के लिए वे पूरी तरह मेरे ऊपर निर्भर थे।

हमें सूचना मिली कि जर्मन सेना की एक टुकड़ी फील्ड मार्शल एरिक वोन मैंस्टीन के नेतृत्व में काकासस के रास्ते आगे किरकुक स्थित तेल के कुओं पर कब्जा करने के लिए आगे बढ़ रही थी। मुझे उस क्षेत्र की सुरक्षा स्थितियों का पता लगाने के लिए भेजा गया। उस क्षेत्र का भूभाग कठोर एवं ऊबड़-खाबड़ तथा साँसें फुला देने वाला था। उस क्षेत्र में हमारे लिए तेज बहने वाली नदियों को पार करना भी शामिल था। वहाँ बड़ी मात्रा में छोटे-बड़े झींगुर भी थे।

उस क्षेत्र की राजनीति ऑटोमन साम्राज्य के विभाजन के लिए अंग्रेज-फ्रांसीसी शत्रुता द्वारा प्रभावित थी। इसका उल्लेख एक नया अरब राज्य बनाने के लिए मैकमोहन-हुसैन के मध्य हुए पत्राचार में किया गया था। उसके बाद सन् 1916 में ब्रिटेन के एमआई-6 सर मार्क साइक्स एवं फ्रांस के जॉर्ज पायकाट द्वारा ब्रिटिश एवं फ्रांसीसी प्रभाव वाले क्षेत्रों में ऑटोमन साम्राज्य के विभाजन का प्रस्ताव तैयार किया गया। उन्होंने अरब राज्यों का एक गठबंधन अथवा महासंघ बनाने की परिकल्पना भी प्रस्तुत की थी। एक समय कुर्दों के लिए अलग राज्य बनाने पर भी विचार किया

गया था, परंतु उसे ठंडे बस्ते में डाल दिया गया। रूस को कुछ आर्मीनियाई क्षेत्रों का अधिग्रहण करने के साथ-साथ बड़े कुर्दियाई भूभाग पर अधिकार करने की स्वतंत्रता दी गई थी। 1917 में जार के शासन के पतन के बाद सोवियत लोग समझौते से पीछे हट गए। समझौते के प्रावधानों को 1920-22 में हुए 'सैन रेमो सम्मेलन' में संशोधित कर दिया गया। अरबों को वह नहीं मिला, जो उन्हें देने का वादा किया गया था। आज हम मध्य-पूर्व में जो विवाद एवं अस्थिरता का वातावरण देख रहे हैं, उसके बीज बहुत पहले 'साइक्स-पिकाट समझौते' में ही बो दिए गए थे।

मेरे सैनिक सर्वेक्षण के दौरान मेरे साथ 1/5 गोरखा राइफल की एक टुकड़ी चल रही थी। हमारा राशन अत्यंत कम एवं अरुचिकर था। सौभाग्यवश, गोरखा सदैव अपने साथ मच्छरदानियाँ लेकर चलते थे, जिनकी सहायता से वे हमें मछलियाँ उपलब्ध कराते थे।

काकासस में किया जाने वाला जर्मनों का आक्रमण अमल में नहीं लाया गया, क्योंकि हिटलर ने अपनी सेनाओं को स्टालिनग्राद पर कब्जा करने का प्रयास करने वाली सेनाओं की सहायता के लिए मोड़ दिया था।

मानव प्रबंधन में प्रारंभिक पाठ

युद्ध के प्रारंभिक दिनों में भाग लेने वाले ब्रिटिश अधिकारी संभ्रांत परिवारों से आते थे। मेरे बैटरी कमांडर मेजर डिक पीटर्स थे, जो क्षेत्रीय सेना के अधिकारी थे और अपने नागरिक जीवन में एक अधिवक्ता एवं स्थानीय जागीरदार थे। वे एक सहृदय एवं मिलनसार व्यक्ति थे। हमारी बैटरी (टुकड़ी) का कप्तान नॉर्मन हार्डिंग नागरिक जीवन में स्वर्णकार था। मैंने उन दोनों से, विशेषतया मानव प्रबंधन के विषय में बहुत-कुछ सीखा।

मेरे मानव प्रबंधन से संबंधित एक पाठ ने मेरी आँखें खोल दीं। मैंने अपनी टुकड़ी के नेता (ट्रुप लीडर) और वायसराय के कमीशन प्राप्त अधिकारी (वी.सी.ओ.) गुलाम मोहम्मद को एक कार्य पूरा करने के लिए सौंपा। उसने काम पूरा नहीं किया, जिसके कारण मैंने उसे कई सैनिकों के सामने धमकाया। वी.सी.ओ. ने मेरे बैटरी कमांडर से विरोध जताया और कहा कि मेरी इज्जत के साथ समझौता किया गया, अर्थात् मेरा अपमान किया गया। इज्जत का अर्थ सम्मान और उससे भी अधिक होता है। किसी अन्य भाषा में उसका पर्यायवाची शब्द नहीं है (जो व्यक्ति अपनी इज्जत खो देता है, वह अपनी छवि और सम्मान खो देता है)। मेरे बैटरी कमांडर ने मुझे बुलाया और कहा, "जैको (उस समय मुझे इसी नाम से जाना जाता था), तुम्हारी

आयु क्या है ?" "उन्नीस वर्ष," मैंने उत्तर दिया। बैटरी कमांडर ने कहा, "जैको, इस वी.सी.ओ. को नौकरी करते 24 वर्ष हो गए हैं, जो तुम्हारी आयु से कई वर्ष अधिक है। इससे अधिक मुझे कुछ नहीं कहना है।" मेजर डिक पीटर्स की उस डाँट को मैं कभी भी नहीं भूला।

मैंने अपनी टुकड़ी के सैनिकों के लोगों के बारे में जानकारी माँगी कि वे किस गाँव से आए थे, उनके परिवार में कौन-कौन हैं और उनकी समस्याएँ क्या हैं ? सफल कमान नेतृत्व के लिए मानव प्रबंधन सर्वाधिक अनिवार्य तत्त्वों में से एक है। लेकिन दुर्भाग्यवश, इस अनिवार्य तत्त्व को आज उतना महत्त्व नहीं दिया जाता है, जितना कि उसे दिया जाना चाहिए।

हमारी सेवा शर्तें अत्यंत कठोर थीं और हमारा पंडाली (कैंपिंग) आवास तो पूर्णतया आधारिक था, राशन की स्थिति तो उससे भी अधिक खराब थी, यह बात अलग है कि हम अपनी राशन की कमी को शिकार करके पूरा कर लेते थे। हम अधिकतर समय प्रशिक्षण के लिए बाहर रहते थे। हम ग्लब पाशा की अरब सैन्य टुकड़ी के साथ अभ्यास करने में भाग लेते थे। उसके निकट ही खानाकिन में पोलैंड की कार्पेथियन डिवीजन थी, जिसकी कमान जनरल व्लादिस्लाव एंडर्स के हाथ में थी। पोलैंड के सैनिकों को यहाँ मध्य एशिया एवं ईरान (पर्सिया) होते हुए लाया गया था। एंडर्स अत्यंत प्रभावशाली व्यक्ति था। मैंने उससे मुलाकात की। उसने मुझे बताया कि मैं अपने देश पोलैंड वापस जाकर युद्ध करूँगा। उसके लिए यह बड़े दुर्भाग्य की बात थी कि द्वितीय विश्वयुद्ध की समाप्ति के बाद सोवियतों ने उसे पोलैंड वापस लौटने से मना कर दिया था।

हमारी रेजिमेंट को वहाँ न तो वांछित सैन्य सहायता प्राप्त हुई और न ही अन्य उपकरण, क्योंकि उस क्षेत्र (थिएटर) में यह सब उपलब्ध नहीं था। यही कारण था कि हमें पुनर्गठित होने के लिए भारत लौट आने का आदेश दिया गया। इस आदेश से हम बहुत निराश हुए, क्योंकि हम वहाँ 8 भारतीय डिवीजन के साथ टिके रहने के इच्छुक थे। आठवीं भारतीय डिवीजन एक कड़क डिवीजन थी, जिसका नेतृत्व सक्षम, तेज-तर्रार एवं लोकप्रिय जनरल, मेजर जनरल डुडली रसेल 'पाशा' कर रहे थे। सन् 1947 में स्वतंत्रता के बाद उन्हें जनरल के.एम. करियप्पा का सलाहकार नियुक्त किया गया था, परंतु करियप्पा ने उनकी दक्षता का लाभ उठाने से इनकार कर दिया। सन् 1950 में जब मुझे सेना मुख्यालय में जनरल स्टाफ का दायित्व सौंपा गया तो मैंने रसेल 'पाशा' से कई बार संपर्क किया, क्योंकि उन्हें अपनी सलाह के लिए लोकप्रिय रूप से जाना जाता था। वे मेरे साथ सदैव विनम्र एवं सहायक

रहे। वे मेरे साथ अपने युद्ध के अनुभवों को साझा करते थे, जिनमें से एक विशेष अनुभव को मैं स्मरण करना चाहूँगा। आठवीं भारतीय डिवीजन को कॉस द्वीप में आक्रमण करने का लक्ष्य सौंपा जाने वाला था। हमारी थिएटर कमान की सोच यह थी कि चूँकि द्वीप की रक्षा में तैनात इतालवी एवं जर्मन सैनिकों की संख्या समान थी और वे एक-दूसरे को संतुलन बनाए रखने में सहायता करेंगे, इसलिए हमारे द्वारा नियोजित काररवाई उनके लिए कोई कठिनाई पैदा नहीं करेगी। टास्क फोर्स के कमांडिंग एडमिरल, जो हमारे आक्रमण में सहायता करने वाले थे, वे रसेल की ओर मुखातिब हुए। रसेल ही वह सैनिक थे, जिन्हें हमारी योजना को कार्यान्वित करना था। उस अवसर पर दिया गया रसेल का उत्तर सचमुच बेमिसाल था—"सज्जनो, मैंने दस वर्ष की आयु में ही ग्रिम बंधुओं के झगड़े की कहानियों को पढ़ना बंद कर दिया था।" उनका उत्तर सुनकर काररवाई वापस ले ली गई।

हमारा भारत वापस आने का मार्ग मूलत: सड़क मार्ग से निर्धारित किया गया था। हम सब उसी के विषय में विचार कर रहे थे, परंतु ऐसा होने वाला नहीं था। इसके बाद हमें आदेश दिया गया कि हम अपने वाहनों को वापस लौटा दें और समुद्र के रास्ते भारत के लिए प्रस्थान करें। हम कराची में जहाज से उतरे और रेलगाड़ी से स्यालकोट के लिए रवाना हो गए। स्यालकोट उन दिनों एक साफ-सुथरी और छोटी छावनी था। हमने अपने उपकरण, वाहन, तोपें और मोर्टार एकत्र किए और वापस मध्य-पूर्व जाने के बजाय हमें 26वीं भारतीय बटालियन प्रदान कर दी गई, जो बर्मा में अराकान के लिए प्रस्थान करने वाली थी। राँची क्षेत्र में अल्पकालिक कानन (जंगल) प्रशिक्षण के बाद हम अराकान के लिए रवाना हो गए। 26वीं डिवीजन पंद्रहवीं कोर का अंग थी, जिसकी कमान ले.जन. बिल स्लिम सँभाल रहे थे, लेकिन शीघ्र ही उन्हें पदोन्नत करके चौदहवीं सेना की कमान सौंप दी गई। ले.जन. सर फिलिप क्रिस्टीसन ने पंद्रहवीं कोर की कमान सँभाली। नई बनाई गई 26वीं भारतीय डिवीजन की कमान मेजर जनरल सी.ई.एन. लोमैक्स को सौंप दी गई। स्लिम सेना की कोरों के बीच अत्यंत लोकप्रिय थे और सैनिकों से बार-बार मिलते रहते थे। मुझे एक घटना विशेष रूप से याद है, जब मैं बड़ी संख्या में अधिकारियों की मौजूदगी में बंकर ध्वंस करने का प्रदर्शन कर रहा था। उन अधिकारियों में कोर कमांडर ले.जन. बिल स्लिम भी शामिल थे। अपनी उत्सुकता में मैं तोप की कुदालों को खोदना भूल गया, जो तोप को दागने के बाद पलटकर हमारी दूरबीन से टकरा गई, जिससे मेरी एक आँख काली हो गई। स्लिम ने सहानुभूति प्रकट करते हुए कहा, "यह सरल है, इसे करो।"

यहाँ मैं एक अन्य घटना का वर्णन अवश्य करूँगा, जो मानव प्रबंधन के महत्त्व से संबंधित है। अराकान से हमारे प्रस्थान से पूर्व हमें लोहरदगा रोड के 13वें मील पर प्रशिक्षण के लिए ले जाया गया। बॉम्बे ग्रेनेडियर्स की एक बटालियन 11वें मील पर मौजूद थी। हमारी इकाई के वर्ग सम्मिश्रण के पुनर्गठन हेतु दिल्ली से आदेश जारी किए गए थे। इस आदेश पर सैनिकों ने नाराजगी जताई, जिन्होंने उसे लागू करने से इनकार कर दिया। यूनिट (इकाई) के ब्रिटिश अधिकारियों ने उसपर तीखी प्रतिक्रिया की और उसे विद्रोह की संज्ञा दी और वे इकाई क्षेत्र को छोड़कर चले गए।

मेरे कमान अधिकारी ले. कर्नल 'पिप' लैसेल्स को स्थिति से निपटने का आदेश दिया गया और तोपखाने की तैनाती कर दी गई। लैसेल्स ने मुझे बुलाया और कहा, "जैको, जाओ और वहाँ कुछ करो।" मैं गाड़ी में बैठकर यूनिट लाइंस में गया, जहाँ लोग खेल के मैदान में एकत्र थे। वहाँ जाकर मैं सूबेदार एवं अन्य वी.सी.ओ. अधिकारियों से मिला। हमारे बीच लंबी चर्चा हुई। मैंने उन्हें वचन दिया कि यदि वे लोग काम पर वापस लौट आएँगे तो मैं सुनिश्चित करूँगा कि उनके विरुद्ध कोई अनुशासनात्मक काररवाई न की जाए। वे लोग अनिच्छापूर्वक अपनी ड्यूटी पर लौट आए और मैंने ले. कर्नल लैसेल्स को वापस जाकर घटना के बारे में जानकारी दी। मैंने उनसे बलपूर्वक कहा कि मैंने कोर कमांडर की ओर से उन्हें आश्वासन दिया है कि उनके विरुद्ध कोई काररवाई नहीं की जाएगी, इसलिए उन्हें दिए गए मेरे वचन का सम्मान किया जाना चाहिए। मामला वहीं समाप्त हो गया।

सघन काररवाई के बीच

मेरी रेजिमेंट अराकान के लिए रवाना हो गई और वहाँ उसने मायू रेंज में 26वीं भारतीय डिवीजन के साथ मिलकर काररवाइयों (ऑपरेशंस) में भाग लिया। जनरल लोमैक्स द्वारा हमारी रेजिमेंट के कार्य-प्रदर्शन की प्रशंसा की गई। काररवाई में मैं घायल हो गया था, जिसके दौरान जापानी जीरोस ने हवाई हमला करके बर्मा में बमबारी कर दी थी। मुझे अच्छी तरह याद है कि एक जीरो और जापानी पायलट का चेहरा मेरी ओर घूरकर देख रहा था। मैंने तनाव से क्रोधित होकर अपनी रिवॉल्वर से उसके ऊपर गोली चला दी, जिसका उन दोनों पर कोई प्रभाव नहीं पड़ा। उस हमले में अनेक लोग मारे गए थे। फील्ड एंबुलेंस में मौजूद सर्जन ने फुरती से मेरा इलाज करके अच्छा कार्य किया और मैं शीघ्र ही काररवाई में वापस आ गया।

काररवाइयों में एक ठहराव आने के बाद मैं अपनी रेजिमेंट के कैप्टन डगलस ह्यूम के साथ एक छोटी पैदल यात्रा पर सिक्किम चला गया। जब

हमारी यात्रा के बारे में कमांडिंग ऑफिसर को बताया गया तो वह दंग रह गया, क्योंकि छुट्टी पर गए अन्य लोगों ने कलकत्ता जाकर लोगों से मिलने-जुलने को प्राथमिकता दी थी।

दिल्ली में तोपखाना के निदेशक मेजर जनरल रे मर्लीज का पुत्र ले. रॉबिन मर्लीज हमारा गन पोजीशन ऑफिसर (जी.पी.ओ.) था। जी.पी.ओ. लक्ष्य को उलझाने के लिए आँकड़ों का विश्लेषण करता है। रे मर्लीज को इंडिया कमान सौंपे जाने से पहले वह मोंटगोमरी का तोपखाना कमांडर था। वह बहुत क्रोधी और तुनकमिजाज अधिकारी माना जाता था। दूसरी ओर, उसका पुत्र रॉबिन सिपाहीगीरी की अपेक्षा साहित्य एवं कविता में अधिक रुचि लेता था।

हमने मायू रेंज में अनेक काररवाइयों में भाग लिया था। एक बार मैं मरते-मरते बचा था। मैं अपनी बैटरी का स्थानापन्न (ऑफिशिएटिंग) कमांडर था और अपने संकेतक (सिग्नलर) एवं ओ.पी. सहायक के साथ ओ.पी. टुकड़ी को छुट्टी देने के लिए आगे की ओर बढ़ रहा था। हम जंगल में अपना रास्ता भटक गए और एक जंगल चौकी पर रोक लिये गए। मैं अपनी पोजीशन लेने में सफल रहा था, लेकिन तभी चौकी के दूसरी ओर से कुछ जापानी साम़ने आ गए। उन्होंने रुककर अपनी पोजीशन ले ली और मेरे सहायक ने उनके ऊपर गोली चला दी। उसके बाद दोबारा जंगल में वापस जाकर छिप गए और कुछ मिनट बाद जब मैंने महसूस किया कि जापानी हमारे पहले वाले स्थान के नजदीक आ गए थे, तो मैंने अपने तोपखाने को अपनी पहले वाली जगह पर फायर करने का आह्वान किया। मैंने निम्नलिखित आदेश दिया—"बैटरी टारगेट, बैटरी टारगेट, ग्रिड रेफरेंस···मेरा आदेश मिलते ही पाँच चक्र तोप के गोले दागो।" लगभग एक मिनट बाद मैंने आदेश दिया—"फायर!" एक चक्र गोले दागे जाने के बाद मैंने दोबारा गोले दागने का आदेश दिया। हम अपनी निगरानी चौकी (ओ.पी.) पर पहुँचने में सफल हो गए।

हमारी रेजिमेंट को दोहरी (जल एवं थल) काररवाइयों के लिए चिह्नित किया गया था, अर्थात् हम जल और थल दोनों में काररवाई कर सकते थे। मेरी बैटरी, जोकि स्वतंत्र रूप से कार्य कर रही थी, उसे कॉक्स बाजार के दक्षिण में स्थित उखिया बीच पर दोहरी काररवाइयों के प्रशिक्षण हेतु जाना था। चूँकि मुझे आगे की ओर जाना था, मैंने रॉबिन को आदेश दिया कि वह तोपखाने की मुख्य इकाई को लेकर उखिया पहुँचे और यह भी कि मैं उनको गाइड का कार्य करूँगा, जिनकी हमारे पास बहुत कमी थी। रॉबिन सचमुच अतुल्य था—एक बार मैंने उसे उस

समय रोकने का प्रयास किया था, जब वह एक कोबरा (अत्यंत जहरीला साँप) पर विल्लत की पुस्तक 'रोमन उर्दू' से हमला करना चाहता था। एक बार रॉबिन पुस्तक पढ़ते-पढ़ते बैटरी का नेतृत्व कर रहा था, तो उत्तर की ओर मुड़ने के बजाय वे लोग मायू रेंज से अराकान रोड की ओर पहुँच गए और वहाँ से उत्तर की ओर बढ़ते हुए जापानी ठिकानों वाले क्षेत्र में पहुँच गए। सौभाग्यवश, वहाँ सेना पुलिस की निगरानी वाली एक जाँच चौकी (चेकपोस्ट) थी और कच्ची सड़क के आगे दोनों ओर कँटीले तारों वाली रुकावट थी। सेना पुलिस ने अत्यंत कठिनाई से लकड़ी के फट्टों वाली एक सँकरी सड़क पर वाहनों को पीछे की ओर 180 डिग्री मोड़ने में सफलता पाई।

हालाँकि, मैं रॉबिन को बहुत पसंद करता था, फिर भी मेरे लिए उसे अपनी बैटरी में रख पाना बहुत कठिन था, इसलिए मैंने उसे अपनी बैटरी से बाहर निकालने का अनुरोध किया। उन्होंने प्रतिक्रिया दी, "जैको, क्या तुम्हें पता है कि तुम मुझसे क्या करने के लिए कह रहे हो? वह सबसे बड़े तोपची का पुत्र है।" मैंने कहा कि मेरे पास इसके अतिरिक्त अन्य कोई विकल्प नहीं है, तो लैसेल्स ने पल भर की खामोशी के बाद कहा, "मैं कोर कमांडर क्रिस्टीसन से इस विषय में बात करूँगा, उसके साथ मेरे अच्छे संबंध हैं।" रॉबिन को 24 घंटे के अंदर मेरी टुकड़ी से हटा दिया गया और उसे मथुरा स्थित तोपखाना प्रशिक्षण इकाई में भेज दिया गया। मुझे उसका हटाया जाना अच्छा नहीं लगा, फिर भी हम सन् 2008 में उसकी मृत्यु तक एक-दूसरे के संपर्क में बने रहे।

रॉबिन के स्थान पर ले. जॉन विल्ली लेक्खे को नियुक्त किया गया, जो पहले असम में चाय बागान के स्वामी थे। उनकी आयु 40 वर्ष से अधिक थी और उन्हें तोपखाने का कोई विशेष ज्ञान नहीं था। मैंने उन्हें सिखाने का प्रयास किया, किंतु कोई विशेष लाभ नहीं हुआ। वे अकसर कहते हुए सुनाई देते कि यह उनकी सीखने की आयु नहीं है। लेक्खे हमारे जवानों से ऐसे बात करते थे, जैसे वे उनके चाय बागान के मजदूर हों। एक बार मैंने उन्हें उनके इस व्यवहार के लिए फटकार लगाई तो उन्होंने प्रतिवाद करते हुए कहा, "युवक, मैं तुम्हारे पिता की आयु के समान हूँ।" उनके साथ काम कर पाना सचमुच बहुत कठिन था। एक बार उनके साथ जंगल की ओर जाते हुए मैंने उन्हें रुडयार्ड किपलिंग की एक कविता सुनाने का निर्णय लिया, लेकिन उनके लाभ के लिए मैंने उसमें थोड़ा परिवर्तन कर दिया (मूल कविता का शीर्षक है—'पहला शिकारी')। कविता का मेरा अनुवाद था—

पड़ी हुई थी, जंगल में इक सुलग रही बंदूक
उसे देखकर एक पथिक की निकल गई थी हूक
एक तोपची पड़ा हुआ था वहीं निकट बेजान
पड़ा हुआ मस्तक पर उसके नीला एक निशान
और कमर के उड़े चिथड़े शव की यह पहचान!

लेक्खे कविता सुनकर हिल गया और मेरे ऊपर चीखता हुआ बोला—"ठहरो!" हम जंगल में अपने निर्धारित स्थान की ओर चुपचाप बढ़ गए। बाद में मैंने मुख्यालय में अधिकारियों के समक्ष उसे हटाने का मुद्दा उठाया और शीघ्र ही उसे कॉक्स बाजार में संचार इकाई में तैनात कर दिया गया।

मायू रेंज के जंगलों के बाद उखिया का समुद्रतट (बीच) आया, जो फाउल पॉइंट तक मीलों लंबा था। हमने वहाँ प्रशिक्षण का आनंद लिया, क्योंकि वहाँ हमें विशेष राशन मिलता था, जिसमें न्यूजीलैंड के मेमने का 'हलाल' गोश्त भी शामिल था। हमारे पंजाबी मुसलमान सैनिकों ने वह गोश्त खाने से इनकार कर दिया, क्योंकि उसे वास्तविक मांस दरशाने के लिए उसके पैकेट पर 'हलाल' की मुहर लगी हुई थी। मुसलमानों द्वारा उसे खाने से इनकार करने के कारण हम अधिकारियों को अधिक मांस खाने को मिल गया। इस 'बीच' (समुद्रतट) की जानकारी मेरे लिए कालांतर में सन् 1971 के भारत-पाक युद्ध के दौरान अत्यंत उपयोगी सिद्ध हुई।

हमारी रेजिमेंट में एक तोपखाना कमांडर का पद खाली था। हमारे सी.ओ. (कमान अधिकारी) ने ब्रिगेड को एक मेजर की नियुक्ति के लिए पत्र लिखा, क्योंकि ब्रिटिश अधिकारी पर्याप्त रूप से स्वस्थ नहीं थे। यद्यपि जैकब पूरी तरह स्वस्थ था, परंतु वह बहुत कनिष्ठ (जूनियर) था। एक ब्रिटिश अधिकारी कैप्टन रॉबिन्सन ने घोषणा की कि यदि जैकब को वरीयता दी जाएगी तो वह आत्महत्या कर लेगा। ब्रिगेड कमांडर, जिसने मुझे काम करते देखा था, उसने एक लाइन का उत्तर दिया—"जैकब को तरक्की दी जाएगी।" रॉबिन्सन मेरे पास लड़ने की मुद्रा में आया तो मैंने कहा, "राब्बी, यदि तुम खुद को गोली मारना चाहते हो तो तुम वैसा करने के लिए स्वतंत्र हो।" मेरा उत्तर सुनते ही वह उदास होकर वहाँ से चला गया।

प्रारंभ में हम अंडमान द्वीप पर हमला करने वाले थे, परंतु बाद में योजना में परिवर्तन कर दिया गया और हमें बर्मा के समुद्रतट पर स्थित रामरी द्वीप पर कब्जा करने के लिए कहा गया। कई वर्षों बाद सन् 1960 में मैंने उत्तरी कैरोलिना के फोर्ट ब्रैग में एक भोज में भाग लिया था, जो पोस्ट कमांडर ब्रिगेडियर जनरल रिचर्ड जी. स्टिलवेल द्वारा दिया गया था। रिचर्ड जी. स्टिलवेल 'विनेगर जो' स्टिलवेल का

पुत्र था, जो उन दिनों अमेरिकी सेना के जनरल थे और चीन तथा बर्मा में अपनी सेवाओं के लिए प्रसिद्ध थे। उस भोज में लॉर्ड लुईस माउंटबेटन मुख्य अतिथि थे। मैं ओकलाहोमा के फोर्ट सिल में आयोजित एक मिसाइल प्रशिक्षण शिविर में भाग लेकर वापस लौट रहा था। ओकलाहोमा अमेरिकी सेना के तोपखाने का प्रशिक्षण केंद्र था। मैं उस समय भारतीय सेना की नीली वरदी पहने हुए था। माउंटबेटन ने मुझे देखा तो मुझे अपनी बगल में बैठने का इशारा किया। हमारे बीच 26वीं भारतीय डिवीजन, विशेषतया रामरी में की गई काररवाइयों के बारे में चर्चा हुई। माउंटबेटन ने कहा कि प्रारंभ में हमारे उद्देश्य के लिए अंडमान का चयन किया गया था और उसके बारे में गुप्तचर शाखा को भी अवगत करा दिया गया था। हमने अपने छलकारी आवरण (डिसेप्शन कवर) योजना के अंतर्गत रामरी द्वीप पर आक्रमण करने का बहाना किया था। बाद में हमारा इरादा बदल गया और हमने अंडमान के बजाय रामरी पर आक्रमण कर दिया। अफरातफरी के कारण गुप्तचर विभाग को सूचित नहीं किया जा सका और उन्होंने रामरी पर आक्रमण करने का दिखावा करना जारी रखा।

मेरे तोपखाने को लिंकनशायर रेजिमेंट की पहली बटालियन की सहायता करनी थी। वह ब्रिटिश सेना की इन्फैंट्री डिवीजन थी, जिसमें एक भारतीय इन्फैंट्री ब्रिगेड और दो अन्य भारतीय बटालियनें शामिल थीं। उस समय तक और द्वितीय विश्वयुद्ध के दौरान भी यही नियम लागू था। यह हमारे लिए सौभाग्य की बात थी कि गुप्तचर विभाग ने माउंट पीटर पर आक्रमण करने का दिखावा किया, जिसकी जापानियों ने पहले ही किलेबंदी कर रखी थी। उन्होंने पहाड़ी की चोटी तक सुरंगें और बंकरों के निर्माण हेतु गहरी खुदाई कर रखी थी। हम उससे भी आगे उत्तर की ओर क्याकपाऊ में उतरे, जिसे हलके में लिया गया था। हमारी काररवाइयाँ योजना के अनुसार चल रही थीं। मुझे ब्रिटेन की शाही नौसेना के युद्धपोत 'एच.एम.एस. क्वीन एलिजाबेथ' के बमबारी अधिकारी का दायित्व सौंपा गया था। मैंने युद्धपोत की आठ 15 इंच तोपों को माउंट पीटर की रक्षा चौकियों पर 2,000 पाउंड के गोले दागने का आदेश दिया। बाद में जब मैं बमबारी का परिणाम देखने गया तो वहाँ का दृश्य देखकर दंग रह गया, क्योंकि शत्रुओं के बंकरों को न्यूनतम क्षति पहुँची थी। जापानी रक्षक सेना (गैरीसन) के एक हजार सैनिक मगरमच्छों से भरी गरानों की ओर भाग गए। हम दुभाषियों के साथ नावों पर सवार होकर उनकी ओर गए और उन्हें ऊँची आवाज में गरानों से बाहर निकल आने के लिए कहा, लेकिन एक भी आदमी बाहर नहीं आया। खारे पानी में रहने वाले मगरमच्छ, जिनमें से कुछ की

लंबाई तो 20 फीट से भी अधिक थी, बार-बार उस जल में तैरते दिखाई दिए। यह कल्पना करना कठिन नहीं है कि जान बचाने के लिए उन गरानों में कूदे जापानी सैनिकों का क्या हुआ होगा!

रामरी से हम मैबॉन की नौसैनिक बमबारी को देख सकते थे। ब्रिटिश नौसैनिक एवं कमांडो डूब गए थे। ब्रिगेडियर के.एस. थिमैया द्वारा निर्देशित हमारी डिवीजन की 36वीं भारतीय ब्रिगेड को जापानियों को रास्ते से हटाने का आदेश दिया गया, जिसे उन्होंने सफलतापूर्वक पूरा किया। थिमैया एकमात्र भारतीय थे, जो द्वितीय विश्वयुद्ध के दौरान एक भारतीय ब्रिगेड की कमान सँभाल रहे थे। भारतीय सेना ने अब तक जितने भी युद्ध सैनिक (कम्बैट) तैयार किए थे, थिमैया उनमें सर्वाधिक प्रतिष्ठित थे। उनके साथ थे—ले. कर्नल एस.पी.पी. थोराट और ले. कर्नल एल.पी. (बोगी) सेन। ले. कर्नल करियप्पा उस समय 26वीं भारतीय डिवीजन के ए.क्यू.एम.जी. और मेजर बिक्रम सिंह उनके सहायक थे।

रामरी से जापानियों को बाहर निकालने के बाद हमने अकयाब के दक्षिण में लेटपैन चौंग की उतराई में भाग लिया और हम लोग चेदुबा द्वीप पर भी उतरे। हमारी डिवीजन को उस समय भारत में पुनः स्वस्थ होने के लिए आराम देने का वादा किया गया था। हम लोग सैन्यपोत 'एम.वी. दुनेरा' पर सवार हुए और मद्रास की ओर बढ़ गए। हमारा मनोबल बहुत ऊँचा था, क्योंकि हमें बताया गया था कि हम लोग बेंगलुरु के निकट ठहराए जाएँगे। हम देर शाम मद्रास बंदरगाह पर पहुँचे। अगले दिन सुबह हम लोग लाउडस्पीकरों पर की जाने वाली यह घोषणा सुनकर जागे कि हम लोग अपनी पूरी परेड पोशाक में लंबे रूट मार्च के लिए तैयार हो जाएँ। लिंकनशायर रेजिमेंट की बटालियन से नाराजगी के स्वर सुनाई देने लगे। उस समय भीषण वर्षा हो रही थी और हम अपने अधिकारियों को कोसते हुए मद्रास की गलियों में परेड कर रहे थे और यह सोचकर हैरान थे कि क्या यही वह विशेष आराम है, जिसे देने का हमसे वादा किया गया था? हम देर शाम अपने जहाज पर वापस लौट आए। अगले दिन प्रातःकाल हम लोग अपने जहाज पर बैठकर अत्यंत खराब मौसम में मद्रास से बाहर निकल गए। हम बड़ी बेसब्री से अंदाजा लगा रहे थे कि हम अब कहाँ जा रहे हैं? जब हमें क्षितिज पर रामरी द्वीप का समुद्रतट पुनः दिखाई पड़ा तो हमारा सारा संदेह फौरन दूर हो गया। लंगर डालने के बाद हमारी ओर एक मोटरबोट आती दिखाई पड़ी। मेजर जनरल चैंबर्स, जो पहले एच.क्यू. पंद्रहवीं कोर के ब्रिगेडियर जनरल स्टाफ थे और अब वे पदोन्नत होकर हमारे पूर्व डिवीजनल कमांडर लोकप्रिय मेजर जनरल लोमैक्स का स्थान लेने आए थे, सैन्यपोत पर सवार

हो गए। हमें तैयार होकर जहाज के डेक पर आने के लिए आदेश दिया गया, ताकि हमें चैंबर्स द्वारा संबोधित किया जा सके। चैंबर्स का वक्तव्य शुरू होने से पूर्व हमारे बीच भारी कानाफूसी हो रही थी। "आप लोग यह जानकर अत्यंत गौरवान्वित होंगे कि आप लोगों को यहाँ युद्ध की सर्वाधिक महत्त्वपूर्ण काररवाइयों में से एक में भाग लेने के लिए वापस आने के लिए कहा गया है। जहाँ तक आप लोगों की छुट्टी का प्रश्न है...वह अभी दूर है।" लिंकन ब्रिगेड के एक सैनिक ने चिल्लाकर कहा, "चुम्स, हमारी छुट्टियाँ तुम्हें मिल गई हैं!!" इसके बाद उनके ऊपर फब्तियाँ कसी जाने लगीं और सैनिक उनकी खिल्ली उड़ाने लगे। क्रोध से लाल हुए चैंबर्स नाव पर सवार होकर वहाँ से रवाना हो गए, फिर भी सैनिकों की फब्तियाँ जारी रहीं। मेरी बैटरी अपनी पूर्व अवस्थिति पर लौट आई। वहाँ वीरानी छाई थी। जापानी बंकरों से उड़ाकर लाई गई टीन की चादरों से बने हमारे शरणस्थल नष्ट हो गए थे, इसलिए हमें खुले आसमान के नीचे, बिना किसी छाया के एक और मानसून का सामना करना था। विभिन्न मुख्यालयों से आई अधिकारियों की एक बड़ी टोली शीघ्र ही हमारे पास आई, जिसमें सर्वोच्च कमांडर लॉर्ड लुईस माउंटबेटन भी शामिल थे। उसके बाद डिवीजन ने रंगून पर आक्रमण करने की तैयारी शुरू कर दी। रणनीतिक सेवाओं के अमेरिकी कार्यालय (ओ.एस.एस.) के प्रमुख वाइल्ड डोनोवान के लड़कों, जिन्हें हम 'नौका वाले लोग' कहते थे, ने हमें सूचना दी कि जापानी रंगून छोड़कर जा रहे थे। इसके बावजूद, पूर्व निर्धारित योजना के अनुसार कारंरवाई को अंजाम दिया गया।

हलके तौर पर, मैं एक घटना को विशेष रूप से स्मरण करना चाहूँगा, जिसके अंतर्गत जर्मनों के आत्मसमर्पण की घोषणा की गई थी। छठी राजपूताना राइफल्स, जिसे तोपखाना क्षेत्र की रक्षा का भार सौंपा गया था, उसने उस घोषणा की खुशी मनाने के लिए समुद्र में अपने गोले दाग दिए। उस समय मैं तोपखाना क्षेत्र में था। ले. कर्नल हिल, जो उस समय डिवीजन के शाही तोपखाने के स्थानापन्न कमांडर थे, ने फोन करके जानना चाहा कि गोले कौन दाग रहा है? सूचना दिए जाने पर उन्होंने मुझे कमान अधिकारी ले. कर्नल बुचर को गिरफ्तार करने का आदेश दिया। मैं बुचर को अच्छी तरह जानता था। अधिकारियों का मेस (भोजनालय) तिरपाल के नीचे चल रहा था और वहाँ चारों ओर काफी धूमधाम थी। मैंने कर्नल बुचर के पास जाकर कहा कि मुझे आपको गिरफ्तार करने के लिए भेजा गया है। उन्होंने हँसते हुए उत्तर दिया, "तुम शराब पियो बूढ़े बालक," और वहीं मामला खत्म हो गया।

रंगून के पतन के बाद हम उसी सैन्यपोत से बेंगलुरु से 30 मील बाहरी क्षेत्र में बनाए गए पंडाल से बने शिविर के लिए चल पड़े, जहाँ हमसे मलाया पर हमला करने के लिए 'ऑपरेशन जिपर' में भाग लेने हेतु तैयारी करने के लिए कहा गया।

मुझे नियमित कमीशन प्राप्त करने हेतु बेंगलुरु स्थित चयन बोर्ड के लिए प्रस्थान करने के लिए कहा गया। वहाँ होने वाली परीक्षाएँ निचोड़ू, थकाऊ और चार दिनों में विस्तारित थीं। कुछ सप्ताह बाद नियमित कमीशन प्राप्त करने वालों की घोषित होने वाली सूची में मेरा नाम सबसे ऊपर था।

'ऑपरेशन जिपर' कभी अमल में ही नहीं लाया गया। पहला परमाणु बम हिरोशिमा पर 8 अगस्त को गिराया गया, जिसके फौरन बाद जापान ने आत्मसमर्पण कर दिया। हमारी डिवीजन सुमात्रा के लिए रवाना होने वाली थी, जहाँ उसे मौजूद जापानियों को निरस्त्र करना था। हमारी उस काररवाई को, बहरहाल कुछ समय के लिए टाल दिया गया, क्योंकि जनरल डगलस मैकआर्थर ने निर्देश दिया कि यह काररवाई केवल तभी की जाएगी, जब टोक्यो की खाड़ी में मौजूद युद्धपोत पर आत्मसमर्पण-पत्र पर हस्ताक्षर कर दिए जाएँगे। हम अपने सैन्यपोत पर मद्रास में सवार हुए और उत्तरी सुमात्रा के बेलावन नामक लंगरगाह (एंकरेज) की ओर रवाना हो गए। वहाँ हम वाहन एवं उपकरण एकत्र करने के बाद मेडन के लिए रवाना हो गए। मेरी बैटरी को तत्काल शहर के संवेदनशील क्षेत्रों को सुरक्षा उपलब्ध कराने के लिए तैनात कर दिया गया। हॉलैंड के अधिकारियों ने सरको नामक क्षेत्र को अपने नियंत्रण में लेने का प्रयास प्रारंभ कर दिया। यह ऐसी काररवाई थी, जिसका इंडोनेशिया वालों ने तीव्र विरोध किया, क्योंकि वे चाहते थे कि हॉलैंडवासी फौरन वहाँ से चले जाएँ। पहली बार उनके विरोध को कुचल दिया गया। पूरे द्वीप समूह में स्वतंत्रता के लिए 'मर्डेका' की गूँज सुनाई देने लगी। हमारी सेनाओं और इंडोनेशियाइयों के बीच लड़ाई शुरू हो गई, जिन्हें देश का नियंत्रण हॉलैंडियों को सौंपने का आदेश दे दिया गया। मेरी रेजिमेंट के सिपाही पंजाबी मुसलमान थे, जिनकी हमदर्दी इंडोनेशियाइयों के साथ थी। उन दिनों तोपखाने की टुकड़ियाँ अपनी काररवाई के लिए स्वयं उत्तरदायी थीं और उन्हें इस तरह डिजाइन किया गया था कि वे स्वतंत्र रूप से काररवाई कर सकें। मेरी इकाई को शहर के विशाल क्षेत्र में पुलिस की जिम्मेदारी निभाने का दायित्व सौंपा गया था, जिसमें शहर की बाहरी परिधि भी शामिल थी। वहाँ तैनात जापानी टुकड़ी ने मुझे 'गार्ड ऑफ ऑनर' दिया। जिस समय मैं 1971 में नियाजी के साथ आत्मसमर्पण के लिए सौदेबाजी कर रहा था, मुझे इसका स्मरण हो आया था, इसलिए मैंने उसपर समारोहपूर्ण 'गार्ड

ऑफ ऑनर' देने का दबाव डाला, जिसे उपलब्ध कराने के लिए नियाजी की भारी आलोचना की गई थी।

मैंने जापानी कमांडर की खूबसूरत पैकर्ड कार को जब्त करके उसे परिवर्तनीय बना दिया। (पहले वह एक हॉलैंड निवासी के स्वामित्व में थी)। वह एक मिंट दशा वाली शानदार कार थी। बहरहाल, मैं उसे अधिक दिनों तक चलाने की स्थिति में नहीं था। हमारी डिवीजन के जनरल कमांडिंग ऑफिसर मेजर जनरल 'डेडली' हेडली ने मुझे उसे चलाते देखा तो उन्होंने मुझे आदेश दिया कि वह कार मैं उनके उपयोग के लिए उन्हें सौंप दूँ और उसके बदले में मुझे एक उपयुक्त कार दी जाएगी। बदले में मुझे एक पुरानी ऑस्टिन 10 कार दी गई, जिसने पहले अच्छे दिन देखे थे। बाद में हेडली को मलाया में कमान सँभालने के लिए पदोन्नत कर दिया गया था।

हमारा एक सैनिक हमारे ही सेक्टर में कहीं खो गया था और हमने उसे खोजने के लिए सर्च ऑपरेशन चलाया था। मैं लकड़ी से बनी एक दोमंजिला इमारत के सामने से गुजर रहा था और मैंने अपने सिग्नल ऑपरेटर के साथ उस भवन का निरीक्षण करने का निर्णय लिया। भूतल पर एक सिगार फैक्टरी थी, जिसके चलने की गूँज सुनाई दे रही थी। बीते दिनों में सर्वोत्तम सिगार उत्तरी सुमात्रा की प्रसिद्ध डेल्ली तंबाकू से बनाई जाती थी। वहाँ काम करने वालों में हमें अधिकतर लड़कियाँ दिखाई दीं। वे खामोश होकर काम करती थीं और मुझे वे अत्यंत शांतिप्रिय दिखाई पड़ीं। अपनी नंगी जाँघों पर सिगार घुमाने का उनका तरीका देखकर मैं अत्यंत रोमांचित था। उसके बाद हमने दूसरी मंजिल की जाँच करने का निर्णय लिया। जितनी शीघ्रता से हम सीढ़ियों के शीर्ष पर चढ़े, उससे भी कम समय में हमें गलियारे के दूरस्थ किनारे पर युवा 'पेमोदाओं' का एक समूह दिखाई पड़ा, जिन्होंने अपने हाथों में लिये भाले हमारी ओर फेंकने शुरू कर दिए। उन्हें मैदान में ही रोके रखने के लिए मैंने उनके सिर के ऊपर से फायर करना शुरू कर दिया और अपनी लूगर पिस्तौल की पूरी मैगजीन खाली कर दी। स्टेनगन से लैस मेरा सिग्नल वाला सिपाही मेरी सुरक्षा के लिए दौड़ता हुआ मेरे पास आ गया। जीप में बैठे दूसरे सिग्नल वाले सैनिक ने भी मुझे अपनी जीप तक पहुँचाने के लिए ऊपरी मंजिल पर गोलियाँ दागनी शुरू कर दीं। मैंने लड़ाई तो पहले भी लड़ी थी, लेकिन इस बार जैसा अशक्त कभी नहीं हुआ था। मेरे ऊपर खूँखार दिखाई देने वाले भालाधारी समूह ने आक्रमण कर दिया था। वे कुल्हाड़ियाँ लहराने वाले स्थानीय स्वतंत्रता सेनानी थे।

हमारी डिवीजन से संबद्ध खुफिया अधिकारी हॉलैंड सेना के एक रफ ऑपरेटर कैप्टन टर्को वेस्टरलिंग थे। इंडोनेशियाइयों ने उनके सिर पर 20,000 अमेरिकी डॉलर के बराबर सोने का इनाम रखा था। मैंने उनके तौर–तरीकों को लेकर उन्हें दो बार चेतावनी भी दी थी। एक विशेष घटना में उन्होंने एक पुल पर तैनात मेरे सैनिकों को धकेलकर आगे बढ़ने की कोशिश की थी। वह एक 'नो गो एरिया' था। वहाँ बिना परमिट के कोई आगे नहीं जा सकता था। वहाँ तैनात प्रभारी हवलदार ने उन्हें अपनी राइफल के कुंदे से रोक दिया था।

कुछ सप्ताह बाद एक अंग्रेज सेवा अधिकारी, जो वेस्टरलिंग के स्थान पर नियुक्त हुआ था, मेरी सलाह के विरुद्ध चार परमिटधारी ब्रिटिश हवलदारों के साथ 'नो गो एरिया' से आगे चला गया। कुछ दिनों बाद उस ऑफिसर का शव शाम ढलने के बाद पुल के दूसरे किनारे पर पड़ा मिला था। वेस्टरलिंग डींग मारता था कि उसके अल्बानियाई सैनिक हमारे गोरखा सैनिकों से श्रेष्ठ हैं। कालांतर में जब इंडोनेशिया स्वतंत्र हो गया तो उसने अपने अल्बानियाई सैनिकों का प्रयोग करते हुए इंडोनेशियाई सरकार के विरुद्ध विद्रोह खड़ा कर दिया। विद्रोह को कुचल दिया गया और वेस्टरलिंग नीदरलैंड लौट गया।

इंडोनेशियाई लोग जापानियों के क्रूर आधिपत्य के बावजूद हॉलैंडियों की अपेक्षा जापानियों को प्राथमिकता देते थे। उन्होंने निरर्थक जापानी मुद्रा स्वीकार करने के लिए डच गिल्डर्स स्वीकार करने से इनकार कर दिया था। हमें इस बात का अफसोस है कि हमारे पास जापानी मुद्रा की जली हुई पेटियाँ थीं। पराजय की स्थिति में भी जापानी लोग अनुशासित थे और सम्मानजनक व्यवहार करते थे। उनके द्वारा उपलब्ध कराए गए कार्यदल कार्यकुशलता का नमूना थे। एक बार कोई कार्य सौंप दिए जाने के बाद वे उसे चुपचाप दक्षतापूर्वक पूरा करते थे। हम मेडन में केवल बटालियन की शक्ति के साथ आवागमन कर सकते थे। मुझे मेडन के बाहर कुछ कार्य पूरा करने के लिए नियुक्त किया गया था और हमें वह कार्य जापानी ट्रकों के पीछे खड़े होकर यात्रा करते हुए पूर्ण करना था, क्योंकि इंडोनेशियाई लोग जापानी सैनिकों के आवागमन में हस्तक्षेप नहीं किया करते थे। एक बार मैंने मेदन के बाहर अपनी तैनाती के दौरान अपना एक विशेष कार्य एक जापानी इकाई को सौंप दिया था। मैंने कमांडर को सूचित किया कि वह कार्य मेरी संतुष्टि के अनुकूल पूरा नहीं किया गया था। उसने कमान के दूसरे नंबर के अधिकारी को बुलाया और अपने सैनिकों के सामने अपने दस्ताने वाले हाथ से उसके गाल पर थप्पड़ रसीद कर दिए। पराजय की अवस्था में भी मैं जापानियों की कार्यकुशलता देखकर चकित एवं अत्यंत प्रभावित हो गया था।

मेडन के आसपास अनेक हमलों में हमारी टुकड़ियों की बार-बार इंडोनेशियाइयों से मुठभेड़ हो जाती थी। एक बार अर्नहेमिया जाने वाली सड़क पर राजपूताना राइफल्स की छठी बटालियन के साथ जाते समय कंपनी कमांडर मेरे साथ-साथ पैदल चल रहा था। मेजर सबनिस ने हमें सुझाव दिया कि हम अलग होकर चलें, क्योंकि जिस सड़क पर हम आगे बढ़ रहे थे, वह बार-बार घात लगाकर किए जाने वाले हमलों के लिए कुख्यात थी। उसने मुझे सलाह दी कि मैं सड़क के दूसरी ओर चलूँ और उसकी सलाह मानते हुए मैं अपनी रेडियो टुकड़ी के साथ सड़क के दूसरे किनारे पर चलने लगा। कुछ सौ गज आगे अचानक गोलियाँ चलने लगीं तो मेजर सबनिस ने चार गोलियों को रोक लिया और हमले से बच गए। एक अन्य काररवाई में मेजर चाँद भी गंभीर रूप से घायल हो गए थे।

□

3

देवलाली में वापसी और विभाजन से संबंधित मामले

सन् 1946 के मध्य में मैं अपनी डिवीजन में उन आठ अन्य लोगों के साथ चयनित हुआ था, जिन्होंने काररवाइयों में उल्लेखनीय योगदान दिया था और जिन्हें बाली द्वीप में कुछ दिनों की छुट्टी मनाने का अवसर मिला था। हमने एक डकोटा विमान में एक जीप और ट्रॉली के साथ उड़ान भरी थी और डेनपसार की घास वाली पट्टी पर उतरे थे। पायलट ने हमसे कहा कि वह 14 दिनों बाद हमें वापस ले जाने के लिए आएगा। सुमात्रा के विपरीत, बाली अद्भुत, अतिशय शांत स्थान था, जहाँ उस द्वीप पर न तो कोई जापानी सैनिक थे और न ही डच सैनिक थे। वहाँ हमें अपनी इच्छानुसार कहीं भी घूमने की आजादी थी। वह अत्यंत रमणीय स्थान था और वहाँ आज की तरह कोई परिधान नियम (ड्रेस कोड) लागू नहीं था। स्त्रियाँ वहाँ आसपास के क्षेत्रों में बिना टोपी पहने नंगे सिर भ्रमण करती थीं। हमने वहाँ अनेक सांस्कृतिक कार्यक्रमों में भाग लिया और हम नृत्य टोलियों के कार्य-प्रदर्शन से अत्यंत रोमांचित थे। मैं सौभाग्यशाली था कि मुझे बेल्जियम के प्रख्यात कलाकार ली मेयूर द्वारा डेनपसार के समुद्रतट पर स्थित अपने बँगले में अतिथि के रूप में आमंत्रित किया गया था। उन्होंने एक खूबसूरत अभिनेत्री (मॉडल) पोलोक के साथ विवाह किया था। उसके विषय में कम-से-कम इतना तो कहा ही जा सकता है कि वह अत्यंत सुंदर थी। हमें वहाँ खाने के लिए सींक कबाब के साथ-साथ पीने के लिए नशीली शराब मिलती थी, जिसे स्थानीय भाषा में 'अरक' कहा जाता था। मैंने कलाकार ली मेयूर से उनकी पत्नी पोलोक द्वारा बनाया गया जल रंग का चित्र भी खरीदा था। मेयूर ने जोर देकर कहा कि उसका

भुगतान जलडमरूमध्य (स्ट्रेट्स) के डॉलरों में किया जाए, न कि हॉलैंड के गिल्डरों में। बालियाई नक्काशीदार लकड़ी से बने फ्रेम में निबद्ध उसका चित्र (पोर्ट्रेट) मेरे शयनकक्ष की आज भी शोभा बढ़ा रहा है। उस स्वर्ग सरीखे सुंदर द्वीप में बिताए गए दो सप्ताह हमें अत्यंत संक्षिप्त लगे थे।

पूर्व निर्धारित समय पर डकोटा वापस आया। शाही वायुसेना के चालक दल ने विमान में अपने शिविर के लिए बड़ी संख्या में सूअर भरे हुए थे। वापस आते समय हमारे विमान का एक इंजन खराब हो गया। विमान के कप्तान ने हमसे कहा कि हम लोग अपना सामान बाहर फेंक दें, क्योंकि अधिक भार होने के कारण विमान अपनी ऊँचाई खो रहा था। हमने उससे कहा कि सबसे पहले तुम इन सूअरों को बाहर फेंको। उसने एक-एक करके सूअरों को समुद्र में गिरा दिया। हम किसी तरह पालेमबैंग हवाई अड्डे पर पहुँचने में सफल हो गए, जहाँ विमान के इंजन की मरम्मत की गई थी। डकोटा हमारी वायुसेना का अत्यंत उपयोगी विमान था, जो विश्वसनीय, सुदृढ़ एवं कभी भी मरम्मत किए जाने योग्य था। उसके जैसी कोई चीज नहीं थी। वे विश्व के अनेक भागों में आज भी उड़ रहे हैं। नवंबर 1946 में मुझे अपना साजो-सामान डच सेना के ह वाले कर देने का आदेश दिया गया। यह कार्य अत्यंत व्यवस्थित तरीके से किया गया और हम उनसे अलग हो गए। हम बेलावन लंगरगाह (एंकरेज) जाने के लिए पंक्तिबद्ध हो गए, जहाँ सैन्यपोत हमारी प्रतीक्षा कर रहे थे। हमने अभी अपने वाहनों को जहाज पर चढ़ाया ही था कि इंडोनेशियाइयों ने पैरामीटर (परिधि) पर हमले करने शुरू कर दिए। डच कमांडेंट भागता हुआ मेरे पास आया और बोला कि हम वापस लौट जाएँ। मैंने खेदपूर्वक उसका अनुरोध स्वीकार करने से इनकार कर दिया, क्योंकि मुझे निर्धारित समय पर बेलावन पहुँचने का आदेश दिया गया था। हम बेलावन पहुँचकर वहाँ से मद्रास जाने वाले जहाज पर सवार हो गए।

मुझे दो पाठ्यक्रमों में से एक में भाग लेने के लिए चिह्नित किया गया था—दक्षिण-पूर्व एशिया की संयुक्त सेनाओं ने मुझे वायु पर्यवेक्षण पाठ्यक्रम के लिए नामित किया था और भारतीय कमान ने मुझे गनरी स्टाफ कोर्स (तोपखानाकर्मी पाठ्यक्रम) के लिए चुना था। इसके अंतर्गत मुझे तोपखाने के लिए अनुदेशकों को प्रशिक्षण प्रदान करना था। मैंने गनरी स्टाफ कोर्स का विकल्प चुना और एक भीड़ भरे सैन्यपोत पर स्कॉटलैंड में ग्लासगो जाने के लिए सवार हो गया। जहाज पर उपलब्ध सुविधाएँ अत्यल्प थीं। एक बर्फीले तूफान के बीच हम ग्लासगो पहुँचे। हमने सासीहाल स्ट्रीट के एक रेस्तराँ में खाने के लिए कुछ पाने का प्रयास

किया। उन दिनों वहाँ कठोर राशनिंग लागू थी, इसलिए हमें बची हुई खिचड़ी और बंदगोभी खाकर अपना काम चलाना पड़ा। हम लंदन जाने वाली रेलगाड़ी में सवार हो गए और गरमीरहित रेलगाड़ी बर्फबारी के कारण बार-बार खड़ी हो जाती थी। अंततोगत्वा हम अत्यंत सर्द मौसम में लार्कहिल स्थित तोपखाना विद्यालय पहुँच गए। वह मेरी सजीव स्मृति में अपनी किस्म का एकमात्र तोपखाना विद्यालय था। वहाँ लगभग प्रत्येक चीज का भीषण अभाव था। मेस में बने हमारे क्वार्टरों में गरमी का कोई प्रबंध नहीं था। हमें पुरुष सहायक के बजाय ए.टी.एस. (तोपखाना प्रशिक्षण विद्यालय) की लड़कियाँ उपलब्ध कराई गईं। मैंने सन् 1942 से मध्य-पूर्व, बर्मा और सुमात्रा में अत्यंत विषम परिस्थितियों में अपनी सेवाएँ दी थीं और अब मैं थोड़ा आराम और मनोरंजन करने की आशा कर रहा था। मैंने पढ़ाई पर अधिक परिश्रम नहीं किया और अकसर सप्ताहांत में लंदन से बाहर निकल जाता था। जब मैं भारत लौटा तो मुझे अपने उस व्यवहार के लिए अत्यंत पश्चात्ताप हुआ, क्योंकि मुझे वही पाठ्यक्रम पढ़ाने का दायित्व सौंपा गया, जिसमें मैंने यहाँ भाग लिया था।

ईस्टर की छुट्टियों के दौरान मैं दक्षिणी इंग्लैंड के समुद्रतट पर स्थित टार्क्वे गया और वहाँ ऑसबर्न नामक अत्यंत आकर्षक एवं लावण्यमयी होटल में ठहरा। उसमें पुरानी रीति के भव्य एवं अलंकृत कमरे थे। वहाँ अपनी अत्यंत प्यार करने वाली माताओं के साथ कुछ सुंदर लड़कियाँ भी थीं। प्राचीन वाद्य समूह की उपस्थिति में वहाँ प्रत्येक शाम नृत्य आयोजित किए जाते थे। मुझे ईस्टर के सोमवार की रात को गाड़ी पकड़नी थी, किंतु मेरे साथ नृत्य करने वाली लड़की, जोकि लार्कहिल के निकट एम्सबरी की निवासी थी, ने मुझे देर रात तक नृत्य करने के लिए राजी कर लिया। मेरी नृत्यसंगिनी ने वादा किया कि वह और उसकी माँ मुझे भोर में ही अपनी कार से लंदन पहुँचा देंगी। मैं भी मूर्खतापूर्वक सहमत हो गया। अगली सुबह तड़के मैंने उन्हें होटल में जगाने का प्रयास किया, किंतु कोई सफलता नहीं मिली। बाद में उसी सुबह हम गाड़ी से लार्कहिल के लिए रवाना हो गए। उन दिनों कक्षाएँ झोंपड़ीनुमा कमरों में आयोजित की जाती थीं। हम लंच के बाद पहुँचे, जहाँ हमारे अध्यापक मेजर 'फैट्टी' प्राइस बाहर खड़े होकर हमारी प्रतीक्षा कर रहे थे। मुझे छोड़ने आए कार में बैठे लोगों पर जब उनकी दृष्टि पड़ी तो उनके चेहरे पर चौड़ी मुसकान फैल गई। मैंने हकलाते हुए उन्हें समझाने का प्रयास किया और इससे पहले कि मैं उन्हें कोई मनगढ़ंत कहानी सुनाऊँ, उन्होंने कहा, "तुम्हें स्पष्टीकरण देने की कोई आवश्यकता नहीं है।" इसके साथ ही उन्होंने पहले से ही प्रारंभ हो चुकी परीक्षा का प्रश्नपत्र मेरे हाथ में थमा दिया। उस दिन के बाद से वे मुझे मजाक

में 'टार्क्वे का लॉर्ड जैकब' कहकर बुलाने लगे। कई वर्षों बाद जब मैं तोपखाना विद्यालय का कमांडेंट था, उसी प्रकार की गलती करके मेरे सामने दो लड़के पेश हुए। मुख्य प्रशिक्षक ने मुझसे उनकी विकेट गिराने के लिए कहा। मैंने उन दोनों की जमकर खिंचाई की और उन्हें दोबारा वैसी गलती न करने की चेतावनी दी। क्रोधित मुख्य प्रशिक्षक को कुछ समझ में नहीं आया कि मैंने उनकी सिफारिश के अनुसार उन दोनों को सजा क्यों नहीं दी ? मैंने मुख्य प्रशिक्षक के समक्ष स्पष्ट किया कि इसी प्रकार की गलती एक बार मैंने भी इंग्लैंड में की थी और वहाँ मुझे दंडित नहीं किया गया था, इसलिए मैंने सोचा कि यदि मैं इन परिस्थितियों में उन्हें दंडित करूँगा तो मेरे लिए अत्यंत अनुचित होगा।

पाठ्यक्रम पूरा होने के बाद मैंने और मेरे सहपाठी मेजर आप्टे ने निर्णय किया कि हम ड्राइवर सहित एक कार किराए पर लेंगे और स्कॉटलैंड के पश्चिमी किनारे पर स्थित लोच टे के पास बसे नन्हे से सुंदर गाँव सालमोन जाकर मछलियाँ पकड़ेंगे। भारत वापस आने से पूर्व हमने एक पखवाड़ा पेरिस में बिताया। वहाँ वस्तुएँ अत्यंत उचित दाम पर मिलती थीं। मुझे वहाँ के मैक्सिम, फकेट्स, लिडो और अब बंद हो चुके बाल टैबरेन जैसे बाजार याद आते हैं। हम संग्रहालय, वर्सेल्स स्थित नेपोलियन का मकबरा और फाउंटेन ब्ल्यू को देखने भी गए।

अगस्त 1947 के प्रारंभिक दिनों में मैं लंगरगाह में खड़े बंबई जाने वाले जहाज में सवार हुआ, जिसे भारत और पाकिस्तान के स्वतंत्र हो जाने के बाद 17 अगस्त को पहुँचना निर्धारित था। हमारे साथ जहाज पर अनेक अधिकारी सवार थे, जिनके भाग्य में दोनों देशों की सेनाओं में नौकरी करना लिखा था। जब हम बंबई में जहाज से उतरे, तब भी हमारे बीच भाईचारे की भावना विद्यमान थी।

हमारी गाड़ी छुक-छुक करती हुई पश्चिमी घाटों से चली, जिसे हरे-भरे जंगलों के बीच से गुजरते हुए लेक बील से आगे जाना था। हमारे समक्ष देवलाली का सुपरिचित परिदृश्य, शंकु के आकार वाली पहाड़ी, बाहुला किला एवं शिव डोंगा दिखाई दिए। रेलवे स्टेशन पूर्ववत् ही दिखाई देता था। एक ताँगे में सवार होकर मैं अपनी मेस में पहुँचा, जहाँ कनॉट रोड पर मुझे एक क्वार्टर आवंटित किया गया था। तथापि जिस देवलाली को मैंने 1942 में छोड़ा था, वह अब बहुत भिन्न दिखाई देती थी। देश के विभाजन ने तनाव का वातावरण निर्मित कर दिया था। इसके अतिरिक्त, देवलाली ग्रेट ब्रिटेन जाने वाले ब्रिटिश सैनिकों एवं उनके परिवारों के लिए एक प्रमुख पारगमन केंद्र बन गया था। वहाँ ब्रिटेन वापस जाने के लिए प्रतीक्षारत परिवारों के लिए एक विशाल शिविर स्थापित किया गया था।

मैंने कमांडेंट ब्रिगेडियर 'फैट्टी' फ्राउन के पास जाकर अपनी उपस्थिति दर्ज कराई। फ्राउन ने पश्चिमी सहारा में युद्ध करते हुए अपना एक पैर खो दिया था, जिसके कारण उन्हें बंदी बना लिया गया था, तथापि आगे बढ़ती हुई ब्रिटिश सेनाओं द्वारा उन्हें रिहा कर दिया गया था। रिहा किए गए युद्धबंदियों से मिलने आए जनरल मोंटगोमरी ने बंदी बनाए गए सैनिकों को फटकार लगाई कि तुमने अपने आप को गिरफ्तार क्यों कराया ? फ्राउन का उत्तर अत्यंत सुसंस्कृत था—'सर, यदि आपका एक पैर कट गया होता तो आप भी बंदी बना लिये गए होते!' उनका उत्तर सुनकर वे दंग रह गए और कोई उत्तर दिए बिना आगे बढ़ गए। फ्राउन ने मुझे स्कूल के संसाधनों को भारत और पाकिस्तान में विभाजित करने के लिए समझाया, क्योंकि उस समय वहाँ मैं ही वरिष्ठ भारतीय अधिकारी था और मेरे साथ मेरे मित्र मेजर 'भैया' आप्टे भी थे। मुझे स्कूल की संपत्तियों का अधिग्रहण करने और संस्थान के संसाधनों का भारत और पाकिस्तान के बीच बँटवारा करने का दायित्व सौंपा गया था।

अगस्त 1947 में दो नए पाठ्यक्रम शुरू किए जाने वाले थे—पहला कोर्स तोपखाने में शिक्षकों की भरती के लिए तोपखाना कर्मचारी कोर्स था और दूसरा पाठ्यक्रम युवा अधिकारियों के लिए था। तोपखाना कोर्स पढ़ाने का दायित्व मुझे सौंपा गया, जबकि आप्टे को युवा अधिकारियों को पढ़ाने की जिम्मेदारी दी गई। मैंने तोपखाने के मुख्य प्रशिक्षक एवं ब्रिटिश अधिकारी के पास अपनी उपस्थिति दर्ज कराई, जो कहीं बाहर जाने की तैयारी कर रहे थे। उनकी काम करने में कोई रुचि नहीं थी और उनका कार्यालय भी पूरी तरह अव्यवस्थित हो गया था। उन्होंने मुझे पुराने ढंग की समाप्त हो चुकी पद्धतियों से पढ़ाए जाने वाले पाठ्यक्रम का एक प्रारूप सौंपा। मैंने उन्हें बताया कि तोपखाना प्रशिक्षण की पद्धतियाँ बदल चुकी हैं और यह भी कि मैं अपने साथ नई प्रविधियों वाला एक प्रारूप लाया हूँ। उन्होंने कहा कि तोपखाना द्वितीय विश्वयुद्ध के दौरान बनाए गए तोपखाना सिद्धांतों का प्रयोग करता आया है, इसलिए उनके अनुसार मुझे वही पाठ्यक्रम पढ़ाना चाहिए। मैंने प्रत्युत्तर में कहा कि यह तो एक पश्चगामी कदम है और इस संबंध में मैं कमांडेंट से मिलूँगा। मैंने जब कमांडेंट को इस विषय में जानकारी दी तो वे सहमत हो गए और मुख्य प्रशिक्षक से बात की। फ्राउन कुछ सप्ताहों बाद वहाँ से जाने वाले थे।

मैं फ्राउन को पसंद करता था। यद्यपि उनके एक ही पैर था (दूसरा पैर नकली था), फिर भी वे नियमित तौर पर टेनिस खेला करते थे और अनेक अवसरों पर मैंने उनका साथ दिया था। वे सचमुच अत्यंत असाधारण व्यक्ति थे।

जिस समय मैं पाठ्यक्रम प्रारंभ करने वाला था, उस समय अनेक अधिकारी पाकिस्तान लौटने की प्रतीक्षा कर रहे थे; उनकी वापसी नवंबर तक विलंबित कर दी गई। क्षेत्र में इक्का-दुक्का सांप्रदायिक हत्याएँ हो रही थीं। हमारे क्वार्टर से कुछ गज की दूरी पर बहने वाले एक नाले में तीन शव फेंके हुए थे। पाकिस्तान जाने वाले कुछ अधिकारियों ने मुझसे पूछा कि क्या वे पाकिस्तान जाने से पूर्व कुछ दिनों तक हमारे क्वार्टरों में रह सकते हैं? और कुछ दिनों बाद वे हमारे क्वार्टर छोड़कर पाकिस्तान चले गए, क्योंकि इस बीच कोई अप्रिय घटना नहीं हुई थी।

मैं पढ़ाने के साथ-साथ मुझे सौंपे गए अन्य दायित्वों को पूरा करने में व्यस्त रहता था। मेरे ऊपर सभी कक्षाएँ लेने की मजबूरी तो थी ही, मुझे सौंपा गया भारत और पाकिस्तान के बीच संपत्तियों के विभाजन का अतिरिक्त दायित्व भी अत्यंत खीझ पैदा करने वाला था। मुझे यह भी सुनिश्चित करना था कि कहीं वापस लौटने वाले ब्रिटिश अधिकारी सेना के टेंपल हिल क्लब की संपत्तियों को—खाने की चीजों और शराब के भंडार को रियायती दरों पर न झटक ले जाएँ! 1948 के प्रारंभिक महीनों में, लार्कहिल में प्रशिक्षण प्राप्त करने के बाद, कुछ अन्य अनुदेशक (शिक्षक) भी आ गए। हमारे स्टाफ में अन्य लोगों के साथ-साथ ले. कर्नल सरताज सिंह, मेजर ओ.पी. मल्होत्रा, मेजर रेग्गी प्रसाद, मेजर राल्फ फोरगार्ड भी हमारे साथ आ मिले। जो पाठ्यक्रम मैं पढ़ा रहा था, वह मार्च 1948 में पूरा हो गया, जिससे स्कूल में शिक्षकों की भारी कमी हो गई।

मेस में रहने वाले हम कुँवारे लोग ड्यूटी समाप्त होने के बाद खूब मौज-मस्ती करते थे। क्लब में होने वाले नृत्यों में जोड़ीदारों की कोई कमी नहीं थी, क्योंकि अनेक ब्रिटिश लड़कियाँ भारत में ही बनी रहना चाहती थीं। चाहतों के बावजूद; मैं सौभाग्यवश अविवाहित बने रहने में सफल रहा। अधिकतर ब्रिटिश कर्मचारियों के वापस लौट जाने के बाद हम अनेक शनिवारों की रात में इगतपुरी जाने वाली गाड़ी पकड़ लेते थे। इगतपुरी में एंग्लो-इंडियंस की एक बड़ी आबादी रहती थी और रेलवे इंस्टीट्यूट में आयोजित होने वाले नृत्य अत्यंत सजीव होते थे। हम रेलवे स्टेशन पर बने प्रतीक्षालय में अपनी डिनर जैकेटों के स्थान पर ड्रेस कोड का पालन करते हुए औपचारिक वस्त्र धारण कर लेते थे। कई बार पुरुष रक्षकों के आक्रामक एवं रक्षात्मक व्यवहार के कारण हमारे समक्ष कुछ समस्याएँ उत्पन्न हो जाती थीं। जॉन मास्टर्स अपने उपन्यास 'भवानी जंक्शन' में उनके दृष्टिकोण एवं संकोच का उल्लेख करते हैं। मास्टर्स, जिन्होंने आजादी से पहले और बाद में कुछ समय तक नियमित सेना में अपनी सेवाएँ प्रदान की थीं, उन्होंने अपने उपन्यास में झाँसी का

वर्णन अत्यंत महत्त्वपूर्ण स्थान के रूप में किया था, परंतु वे इगतपुरी का वर्णन भी समानवत् महत्त्वपूर्ण स्थल के रूप में कर सकते थे। मैंने एक शिक्षक के रूप में देवलाली में तीन अद्‌भुत वर्ष व्यतीत किए थे और मुझे अपनी रेजिमेंट्स में लगी तोपों की जाँच करने के लिए अभी बड़े पैमाने पर संपूर्ण भारत की यात्रा करनी थी, क्योंकि लार्कहिल से लौटे अन्य शिक्षकों का पाठ्यक्रम संक्षिप्त हो गया था और जाँच संबंधी पाठ्यक्रम छूट गया था।

मेरी अगली नियुक्ति सन् 1950 में सेना मुख्यालय के तोपखाना निदेशालय में जनरल स्टाफ ऑफिसर ग्रेड-II के रूप में हुई, जो एक मेजर के पद के समकक्ष थी। तोपखाना विभाग उन दिनों पुनर्गठन की प्रक्रिया से गुजर रहा था और मैं उपकरण एवं प्रशिक्षण प्रकोष्ठ का प्रमुख था। हमें इकाइयों की स्थापना और उपकरणों की अनुसूचियों को परिवर्धित करना था। अत्यंत मृदुभाषी ब्रिगेडियर पी.एस. ज्ञानी उसके निदेशक थे। वे कई बार मुझे कोई निर्देश देने के लिए बुला लेते थे। उनके साथ होने वाली बैठकें बहुत लंबी एवं पेचीदा होती थीं। मैं यह समझ पाने में विफल रहता था कि वस्तुतः वे कहना क्या चाहते थे? ज्ञानी को शीघ्र ही वहाँ से हटा दिया गया और उनका स्थान ब्रिगेडियर पी.पी. कुमारमंगलम ने लिया। उन्हें प्यार से लोग 'के' कहकर बुलाते थे। ब्रिगेडियर कुमारमंगलम अत्यंत खर्चीले और विनोदी स्वभाव के थे। हम दोनों के बीच अच्छी बनती थी और हमने परस्पर विश्वास एवं आदर का संबंध स्थापित कर लिया था। हमारा यह संबंध उनके संपूर्ण सेवाकाल एवं उनके रिटायर होने के बाद भी बना रहा। बीर हाचीम की लड़ाई के बाद पश्चिमी रेगिस्तान में 'के' को बंदी बना लिया गया था और युद्ध में वीरता दिखाने के लिए उन्हें डी.एस.ओ. प्रदान किया गया था और बाद में उन्हें आगे बढ़ती ब्रिटिश सेनाओं द्वारा रिहा कर दिया गया था। उन्होंने एक मोहक पारसी स्त्री के साथ शादी की थी। 'के' मुझ पर विश्वास करते थे और मुझे काम करने की खुली छूट देते थे। मैंने बख्तरबंद कोर के एक अधिकारी ब्रिगेडियर सी.टी. एडवर्ड कॉलिन्स के काफी निकट रहकर काम किया था, जिन्होंने आगे चलकर शस्त्र एवं उपकरण निदेशालय के प्रमुख का पद सँभाला था। हमें उपकरण से जुड़ी अनेक वस्तुओं से संबंधित नीति का मानकीकरण करना था, इसलिए उन्होंने मुझे तीनों सेनाओं के लिए प्रणोदकों (पॉपेलर्स) के उत्पादन से संबंधित नीति बनाने का आदेश दिया। मुझे प्रणोदकों के पाइक्राइट और डब्ल्यू समूह में से किसी एक के बारे में अपनी पसंद बतानी थी। बाद में बख्तरबंद सेना और जल सेना द्वारा डब्ल्यू समूह का चयन किया गया। मैंने पाइक्राइट समूह का चुनाव किया, यह एक ऐसा निर्णय था, जो समय

की माँग पर खरा उतरा था। मेरे द्वारा अनेक अन्य निर्णय भी लिये गए और इस प्रक्रिया में वैज्ञानिक सलाहकार डॉ. कोठारी के साथ मेरे अच्छे संबंध बन गए। वे एक दयालु एवं उदार व्यक्ति थे, जो समस्याओं के स्पष्टीकरण हेतु की जाने वाली मेरी प्रत्येक प्रार्थना को स्वीकार कर लेते थे। मैंने विद्युत् एवं यांत्रिकी निदेशालय में नियुक्त ले. कर्नल स्टैन डोइग से भी कई बार परामर्श माँगा था। उनका छोटा भाई डेसमंड डोइग स्कूल में मेरा सहपाठी रहा था। स्टैन एक कलाकार प्रकृति का व्यक्ति था और दिल्ली में नाट्यकला से मेरा परिचय उसी ने कराया था।

मैंने रक्षा सेवा स्टाफ कॉलेज की प्रवेश परीक्षा में बैठने हेतु आवेदन किया और ब्रिगेडियर 'के' से एक पखवाड़े का अध्ययन अवकाश देने का अनुरोध किया। ब्रि. 'के' ने प्रतिवाद करते हुए कहा कि चूँकि मैं पहले ही गनरी स्टाफ कोर्स कर चुका हूँ, इसलिए मुझे स्टाफ कॉलेज जाने की कोई आवश्यकता नहीं है और यदि फिर भी तुम उस परीक्षा में बैठने का प्रयास करोगे तो मैं तुम्हें नामित नहीं करूँगा। उन दिनों परीक्षा में अच्छी रैंकिंग प्राप्त करने वाले प्रतियोगी रिक्ति प्राप्त करने के पात्र माने जाते थे। मैंने उनसे कहा कि मुझे उनके नामांकन की कोई आवश्यकता नहीं थी और यह भी कि मैं एक प्रतियोगी रिक्ति प्राप्त कर लूँगा। 'के' विनोदपूर्ण ढंग से हँसे और बोले, "आगे बढ़ो, मैं तुम्हें शुभकामना देता हूँ।" उस परीक्षा में मैं शीर्ष स्थान प्राप्त कर उत्तीर्ण हुआ था।

हमने दिल्ली में कुछ मनोरंजनपूर्ण समय व्यतीत किया। हमें रानी विक्टोरिया मार्ग स्थित अधिकारी मेस में रहने का स्थान दिया गया, जो उन दिनों सेना एवं नौसेना के कुँवारे अधिकारियों का आवास हुआ करता था। दिल्ली उन दिनों एक सुंदर एवं भीड़रहित स्थान था। हम लोग न केवल कठोर परिश्रम किया करते थे, बल्कि जिमखाना और डिफेंस क्लबों में मनोरंजक सुविधाओं का आनंद लेते थे। हम दिल्ली गोल्फ क्लब में टेनिस, स्क्वैश एवं गोल्फ खेला करते थे। इन क्लबों की सदस्यता विशिष्ट एवं सेना तथा भारतीय प्रशासनिक सेवा के अधिकारियों के लिए सीमित थी। ब्रि. 'के' जब भी कभी देवलाली से दिल्ली आते थे तो मेरे कमरे में ठहरते थे और मैं अपने एक मित्र के कमरे में चला जाता था। उन दिनों अधिकारियों को न तो कार उपलब्ध कराई जाती थी और न ही आवास। मैंने अपनी कार कुछ समय के लिए उन्हें सौंप दी थी।

मुझे स्टाफ कॉलेज के पाठ्यक्रम में शामिल होना था। मैंने ब्रि. 'के' को अलविदा कहा। मेरे लिए उनके स्टाफ में काम करना सचमुच बड़े हर्ष का विषय था। ऑर्डिनेंस के मास्टर जनरल ले.जन. संत सिंह ने जब नीति-पत्रों पर हस्ताक्षर

करने के लिए यह कहकर मेरी खिंचाई की कि उन दस्तावेजों पर हस्ताक्षर करने का अधिकार केवल उन्हें था तो ब्रि. 'के' ने मेरा पूरा साथ दिया। संत सिंह ने उनकी स्वीकृति के बिना तोपखाना रेजिमेंट के लिए वरदी के चयन को मेरे द्वारा स्वीकृति दिए जाने पर भी आपत्ति की और तीनों सेनाओं के उपयोग हेतु खरीदे जाने वाले प्रणोदकों एवं फ्यूजों की खरीद के नीति-पत्र पर भी मेरे हस्ताक्षर करने पर आपत्ति की थी। उन्होंने मुझे रेजिमेंट के आदर्श वाक्य 'इज्जत ओ इकबाल' को बदलने का आदेश दिया, क्योंकि वह रोमन उर्दू में था और उसे हिंदी के आदर्श वाक्य से परिवर्तित करना था। मैंने स्पष्ट किया कि 'इज्जत' का कोई समानार्थी शब्द नहीं था। हम उसी से जुड़े रहे और अंततोगत्वा अपना आदर्श वाक्य बनाए रखने में सफल रहे।

□

4

स्टाफ कॉलेज और बाद के वर्षों में

रक्षा सेवा स्टाफ कॉलेज दक्षिणी भारत में स्थित नीलगिरि की पहाड़ियों के बीच वेलिंगटन नामक स्थान पर स्थित था। वेलिंगटन स्टेशन जाने के लिए हमने छोटी लाइन (नैरो गेज) पर चलने वाली रेलगाड़ी पकड़ी तथा नारियल और सुपारी के पेड़ों तथा हरी चाय की झाड़ियों के बीच शीतल बयार का आनंद लेते हुए आगे बढ़ गए। कमांडेंट मेजर जनरल जोय लैंटेग्ने ने बर्मा में चिंडिट ऑपरेशनों के दौरान मेजर जनरल ऑर्डे विनगेट के अधीन ब्रिगेडियर के रूप में कार्य किया था। एक विमान दुर्घटना में विनगेट की मृत्यु हो जाने के बाद उन्होंने कमान सँभाली थी। मेजर जनरल लैंटेग्ने की विनगेट के साथ कभी नहीं बनी, क्योंकि वे उन्हें एक ढोंगी और मायावी व्यक्ति के रूप में देखते थे। वे जनरल 'विनेगर' जोय स्टिलवेल को भी पसंद नहीं करते थे, क्योंकि उत्तरी बर्मा में काररवाइयों के संचालन को लेकर दोनों के बीच गंभीर मतभेद उत्पन्न हो गए थे। मेजर जनरल लैंटेग्ने स्टिलवेल को एक संकीर्ण मानसिकता वाला डरपोक अंग्रेज मानते थे, जो समग्र रणनीतिक प्राथमिकताओं को आत्मसात् कर पाने में असमर्थ थे।

सेना, नौसेना एवं वायुसेना के लिए एक अंतर-सेवा स्टाफ कॉलेज की स्थापना की पहल लॉर्ड लुईस माउंटबेटन द्वारा की गई थी, जो पूर्व में द्वितीय विश्वयुद्ध के दौरान व्यापक रूप से संयुक्त काररवाई करने की प्रेरणा देने के लिए बड़े पैमाने पर उत्तरदायी थे। इस संस्थान की स्थापना का आधारभूत कार्य जोय लैंटेग्ने द्वारा ही किया गया था। स्टाफ कॉलेज को आज अंतरराष्ट्रीय स्तर पर अपनी किस्म के प्रमुख संस्थानों में से एक के रूप में मान्यता प्रदान की जाती है। इसका सर्वाधिक श्रेय लैंटेग्ने को दिया जाना चाहिए।

मैं उनके मानवीय पक्ष को स्मरण करता हूँ। सेना सेवा कोर (एस.एस.सी.) से आए एक शिक्षक के साथ मुझे कुछ समस्या थी, उसने मेरे द्वारा लिखित एक शोध-प्रबंध (थीसिस) पर हाँफते हुए लाल स्याही से एक लंबी आलोचना लिख दी और उसपर अंतिम टिप्पणी के रूप में उसके ऊपर 'बकवास' लिखकर उसे रेखांकित भी कर दिया। इस शिक्षक (इंस्ट्रक्टर) ने कभी किसी कारवाई में भाग नहीं लिया था और हमेशा युद्धरहित क्षेत्रों में ही नौकरी की थी। मैंने भी उसकी सुदीर्घ कंपित टिप्पणियों के सामने 'बकवास' लिख दिया और उसके बारे में भूल गया। कुछ समय बाद उसने मुझसे मेरे कागजात माँगे, ताकि वह उन पर उत्तम एवं निकृष्ट टिप्पणी लिखकर उसे कमांडेंट के पास भेज सके। वह अपने नोट पर मेरी टिप्पणी जानने और उसे कमांडेंट के पास भेजने के लिए उतावला था। मुझे बताया गया कि कमांडेंट ने मुझसे मिलने की इच्छा व्यक्त की थी। लैंटेग्ने ने समस्त दस्तावेजों का आद्योपांत अध्ययन किया था। उन्होंने अपनी नजर का चश्मा उतारकर मेज पर रख दिया और मेरी ओर ऊपर से नीचे तक देखा। मुझे कमांडेंट की ओर से कड़ी फटकार लगाए जाने की आशा थी, परंतु जब उन्होंने कहा, "जैकब, तुम्हें मूर्खों को सहन करना सीखना चाहिए।" तो मैं सन्न रह गया। जोय लैंटेग्ने ने मेरे प्रति स्नेहिल भावना विकसित कर ली थी और वे अकसर मेरे साथ बर्मा की चिन्डिट कारवाइयों के बारे में चर्चा करते थे। वे सेना के पुराने विद्यालय के सिपाही थे और मैंने उनसे बहुत-कुछ सीखा था।

स्टाफ कॉलेज में मैंने कई मित्र बनाए थे। इससे मुझे बाद के वर्षों में अच्छे धरातल पर खड़ा होने में सहायता मिली। मुझे मूल रूप से इन्फैंट्री ब्रिगेड के मेजर के रूप में दायित्व सौंपा गया था, परंतु बाद में उसे बदलकर 75 पटियाला माउंटेन बैटरी कर दिया गया। मुझे निर्देश दिया गया कि मैं कमान सँभालने से पूर्व दिल्ली में ब्रि. कुमारमंगलम (के) से मिल लूँ। ब्रि. 'के.' ने मुझे संक्षेप में बताया कि वे मुझे तोपखाने की कमान सँभालने के लिए क्यों भेज रहे थे! पटियाला माउंटेन बैटरी पहले पटियाला राज्य सेनाओं का एक अंग रही थी और स्वाधीनता के बाद उसका भारतीय सेना में विलय कर दिया गया था। 'के.' ने मुझे बताया कि सिपाहियों ने कमीशन प्राप्त एक कनिष्ठ अधिकारी और बैटरी हवलदार (सार्जेंट) की गोली मारकर हत्या कर दी थी और मुझे बैटरी का चयन करना चाहिए। बैटरी ऊधमपुर से बाहर फैल गई थी और उसकी एक पिछली टुकड़ी कई सौ मील दूर तंगधार में तैनात थी और उसकी तोपें दो स्थानों पर तैनात थीं। 25 पाउंड के गोले दागने वाली एक टुकड़ी को मेरी कमान में तैनात कर दिया गया था। माउंटेन (पर्वतीय) बैटरी सर्वोत्तम कमानों

में से एक थी, जिसकी कमान सँभालने की आशा कोई भी मेजर कर सकता था। उस कमान को तोपचियों की सर्वोत्तम कोर 'कॉर्प्स डि एलीट' की पदवी दी गई थी। इससे पूर्व सन् 1950 में मैंने सेना मुख्यालय में पहाड़ी तोपखाने के लिए एक विशेष डोरी का डिजाइन बनाया था और इसे बाद में तोपखाने के सभी रैंकों के लिए अधिकृत कर दिया गया था। आज इस डोरी का विभिन्न पुलिस स्थापनाओं द्वारा अपहरण कर लिया गया है और दुःख की बात तो यह है कि अब इसे निजी सुरक्षा एजेंसियों के कर्मचारियों द्वारा भी इस्तेमाल किया जाने लगा है। मैंने पर्वतीय तोपखाना बैटरियों के साथ बर्मा में काम किया था और उनके उत्साह से अत्यंत प्रभावित था। एक पर्वतीय तोपखाने में चार अधिकारियों, तीन कनिष्ठ कमीशन प्राप्त अधिकारियों और 275 सैनिकों को नियुक्त किया जाता था। इसके अतिरिक्त उसमें एक संकेत शाखा, एक पशु चिकित्सक, एक रेजिमेंटल चिकित्सा अधिकारी के साथ 96 एड़ी घिसे खच्चर और 25 युद्धाश्व (लड़ाकू घोड़े) भी एक साथ तैनात किए जाते थे। मुझे अपने बाल्यकाल से ही घोड़ों से प्यार था और कलकत्ता में एक बालक के रूप में एक स्थानीय अस्तबल में जाकर मैं रेस (घुड़दौड़) के घोड़ों पर सवारी करने का अभ्यास किया करता था। शीघ्र ही मैंने खच्चरों से भी प्यार करना प्रारंभ कर दिया। पर्वतीय तोपखाने के खच्चरों का प्रजनन विशेष विधि से कराया जाता था, क्योंकि उन्हें भारी बोझ ढोकर ले जाना पड़ता था। उनमें से कुछेक खच्चर ही क्रेडल लेकर जा सकते थे। किसी भी पर्वतीय तोपखाने में जीवन अत्यंत कठिन था, भयानक रूप से कठिन! खच्चरों और घोड़ों को अनवरत सावधानी के साथ-साथ नियमित चारे और देखभाल की आवश्यकता पड़ती थी। मैंने पाया कि खच्चर घोड़ों से कहीं अधिक समझदार थे। ऊबड़-खाबड़ मैदानों में घोड़ों के विपरीत, खच्चर अधिक आसानी से आ-जा सकते थे और महसूस कर सकते थे कि आगे बढ़ना सुरक्षित था या नहीं! प्रारंभ में पर्वतीय तोपखाने की तोपें ढोने वाले खच्चरों को अमेरिका के मिसूरी से मँगाया जाता था, किंतु बाद में उन्हें दक्षिण अफ्रीका से मँगाया जाने लगा।

कश्मीर घाटी में स्थित तंगधार सुदूर नश्तचून दर्रे की ओर 10,000 फीट की ऊँचाई पर स्थित है। सर्दियों में होने वाली भारी बर्फबारी के कारण दर्रे से होकर गुजरने वाली कच्ची सड़क छह महीने के लिए बंद हो जाती है। वहाँ बार-बार हिमस्खलन होने के कारण दर्रे को पार करके भंडार सामग्री एकत्र कर पाना अत्यंत कठिन हो जाता था। हमारे तोपखाने को नश्तचून दर्रे की टुटमारी गली से लेकर नीचे की ओर किशनगंगा नदी तक बड़े क्षेत्र में अग्नि (फायर) सहायता उपलब्ध करानी

पड़ती थी। देवदार के जंगलों वाली पहाड़ी चोटियाँ बहुत प्यारी थीं। समूची पर्वत-श्रृंखला में फैली अनेक नाका चौकियों की यात्रा करने में मुझे बहुत मजा आता था।

हमारे तोपखाने में सिख, जाट एवं लोबाना सैनिक शामिल थे। प्रारंभ में उन्हें सँभालने में मुझे कुछ कठिनाइयों का सामना करना पड़ा, लेकिन मैं शीघ्र ही उनका आत्मविश्वास, भरोसा एवं सम्मान प्राप्त करने में सफल हो गया। वे मजबूत, भरोसेमंद एवं उत्तम तोपची थे।

सन् 1952 की गरमियों में तोपखाने को जम्मू होते हुए पुंछ के लिए रवाना होने का आदेश दिया गया। वह सैकड़ों मील दूर लंबी पैदल यात्रा थी। हम एक दिन में बड़ी मुश्किल से 20 मील का सफर तय कर पाते थे, वह अत्यंत कठिन दिनचर्या थी। सुबह-सुबह उठकर घोड़ों को दाना-पानी देकर उनकी काठी बाँधकर उसके ऊपर सामान लादना पड़ता था और अगले पड़ाव शिविर के लिए रवाना होना पड़ता था। हमारा अग्रिम दल वाहनों पर सवार होकर अगले पड़ाव शिविर की तैयारी और शाम का भोजन तैयार करने के लिए रवाना हो जाता था। शिविर में पहुँचकर जानवरों को चारा खिलाने के बाद पानी पिलाया जाता था और उनकी अच्छी तरह देखभाल की जाती थी। ये सब कार्य पूर्ण होने के बाद ही जवानों को उनका खाना मिल पाता था। तीन सप्ताह बाद पुंछ पहुँचने तक हमारी रोजमर्रा की यही दिनचर्या होती थी। चूँकि सैनिक पैदल चलते थे, इसलिए मैंने अधिकारियों को सवारी करने से मना कर दिया था। मुझे अपने उन पुराने दिनों की याद हो आई, जब हम कैडेटों के रूप में अपने कंपनी कमांडर को बड़े इत्मीनान से अपने घोड़े पर दोनों टाँगें आर-पार लटकाकर बैठे हुए देखते थे, तो उसे खूब कोसा करते थे!

सन् 1948 में पुंछ भारी लड़ाई का केंद्र था। पुंछ अपने किले और महल के लिए प्रसिद्ध था और हमने उसके सुंदर एवं मोहक उद्यान रानी बाग में अपना पड़ाव डाला था। किला एक प्रकार से आधा खँडहर बन चुका था और हमें उसे अपना गोला-बारूद एकत्र करने के लिए आवंटित कर दिया गया था। तोपखाने का काररवाई क्षेत्र बहुत बड़े भूभाग में फैला हुआ था। ब्रिगेड कमांडर ब्रि. रावत को जम्मू एवं कश्मीर राज्य की सेना में कमीशन प्रदान किया गया था। वे शारीरिक रूप से अत्यंत शक्तिशाली एवं ऊर्जावान थे और हम पहाड़ियों की चोटी पर बने सभी रक्षा केंद्रों का दौरा किया करते थे। मैंने उनसे बहुत-कुछ सीखा था। उन्होंने हमें जो एक विशेष चीज सिखाई थी, वह यह थी कि पर्वतीय युद्धकला में प्रति आक्रमण करना अत्यंत कठिन था, इसलिए उसका एक बेहतर विकल्प यह था कि हमला किए गए क्षेत्र में हम अपने संख्या बल में वृद्धि कर दें। रावत के स्थान पर सेना

सेवा कोर के एक ब्रिगेडियर को नियुक्त किया गया था। उनको वहाँ से जाता देखकर मुझे बहुत दुःख हुआ था।

डिवीजन कमांडर दौरे पर आने वाले थे। उन्हें प्रमुखता से लगाए गए चित्रों को देखना बहुत प्रिय था। ब्रिगेड में उनका केवल एक ही चित्र था। उनके प्रत्येक इकाई पर किए गए दौरे के बाद उनके चित्र को एक संदेशवाहक सैनिक के माध्यम से उस अगली इकाई में पहुँचा दिया जाता था, जहाँ उनका अगला दौरा होने वाला होता था। जनरल को इकाई के क्वार्टर गार्ड का निरीक्षण करना अत्यंत प्रिय था। हमारे सामने एक समस्या खड़ी हो गई; हमारे पास केवल एक ही तुरही वादक था और उस दिन वह अवकाश पर था। इन्फैंट्री इकाइयाँ बिगुल का प्रयोग करती थीं। प्रत्येक क्वार्टर गार्ड के निरीक्षण से पूर्व जनरल सामान्य सैल्यूट (अभिवादन) के पात्र थे। उनके दौरे से एक दिन पहले वाली शाम को मैंने लाइंस में जाकर जवानों से पूछा कि क्या आपमें से कोई जवान तुरही बजा सकता है? एक बूढ़े खच्चर चालक नेता ने कहा कि वह अस्तबल में बजाई जाने वाली धुन तो बजा सकता है, परंतु जनरल के सम्मान में बजाई जाने वाली धुन नहीं बजा सकता। बिगुल और तुरही की ध्वनियाँ भिन्न हैं। मैंने सैनिक से कहा कि तुम अस्तबल की धुन बजाओ, क्योंकि मैं आश्वस्त था कि जनरल को उसका अंतर पता नहीं चलेगा। निरीक्षण भलीभाँति संपन्न हुआ और जनरल प्रसन्न मुद्रा में वहाँ से प्रस्थान कर गए। उस रात मुझे ब्रिगेड के मेस में खाना खाने के लिए कहा गया था और भोजन के बाद ब्रिज खेलना था। ब्रिगेड कमांडर, जो आमतौर पर जनरल के जोड़ीदार (पार्टनर) बनते थे, ने मुझे समझाया कि जनरल को जीतना पसंद है। मैंने उत्तर दिया कि मुझे भी जीतना प्रिय है। जनरल एक छोटी राशि हार गए और उन्होंने कड़कती आवाज में कहा कि उनका सहायक बाद में हिसाब चुकता कर देगा। मैंने उसे प्रत्युत्तर में कहा कि हार और जीत का निर्णय मेज पर ही किए जाने का रिवाज है। उन्होंने आगबबूला होते हुए अपना बटुआ निकाला और हिसाब चुका दिया। उस दिन के बाद से मुझे कभी भी ब्रिगेड अधिकारी की मेस में ब्रिज खेलने के लिए आमंत्रित नहीं किया गया।

हमारी तोपखाने की टुकड़ी का शिविर पुंछ से बाहर लगा हुआ था। उसी दौरान पश्चिमी कमान मुख्यालय के तोपखाना ब्रिगेडियर अनूप सिंह कलहा द्वारा कमान का दौरा किया गया। मेरी मुलाकात उनसे द्वितीय विश्वयुद्ध के दौरान उस समय हुई थी, जब वे कप्तान थे और मैं मेजर के पद पर था। कालांतर में जब मुझे उनकी एक इकाई में पेश होने के लिए कहा गया तो वे मेरे ऊपर बरस पड़े थे, "जैकब, इस इकाई की कमान तुम सँभाल रहे हो या मैं?" मैंने उत्तर दिया,

"ब्रिगेडियर, न तो आप इस इकाई की कमान सँभाल रहे हैं और न ही मैं, कमांडिंग ऑफिसर वहाँ खड़े हुए हैं," मैंने उनकी ओर संकेत किया। ब्रिगेडियर हमें पंडाल मेस में डिनर के लिए ले आए। उन्होंने विविध प्रकार के अनेक व्यंजनों की माँग की। तत्पश्चात् उन्होंने सूप का स्वाद चखा और बोले, "जैकब, यह तो जौ का सूप है!" उनके कहने का तात्पर्य यह था कि मैं उन्हें खच्चरों के राशन के लिए लाए गए जौ का सूप बनवाकर परोस रहा था! मैंने उन्हें उत्तर दिया कि यदि आपको यह सूप अच्छा नहीं लग रहा है तो आपको इसे पीने की कोई जरूरत नहीं है। उसके बाद कुछ और अप्रिय बातें हुईं, जिन्हें मैं सहन नहीं कर सका और बोला, "ब्रिगेडियर, कृपया आप इस भोजनालय को छोड़कर चले जाएँ।" इसके बाद वे एक बार फिर मेरे ऊपर चिल्लाए, "कल सुबह छह बजे तुम युद्ध के लिए तैयार अपनी तोपखाना इकाई को मेरे निरीक्षण हेतु उसके खच्चरों और तोपों के साथ तैयार रखो!" मैंने उन्हें उत्तर दिया कि मैं ऐसा कुछ नहीं करूँगा, क्योंकि आप केवल एक स्टाफ ऑफिसर हैं और आपको ऐसे आदेश जारी करने का कोई अधिकार नहीं है। मैंने सेकंड ले. सतनाम सिंह (जो ले. जनरल के पद पर रिटायर हुए) से कहा, "वे अपनी सुरक्षा में उन्हें उनकी जीप तक छोड़ आएँ।" उन्होंने प्रातःकाल हमारी टुकड़ी का निरीक्षण किया और उन्हें वहाँ हमारी प्रत्येक चीज में खामियाँ ही दिखाई पड़ीं। मैं शांत बना रहा। वहाँ से रवाना होने से पूर्व उन्होंने मुझे डिब्बाबंद लंच देने के लिए कहा। चूँकि उन्होंने हमारे मेस के खाने के बारे में बहुत बुरा-भला कहा था, मैंने वरिष्ठ जे.सी.ओ. से कहा कि वह सैनिकों की रसोई में बनी थोड़ी सी सब्जी की तरी और चार चपातियाँ किसी अखबार में लपेटकर उनकी जीप में रख दे। कुछ समय बाद डिवीजन मुख्यालय ने उनके द्वारा तैयार की गई तकनीकी रिपोर्ट की एक प्रति मेरे पास अपनी टिप्पणी करने के लिए भेजी। उनकी रिपोर्ट में निम्नानुसार लिखा था—"यह अधिकारी औसत से बहुत नीचे है। उसे तोपखाने अथवा प्रशासन का कोई ज्ञान नहीं है। उसे तो अभी चम्मच से दूध पिलाए जाने की जरूरत है," इत्यादि। उसने अपनी नकारात्मक टिप्पणियों से पूरा एक पृष्ठ भर दिया था! मैंने लंदन स्थित गनरी स्टाफ कॉलेज से गनरी स्टाफ कोर्स किया था और डिफेंस सर्विसेज स्टाफ कॉलेज से स्नातक उपाधि प्राप्त की थी (अनूप सिंह के पास इस प्रकार की कोई योग्यता नहीं थी)। मैंने अपना उत्तर इस प्रकार भेजा—"ब्रिगेडियर अनूप सिंह अपनी राय देने के लिए स्वतंत्र हैं।" कई वर्षों बाद सन् 1957 में जब वे अंबाला में सब एरिया कमांडर थे, तो उनके विरुद्ध जाँच चल रही थी। मैंने उन्हें अपनी मेस में आमंत्रित किया। उन्होंने मुझसे पूछा,

"जैकब, लोग मुझे पसंद क्यों नहीं करते हैं?" मैंने उत्तर दिया, "उन्हें ऐसा क्यों करना चाहिए? आपने उनके साथ ऐसी कौन सी अच्छाई की है कि उन्हें आपको पसंद करना चाहिए?" उन्होंने कहा, "जैकब, तुम समझते नहीं हो। जिस समय मैं एक फील्ड रेजिमेंट में कैप्टन था। एक दिन अपनी रेंज में बाहरी चौकी (ओ.पी.) पर था, कैप्टन सुम्मनवार तोप के पास खड़े थे। सुम्मनवार ने एक गलत गोला दाग दिया। मेरे अंग्रेज कमांडिंग ऑफिसर हॉर्सफील्ड ने मुझे फँसा दिया। उसके बाद से मुझे कोई भी हॉर्सफील्ड की याद दिला देता है।" मैंने अपनी प्रतिक्रिया दी, "आपको अनेक अधिकारियों ने अवश्य ही हॉर्सफील्ड की याद दिलाई होगी।" उसके कुछ ही समय बाद वे रिटायर हो गए।

हमारा तोपखाना पुंछ से राजौरी चला गया। हमने पुराने किले के नीचे एक घासयुक्त हवाई पट्टी के निकट अपना शिविर स्थापित किया। हमें हमारे अधिकतर घोड़े इसी स्थान पर मिले थे। हमने वहाँ हंटर जंपिंग और स्नो (बर्फ) जंपिंग का अभ्यास किया और हवाई पट्टी का प्रयोग हम दौड़ लगाने के लिए करते थे। कुछ समय बाद मैं यह देखकर स्तब्ध रह गया था कि मिलिटरी इंजीनियरिंग सर्विसेज द्वारा हमारे पास कई हजार रुपए का बिल भेज दिया। इसका कारण यह बताया गया था कि हमारे घोड़ों की अभ्यास दौड़ के दौरान उनके खुरों से हवाई पट्टी खराब हो गई थी। उस बिल पर हमने विवाद खड़ा कर दिया और उसे अनदेखा कर दिया। कोई जुरमाना अदा नहीं किया गया था।

मैंने पर्वतीय तोपखाना कमान में दो वर्ष पूरे कर लिये थे और ब्रिगेड मेजर के रूप में इन्फेंट्री ब्रिगेड में जाने की आशा कर रहा था, परंतु इसी बीच मैं ब्रि. कुमारमंगलम की ओर से आए एक फोन को सुनकर दंग रह गया। उस समय वे तोपखाने के निदेशक थे। उन्होंने मुझसे कहा कि मैं तुम्हें पहली बख्तरबंद डिवीजन की पहली तोपखाना ब्रिगेड के कमांडर ब्रि. के.पी. कैंडेथ के अनुरोध पर उनके पास ब्रिगेड मेजर के रूप में भेज रहा हूँ। साफ था कि अभी हाल की काररवाइयों के दौरान ब्रिगेड का कार्य-प्रदर्शन अच्छा नहीं रहा था, जिसके कारण उसकी तीव्र आलोचना की जा रही थी। मैंने जालंधर स्थित प्रथम बख्तरबंद तोपखाना ब्रिगेड में अपनी हाजिरी दी। उसके शीघ्र बाद डिवीजन झाँसी के लिए रवाना हो गई। यह सन् 1954 के शुरुआती दिनों की घटना थी। ब्रिगेड मुख्यालय का स्थानांतरण अत्यंत आनंददायक था। झाँसी जाते समय हमें अपने डिपो के लिए मार्ग में तीतर, रेतीले बटेर और बतख का शिकार करने का अवसर मिला। झाँसी में बख्तरबंद डिवीजन का मुख्यालय बनने वाला था।

सन् 1857 के विद्रोह के बाद अंग्रेजों द्वारा झाँसी छावनी की स्थापना की गई थी। झाँसी का किला एक अजेय एवं भयावह दुर्ग था, जो झाँसी की महान् वीरांगना रानी के साथ अपनी संबद्धता के लिए प्रसिद्ध था। झाँसी की रानी लक्ष्मीबाई भारत की सर्वाधिक सम्माननीय स्वतंत्रता सेनानी थीं, जिन्होंने अंग्रेजों के विरुद्ध युद्ध करते हुए वीरगति प्राप्त की थी। बाद में उनका शव एक सैनिक की वेशभूषा में प्राप्त हुआ था। भारतीय इतिहास में रानी का एक विशिष्ट स्थान है और वे सचमुच एक किंवदंती हैं। उस जमाने में बड़े जानवरों का शिकार करना कानूनी रूप से वैध था। मैंने एक बाघ और कई चीतों को मार गिराया था। चीतों का शिकार मैंने स्थानीय ग्रामीणों के अनुरोध पर किया था, क्योंकि चीते उनकी बकरियों को अपना शिकार बना रहे थे। ऐसी ही एक यात्रा के दौरान मुझे चीते का एक बच्चा मिला था, जो अपनी माँ से बिछड़कर जंगल में गुम हो गया था। मैंने आसपास के क्षेत्रों में उसकी माँ को खोजा, परंतु कोई सफलता नहीं मिली। मुझे प्राधिकारियों से चीते के बच्चे को पालने की अनुमति मिल गई, जिसके बाद मैंने उसका नाम 'सबरीना' रख दिया था।

मैं सौभाग्यशाली था कि मैंने कस्टम-निर्मित एक चार सीटों वाली एम.जी. स्पोर्ट्स कार खरीद ली थी, जो पहले एक छोटी रियासत के पूर्व राजा के पास थी। वह चलाने में बड़ी मजेदार थी। उसकी बॉडी एल्युमिनियम की थी और उसमें केबिन से चलाया जा सकने वाला जैक लगा हुआ था और उसे वहीं से नियंत्रित भी किया जा सकता था। आर्टिलरी ब्रिगेड के कमांडर ब्रि. के.पी. कैंडेथ पुराने स्कूल के सैनिक थे। हमारे बीच बहुत अच्छी बनती थी और हम एक-दूसरे के संपर्क में बने रहे और उनके पूरे जीवनकाल में हम परस्पर मित्र बने रहे थे। कुछ वर्षों पूर्व हुई उनकी मृत्यु ने मुझे स्वाभाविक रूप से शोकाकुल कर दिया था। मैं सचमुच अत्यंत सौभाग्यशाली था कि कैंडेथ और कुमारमंगलम दोनों के साथ मेरे निकट संबंध थे। दोनों ही अधिकारी तोपखाना रेजिमेंट से अतिशय प्यार करते थे।

मुझे बर्मा में बारी से पहले प्रोन्नत करके मेजर बना दिया गया था। स्वाधीनता के बाद सारी पदोन्नतियाँ व्यक्ति के कमीशन प्राप्त करने की तिथि से शासित होती थीं। मेरे लिए यह सौभाग्य की बात थी कि सरकार ने अनेक तोपखाना रेजिमेंट्स की स्थापना करने का निर्णय लिया और मेजर के पद पर 11 वर्ष कार्य करने के बाद मई 1956 में मुझे ले. कर्नल के पद पर पदोन्नत करके दिल्ली छावनी में तीसरी फील्ड रेजिमेंट बनाने का दायित्व सौंप दिया गया। मैं झाँसी से अपनी चीता बच्ची 'सबरीना' के साथ गाड़ी में बैठकर दिल्ली के लिए निकल पड़ा। क्षेत्रीय कमांडर के पास अपनी हाजिरी लगाने के बाद मैंने उनसे अनुरोध किया कि मुझे अपनी रेजिमेंट

की स्थापना के लिए कुछ भूमि उपलब्ध करा दी जाए, जिसके लिए अधिकारियों और सैनिकों ने दिल्ली पहुँचना शुरू कर दिया है। मैंने एरिया कमांडर से कुछ बैरकें उपलब्ध कराने का अनुरोध किया। उसका व्यवहार मित्रवत्ता से कोसों दूर था।

उसने मुझसे कहा कि मेरी रेजिमेंट उन इकाइयों में से एक नहीं थी, जो उसकी लड़ाई के क्रम में थी, इसलिए वह मुझे कोई स्थान आवंटित करने की स्थिति में नहीं था। मैं 19 हैवी एंटी-एयरक्राफ्ट रेजिमेंट के कमांडिंग ऑफिसर से परिचित था, इसलिए मैंने उनसे सहायता करने का अनुरोध किया। उन्होंने अत्यंत उदारतापूर्वक अपनी दो बैरकें मुझे उधार दे दीं।

हमने रेजिमेंट की स्थापना का कार्य प्रारंभ कर दिया। कुछ सप्ताहों के बाद शहर के उत्तरी बाहरी किनारे पर स्थित आनंद पर्वत क्षेत्र में अस्थायी रूप से अवस्थित इन्फैंट्री बटालियन को वहाँ से अन्यत्र जाने का आदेश मिला। मैंने जनरल, मेजर जनरल वी.सी. दुबे से अनुरोध किया कि वे आनंद पर्वत में खाली की जाने वाली बैरकों को मुझे आवंटित कर दें। लंबी चर्चा के बाद वे उदासीनतापूर्वक इस शर्त पर राजी हो गए कि जब भी उन्हें जरूरत पड़ेगी, मैं उन लाइनों (बैरकों) को खाली कर दूँगा। इसके लिए मैं तत्काल राजी हो गया, क्योंकि मैं जानता था, 'कब्जा कानून का नौवाँ-दसवाँ है।' मैं मेजर जनरल दुबे को तब से जानता था, जब मेरी पर्वतीय तोपखाना बैटरी उनकी डिवीजन का एक अंग थी और मेरे भाग्य में दो वर्षों बाद पुनः उनके प्रधान जनरल स्टाफ ऑफिसर के रूप में सेवा करना लिखा था।

बुनियादी तौर पर किसी रेजिमेंट की स्थापना करना काफी मुश्किल काम है। हमें आधारभूत ढाँचा तैयार करने के साथ-साथ अधिकारियों और सैनिकों को एक साध्य इकाई के रूप में जोड़ना था। सौभाग्यवश, वहाँ निकट ही तुगलकाबाद में एक आर्टिलरी रेंज थी। हम वहाँ अपनी भरोसेमंद 25 पाउंड वाली तोपों के बिना फायरिंग का अभ्यास करने में सफल हो गए। 25 पाउंड वाली तोपों को द्वितीय विश्वयुद्ध से पूर्व विकसित किया गया था और वह फील्ड आर्टिलरी की मानक (स्टैंडर्ड) तोप थी और काररवाई (ऑपरेशन) के सभी क्षेत्रों में बड़े पैमाने पर उसका उपयोग किया जाता था। वह 1980 के दशक तक सेवा में बनी रही और उसने तोपखाने के वर्क-हॉर्स (कामकाजी घोड़े) के रूप में अपनी सेवाएँ प्रदान कीं। उन तोपों को सेना में चलन से बाहर किया जाना हम सभी को व्यथित कर गया। लगभग छह महीने बाद रेजिमेंट ने रणनीतिक एवं तकनीकी दोनों रूपों से अभ्यास किया और उसे 'युद्ध के लिए तैयार' घोषित कर दिया गया। इस शिविर के दौरान कुतुबमीनार के एक

निकटस्थ गाँव के ग्रामीणों ने मुझसे उस चीते को गोली मारने का अनुरोध किया, जो उनके गाँव से बकरियों को उठाकर ले जा रहा था। मैंने गाँव के बाहरी किनारे पर उसके खुरों के निशान देखे और सूर्यास्त से कुछ समय पूर्व ही आसपास की झाड़ियों में छिपकर अपनी पोजीशन ले ली। उस समय अँधेरा होने लगा था। मैंने अपने स्थान से आगे की ओर कुछ दूरी पर झाड़ियों में हलचल होते देखी और गोली चला दी। चीता मेरे ऊपर झपटा, लेकिन सौभाग्यवश मैंने इस बीच उसे रोकने के लिए दूसरी गोली दाग दी। उसके मारे जाने से ग्रामीण अत्यंत प्रसन्न थे और उन्होंने मुझे ढेर सारा धन्यवाद दिया। मैंने उस चीते की खाल को मैसूर के प्रसिद्ध चर्म प्रसाधक (स्किन प्रोसेसर) जॉन इंजेन एंड वान इंजेन के पास भेज दिया। चीते की उस मढ़ी हुई खाल को बाद में देवलाली के आर्टिलरी स्कूल को भेंट कर दिया गया।

इस इकाई की स्थापना जम्मू एवं कश्मीर में स्ट्रेटजिक पोस्ट समूहों (लघु तोपखाना उप-इकाइयों) से की गई थी। इन पोस्ट समूहों में वे लोग कार्य करते थे, जिन्हें सभी इकाइयों से बाहर निकाल दिया गया होता था। मैं अपने एक सहकर्मी से मिलने गया और उससे अनुरोध किया कि वह स्थापना-पत्र में एक संशोधन जारी कर दे। मैंने उससे कहा कि किसी को भी इस परिवर्तन का पता नहीं चलेगा। संशोधन में लिखा था—'कृपया अखिल भारतीय के लिए सिख पढ़ें', और इस टिप्पणी के साथ उसे जारी कर दिया गया। थर्ड फील्ड एक समस्त सिख रेजिमेंट बन गई और उसमें कोई गिरावट नहीं आई।

इस रेजिमेंट का निरीक्षण मेजर जनरल बी.एम. (बिज्जी) कौल द्वारा किया गया। वे आर्मी सर्विस कोर के अधिकारी थे, जिन्होंने रक्षा मंत्री वी.के. कृष्ण मेनन को परिष्कृत एवं प्रभावित कर दिया था। कौल खुद को प्रधानमंत्री नेहरू का रिश्तेदार होने का दावा करते थे। उन्होंने मुझे सूचित किया कि वे मेरी रेजिमेंट को अपनी डिवीजन को आवंटित किए जाने का अनुरोध कर रहे थे और उनके (कौल के) अनुसार, उन्होंने सुन रखा था कि मैं एक उपयुक्त अधिकारी था। हम अंबाला के लिए प्रस्थान कर गए, जहाँ पर कौल की 4 इन्फैंट्री डिवीजन अवस्थित थी। डिवीजन का द्वितीय विश्वयुद्ध के दौरान मध्य-पूर्व एवं बर्मा में काम करने का उत्कृष्ट रिकॉर्ड था और उसे सेना की क्रैक (आघात) डिवीजनों में से एक माना जाता था।

हम उन बैरकों में स्थानांतरित हो गए, जिन्हें मूलत: अस्तबलों के रूप में निर्मित किया गया था, जिनमें न तो बिजली थी और न ही अन्य मानक सुविधाएँ। डिवीजन को कमान मुख्यालय द्वारा संचालित किया जाना था। कौल, जिनका डिवीजन स्तर पर कारवाइयों का ज्ञान बहुत कम था, ने मुझे युद्धाभ्यास के दौरान

डिवीजन की देखरेख से संबंधित प्रारंभिक चर्चाओं के लिए बुलाया, जो डिवीजन का परीक्षण करने हेतु आयोजित होने वाली थीं। उसके तत्काल बाद एक चीनी सैन्य प्रतिनिधिमंडल दौरे पर आने वाला था। कौल ने मुझे डिवीजनल आर्टिलरी की प्रहार शक्ति का प्रदर्शन करने के लिए आमंत्रित किया। अतिथियों के लिए आयोजित भोज के दौरान एक चीनी जनरल की टिप्पणियाँ सुनकर मैं दंग रह गया था। उसने कहा था, "चीन इस बात को कभी नहीं भूलेगा कि द्वितीय अफीम युद्ध के दौरान भारतीय सैनिकों ने समर पैलेस को लूटने और उसे तहस-नहस करने में भाग लिया था।" इतना ही नहीं, उसने अनेक अन्य विवादास्पद टिप्पणियाँ भी कीं। यह सन् 1958 की घटना थी, जब राजनीतिज्ञों द्वारा 'हिंदी-चीनी भाई-भाई' का नारा लगाया जा रहा था। मैंने इस वार्त्तालाप की जानकारी कौल को दी, लेकिन कौल ने मुझसे कहा कि मैंने अवश्य ही चीनी जनरल की बातों को गलत तरीके से समझा होगा। मैंने उन्हें उत्तर दिया कि मैंने वैसा नहीं किया था। इस घटना को लेकर कौल अपनी नाराजगी नहीं छिपा पाए। चीनियों की आक्रामकता के अन्य संकेत भी थे, किंतु उन सभी को राजनेताओं द्वारा दरकिनार कर दिया गया। आगे चलकर कौल को अपमानित करते हुए उनके ऊपर रिटायर हो जाने के लिए भी भारी दबाव डाला गया था, क्योंकि उन्होंने पहले चीफ ऑफ जनरल स्टाफ के रूप में और बाद में काररवाई बलों की कमान सँभालने के दौरान उस समय अत्यंत अक्षम एवं विनाशकारी योजना बनाई थी, जब जवाहरलाल नेहरू एवं कृष्ण मेनन ने उन्हें चीनियों को भारतीय क्षेत्रों से बाहर निकाल फेंकने का आदेश दिया था। रोचकतया, द्वितीय विश्वयुद्ध के दौरान कौल ने एक ऐसे संगठन के साथ काम किया था, जो युद्ध क्षेत्रों में भारतीय सेना को मनोरंजन उपलब्ध कराता था।

कौल एक राजनीतिक जनरल थे, जो सैन्यवत् अत्यंत अयोग्य एवं अति महत्त्वाकांक्षी थे। उन्होंने अपने राजनीतिक संबंधों का उपयोग अपने वरिष्ठ अधिकारियों की उपेक्षा करने और नीति को प्रभावित करने में किया। मुझे एक विशेष अवसर की याद है, जब उन्होंने एक इन्फैंट्री बटालियन के कमांडर एरिक वास एवं मुझे चाय पर आमंत्रित किया था। उन्होंने हमारे समक्ष जो प्रस्ताव रखा, उसे सुनकर हम दोनों सन्न रह गए थे। उन्होंने हमसे स्पष्ट कहा कि वे एक कोर ग्रुप की स्थापना करने के लिए प्रतिभाशाली अधिकारियों की भरती करने जा रहे हैं। उनकी बातें सुनकर पहले तो हम दोनों ठीक से बैठे नहीं रह सके, क्योंकि हम समझ ही नहीं पा रहे थे कि वस्तुतः वे कहना क्या चाहते थे और उसपर अपनी प्रतिक्रिया किस प्रकार दें? हमने उससे पूर्व इस विशेष ग्रुप के बारे में कुछ चर्चाएँ सुनी थीं। मैंने

वास की ओर देखा, जिन्होंने जानबूझकर आँख मारी। उसके बाद मैंने उत्तर दिया, "सर, आपकी डिवीजन के अधिकारियों के रूप में यह हमारा अनिवार्य कर्तव्य है कि हम डिवीजन एवं सेना के हितों को आगे बढ़ाएँ।" उन्होंने हमें पलटकर धमकाते हुए कहा, "तुम दोनों मूर्ख भलीभाँति जानते हो कि मेरे कहने का क्या अर्थ है? मैं अपने प्रति तुम्हारी पूर्ण वचनबद्धता चाहता हूँ।" हम दोनों (वास एवं मैं) बड़ी जल्दबाजी में हमारे लिए रखी शानदार चाय को हाथ लगाए बिना ही वहाँ से वापस रवाना हो गए।

डिवीजन में विवाहित सैनिकों के लिए आवास की भारी कमी थी और नए आवास के निर्माण हेतु धन की भी। कौल ने कृष्ण मेनन से कहा कि वे सेना के मजदूरों का उपयोग करते हुए न्यूनतम लागत पर विवाहितों के लिए आवासों का निर्माण करवा देंगे। मैंने कौल की माँगों पर यह कहते हुए आपत्ति की कि मेरी इकाई अभी-अभी बनी है, जिसे प्रशिक्षण के लिए समय की आवश्यकता है और ऐसी स्थिति में हम भवन परियोजनाओं के लिए सेना की श्रमशक्ति नहीं उपलब्ध करा सकते। अन्य मुठभेड़ें भी हुईं, जिससे वातावरण में काफी तनाव व्याप्त हो गया। उन्होंने हमारी रेजिमेंट पर पलटकर प्रहार करते हुए कहा कि वे अपनी सेना पुलिस को आदेश देंगे कि वह आरोपित उल्लंघनों के लिए हमारे तोपचियों को बंदी बना ले। उनकी उस धमकी से मैं अत्यंत अप्रसन्न हुआ और एक बिंदु पर तो मैं इस्तीफा देने के बारे में विचार करने लगा। जनरल कुमारमंगलम ने इस विषय में सुना और चूँकि एक कमांडिंग ऑफिसर के रूप में मेरा न्यूनतम कार्यकाल पूरा होने को था, उन्होंने मुझे दिल्ली एवं राजस्थान क्षेत्र के मुख्यालय में जनरल स्टाफ ऑफिसर ग्रेड-1 के रूप में कार्यभार सँभालने का दायित्व सौंप दिया।

दिल्ली और राजस्थान क्षेत्र में संपूर्ण राजस्थान और केंद्रशासित प्रदेश दिल्ली भी शामिल थी, जहाँ केंद्र सरकार बैठती है। यह क्षेत्र पाकिस्तान से लगने वाली संपूर्ण सीमा अर्थात् बाड़मेर से पंजाब के दक्षिण तक की रक्षा के लिए भी उत्तरदायी था। अपने लक्ष्य को पूरा करने के लिए उस क्षेत्र को विविध प्रकार की सैन्य टुकड़ियाँ आवंटित की गईं, जिनमें इन्फैंट्री ब्रिगेडें, बख्तरबंद रेजिमेंट, फील्ड आर्टिलरी एवं एंटी-एयरक्राफ्ट रेजिमेंट, ऊँट-सवार इन्फैंट्री एवं एक घुड़सवार रेजिमेंट शामिल थीं। केंद्र सरकार ने बाढ़ सहायता, जलापूर्ति को नियंत्रित करने और ऐसे कार्यों के लिए श्रमशक्ति उपलब्ध कराने की अनेक माँगें रखीं, जो सैन्य प्रकृति की नहीं थीं। यहाँ तक कि हमसे फिल्म 'मुगल-ए-आजम' के लिए घोड़े और सैनिक उपलब्ध करने के लिए भी कहा गया था।

एरिया की कमान मेजर जनरल वी.सी. दुबे के हाथों में थी। जी.एस.ओ.-1 के रूप में मैं ऑपरेशनों एवं प्रशिक्षण के लिए उत्तरदायी था। एक अन्य ले. कर्नल को प्रशासन का उत्तरदायित्व सौंपा गया था। वर्तमान में दिल्ली क्षेत्र में केवल केंद्रशासित प्रदेश दिल्ली शामिल है, परंतु इसके कर्मचारियों की संख्या पूर्ववर्ती दिल्ली और राजस्थान क्षेत्र से कई गुना बड़ी है।

मुझे सौंपा गया वह उत्तरदायित्व अत्यंत उपयोगी एवं आनंददायक था। हम अपने सैनिकों का अभ्यास सत्र पूरे राजस्थान में आयोजित करते थे। दिल्ली में यू.एन.सी.टी.ए.डी. (अनकटाड) कॉन्फ्रेंस आयोजित होने वाली थी और उन दिनों ऐसी खबरें आ रही थीं कि दिल्ली की जलापूर्ति अत्यंत दूषित थी। प्रधानमंत्री अत्यंत चिंतित थे और उन्होंने निर्देश दिया कि जलापूर्ति का नियंत्रण सेना अपने हाथों में ले ले। रक्षा मंत्री ने मुझे बुलाया, क्योंकि जनरल संपर्क किए जाने की स्थिति में नहीं थे।

कृष्ण मेनन ने उसके बाद सेना को दिल्ली की जलापूर्ति के संचालन और अनुरक्षण का आदेश दिया। जब मैंने उनके समक्ष आपत्ति दर्ज कराई और कहा कि मुझे जलापूर्ति के बारे में कोई जानकारी नहीं है, तो उन्होंने व्यंग्यात्मक तौर पर कहा कि मैं सीख सकता हूँ। इंजीनियर्स कोर के ब्रिगे. नोशिर बी. ग्रांट और मैंने वजीराबाद में स्थल निरीक्षण किया। ग्रांट ने पाया कि यमुना नदी के जिस स्थान से जल ग्रहण किया जाता था, उससे कोई 50 गज की दूरी पर एक नाला गिरता था। वहाँ एक अवरोधक दीवार का निर्माण करके जल ग्रहण एवं जल निकासी के बीच एक अवरोधक दीवार बनाकर समस्या का शीघ्र ही समाधान कर दिया गया। मेनन ने कहा कि उनके समक्ष प्रतिदिन जल की शुद्धता से संबंधित 'दैनिक गुणवत्ता रिपोर्ट' प्रस्तुत की जाए। इस कार्य में बहुत समय लगने वाला था, इसलिए हमने एक स्मरण-पत्र (मेमोरेंडम) तैयार किया, जिसमें कहा गया कि चूँकि जलापूर्ति अपने सामान्य स्तर पर लौट चुकी है, इसलिए अब उसे वापस नागरिक प्राधिकरणों को सौंप दिया जाना चाहिए। मेनन इसके लिए राजी नहीं हुए। कोई छह महीने बाद कृष्ण मेनन जनरल थिमैया के साथ एक नमूना प्रदर्शन का साक्ष्य लेने हेतु आए। मैंने श्री मेनन से कहा कि चूँकि जलापूर्ति अब सामान्य हो चुकी है, इसलिए उसका संचालन वापस जलापूर्ति विभाग को सौंप दिया जाना चाहिए। किसी ने कोई उत्तर नहीं दिया। मैंने अपना अनुरोध दूसरी और तीसरी बार दोहराया। मेनन पीछे मुड़े और मुझे ऊपर से नीचे तक देखा और अपने स्वभाव के अनुसार व्यंग्यात्मक तरीके से टिप्पणी की, "कर्नल, मैंने तुम्हारी बात पहली बार में ही सुन ली है।" कुछ दिनों बाद हमें आदेश दिया गया कि हम जलापूर्ति का कार्य वापस संबद्ध प्राधिकरणों को सौंप दें।

अमेरिका की आर्मालाइट फैक्टरी की टीम अपने हलके वजन वाली 5.56 एम.एम. तोप प्रणाली का प्रचार करने हेतु दिल्ली में थी। मुझे दिल्ली में उसके परीक्षण का आदेश दिया गया और मैंने उसे अत्युत्तम शस्त्र प्रणाली पाया था। व्यापक एवं थकाऊ परीक्षणों के बाद हमने उसके समावेशन की संस्तुति कर दी। तब तक उस शस्त्र प्रणाली को किसी भी देश द्वारा नहीं खरीदा गया था और आर्मालाइट की टीम ने भारत में उसके संयुक्त उत्पादन का संकेत दिया था। इन्फैंट्री निदेशालय की अनुक्रिया से मैं हतप्रभ रह गया, क्योंकि उसने मत व्यक्त किया था कि राइफल उपयोगी नहीं थी, क्योंकि वह जनरल स्टाफ की आवश्यकताओं को पूरा नहीं करती थी, जिसे 4 इंच समूह में 100 गज की दूरी तक मार करने वाली राइफल चाहिए थी, जबकि आर्मालाइट की राइफल 6 इंच समूह में फायर कर रही थी! इससे भी आश्चर्यजनक बात यह थी कि अंततोगत्वा उसे अस्वीकार कर दिया गया, क्योंकि वह औपचारिक ड्रिल के लिए अनुपयुक्त थी। इस शस्त्र प्रणाली को कालांतर में अमेरिकी सशस्त्र सेनाओं (एम-16) एवं अन्य सेनाओं द्वारा अंगीकृत किया गया। भारतीय सेना ने बेल्जियम की अपेक्षाकृत भारी एफ.एन. राइफल की प्रतिकृति के उत्पादन का विकल्प चुना, जोकि औपचारिक ड्रिल के लिए अधिक उपयुक्त थी। लगभग तीस वर्ष बाद इंडियन ऑर्डिनेंस फैक्टरी ने आर्मालाइट की 5.57 एम.एम. आई.एन.एस.ए.एस. राइफल के भारतीय संस्करण का उत्पादन शुरू किया। इस राइफल को अभी अपनी अन्य कठिनाइयों से छुटकारा पाना है और सभी भारतीय इकाइयों को इससे लैस करने में वर्षों लग जाएँगे।

कृष्ण मेनन ने अमेरिका के प्रति अपनी नापसंदगी को कभी नहीं छिपाया। उन्होंने प्रमाणित अमेरिकी लॉकहीड सी-130 की खरीद पर विचार करने से इनकार कर दिया और उसके बजाय उन्होंने ब्रिटिश एवरो 748 का विकल्प चुना। उसी एवरो 748 को अब चरणबद्ध तरीके से सेना से बाहर किया जा रहा है और सी-130 को सेवा में शामिल किया जा रहा है। रक्षा मंत्री के रूप में कृष्ण मेनन का कार्यकाल भारतीय सेनाओं के लिए विनाशकारी सिद्ध होने वाला था। उन्होंने अपने शस्त्रों एवं उपकरणों को आधुनिक बनाने के लिए कुछ नहीं किया और हमेशा संदिग्ध योग्यता वाले राजनीतिक रूप से प्रेरित अधिकारियों को नियुक्त किया और उन्हें ही पदोन्नति दी। जनरल थिमैया ने इस नीति पर आपत्ति दर्ज कराई और अपना त्यागपत्र दे दिया। उनके सेना सहायक ले. कर्नल एस.वाई. मुंशी एक सहकर्मी एवं मित्र थे। मैं अकसर थलसेना अध्यक्ष के निवासस्थान 'सेना भवन' में उनसे मिलने जाया करता था और सेनाध्यक्ष कई बार चर्चाओं के लिए उन्हें भी बुला लिया करते थे। मैं थिमैया को

तभी से जानता था, जब मेरे पूर्ववर्ती कमान अधिकारी जॉन डेनियल्स के साथ उनसे मेरी पहली मुलाकात अराकान में हुई थी। डेनियल्स उस समय शाही तोपखाने के कमांडर और 25 इन्फैंट्री डिवीजन के स्थानापन्न कमांडर थे। मैं वहाँ जब भी होता था, मुंशी मुझे अपने पास रहने के लिए कहा करते थे। आगे चलकर ऐसी ही एक बैठक में थिमैया क्रोधित एवं क्षुब्ध दिखाई दिए। एक बार उन्होंने कृष्ण मेनन के अवांछित हस्तक्षेप एवं अहंकारपूर्ण व्यवहार के कारण इस्तीफा दे दिया था। उन्होंने मुझे बताया था कि प्रधानमंत्री नेहरू ने मुझे बुलाकर अपना त्यागपत्र वापस लेने का अनुरोध किया था। मुंशी ने उन्हें इस्तीफा वापस न लेने का सुझाव दिया था। उसके बाद थिमैया ने बताया था कि नेहरू ने उनसे यह कहते हुए त्यागपत्र वापस लेने का अनुरोध किया था कि उनके इस्तीफे से देश में संकट उत्पन्न हो जाएगा और यह भी कि राष्ट्रीय हित में मुझे अपना त्यागपत्र वापस ले लेना चाहिए। दुर्भाग्यवश, थिमैया ने अपना इस्तीफा वापस ले लिया। बाद में नेहरू ने संसद् में थिमैया को खूब खरी-खोटी सुनाई। नेहरू ने थिमैया को अविवेकी व्यक्ति बताते हुए कहा था कि वे एक दिन इस्तीफा देते हैं और उससे अगले ही दिन उसे वापस भी ले लेते हैं! राजनीति की दुनिया कुछ ऐसी ही है। उसके बाद थिमैया को एक 'लँगड़ी बतख' बना दिया गया था। सेना प्रमुख के.एस. थिमैया के रूप में सेना ने अब तक का सर्वाधिक मेधावी युद्धक अधिकारी पैदा किया था और उन्होंने अराकान में एक कमान का संचालन करते हुए इसे प्रमाणित भी किया था। बाद में, जम्मू एवं कश्मीर में काररवाई के दौरान उनके 'दमखम' तथा निडर एवं व्यवस्थित तरीके के कारण उस जोजिला दर्रे को खोल दिया गया था, जिसने लद्दाख को बचा लिया था। वे राजनीतिक एवं जनसंपर्क-प्रेमी तथा अपने राजनीतिक आकाओं के इशारे पर अपनी दुम हिलाने वाले सेना प्रमुखों के विपरीत, सच्चे अर्थों में सैनिकों के सैनिक थे।

मुझे अमेरिका में ओकलाहामा के फोर्ट सिल एवं टेक्सास के फोर्ट ब्लिस में आधुनिक तोपखाना एवं मिसाइल कोर्स में भाग लेने के लिए चुना गया था। मुझे जानकारी देने के लिए रक्षा मंत्री कृष्ण मेनन द्वारा बुलाए जाने से मैं चकित था। किसी मंत्री का किसी विदेशी पाठ्यक्रम में भाग लेने से पूर्व अधिकारियों को बुलाना सचमुच अपवादात्मक था। उन्होंने अमेरिका के विरुद्ध एक लंबा उत्तेजक भाषण दिया और बीच में हमें केवल चाय और बिस्कुट देने के लिए शांत हुए। कृष्ण मेनन द्वारा बार-बार छावनी की यात्रा के दौरान उनके अधीनस्थ कर्मचारियों ने हमें चाय के साथ खाने के लिए विदेशी बिस्कुट देने पर जोर दिया, जिन्हें खाने के लिए वे दिन भर में कई बार चाय पीते थे। हमें विदेशी बिस्कुट की खोज में बहुत कठिनाइयों

का सामना करना पड़ता था। मैंने किसी विदेशी ब्रांड का बिस्कुट समझकर एक पैकेट को निरीक्षण हेतु उठाया, किंतु वास्तव में वह पूरी तरह उत्तम भारतीय बिस्कुट निकला।

मेनन ने चेहरे पर कृत्रिम मुसकान देखी तो मेरी ओर गंदी नजरों से देखा। उन्होंने अपना उत्तेजनात्मक भाषण जारी रखा। मैंने उनसे पूछा कि यदि आप सचमुच अमेरिका के बारे में इस प्रकार महसूस करते हैं तो फिर मुझे वहाँ शिक्षण पाठ्यक्रम में भाग लेने के लिए क्यों भेज रहे हैं? इसके बाद उनका दूसरा उत्तेजक प्रवचन चालू हो गया। तत्पश्चात् उन्होंने मुझे वहाँ से चले जाने का आदेश दिया। मैंने उन्हें सैल्यूट किया और फौरन वहाँ से बाहर आ गया। कृष्ण मेनन को रक्षा मंत्री नियुक्त किया जाना भारत के लिए अत्यंत दुर्भाग्यपूर्ण था। उनका वामपंथी राजनीतिक झुकाव सर्वविदित था। वे अत्यंत महत्त्वाकांक्षी थे और उन्होंने सशस्त्र सेनाओं के भी राजनीतिकरण का प्रयास किया था और महत्त्वपूर्ण पदों पर अपने द्वारा नियुक्त किए गए लोगों को तैनात कर दिया था। सन् 1962 का सैनिक महाविनाश लगभग पूरी तरह उनके इसी वामपंथी दृष्टिकोण के कारण हुआ था कि 'चीन कभी भी भारत पर आक्रमण नहीं करेगा।' वे 'हिंदी-चीनी भाई भाई' के पुरोधा थे। सैन्य दक्षता के विषय में उनके ज्ञान के अभाव ने हमें एक ऐसे संघर्ष में धकेल दिया था, जिसमें हमारे पास लड़ने के लिए प्रचुर शस्त्रास्त्र भी नहीं थे। इतिहास उनके प्रति अत्यंत दयालु रहा था और मेरी दृष्टि में 1962 की पराजय के लिए सर्वाधिक दोषी व्यक्ति केवल कृष्ण मेनन थे।

मुझे दिल्ली छावनी छोड़ने का बहुत दुःख हुआ, जहाँ मुझे भव्य उद्यान के साथ एक विशाल बँगला आवंटित किया गया था। मैं बहुत दिनों से एक खूबसूरत एवं प्यारी गुजराती लड़की के साथ विवाह करने के बारे में विचार कर रहा था। वह एन.सी.सी. में थी और एक कॉलेज में प्रोफेसर थी। हम लगभग तीन महीने तक एक-दूसरे के साथ मिलते-जुलते रहे थे। उसके बाद उसने अपने पिता के साथ मेरी मुलाकात की व्यवस्था की और उन्होंने हमारे विवाह को स्वीकृति दे दी। उसके बाद मेरे ऊपर वज्रपात हुआ! उसने मुझे बताया कि वह अपने घर में अकेली कमाने वाली है, इसलिए विवाह के बाद हम दोनों को उसके माता-पिता और तीन अध्ययनरत बहनों की सहायता करनी होगी। मैंने उससे कहा कि सेना की मेरी छोटी सी तनख्वाह इसके लिए अपर्याप्त होगी। मेरी बात सुनकर वह रो पड़ी, परंतु मैं अपनी बात पर अडिग था। उसके साथ अपना संबंध समाप्त करने का मुझे सचमुच बहुत दुःख हुआ था। मैंने कई बार उसके बारे में सोचा था।

मेरी अमेरिका जाने की तैयारी के साथ-साथ कुछ अन्य परिस्थितियों ने हमारे रिश्ते का अचानक अंत कर दिया और मैं व्यथित होकर अमेरिका के लिए रवाना हो गया। बंबई में पोतारोहण मुख्यालय से गुजरते हुए अचानक मेरी मुलाकात जनरल कौल से हो गई, जो उन दिनों सेना मुख्यालय में प्रमुख पद पर आसीन थे। वे मुझे देखकर अत्यंत चकित हुए और उन्होंने संकेत दिया कि उन्हें मेरी इस नियुक्ति की जानकारी नहीं थी। मैंने उनसे कहा कि यदि वे ऐसा चाहते हैं तो मेरा समनुदेशन निरस्त कर सकते हैं, क्योंकि मैं खुद भी एक अन्य प्रशिक्षण पाठ्यक्रम हेतु जाने के लिए उत्सुक नहीं था। वे कोई उत्तर दिए बिना गुर्राए और लंबे डग भरते हुए वहाँ से चले गए।

□

5

अमेरिका में प्रशिक्षण एवं वापसी

मैं अमेरिका के वातावरण में बड़ी अच्छी तरह घुल-मिल गया, क्योंकि द्वितीय विश्वयुद्ध के दौरान मैंने वहाँ सेना में पहले ही अच्छे संपर्क बना लिये थे। पाठ्यक्रम सितंबर 1959 में प्रारंभ हुआ। मैंने वहाँ 1955 मॉडल की एक प्रयुक्त फोर्ड कार 400 डॉलर में खरीद ली और उसी पर सवार होकर पाठ्यक्रम के वायु रक्षा चरण के प्रशिक्षण हेतु फोर्ट सिल से टेक्सास के अल्पासो के निकट फोर्ट ब्लिस जाने लगा। फोर्ट ब्लिस स्थित प्रशिक्षण विद्यालय की कमान उन दिनों ब्रिगेडियर जनरल मेलनिक के पास थी, जो अतीत में जापानियों के युद्धबंदी थे। पहले मैंने सोचा था कि अमेरिकी लोग बहुत विज्ञप्ति (प्रोटोकॉल) सचेत नहीं थे, इसलिए जब मैंने एक सितारा जनरल को ऑफिसर्स क्लब में प्रवेश करते हुए देखा तो चकित रह गया। उसका सहायक (ए.डी.सी.) उसके आगे-आगे एक सितारे वाली पताका लेकर चल रहा था, जिसे उसने डिनर मेज पर जाकर लगा दिया। उसके बाद ब्रिगेडियर जनरल अपनी पत्नी के साथ आए और वहाँ बैठ गए।

वायु रक्षा प्रक्षेपास्त्र (मिसाइल) प्रणालियाँ मेरे लिए बिल्कुल नई थीं, इसलिए शेष लोगों के साथ कदम मिलाकर चलने के लिए मुझे कठोर परिश्रम करना पड़ा। अल्पासो का समीपस्थ नगर बहुत प्यारा एवं खूबसूरत स्थान था। हम अकसर जुआरेज मेक्सिको जाने के लिए रियो ग्रांडी नदी पर बने पुल को पार किया करते थे, जिसका उल्लेख ग्राहम ग्रीने ने अपनी एक लघुकथा में किया था। अपना कोर्स पूरा करके मैं वापस फोर्ट सिल वापस चला आया, जहाँ मुझे एक अस्थायी बैरक में छोटा सा कमरा आवंटित किया गया था। यह कोई बड़ी समस्या नहीं थी। मुझे अन्य लोगों के साथ सामूहिक स्नान करने में कोई खास परेशानी नहीं हुई, क्योंकि मैं अपने स्कूल के दिनों से ही उसका अभ्यस्त था। परंतु मुझे अन्य लोगों के साथ रहते

हुए अपने पेट में उठने वाले वायु विकार से राहत पाने में बहुत कठिनाई हुई। मैंने अपने लिए शौचालय सुविधा से युक्त एक निजी क्वार्टर आवंटित करने का अनुरोध किया। यह ऐसा अनुरोध था, जिसे स्वीकार नहीं किया जा सकता था। उन क्वार्टरों में एशियाई देशों से आए अधिकारियों को रखा गया था, जबकि अमेरिकी एवं नाटो देशों के अधिकारियों को समुचित आवास उपलब्ध कराए गए थे। इसके अतिरिक्त, चूँकि मैं ले. कर्नल के स्तर का अधिकारी था, इसलिए अपना कमरा स्वयं साफ करने के लिए दिए जाने वाले आदेशों पर मैंने अपना असंतोष व्यक्त किया। मैंने ला टाउन में एक छोटा सा मकान किराए पर लिया और चौकी से बाहर निकल गया। मेरे इस कृत्य को कमांडेंट द्वारा अच्छा नहीं माना गया। मेरे साथ उस पाठ्यक्रम में भाग लेने वाले अधिकारियों की संख्या लगभग 400 थी, जिनमें अधिकतर कैप्टन और मेजर रैंक के थे, जो नियमित सेना, अमेरिकी नौसेना एवं आर.ओ.टी.सी. (रिजर्व ऑफिसर्स ट्रेनिंग कोर) से आए थे और उस पाठ्यक्रम में भाग लेने वाला मैं एकमात्र ले. कर्नल था। मैंने बर्मा एवं सुमात्रा में लड़ाइयाँ देखी थीं, इंग्लैंड में गनरी स्टाफ कोर्स किया था, भारत में आर्टिलरी (तोपखाना) स्कूल में पढ़ाया था और अपने डिफेंस सर्विसेज स्टाफ कॉलेज से स्नातक की परीक्षा उत्तीर्ण की थी। कुछ शिक्षक सीमित प्रत्यय-पत्र (क्रेडेंशियल) वाले थे और मेरी उपस्थिति में असहज महसूस करते थे। मैंने पाया था कि एक या दो नौसैनिक अधिकारी शेष लोगों से अधिक प्रतिभाशाली थे। कोर्स में भाग लेने वाले दक्षिण कोरियाई, फिलीपीनी और वियतनामी अधिकारियों के साथ मेरी अच्छी बनती थी। अमेरिकी अधिकारी अपने वियतनामी साथियों के साथ अधिक सम्मानजनक व्यवहार नहीं करते थे। मैंने जब उनसे इसका कारण पूछा तो उनका उत्तर सुनकर स्तब्ध रह गया, "हमें उनके साथ अच्छा व्यवहार क्यों करना चाहिए? वे वियतनाम में हमारे घरेलू नौकर थे!" मैंने भारत में ब्रिटिश साम्राज्यवाद के अधीन जीवन व्यतीत किया था और ब्रिटिश भारतीय सेना में नौकरी की थी, किंतु इससे पूर्व कभी भी मेरा सामना इस प्रकार की टिप्पणियों से नहीं हुआ था। यह वही युग था, जब गोरों और कालों के बीच होने वाली हिंसा के दौरान लिटिल रॉक ने कुख्याति प्राप्त की थी, वह 1958 में होने वाली बड़ी घटना थी। मैंने अपनी भावनाओं को छिपाने का कोई प्रयत्न नहीं किया। मेरे इस व्यवहार को अधिकारियों द्वारा अच्छा नहीं माना गया। यह मैक्कार्थी का युग भी था। मेरे एक साथी ने मुझे विश्वास में लेकर बताया था कि उसे अपने अधिकारी बंधुओं के बारे में सूचनाएँ देने के लिए कहा गया था। उसने मुझे यह भी बताया कि उसने मेरे द्वारा की गई समस्त टिप्पणियों की जानकारी उन्हें दे दी थी। कुल मिलाकर, मैंने अमेरिका

में आनंददायक कार्यकाल पूरा किया और अपने अधिकतर साथियों के साथ मेरी खूब निभी। मैं अमेरिकी लोगों के जीवट एवं साहस से अत्यंत प्रभावित था, जिनके प्रति मैंने अपने मन में भारी सम्मान विकसित कर लिया था।

मैं अमेरिका में अपने साथ उस चीते का मढ़ा हुआ सिर और उसकी खाल लेकर गया था, जिसका मैंने अतीत में शिकार किया था। उस ट्रॉफी को मैसूर में जॉन इंजेन एंड वान इंजेन द्वारा मढ़ा गया था। दुर्भाग्यवश, यात्रा के दौरान चीते का एक दाँत टूट गया था, परंतु एक संक्षिप्त संवाद के बाद वे उसे मूल्य लेकर दोबारा ठीक करने के लिए राजी हो गए थे। मैंने उस ट्रॉफी को कमांडेंट को भेंट कर दिया और स्नो हॉल में उसका प्रदर्शन किया गया था। संयोगवश, विदेशी अधिकारियों के लिए नियुक्त महिला जनसंपर्क अधिकारी ने मुझसे आग्रह किया था कि वह ट्रॉफी मैं उसे दे दूँ, लेकिन जब मैंने उसे देने से इनकार कर दिया, तब भी उसने अपनी नाराजगी मुझसे नहीं छिपाई थी।

मुझे अब अपने कोर्स की अधिक श्रमपूर्वक पढ़ाई करनी थी, क्योंकि सभी के अवलोकन हेतु अंक तालिकाएँ प्रदर्शित कर दी गई थीं। मेरे अंतिम प्रतिशत परिणाम 90 से भी ऊपर थे। भारत वापस लौटने पर मुझे काफी स्पष्टीकरण देना पड़ा था, क्योंकि मेरी पाठ्यक्रम रिपोर्ट पर की गई एक आक्रामक टिप्पणी के आधार पर मुझे 'एक एग्रेसिव अधिकारी' बताया गया था। वास्तव में, उसका अर्थ एक शुभकामना के रूप में लिया जाना चाहिए था, परंतु भारत में सैन्य उच्चाधिकारी वर्ग ने 'एग्रेसिव' का अर्थ 'झगड़ालू' अधिकारी के रूप में लगाया! मैंने पाया था कि भारतीय सैन्य उच्चाधिकारी वर्ग आक्रामक दृष्टिकोण की अपेक्षा सुनम्य कार्य निष्पादन में अधिक रुचि लेता था, अर्थात् उसे ऐसे अधीनस्थ अधिकारी पसंद थे, जो बिना कोई आपत्ति किए, सिर झुकाकर चुपचाप उनके आदेशों का पालन करते रहें। दुर्भाग्यवश, यह प्रवृत्ति भारतीय सशस्त्र सेनाओं में आज तक जारी है—कनिष्ठ अधिकारियों द्वारा की गई किसी अच्छी पहल को भी उनके वरिष्ठ अधिकारियों द्वारा सराहा नहीं जाता है।

अपने अमेरिका प्रवास के दौरान मैंने ग्लब पाशा की एक परिचर्चा में भाग लिया था, जिनसे मैं अतीत में इराक में मिला था। उनके भाषण में पहले द्वितीय विश्वयुद्ध के दौरान और बाद में फिलिस्तीन के हगाना में उनके अरबी सैन्य दल को महिमामंडित किया गया। मैंने उन्हें इराक में हुई अपनी पहली मुलाकात के बारे में स्मरण कराया और उन्हें बताया कि मैंने उनके यहूदीवाद-विरोधी विचारों को स्वीकार नहीं किया था। ग्लब अनेक अन्य ब्रिटिश अरबवादी अधिकारियों की भाँति एक समर्पित इजराइल-विरोधी अरबवादी अधिकारी थे।

पाठ्यक्रम के बाद मैं अपनी गाड़ी से विश्राम यात्रा पर फोर्ट ब्रैग के लिए प्रस्थान कर जाता था। 'विनेगर' जोय स्टिलवेल के पुत्र ब्रि. जन. स्टिलवेल वहाँ कमान अधिकारी थे। हम दोनों के बीच लंबी चर्चाएँ होती थीं। मैं भारत के रामगढ़ में 'विनेगर' जोय से मिल चुका था, जहाँ च्यांग काई शेक के सैनिकों के लिए एक प्रशिक्षण शिविर स्थापित किया गया था। दु:खदत: ब्रि. जन. स्टिलवेल की पर्ल हार्बर जाते समय एक विमान दुर्घटना में मृत्यु हो गई थी। लॉर्ड लुईस माउंटबेटन उस समय फोर्ट ब्रैग का दौरा कर रहे थे। उनके सम्मान में आयोजित भोज में माउंटबेटन ने नौसैनिक बेड़े के एडमिरल की वरदी पहनी थी। उन्होंने मुझे भारतीय सेना की नीली वरदी में देखा और मुझे अपनी बगल में बैठने का संकेत दिया। उन्होंने मेरे साथ भारत के प्रति अपने प्रेम एवं पहले गवर्नर जननरल एवं वायसराय की भूमिकाओं के बारे में चर्चा की। उन्होंने उस 'रामरी ऑपरेशन' के बारे में भी चर्चा की, जिसमें मैंने भाग लिया था और पुन: स्मरण करके बताया कि मूलत: अंडमान द्वीप को वापस लेने का वह दायित्व पहले 26 भारतीय डिवीजन को सौंपा गया था। खुफिया विभाग को माउंट पीटर क्षेत्र में स्थित रामरी पर छद्म आक्रमण करने का कार्य सौंपा गया था। बाद में हमारी योजना बदल दी गई और हमारा लक्ष्य रामरी बन गया। गुप्तचर विभाग को इस बदलाव के बारे में जानकारी नहीं दी गई थी, इसलिए उसने छद्म रूप से रामरी द्वीप पर उतरना जारी रखा। सौभाग्यवश, हमारी लैंडिंग क्याकपाऊ में हुई थी, न कि माउंट पीटर पर। उन्होंने मेजर जनरल चैंबर्स के आदेशों के उल्लंघन एवं सैनिकों का मनोबल बढ़ाने के लिए उनकी रामरी यात्रा को भी स्मरण किया। मैंने जब उन्हें बताया कि मेरी रेजिमेंट के सिपाही आपको लॉर्ड माउंटबेटन के बजाय 'लॉर्ड माउंटेन बैटरी' कहकर पुकारते थे तो वे बहुत प्रसन्न होकर मुसकरा पड़े थे।

मैंने अपनी कार फोर्ट ब्रैग में 200 डॉलर में बेच दी और न्यूयॉर्क में कुछ आनंददायक दिन बिताए थे। मैं सेंट्रल पार्क से कुछ दूर स्थित एक होटल में ठहरा, जो एक कमरे का किराया प्रतिदिन केवल 12 डॉलर लेता था। 'क्वीन मैरी' नामक जहाज से वापस आते समय हम भारत आने के लिए एक लंगर लाइन नौका पर सवार हो गए। सन् 1960 में मैं भारत वापस पहुँच गया और मुझे आर्टिलरी स्कूल में मुख्य प्रशिक्षक, रणनीति के रूप में हाजिरी लगाने के लिए कहा गया। अभी मैं वहाँ ठीक से व्यवस्थित भी नहीं हो पाया था कि मुझे पश्चिमी कमान मुख्यालय में हाजिरी देने के लिए आदेश दे दिया गया और मुझसे कहा गया कि वहाँ जाकर मैं जनरल स्टाफ ऑफिसर, ऑपरेशंस 1 अथवा जी.एस.ओ.-1 (ऑप्स) का पदभार ग्रहण कर लूँ।

वहाँ आर्मी कमांडर ले.जन. पी.एन. थापर थे, जो अत्यंत ईमानदार एवं सुसंस्कृत व्यक्ति थे और ब्रिगेडियर जनरल स्टाफ के पद पर ब्रि. दीवान प्रेमचंद शोभायमान थे, जो बहुत सक्षम एवं मिलनसार व्यक्ति थे। हम दोनों के बीच खूब अच्छी बनती थी। मैंने आर्मी कमांडर को संदर्भित किए बिना अनेक निर्णय लिये, जिसके लिए मुझसे परेड कराई गई। प्रेम सूद ने हर बार मेरा साथ दिया। लद्दाख की सुरक्षा को लेकर मेरे और आर्मी कमांडर के बीच, खासतौर से तथाकथित 'अग्रिम नीति' का कोई संदर्भ दिए बिना, मतभेद उत्पन्न हो गए थे। मैंने बलपूर्वक कहा कि कोई भी तैनाती इंफ्रास्ट्रक्चर एवं साजो-सामान के निर्माण पर आधारित एवं प्रासंगिक होनी चाहिए। कृष्ण मेनन और अन्य राजनेता 'अग्रिम तैनाती नीति' के लिए दबाव बना रहे थे। उस मामले को बिना हल किए छोड़ दिया गया। आर्मी कमांडर ने तोपखाना इकाइयों के संगठन हेतु कुछ क्रांतिकारी परिवर्तनों का प्रस्ताव दिया था। मैंने फाइल पर लिख दिया कि हमें ऐसे 'घटिया' संगठनों के बारे में विचार नहीं करना चाहिए। मुझे पेश होने के लिए कहा गया। उसके बाद जनरल थापर ने मेरी टिप्पणी को गाली-गलौज वाली भाषा कहते हुए उसे हटाने का आदेश दिया। मैंने इनकार कर दिया और प्रतिवाद करते हुए कहा कि यदि आपको मेरी टिप्पणी पसंद नहीं है तो वे उसे निरस्त कर सकते हैं। वह फाइल पर यथावत् बनी रही। मेरे लिए यह सौभाग्य की बात थी कि अप्रैल 1961 में मेजर जनरल सैम मानेकशॉ द्वारा मुझे बुलाकर एक प्रशिक्षक के रूप में स्टाफ कॉलेज जाने के लिए कहा गया। मैं मानेकशॉ को बहुत पहले से जानता था, जब वे सेना मुख्यालय में सैन्य काररवाइयों के निदेशक (डायरेक्टर मिलिटरी ऑपरेशंस) थे और मैं उनके किंग जॉर्ज एवेन्यू स्थित बँगले पर अकसर जाता रहता था। (आजकल उस क्षेत्र को राजाजी मार्ग के नाम से जाना जाता है)। ले. कर्नल जंगू सतारा वाला को इतालवी अभियान में वीरता दिखाने के लिए 'मिलिटरी क्रॉस' से पुरस्कृत किया गया था, वे भी वहाँ अकसर आते रहते थे। सैम मानेकशॉ प्रारंभ में सतारा वाला को बहुत पसंद किया करते थे, परंतु कई वर्षों बाद वे उनसे परेशान हो गए थे।

मैंने मानेकशॉ के पास अपनी हाजिरी लगाई और उन्होंने संक्षेप में मेरे कर्तव्यों के बारे में बताया और कहा कि मैं वेलिंगटन क्लब में अपना आवास ले लूँ। क्लब एक घाटी में स्थित था, जिसमें नौ छिद्रों वाला एक पहाड़ी गोल्फ कोर्स बना हुआ था और पुराने स्क्वैश कोर्ट को दो आवासीय क्वार्टरों में परिवर्तित कर दिया गया था। ऊपरी मंजिल पर मैं और भूतल पर क्लब का सचिव रहता था। स्टाफ कॉलेज में प्रशिक्षक पर काम का भारी बोझ था। उसे न केवल अपने पाठों को तैयार करने

के लिए खूब अध्ययन करना पड़ता था, बल्कि अनेक प्रश्नपत्रों एवं अभ्यासों को दुरुस्त भी करना होता था। वहाँ खेलों और खेल गतिविधियों की उत्तम सुविधाएँ थीं। शौकिया घुड़दौड़ों की तरह तलहटी में घोड़े पर सवार होकर शिकार करना बहुत आनंददायक था। मैं अपनी गोल्फ कमजोरी को बारह अंक तक नीचे लाने में सफल रहा था। मानेकशॉ न तो कोई खेल खेलते थे और न ही शिकारी कुत्तों पर सवार होते थे। उनका एकमात्र बाहरी मनोरंजन मछली पकड़ना था।

मुझे पाठ्यक्रम के विद्यार्थियों के लिए अनेक अभ्यासों (एक्सरसाइज) को संशोधित करना था। विशेष रूप से एक अभ्यास, पुरानी पड़ चुकी पर्वतीय युद्धकला (माउंटेन वॉरफेयर) पर था। शायद यह वही अभ्यास था, जो वेलिंगटन ले जाए जाने से पूर्व क्वेटा में पढ़ाया जाता था और वह पाठ अवरोधक तकनीकों पर आधारित था, जिसे उत्तर-पश्चिम सीमा पर 1920 और 30 के दशक के दौरान प्रयोग में लाया जाता था। मैंने अभ्यास को नए सिरे से लिखा और दोबारा तैयार किया और उसके प्रशिक्षण हेतु बोमडिला का चुनाव किया। वह एक ऐसा स्थान था, जो कालांतर में 1962 के चीनी आक्रमण के दौरान प्रमुखता प्राप्त करने वाला था। लैंटेग्ने के विपरीत, मानेकशॉ ने युक्तिपरक चर्चाओं में कभी सक्रिय रूप से भाग नहीं लिया। फिर भी, उन्होंने पाठ में अति विशिष्ट व्यक्तियों (वी.आई.पी.) के व्याख्यानों को अवश्य शामिल कराया। अविवाहित होने के नाते कई बार मुझे इन विशिष्ट व्यक्तियों के साथ भोजन करने के लिए कह दिया जाता था, ताकि मेज पर बैठने वालों की संख्या को सम बनाया जा सके। श्रीमती सिल्लू मानेकशॉ एक आकर्षक, सहृदय एवं दयालु महिला थीं। उन्होंने बहुत सुंदर मेज तैयार की थी, वे मेरे प्रति अत्यंत उदार थीं और मैं उनकी स्मृति को सदैव सँजोकर रखूँगा।

मानेकशॉ कॉलेज में गहरे संकट में पड़ गए। उन्हें बिना बारी के बोलने और भारतीय इतिहास के नायकों के विषय में अवमाननात्मक टिप्पणियाँ करने की आदत थी। वह सदैव समस्त पाश्चात्य वस्तुओं को पसंद किया करते थे और अपनी इस आदत को उन्होंने कभी छिपाने का भी कोई प्रयास नहीं किया। वे सरकार की विदेश एवं घरेलू नीतियों से घृणा करते थे। इन आलोचनाओं की सूचनाएँ दिल्ली तक पहुँचने लगीं और उनके अविवेकी बयानों का संज्ञान लिया जाने लगा था। रक्षा मंत्री कृष्ण मेनन द्वारा उनके विरुद्ध 'कोर्ट ऑफ इन्क्वायरी' का आदेश दिया गया। मानेकशॉ पर राष्ट्र-विरोधी होने का अभियोग लगाया गया था। उनके विरुद्ध इस अभियान के मुख्य संचालक कृष्ण मेनन और उनके कृपापात्र ले. जनरल कौल थे। कौल मानेकशॉ को अपना सशक्त प्रतिद्वंद्वी मानते थे और अपने आरोपों के समर्थन में उनके विरुद्ध साक्ष्य

एकत्र करने में व्यस्त थे। एक रात जब मैं अपने एक साथी ले. कर्नल फतेह शिंदे के घर पर भोजन कर रहा था, मेरे पास कौल के स्टाफ ऑफिसर का फोन आया, जो मुझे मानेकशॉ के विरुद्ध गवाही देने के लिए कह रहा था।

साक्ष्य के रूप में वह मुझसे जो माँग रहा था, वह थीं—मेरे और ले. कर्नल जोरू बख्शी के विरुद्ध मानेकशॉ द्वारा की गई असंयमित टिप्पणियाँ। बख्शी कुछ ही दिनों पहले अपनी नई नियुक्ति हेतु कांगो चले गए थे और उपलब्ध नहीं थे। मुझे सूचित किया गया कि यदि मैं मानेकशॉ के विरुद्ध यह गवाही दे दूँगा तो मुझे मेरी इच्छानुसार कोई भी नियुक्ति मिल जाएगी और मेरा भविष्य भी सुरक्षित हो जाएगा। मुझसे माँगी गई टिप्पणियाँ अविवेकपूर्ण एवं अपमानजनक थीं और मानेकशॉ के विरुद्ध लगाए जा रहे आरोपों के समर्थन में उनका उपयोग किया जा सकता था। मैंने इनकार कर दिया। इसके बाद कौल हमारी छावनी की लाइन में आए और मुझसे यह कहते हुए पुनर्विचार करने का आग्रह किया कि यदि मैंने उनकी बात नहीं मानी तो मेरा भविष्य खतरे में पड़ जाएगा। मैंने उनकी बात मानने से विनम्रतापूर्वक इनकार कर दिया, क्योंकि मैंने अपने बॉस के विरुद्ध खबरें देने को अनैतिक पाया था और उसके साथ-ही-साथ मेरे मन में कौल के प्रति लेशमात्र भी सम्मान नहीं था। बाद में मुझे पता चला कि वरिष्ठता सूची में सबसे ऊपर चल रहे मेरे नाम को कौल ने सबसे नीचे की पंक्ति में डाल दिया था।

बाद में मुझे एक ब्रिटिश माली की शिकायत पर मानेकशॉ के कोप का शिकार होना पड़ा था, क्योंकि उसने उनसे कहा था कि मैंने उसे हटाने की धमकी देने का दुस्साहस किया था। वह क्लब में अंग्रेज समुदाय का एक महत्त्वपूर्ण सदस्य था। मानेकशॉ ने मुझे उस संबंध में स्पष्टीकरण देने के लिए कहा। मैंने उन्हें बताया कि माली शराब पिए हुए था और गालियाँ दे रहा था तथा स्वयं ही विवाद उत्पन्न कर रहा था। मेरा यह उत्तर उन्हें संतुष्ट नहीं कर पाया। मैंने मानेकशॉ को यह भी बताया कि क्लब का मानद सचिव बनने की मेरी कोई इच्छा नहीं थी और वह भी मेरे फालतू समय में, और यदि इस माली ने मेरे साथ दोबारा दुर्व्यवहार किया तो उसे हटाने में मुझे कोई संकोच नहीं होगा। मैंने अपनी बात को आगे बढ़ाते हुए कहा कि यदि वे मानद सचिव के रूप में मेरे व्यवहार से प्रसन्न नहीं थे तो मैं तत्काल प्रभाव से अपना त्यागपत्र दे रहा हूँ। मेरी बात सुनकर मानेकशॉ अत्यंत रुष्ट हो गए। उन्होंने मुझसे कहा कि मैं अगले आदेश तक अपने पद पर बना रहूँ। मेरे लिए यह सौभाग्य की बात थी कि इस प्रकरण के पश्चात् तत्काल एक नियमित वेतनभोगी सचिव नियुक्त कर दिया गया था।

मानेकशॉ की अवांछनीय टिप्पणियाँ करने की आदत बनी रहने वाली थी। अमेरिकी विदेश विभाग की ओर से जारी किए गए एक चौंकाने वाले दस्तावेज (परिशिष्ट देखें) में इस बात का उल्लेख है कि उन्होंने 12 अक्तूबर, 1966 को कलकत्ता से दिल्ली जाने वाली उड़ान में अमेरिकी महावाणिज्य दूत विलियम के. हिचकॉक के साथ अपने वार्त्तालाप में अनर्गल बातें कही थीं। मानेकशॉ उस समय पूर्वी सेना के कमांडर थे। उन्होंने रक्षा मंत्री के साथ अपने वार्त्तालाप में भारत-पाक संबंधों, कश्मीर, भूटान, सिक्किम के चोग्याल और अपने सोवियत-विरोधी और पश्चिम-समर्थक विचारों का मुक्त कंठ से वर्णन किया था। उन्होंने कहा था कि मैंने पश्चिम-समर्थक होने की बात को इसलिए खुलकर स्वीकार नहीं किया था, क्योंकि उससे मेरे सेनाध्यक्ष बनने की संभावनाओं को धक्का लगता, जिसके परिणामस्वरूप मैं सैन्य चिंतन को सोवियतों से दूर पुनर्निर्देशित कर सकता था। उन्होंने सन् 1965 में पाकिस्तान के साथ हुए युद्ध में तत्कालीन सेनाध्यक्ष जनरल चौधरी के आचरण की आलोचना की थी। मानेकशॉ ने जब हिचकॉक को बताया कि भारतीयों ने कुछ डरावनी वार्त्ताओं के दौर में चीनियों से कहा था कि वे अपने 3,00,000 सैनिकों पर नकेल कस देंगे, तो इस रहस्योद्घाटन को सुनकर हिचकॉक दंग रह गए थे। इस प्रकार उन्होंने अमेरिकियों के समक्ष हमारी पूर्वी सेना की संख्या की पुष्टि कर दी थी। इस रिपोर्ट को इस अंचल में समस्त अमेरिकी दूतावासों में प्रसारित कर दिया गया था। मानेकशॉ एक संक्षिप्त अवधि के लिए बर्मा में भी युद्ध में शामिल थे और सितांग पुल के पार सेनाओं की वापसी के समय घायल हो गए थे और उन्हें 'मिलिटरी क्रॉस' दिया गया था, जिसके वे सर्वथा योग्य थे। 1942 के अतिरिक्त, मानेकशॉ ने किसी अन्य युद्ध में भाग नहीं लिया था। मानेकशॉ की नाटकीय प्रवृत्ति को उनके द्वारा बहुधा बताई जाने वाली इस कहानी में भलीभाँति देखा जा सकता है कि डिवीजनल कमांडर मेजर जनरल 'पंच' कोवन ने जब उन्हें घायल अवस्था में देखा तो उन्होंने अपना 'मिलिटरी क्रॉस' यह कहते हुए मेरे कंधे पर लगा दिया कि किसी मृत व्यक्ति को ऐसा मेडल नहीं दिया जा सकता! (ट्रिब्यून, 13 जनवरी, 2005)। यहाँ स्पष्ट कर दें कि किसी युद्ध क्षेत्र में होने वाली कारवाइयों के दौरान मेडल नहीं पहने जाते, जिससे स्पष्ट होता है कि जनरल कोवन कोई मेडल पहने हुए नहीं रहे होंगे।

श्रीमती इंदिरा गांधी की हत्या के कई वर्षों बाद मानेकशॉ ने श्रोताओं को उनके साथ हुई अपनी 'वार्त्ताओं' की कहानियाँ सुनानी शुरू कर दी थीं। यह बात सर्वविदित थी कि मानेकशॉ श्रीमती इंदिरा गांधी की प्रत्येक इच्छा से भिन्न मत व्यक्त

करते थे। वे श्रीमती गांधी के साथ अपनी वार्त्ताओं की कहानियाँ सुनाते हुए यह भी कहते थे कि इंदिरा गांधी अपनी प्यारी और करिश्माई छवि बनाने के लिए लालायित रहती थीं और उनसे अत्यधिक प्रेम करने वाला प्रेस इस काम में उनकी सहायता करता था। सन् 1997 में मैंने अपनी पुस्तक 'सरेंडर एट ढाका : बर्थ ऑफ ए नेशन' (ढाका में आत्मसमर्पण : एक राष्ट्र का जन्म) में 1971 के युद्ध का विवरण प्रकाशित किया था। मैंने 1997 में ही मानेकशॉ और जे.एस. अरोड़ा को अपनी पुस्तक की प्रतियाँ सप्रेम भेंट की थीं और उस समय दोनों लोग स्वस्थ एवं सक्रिय थे। उनमें से एक ने भी मेरी पुस्तक में प्रकाशित विवरणों का न तो प्रतिवाद किया और न ही उनका खंडन किया। मानेकशॉ द्वारा उस समय मेरे प्रति एकमात्र टिप्पणी यह थी—'तुमने पुस्तक में मेरी वह डरावनी तसवीर क्यों छापी?'

पूरी ईमानदारी से कहा जाए तो मानेकशॉ ने नौकरशाही के साथ अच्छे संबंध स्थापित कर लिये थे और जब भी कभी जरूरत पड़ी, उन्होंने उसका साथ दिया। उन्होंने सेना का सम्मान बनाए रखने के लिए किसी भी अन्य सेनाध्यक्ष से अधिक कार्य किया। हमारे मध्य अनेक मतभेदों के होते हुए भी मानेकशॉ के प्रति मेरे मन में सर्वोच्च सम्मान है। वे अपनी प्यार करने वाली पत्नी के समान मेरे प्रति सदैव उदार एवं मेरा ध्यान रखने वाले बने रहे। दुर्भाग्यवश, मेरी पुस्तक 'ढाका में आत्मसमर्पण' के सन् 1997 में प्रकाशित होने के बाद हमारे संबंध तनावपूर्ण बन गए थे। मैंने उन्हें जो पुस्तक भेंट की थी, उसे उन्होंने शायद ही आद्योपांत पढ़ा हो! उन्हें संदर्भ से इतर, संदर्भ अंश दिखाए गए थे। उन्होंने महसूस किया कि मीडिया प्रचार के माध्यम से उन्होंने अपनी जो छवि निर्मित की थी, पुस्तक में प्रकाशित सामग्री उससे मेल नहीं खाती थी। उन्होंने अखबारों को बताया था कि मैंने अकेले ही साउथ ब्लॉक स्थित अपने कार्यालय में बैठकर समस्त संचालनों को नियंत्रित किया था। युद्ध की समाप्ति के बाद भी वे सेवा में थे और उन्होंने एक ब्रिटिश अखबार को एक साक्षात्कार दिया था, जिसमें उन्होंने इस बात पर बल दिया था कि यदि वे 1971 में पाकिस्तानी सेना के प्रमुख रहे होते तो पाकिस्तान युद्ध जीत गया होता। उनके उस वक्तव्य से श्रीमती गांधी अत्यंत रुष्ट हो गई थीं और मानेकशॉ एवं अन्य लोगों द्वारा किए गए पक्ष-पोषण के बावजूद उनके रिटायर होने से कुछ सप्ताह पूर्व उन्हें बिना भत्ते के साथ पेंशन देने और फील्ड मार्शल नियुक्त करने के लिए उदासीनतापूर्वक सहमत हुई थीं।

जनरल थिमैया ने अपने रिटायरमेंट के बाद विवश होकर कुन्नूर में 'दक्षिण भारत यूनाइटेड प्लांटर्स एसोसिएशन' के सचिव का पद सँभाला था, क्योंकि सरकार ने उन्हें कोई उपयुक्त नियुक्ति देने से इनकार कर दिया था। थिमैया अकसर क्लब

स्थित मेरे क्वार्टर में पीने के लिए आ जाते थे और मुझे भी अकसर उनके बँगले पर आमंत्रित किया जाता था। वे अत्यंत सम्मानजनक व्यवहार करते थे, परंतु राजनेताओं द्वारा उनके साथ जो क्षुद्र व्यवहार किया गया था, उससे वे खिन्न रहते थे। वे मेरे साथ अपनी ब्रिगेड द्वारा बर्मा में की गई काररवाइयों की चर्चा के साथ जम्मू एवं कश्मीर में अपनी महत्त्वपूर्ण भूमिका, विशेषतया जोजिला में किए गए उत्कृष्ट कार्यों की भी चर्चा किया करते थे। कालांतर में, अंततोगत्वा थिमैया की क्षमताओं को मान्यता प्रदान की गई और 'संयुक्त राष्ट्र शांति सेना काररवाइयों' (यूनाइटेड नेशंस पीस कीपिंग फोर्स ऑपरेशंस) में एक प्रतिष्ठित कमान सौंपी गई। वास्तव में, वे एक 'सदाबहार' व्यक्ति थे।

1962 में चीनी आक्रमण के बाद मानेकशॉ को ले. जनरल के पद पर पदोन्नत कर दिया गया और पूर्वी कमान में चौथी कोर का कमांडर नियुक्त किया गया था। वेलिंगटन जिमखाना क्लब में आयोजित एक विदाई समारोह में मुझे उनकी पत्नी सिल्लू मानेकशॉ की वह बात याद है, जब उन्होंने उनसे कहा था कि 'आपको जैकब का शुक्रगुजार होना चाहिए कि उसने आपके खिलाफ गवाही नहीं दी।' मानेकशॉ कोई प्रतिक्रिया दिए बिना आगे बढ़ गए थे। मानेकशॉ सचमुच अत्यंत सौभाग्यशाली थे कि वे अपने विरुद्ध लगाए गए राष्ट्र-विरोधी होने के आरोपों से इतनी आसानी से बच गए। स्टाफ कॉलेज से निकलने के बाद मुझे पूना (अथवा जिसे वर्तमान में पुणे कहा जाता है) में दक्षिणी कमान में कर्नल 'क्यू' के रूप में नियुक्त किया गया था। अन्य लोग, जो पदोन्नति सूची में नीचे रह गए थे, उन्हें भी ब्रिगेडियर के पद पर नियुक्त कर दिया गया था और वे ब्रिगेडों की कमान सँभालने चले गए थे। स्पष्ट रूप से इसका कारण कौल से जुड़ी घटना थी। मैंने अपने त्यागपत्र के कागजात आर्मी कमांडर को सौंप दिए, जिसे उसने यह कहकर लेने से इनकार कर दिया था कि वह मेरे पास दोबारा वापस आएगा। बाद में उसने मुझे बताया कि उसने सेना सचिव से बात की थी, जिन्होंने उसे बताया था कि मेरी पदोन्नति में मेरे उस अनुरोध के कारण विलंब हुआ था, जिसके अंतर्गत मैंने काररवाई क्षेत्र में भेजे जाने का अनुरोध किया था और जैसे ही कोई पद खाली होगा, मुझे तत्काल पदोन्नत कर दिया जाएगा। दुःखी मन से मैंने उस समय उसकी बात पर विश्वास कर लिया था, परंतु काफी समय बाद मुझे पता चला कि उसने मेरे साथ सरासर झूठ बोला था, परंतु तब तक काफी विलंब हो चुका था।

□

6

लद्दाख एवं देवलाली में कार्यकाल

दक्षिणी सेना के कमांडर (जी.ओ.सी.-इन-सी, सदर्न कमांड) ले.जन. एल.पी. ('बोगी') सेन, जिन्हें मैं अतीत में बर्मा से ही जानता था, वे पक्का 'ब्राउन साहब' थे। कार्यालय आने अथवा युद्ध इकाइयों एवं स्थापनाओं का दौरा करने की अपेक्षा उनकी बंबई और पुणे में होने वाली घुड़दौड़ों में शामिल होने की रुचि अधिक थी। बंबई में मेरे सर्वाधिक कठिन दायित्वों में से एक दायित्व उनके लिए ऐसे संस्थानों की खोज करना था, ताकि उनका दौरा करने के बाद वे घुड़दौड़ के मौसम में समय निकालकर उनकी बैठकों में शामिल हो सकें। प्रशासनिक मामलों में सेन बहुत कम रुचि लेते थे और उन्होंने अपनी सारी शक्तियाँ मुझे सौंप दी थीं। इसने मुझे दक्षिणी सेना की इकाइयों के रहने के लिए आवास की योजना बनाने तथा निर्माण कार्य की पहल करने का अवसर दिया। इसके कारण मैं हैदराबाद के निकट गोलकुंडा में आर्टिलरी सेंटर के निर्माण में सफल हुआ और नासिक आर्टिलरी सेंटर में सैनिकों के आवासों की कमी को पूरा कर सका। मैंने दोनों केंद्रों में 400 × 400 गज के आकार वाले परेड मैदानों के निर्माण की मंजूरी देने में एक गलती कर दी थी। मुझे इतने विशाल परेड मैदानों के निर्माण हेतु प्रयोग में लाए गए मानदंडों के स्पष्टीकरण हेतु कठोर परिश्रम करना पड़ा। ये परेड मैदान, जो संभवत: किसी भी देश में बने परेड मैदानों से अधिक विशाल थे, आज इन्हें पूरी तरह उपयोग में लाया जा रहा है। 1962 के युद्ध के परिणामस्वरूप सेना के विस्तार हेतु नियुक्त होने वाले सैनिकों की आवास संबंधी आवश्यकताओं को पूरा करने के लिए हमने अनेक स्थानों पर सैनिक आवासों का निर्माण कराया था।

मुझे ब्रिगेडियर के पद पर पदोन्नति दी गई और लद्दाख में 3 आर्टिलरी ब्रिगेड की कमान सौंप दी गई। 1963 में लद्दाख में नियुक्ति को एक कठिन कार्यभार माना

जाता था। वहाँ कोई आधारभूत ढाँचा तंत्र (इंफ्रास्ट्रक्चर) नहीं था और सैनिकों को अपने निजी आवासों का निर्माण स्वयं करना पड़ता था। अपनी ब्रिगेड के अतिरिक्त मैं लेह का स्टेशन कमांडर भी था। लद्दाख एक अधिक ऊँचाई वाला मरुस्थल है, जिसके आसपास अनेक पर्वत-श्रृंखलाएँ हैं, जो बिल्कुल भिन्न एवं बेतुकी हैं। नदियों की तलहटी में रगड़कर साफ करने योग्य कुछ स्थान हैं और वहाँ हरियाली के रूप में कुछ वनस्पतियाँ एवं अन्य पेड़-पौधे हैं। वहाँ की सबसे बड़ी नदी सिंधु है, जो तिब्बत की एक चौड़ी घाटी से निकलती है। वहाँ कई झीलें हैं, जिनमें सबसे बड़ी पांगोंग झील है, जो आंशिक रूप से नियंत्रण रेखा के हमारी ओर बहती है और आधी चीनी नियंत्रण वाले क्षेत्र में बहती है। हमारी ओर बहने वाली झील का जल खारा है, जबकि चीन की ओर उसका जल मीठा है। क्षेत्र वन्यजीवों से समृद्ध है—वहाँ जंगली बकरे (साकिन), जंगली भेड़ें, जंगली गधे, हिरन, कुछ बर्फानी चीते और विविध प्रकार के पक्षी (चकोर, तीतर, बतख) भी पाए जाते हैं। वहाँ बड़ी संख्या में मठ भी बने हुए हैं और उनमें सर्वाधिक महत्त्वपूर्ण हेमिस का 'रेड हैट' (लाल टोपी) मठ है, जिसका संबंध तिब्बती बौद्धों के 'रेड हैट संप्रदाय' से है। हेमिस एक छोटी सी घाटी में लिपटा हुआ है और सिंधु नदी के साथ वाले मुख्य मार्ग से दिखाई नहीं देता है। यह मठ सचमुच सौभाग्यशाली है, क्योंकि ऐसा आरोप लगाया जाता है कि महाराजा गुलाब सिंह ने तिब्बत पर अपने आक्रमण के दौरान मार्ग में आने वाले अनेक मठों को लूट लिया था, परंतु सौभाग्यवश, हेमिस मठ को छोड़ दिया गया था।

कुशोक बकुल्ला लद्दाख में तिब्बती बौद्धवाद के पीले संप्रदाय के मुखिया थे और उनका मठ स्पितुक में स्थित था। हम दोनों अच्छे मित्र बन गए थे। जिस समय मैं लद्दाख पहुँचा था, उस समय इन्फैंट्री डिवीजन के डिवीजनल कमांडर गठिया रोग से पीड़ित थे और वे अपने मुख्यालय से बाहर भी नहीं आ पाते थे। उनकी इस अवस्था ने मुझे उनकी ओर से पश्चिम में काराकोरम दर्रे से लेकर पूर्व में सिंधु नदी के प्रवेश द्वार तक के सभी क्षेत्रों का दौरा करने की स्वतंत्रता दी।

मैं लद्दाख में दो वर्षों तक रहा, जो मेरी सर्वाधिक आनंददायक नियुक्तियों में से एक सिद्ध हुई। गरमियाँ अत्यंत रमणीय और सर्दियाँ बहुत अधिक ठंडी थीं। मैंने काफी समय अपनी इकाइयों के दौरों के साथ-साथ अनेक मठों की यात्रा करने में बिताया। मैंने बौद्ध संस्कृति का आदर करना प्रारंभ कर दिया और भिक्षुओं के समर्पण भाव से मैं अत्यंत प्रभावित हुआ।

मुझसे संभावित चीनी खतरे का विस्तृत आकलन तैयार करने और उसके प्रत्युत्तर में उठाए जाने वाले कदमों की जानकारी देने के लिए कहा गया था। मेरे विचार से चीनी लोग कभी भी अक्साई चिन को खाली नहीं करेंगे, क्योंकि सिंकियांग (शिजियांग) का सड़क संचार मार्ग उसी से होकर निकलता था। पुनरावलोकन करने पर मैं जी.एस.ओ.-1, ऑपरेशंस, पश्चिमी कमान के रूप में अपने संक्षिप्त कार्यकाल को स्मरण करता हूँ और मुझे यह भी याद आता है कि मैंने वहाँ आगे की ओर से बढ़ने से पूर्व इंफ्रास्ट्रक्चर, विशेषतया सड़कों के निर्माण की संस्तुति की थी। सन् 1962 की लड़ाई में हमारी लद्दाख के साथ-साथ अरुणाचल में भी खूब पिटाई हुई थी। सौभाग्यवश, उसके बाद से कुछ सबक सीख लिये गए थे। इंफ्रास्ट्रक्चर एवं लॉजिस्टिक्स (आधारभूत ढाँचा और रसद की आपूर्ति) आक्रमण एवं रक्षात्मक दोनों काररवाइयों के अनिवार्य तत्त्व हैं। वह 1962 की पराजय का ही अनुभव था, जिसे ध्यान में रखते हुए मैंने अप्रैल 1971 में मानेकशॉ द्वारा बांग्लादेश में प्रवेश करने के लिए लगातार परेशान किए जाने के बावजूद अपने ऑपरेशन की सफलता के लिए इंफ्रास्ट्रक्चर एवं लॉजिस्टिक्स की तैयारी के बिना युद्ध में प्रवेश करने से मना कर दिया था।

लेह के बाहरी क्षेत्र में लोम्बार्डी पहाड़ी पीपलों से घिरा मोराविआई ईसाई मिशन का एक भवन था, जिसके अंदर डिवीजनल (संभागीय) मुख्यालय के कार्यालय बनाए गए थे। मैंने संपूर्ण लद्दाख में सभी सैन्य ठिकानों पर पोपलर (पहाड़ी पीपल) और विल्लो (नम्रा) वृक्षारोपण परियोजना शुरू की थी और उसकी कलमें काटकर अन्य इकाइयों में लगाने के लिए वितरित की थीं। आज लद्दाख पहले से अधिक हरा-भरा क्षेत्र है।

दो वर्ष बाद मुझे देवलाली में तोपखाना विद्यालय (आर्टिलरी स्कूल) की कमान सँभालने के लिए तैनात कर दिया गया। मैं सन् 1965 के प्रारंभ में देवलाली पहुँचा था; उसमें मेरी पूर्ववर्ती नियुक्तियों के बाद से अधिक परिवर्तन नहीं हुआ था। वहाँ अभी भी झोंपड़ियों में लगने वाली कक्षाएँ थीं और तोप पार्क के आसपास बने तोपखाने के छप्पर टूटकर गिरने के कगार पर थे। निर्माण हेतु निधीयन (फंडिंग) भी बहुत संकुचित था; लेकिन फिर भी हमने वहाँ अधिकारियों के एक नए भोजनालय के साथ-साथ अविवाहित एवं विवाहित सैनिकों के लिए आवासों का निर्माण करने का प्रबंध कर लिया था। इन कार्यों की स्वीकृति पूर्व में मेरे द्वारा ही सन् 1963 में दी गई थी, जब मैं पूना में नियुक्त था। मैंने अपने कला एवं शस्त्रों के संग्रह का एक बड़ा भाग अधिकारियों के मेस को उपहार में दे दिया था, जहाँ अब उन्हें प्रदर्शित किया जा रहा है।

देवलाली भारत में मेरी सर्वाधिक प्रिय छावनी है। मुझे वहाँ आर्टिलरी में कमीशन मिला था और वहीं मैंने 'आर्टिलरी अनुदेशक गनर' (तोपखाना) के रूप में सेवा की और बाद में कुछ समय के लिए 'मुख्य अनुदेशक रणनीति' का पदभार सँभाला और अंततोगत्वा कमांडेंट बन गया। मुझे वहाँ के पहाड़ियों से घिरे हरे-भरे मैदान, जैसे बाहुला, जहाँ उसकी ढलान पर एक मराठा किला बना हुआ था, पांडुलेना अपने मंदिर के लिए प्रसिद्ध था और छावनी के बाहरी इलाके में शिव डोंगा इत्यादि अत्यंत प्रिय स्थान थे।

सन् 1965 में युद्ध के बादल मँडराने लगे थे। हम पाकिस्तान के साथ युद्ध के कगार पर थे। शीघ्र ही हमले शुरू हो गए। हमारे पास राजस्थान के बाड़मेर में एक इन्फैंट्री ब्रिगेड थी, जो प्रहार कर रही थी। पूना में दक्षिणी सेना के कमांडर जन. गोपाल बेऊर ने मुझे फोन करके उनके पास कुछ तोपें भेजने का अनुरोध किया, ताकि ब्रिगेड (जिसकी कमान ब्रि. सम्मनवार सँभाल रहे थे) की सहायता की जा सके। मैंने उन्हें स्पष्ट किया कि मैं सेना मुख्यालय के अधीन कार्यरत हूँ और मैं जानता हूँ कि वह इस प्रकार का अनुरोध स्वीकार करने के लिए राजी नहीं होगा। उन्होंने पुनः मुझे स्थिति की तात्कालिकता से अवगत कराया। मैं वहाँ तदर्थ आधार पर मैदानी एवं मध्यम तोपों की एक मिली-जुली रेजिमेंट भेजने के लिए राजी हो गया, जिसका संचालन आर्टिलरी स्कूल के लोग कर रहे थे। मैं इस तदर्थ (एड हॉक) रेजिमेंट के साथ बाड़मेर के लिए रवाना हो गया, परंतु मुझे निराश होकर देवलाली वापस लौटना पड़ा, क्योंकि मैं रेजिमेंट के साथ लड़ने के लिए वहाँ नहीं ठहर सका था। युद्ध अनिर्णीत रूप से समाप्त हो गया। आर्टिलरी के निदेशक मेजर जनरल नरवणे के साथ बड़े पैमाने पर एक अप्रिय वाद-विवाद होने वाला था। किसी भी घटना में हम दोनों के बीच अच्छे संबंध नहीं रहे थे। वे मुझसे अत्यंत रुष्ट थे, क्योंकि पूर्व में मैंने 75 एम.एम. पैक होवित्जर को स्वीकार करने से इनकार कर दिया था; वे उसके विकास को आगे बढ़ा रहे थे और आशा करते थे कि एक दिन उसे सेना में शामिल कर लिया जाएगा। स्वीकार्यता परीक्षणों के दौरान उन तोपों में 98 खामियाँ पाई गई थीं, जिनमें से कुछ बहुत बड़ी थीं। मजल ब्रेक उड़कर दूर जा गिरी थी और दृष्टि ब्रैकेट कट गए थे। उन्होंने मुझसे कहा था कि मैं उसे पास करने के लिए तैयार हो जाऊँ और वे बाद में उन दोषों को ठीक कर देंगे। मैंने उनसे स्पष्ट कह दिया था कि मैं इन तोपों को केवल तभी पास कर सकता हूँ, जब वे अपना भौतिक परीक्षण पास कर लेंगी। धुआँ देने वाले गोला-बारूद का एक अन्य परीक्षण भी किया गया, जिसे पास करने में हम विफल रहे।

उन्होंने मुझे बहुत निकृष्ट वार्षिक गोपनीय रिपोर्ट दी थी और उसके बावजूद बाद में मुझे पदोन्नत कर दिया गया था।

जनरल कुमारमंगलम ने स्कूल का निरीक्षण किया। उन्होंने मुझसे कहा कि मुझे अभी वहीं ठहरना होगा, क्योंकि वे मेरे बदले में कोई अन्य अधिकारी नहीं प्राप्त कर सके थे। इसका अर्थ यह था कि मुझे इन्फैंट्री ब्रिगेड के कमांडर का कार्यकाल नहीं मिल पाएगा, जोकि किसी डिवीजन की कमान सँभालने के लिए पूर्व शर्त थी। मैंने जन. कुमारमंगलम से कहा कि मेरे लिए यह ठीक था, क्योंकि रेजिमेंट सबसे पहले आई थी। उनके देवलाली दौरे की परिपूर्णता के बाद जन. कुमारमंगलम विमान की सीढ़ियाँ चढ़ने के बाद दोबारा नीचे उतरे और मुझे एक तरफ बुलाया। उन्होंने मुझे बताया कि मैंने पुनर्विचार करने के बाद निर्णय लिया है कि मैं तुम्हें इन्फैंट्री की कमान सँभालने के लिए भेजूँगा। उसके फौरन बाद मैं जम्मू के निकट सांबा में 268 इन्फैंट्री ब्रिगेड की कमान सँभालने के लिए रवाना हो गया। आर्टिलरी स्कूल में तीन महीने से अधिक समय तक कमांडेंट का पद खाली पड़ा रहा और जिस अन्य अधिकारी को मेरे स्थान पर स्कूल की कमान सँभालने के लिए भेजा गया था, उसके पास उसकी कमान सँभालने के लिए गनरी में अनिवार्य योग्यता नहीं थी। मैं जनरल कुमारमंगलम की स्मृति को सदैव स्मरण रखूँगा, जिनके प्रति मैं अत्यंत ऋणी हूँ।

सांबा में मेरा कार्यकाल तूफानी होने वाला था। वहाँ सीमा संबंधी अनेक अनसुलझी समस्याएँ थीं, जो पठानकोट से जम्मू तक फैली हुई थीं। यह मेरी खुशकिस्मती थी कि मेरे पाकिस्तानी समकक्ष ब्रि. अजमत हयात, पुत्र सिकंदर हयात थे और हम दोनों ने एक साथ मिलकर सीमा की निशानदेही की थी। पाकिस्तान सीमा पर कंक्रीट के खंभे लगाने के लिए राजी नहीं हुआ, अत: समझौते के तौर पर हमने वहाँ गैसोलीन के ड्रमों को मिट्टी से आधा भरकर खड़ा कर दिया। मैं बिना किसी साजो-सामान के सीमा पर होने वाली बैठकों में भाग लेता था। दूसरी ओर ब्रि. हयात केवल अपने हाथ बाँधे खड़े रहते थे और स्थानीय निवासी सीमा पर एक शामियाना गाड़कर उसमें कालीन और सोफे लगा देते थे। पाकिस्तानी सेना की आंतरिक प्रतिष्ठा एवं शक्ति जबरदस्त थी। दुर्भाग्यवश, हमारी डिवीजन (26 इन्फैंट्री डिवीजन) की कमान सँभालने वाले जनरल और मैं भिन्न दृष्टिकोण रखते थे। उन्हें मदिरा पीने का शौक था और वे इस बात पर जोर देते थे कि मेरे अफसरों और उनकी पत्नियों को जम्मू स्थित अधिकारियों के क्लब में होने वाली अनेक पार्टियों में शामिल होना चाहिए। ब्रिगेड अधिकारी और उनकी पत्नियाँ ऊबड़-खाबड़ सड़क पर लगभग दो घंटे की यात्रा करने के इच्छुक नहीं थे, इसलिए वे हमारे स्थानीय

क्लब में जाने को प्राथमिकता देते थे। इस व्यवस्था ने डिवीजनल कमांडर को रुष्ट कर दिया था।

केंद्रीय आरक्षित पुलिस (सी.आर.पी.) की 16वीं बटालियन, जो एक केंद्रीय अर्धसैनिक बल था, उसे सीमा पर गश्त लगाने का दायित्व सौंपा गया था। अपनी गश्त के दौरान वे एक छोटा मार्ग लेते थे और पाकिस्तानी सीमा का बड़ा भाग उनकी निगरानी से छूट जाता था। पाकिस्तानियों को जब इसकी जानकारी मिली तो पाकिस्तानी रेंजरों और सी.आर.पी. के बीच तीखी नोक-झोंक और भारी विरोध हुआ। समस्याओं का पूर्वानुमान लगाते हुए मैंने 1/1 गोरखा राइफल्स की दो बटालियनों और अपनी तीन इन्फैंट्री बटालियनों में से एक बटालियन को निकटस्थ स्थान पर रवाना कर दिया। डिवीजनल कमांडर उस क्षेत्र का निरीक्षण करने के इच्छुक थे, इसलिए मैं उन्हें लेकर एक निकटवर्ती स्थान पर गया और वहीं से उन्हें संकेत कर दिया। हमारे पास सुरक्षा के नाम पर सी.आर.पी. की एक छोटी सी टुकड़ी थी, जिसमें एक कनिष्ठ कमीशन प्राप्त अधिकारी और एक सिपाही था। जनरल ने कहा कि वे विवादास्पद क्षेत्र की लंबाई नापने के लिए पैदल जाना चाहते हैं। मैंने उन्हें बताया कि यह परामर्श देने योग्य नहीं है, क्योंकि मैं अपने साथ समुचित सुरक्षा दस्ता लेकर नहीं आया हूँ। गोरखाओं की दो कंपनियाँ उस स्थान से एक मील दूर थीं। उन्होंने प्रतिवाद करते हुए कहा कि उनके पाकिस्तानी समकक्ष और उनके बीच अच्छे संबंध हैं, इसलिए कोई भी पाकिस्तानी उनके मार्ग में हस्तक्षेप करने का साहस नहीं करेगा। मैंने उन्हें बताया कि पाकिस्तानी रेंजर्स अत्यंत आक्रामक मूड में हैं, जिसकी अनुक्रिया में उन्होंने व्यंग्यात्मक टिप्पणियाँ कीं। उसके बाद हम विवादास्पद निगरानी चौकी की ओर बढ़ गए। करीब सौ गज की दूरी पर हमारा सामना पाकिस्तानी रेंजरों के एक समूह से हुआ। उन्होंने हमें वापस लौट जाने के लिए कहा। वे रेंजर खुशकिस्मती से मुझे जानते थे और हमारी यात्रा का उद्देश्य स्पष्ट करने के बाद उन्होंने हमें आगे बढ़ने की अनुमति दे दी। लगभग सौ गज और आगे बढ़ने के बाद हमारा सामना पाकिस्तानी रेंजरों के एक अन्य दल से हुआ। उन्होंने हमसे वापस लौट जाने की माँग की। जनरल ने चिल्लाते हुए कहा कि इनकी बातों पर कोई ध्यान मत दो, क्योंकि वे उनके साथ कुछ भी नहीं करेंगे। इतना सुनते ही पाकिस्तानी रेंजरों ने अपनी राइफलें तान दीं। इसके बाद जनरल ने खुद को लंबी-लंबी घासों के पीछे छिपा लिया। मैंने रेंजरों का सामना किया और उन्हें समझाने की कोशिश की। लगभग 25 गज की दूरी से उन्होंने फायर कर दिया, जिससे मेरे बाईं ओर खड़े निरीक्षक की पगड़ी उड़ गई और एक गोली मेरे दाहिनी

ओर खड़े सिपाही हरफूल के पेट में जा लगी। मैं सौभाग्यशाली था कि उन्होंने मेरी छड़ी को निशाना बनाया था। मैं घायल सिपाही हरफूल को घसीटता हुआ लंबी घास के बीच कलाबाजियाँ खाने लगा। निरीक्षक बेहोश पड़ा हुआ था और लगता था कि किसी भी पल दम तोड़ देगा। मैंने सिपाही की राइफल और कारतूस की पेटी ली और रेंजरों पर फायरिंग करनी शुरू कर दी, जिसके बाद वे वहाँ से भाग गए। मैंने सिपाही से वहीं लेटे रहने के लिए कहा और यह भी कि मैं उसे वापस ले जाने के लिए शीघ्र आऊँगा।

मैं लंबी घास के बीच रेंगता हुआ उस स्थान पर गया, जहाँ जनरल ने शरण ले रखी थी। इस बीच एक कंक्रीट के बंकर में लगी हुई मशीनगन ने हमारे ऊपर फायरिंग करनी शुरू कर दी। मैंने भी गोली का जवाब गोली से देना चाहा, लेकिन जनरल ने मुझे यह कहते हुए गोली चलाने से रोक दिया कि यह अनावश्यक है। मैंने जनरल से कहा कि मैं उस स्थान को देखकर आता हूँ, जहाँ गोरखाओं की दो कंपनियाँ तैनात थीं और यह भी कि आपको भी मेरे पीछे वहीं आ जाना चाहिए। उन्होंने कहा कि वह एक इन्फैंट्री अधिकारी थे, इसलिए वापस लौटने के लिए फील्ड क्राफ्ट का प्रयोग करेंगे और रेंगते हुए आएँगे। मैंने पीछे मुड़कर कहा कि मैं एक तोपची हूँ और मैं आगे बढ़ूँगा। मैं गोरखा कंपनियों में पहुँच गया और अब तक वे साफ हो चुके क्षेत्र में घायल पड़े सी.आर.पी. के दोनों कर्मचारियों को वापस ले आए। देर शाम को जनरल ने मुझे फोन करके रिपोर्ट देने के लिए कहा। मैंने उन्हें बाद की घटनाओं की जानकारी दी। इसके बाद उन्होंने मुझसे कहा कि चूँकि अंतरराष्ट्रीय सीमा पर पाकिस्तान की ओर बने बंकर में लगी मशीनगन ने मेरे ऊपर गोली चलाने की हिमाकत की थी, इसलिए मुझे बंकर पर हमला करके उसे अवश्य नष्ट कर देना चाहिए। तब मैंने उन्हें फिर बताया कि बंकर पूरी तरह पाकिस्तानी सीमा के अंदर है और वहाँ तक जाने के लिए मुझे खुले मैदान से होकर गुजरना होगा। पहली बात तो यह कि अगर हम उनके बंकर पर हमला करेंगे तो उसे एक युद्धक कृत्य माना जाएगा और दूसरी बात यह कि उसके परिणामस्वरूप हमारे बहुत सारे सैनिकों को नाहक अपनी जान गँवानी पड़ेगी। उन्होंने क्रोधित होते हुए कहा कि मुझे इस बात की कोई परवाह नहीं है कि कितने सिपाही मारे जाएँगे और कितने जिंदा रहेंगे, लेकिन बंकर को अवश्य नष्ट किया जाना चाहिए। उसी आवेश में उन्होंने मुझ पर यह आरोप भी जड़ दिया कि मैं काररवाई करने से डर रहा हूँ! उनकी इस बात पर मुझे गुस्सा आ गया। मैंने उनसे स्पष्ट कह दिया कि इस प्रकार का आदेश पूर्णतया गैर-कानूनी है और यह भी कि मैं आपके इस आदेश का पालन

नहीं करूँगा। मैंने आगे उन्हें यहाँ तक कह दिया कि यदि आपको इस बात की कोई परवाह नहीं कि कितने सैनिकों को अपनी जान गँवानी पड़ेगी, तो मैं भी आपके इस हानिकारक आदेश का पालन करने के लिए की जाने वाली निरर्थक काररवाई में अपने जवानों की जिंदगियों को बलिदान नहीं करूँगा। उन्होंने बड़ी रुखाई से कहा कि मैं डर गया हूँ। मैंने भी उनसे कह दिया कि वे आप ही थे, जिसने अपनी नादानी से गोलीबारी की घटना को उत्तेजित किया था और पाकिस्तानी रेंजरों से मुठभेड़ होने के बाद डर के मारे खुद को घास में छिपा लिया था और मुझे तथा दो सी.आर.पी. जवानों को पाकिस्तानी रेंजरों से लड़ने के लिए छोड़ दिया था! इसके बाद उन्होंने अन्य व्यंग्यात्मक टिप्पणियाँ भी कीं। मैं उन्हें सहन नहीं कर सका। मैंने उनसे कह दिया कि आपका व्यवहार अत्यंत कायरतापूर्ण था और यदि आपकी इच्छा हो तो मैं लिखित रूप से इसकी पुष्टि कर दूँगा कि आपने अत्यंत कायरतापूर्ण कृत्य किया था। उनकी कायरता के विरुद्ध मैंने आवेश में आकर कुछ अन्य अपमानजनक टिप्पणियाँ भी कर दी थीं। इस मुद्दे पर मैं एक ऐसे मोड़ पर पहुँच गया था, जहाँ मैंने अपने कमीशन से त्यागपत्र देने के लिए भी पूरी तरह तैयारी कर ली थी।

दो दिनों बाद मुझे जी.ओ.सी. से मिलने का टेलीफोन मिला। मैंने उनके कार्यालय में जाकर मुलाकात की। उन्होंने मुझे कमान के मानदंडों के बारे में भाषण देना शुरू कर दिया। मैंने उनसे साफ कह दिया कि मुझे आपके मानदंडों में कोई रुचि नहीं है और यदि आप चाहें तो मैं लिखित में दे सकता हूँ कि मैंने उसके व्यवहार को एक कायर का आचरण कहा था। मैंने जी.ओ.सी. को यह भी बताया कि किस प्रकार उसने उस घटना के लिए मुझे उकसाया था और उसके बाद खुद घास में जाकर छिप गया था! इसके बाद उसने मुझसे कहा कि मैं सोचता था कि तुम भी उन्हीं में से एक थे और उसने मुझे यह भी स्मरण कराया कि मेरी सालाना गोपनीय रिपोर्ट आनी अभी बाकी थी। मैंने पुनः दोहराया कि मैं अपने वक्तव्य से पीछे नहीं हटूँगा और आप जैसा उचित समझते हो, वह कर सकते हो। इसके बाद हमारी मुलाकात समाप्त हो गई। संयोगवश, बाद में जी.ओ.सी. ने मुझे एक उत्तम वार्षिक रिपोर्ट दी। संभवतः मेरे उत्तर से उसके हाथ-पाँव फूल गए थे।

रिकॉर्ड के लिए मैंने उस घटना पर अपनी डिवीजन को एक लंबी रिपोर्ट लिखी थी, जिसे उन्होंने अग्रसारित नहीं किया था। कालांतर में ब्रिगेड के मेजर, मेजर बहराइच ने अपना पद छोड़ने से पूर्व मुझसे रिपोर्ट की ऑफिस कॉपी को नष्ट करने का अनुरोध किया। मैंने उनसे कहा कि ऐसा तो आप भी कर सकते हैं। कई वर्षों बाद सन् 1974 में जब मैं पूर्वी सेना का कमांडर था और पूर्वी कमान के

मुख्यालय कलकत्ता में तैनात था और नागालैंड के दौरे पर गया था तो 16 सी.आर. पी. बटालियन ने मुझे 'गार्ड ऑफ ऑनर' (सलामी गारद) दिया था। इसी बीच सिपाहियों में से एक, लाइन तोड़कर मेरी ओर बढ़ा और मुझे गले लगा लिया। वह हरफूल था!

कुछ दिनों बाद जी.ओ.सी. अपनी आकस्मिक छुट्टी का लाभ लेने के लिए सांबा स्थित मेरे कार्यालय से होकर गुजरे। उन्होंने मुझे बताया कि जम्मू में एक सांप्रदायिक दंगे की सुगबुगाहट हो रही है और चूँकि वे आकस्मिक छुट्टी पर जा रहे थे, इसलिए उनकी अनुपस्थिति में मैं वरिष्ठ ब्रिगेड कमांडर होने के नाते कमान का दायित्व सँभालूँ और समस्या का निदान करूँ। इसके बाद वे वहाँ से चले गए।

मैं जम्मू के लिए रवाना हो गया और वहाँ आयुक्त एवं उपायुक्त (डी.सी.) से मिला। आयुक्त ने स्थिति को सेना के ह वाले कर दिया था, क्योंकि उनके ऊपर ईंट से हमला किया गया था। उपायुक्त ठक्कर ने आयुक्त को बताया कि उनके पास स्थिति को सेना को सौंपने का अधिकार नहीं था, क्योंकि इसका प्राधिकार केवल उपायुक्त में निहित था, आयुक्त में नहीं। इसके बाद आयुक्त वहाँ से चले गए। मैंने उपायुक्त को बताया कि यहाँ निकट ही तैनात इन्फैंट्री की दो कंपनियों को एहतियाती कदम उठाने का आदेश दे दिया गया है। उस समय मुझे उसी प्रकार की एक घटना याद आती है, जो लेह में 1965 में हुई थी, जब एक लद्दाखी भीड़ दूसरे समुदाय पर हमला करने के लिए तुली हुई थी। मैंने उन्हें समझाया तो वे तितर-बितर हो गए।

उपायुक्त और मैं एकत्र भीड़ से संपर्क करने गए। वह अत्यंत आक्रामक मनोस्थिति में थी। भीड़ भालों, तलवारों और ईंटों से लैस थी और अल्पसंख्यक समुदाय पर हमला करने पर आमादा थी। उन्हें संबोधित करने के लिए मैं आगे चला गया। वातावरण अत्यंत तनावपूर्ण था और कुछ अन्य ईंटें भी फेंकी गई थीं। मैंने भीड़ को समझाने का प्रयास किया, परंतु उसने नारे लगाना जारी रखा। करीब पंद्रह मिनट बाद वे शांत हो गए और धीरे-धीरे वहाँ से चले गए। उसके बाद मैंने स्थिति को उपायुक्त के ह वाले कर दिया, न कि आयुक्त के। पूरे घटनाक्रम के दौरान उपायुक्त ने अपनी सूझबूझ और साहस का परिचय दिया था। सचमुच वह सौभाग्यपूर्ण था कि भीड़ शांतिपूर्वक तितर-बितर हो गई थी।

ब्रिगेड कमांडर के रूप में अपने कार्यकाल के दौरान मैंने अपनी ब्रिगेड को सचल अभ्यास कराने के लिए सहायक कच्चे उपमार्गों का प्रयोग करने के साथ-साथ कई बार उन्हें ग्रामीण क्षेत्रों के कच्चे रास्तों से भी ले जाने का प्रयास किया था। वह मेरे साथ-साथ मेरी ब्रिगेड के लिए भी एक अध्ययन का अवसर था।

मैंने सदैव सचलता एवं युक्ति पर बल दिया था। भारतीय सेना की सामान्य युक्ति-चाल का तरीका यह था कि वह सदैव अपने साजो-सामान के साथ सड़क मार्ग से आगे बढ़ती थी और कठिन अभ्यास के लिए यह आवश्यक था कि हम मुख्य मार्ग से अलग होकर कच्चे रास्ते अपना लें। कालांतर में, मेरी अगली नियुक्ति राजस्थान में 12 इन्फैंट्री डिवीजन के मेजर जनरल कमांडिंग के रूप में हुई, जहाँ हमने उप-मार्गों के साथ-साथ ग्रामीण क्षेत्रों वाले कच्चे रास्तों पर चलने की और भी कई नई तकनीकें विकसित कर लीं। बाद में हमने उन मार्गों का उपयोग रसद आपूर्ति एवं अनुरक्षण हेतु किया। हमने अवरोधक केंद्रों को छोड़ते हुए आगे बढ़ने की प्रविधियों का भी विकास किया था। हम अपने संचार एवं कमान केंद्रों की स्थापना के लिए कस्बों के बजाय अपने उद्देश्यों को पूरा करने वाले स्थानों का चयन करते थे। अपनी इस रणनीति का प्रयोग हमने 1971 की काररवाइयों के दौरान किया था। 1969 में 12 इन्फैंट्री डिवीजन का जनरल ऑफिसर कमांडिंग होने के नाते मैंने रेगिस्तानी युद्ध-कला पर एक प्रशिक्षण नियमावली तैयार की थी, जिसे बाद में सेना की नियमावली में 'रेगिस्तानी युद्ध-कला' के रूप में शामिल कर लिया गया था।

12 इन्फैंट्री डिवीजन अभी जोधपुर क्षेत्र एवं राजस्थान की अन्य निकटवर्ती छावनियों में स्थापना की प्रक्रिया में थी। जिस जनरल को उसकी कमान सँभालने के लिए नियुक्त किया गया था, वह पदभार सँभालने के तत्काल बाद बीमार पड़ गया, इसलिए स्थापना कार्य पूर्ण करने के लिए वहाँ मुझे छोड़ दिया गया था।

मैंने राजस्थान में अपने कार्यकाल का भरपूर आनंद लिया था। हम सीधे दक्षिणी कमान मुख्यालय के अधीन आते थे। आर्मी कमांडर ले. जनरल मोती सागर थे। जिस समय मैं महू में एक अधिकारी कैडेट था, वे एक कैडेट पलटन कमांडर के रूप में मेरे अनुदेशक थे। वे एक ईमानदार, सक्षम और अत्यंत सज्जन व्यक्ति थे और उन्होंने मुझे डिवीजन को प्रशिक्षित करने की खुली छूट दे दी थी।

हमारे पास दिशा ज्ञान कराने वाले उपकरण नहीं थे, जिससे हमारे ग्रामीण संचलन में बाधा पहुँचती थी। मैंने एक सचल वाहन पर एक चुंबकीय कंपास लगाकर उसके छल्ले से एक दिशासूचक प्रणाली विकसित कर ली थी। दिशा परिवर्तित होने के साथ ही चुंबकीय भिन्नता परिवर्तित हो जाती थी। उसके बाद हमने दिशा ज्ञान वाहन के लिए कंपास का 360 डिग्री का परिवर्तन मानचित्र तैयार किया। आधुनिक दिशा ज्ञान उपकरणों का विकास होने तक इस उपकरण को 11 एवं 12 दोनों डिवीजनों द्वारा प्रयोग में लाया जाता रहा था।

हमें ग्रामीण क्षेत्रों में काररवाई करने के लिए प्रशिक्षित किया गया, जिसमें सर्वाधिक बल आकस्मिक काररवाई एवं सचलता पर दिया गया था। मैंने अनेक प्रशिक्षण युक्ति-चालों का आयोजन किया और उससे हमें बहुत-कुछ सीखने को मिला, जिसने मुझे बाद में 1971 के युद्ध में की जाने वाली काररवाइयों की योजना बनाने में उत्तम स्थान दिलाया।

जोधपुर में मेरा कार्यकाल सर्वाधिक सुखद था। मैं रेगिस्तान, विशेषतया जैसलमेर के आसपास के क्षेत्रों से प्यार करने लगा था। मेरे शिविर सहायक कैप्टन रियाड़ और मैंने पूरे क्षेत्र का दौरा किया और एक 'सचल मानचित्र' तैयार किया, जिसमें पहियेदार एवं ट्रैक वाले मैदानों में परिवहनीयता (ट्रांसपोर्टेबिलिटी) का संकेत मिलता था। मैंने रक्षात्मक एवं आक्रामक काररवाइयों के लिए रेखांकित योजनाएँ तैयार कीं और लोंगेवाला और रामगढ़ केंद्रों के महत्त्व को महसूस किया था। मैंने वहाँ से जाने से पूर्व उस क्षेत्र में 4,000 टैंकरोधी सुरंगें बिछा दी थीं, क्योंकि मैंने पूर्वानुमान लगा लिया था कि पाकिस्तानी सेना संभवतः उसी क्षेत्र से होकर भारत में प्रवेश करेगी। ये सुरंगें 1971 की काररवाइयों से पूर्व नहीं बिछाई गई थीं। यह हमारे लिए सौभाग्य की बात थी कि पाकिस्तानी बख्तरबंद आक्रमण लोंगेवाला के निकट फँस गया और हमारी वायुसेना के लिए हवाई हमले का आकर्षक लक्ष्य तैयार कर दिया।

डिवीजन कमांडर का निवास सेनापति भवन में था, जो भारतीय सेना में शामिल होने से पहले जोधपुर राज्य की सेनाओं के कमांडर का निवासस्थान था। वह बहुत विशाल एवं बड़े स्थान वाला भवन था। उसमें एक स्विमिंग पुल (तरणताल) और दो टेनिस कोर्ट बने हुए थे। जोधपुर में किसी आर्मी क्लब के लिए कोई स्थान नहीं था, इसलिए मैंने स्विमिंग पुल एवं टेनिस कोर्ट वाले क्षेत्रों को डिवीजन और वायुसेना स्टेशन के अधिकारियों के लिए क्लब के रूप में परिवर्तित कर दिया था।

कमान का दायित्व सँभालने के तत्काल बाद मेरे पास बी.एन. एलियस उद्योग समूह, नेशनल टोबैको, अग्रपारा जूट इत्यादि के स्वामी बी.एन. एलियस की ओर से एक फोन आया और उन्होंने मुझे कलकत्ता में मिलने के लिए बुलाया था। मेरे निकट संबंधियों में से एक उनकी कंपनी में साझेदार था। बी.एन. एलियस, जो कंपनी के अंतिम स्वामी थे, भारत छोड़ने के इच्छुक थे। उन्होंने मुझसे कहा कि मैं सेना से त्यागपत्र दे दूँ और उनकी ओर से उनके कंपनी समूह का अधिग्रहण कर लूँ। मैंने उनसे कहा कि मैं पहले अपनी नौकरी पूरी करूँगा और केवल उसके बाद

ही मैं उनके समूह का अधिग्रहण करने के लिए तैयार हो पाऊँगा, परंतु वे चाहते थे कि मैं तत्काल इस्तीफा दे दूँ। मैंने उनकी बात मानने से इनकार कर दिया और जो कुछ मैंने किया, उसके लिए मैं अत्यंत प्रसन्न हूँ। कई वर्षों पूर्व, द्वितीय विश्वयुद्ध की समाप्ति के बाद मेरी रेजिमेंट के एक अधिकारी डेविड मडली, जो पंजाब के भूतपूर्व राज्यपाल सर फ्रांसिस मडली के पुत्र थे, ने मुझे अत्यंत आकर्षक शर्तों पर बर्मा शेल में शामिल होने का प्रस्ताव दिया था। मैंने तब भी इनकार कर दिया था। डेविड मडली विश्वविख्यात कंपनी बर्मा शेल के शीर्ष पर पहुँच गए थे। उन्होंने मुझसे कहा था कि तुम सेना में कभी अमीर नहीं बन सकते, परंतु मेरे लिए सेना की नौकरी किसी भी तुलना से परे थी।

मई 1969 में मुझे मानेकशॉ की ओर से एक फोन आया, जिसमें उन्होंने मुझे बताया था कि वे शीघ्र ही सेनाध्यक्ष (चीफ ऑफ आर्मी स्टाफ) बनने वाले थे और पूर्वी कमान के कमांडर का पद छोड़ने वाले थे। उन्होंने मुझसे कहा था कि वे शीघ्र ही मुझे पूर्वी कमान का चीफ ऑफ आर्मी स्टाफ नियुक्त करने जा रहे हैं। उन्होंने अपनी बात को आगे बढ़ाते हुए कहा था कि वे जानते थे कि मैं उनके स्टाफ ऑफिसर के पद पर काम करना पसंद नहीं करूँगा, क्योंकि इससे पूर्व मैंने उनसे अनुरोध किया था कि वे मुझे अपने स्टाफ का ब्रिगेडियर जनरल नियुक्त न करें। उन्होंने मुझसे कहा था कि मुझे उन्हें एक पखवाड़े तक सहन करना होगा और मैंने उन्हें उत्तर दिया था कि एक पखवाड़ा स्वीकार्य है। उसके बाद उन्होंने कहा कि जगजीत अरोड़ा पूर्वी कमान के आर्मी कमांडर बनने वाले थे और यह भी कि उन्हें अरोड़ा के ऊपर बहुत कम विश्वास था। मैंने उनसे पूछा कि क्यों? यदि ऐसी बात है तो वे उन्हें वहाँ भेज ही क्यों रहे थे? उन्होंने उत्तर दिया, "मैं उन्हें अपने दरवाजे का कुत्ता बनाना पसंद करता हूँ।"

मेरे मन में कलकत्ता के प्रति विशेष लगाव है, क्योंकि उसी शहर में मेरा जन्म हुआ था। कलकत्ता के लोग सुसंस्कृत, गर्मजोश और मित्रवत् हैं। मैं फोर्ट विलियम में स्थित वाटरगेट हाउस में चला गया। वह एक विशाल एवं अव्यवस्थित रूप से फैला हुआ भवन था, जिसे सन् 1780 में किले के परकोटे पर निर्मित किया गया था और वहाँ से हुगली नदी का अद्‍भुत दृश्य दिखाई देता था। नदी में बाढ़ आने के बाद उसका जल वाटर गेट से होकर किले के चारों ओर बनी खाई में आ जाता था और किला उस खाई के आर-पार स्थित था। किले को मैं अपने बचपन से ही जानता था। मेरे स्कूल के दो सैनिक लड़के ब्रोगन एवं ब्रुनेट मुझे अकसर वहाँ बुलाया करते थे और हमें उसके चारों ओर घुमाते थे। किले में इसके अतिरिक्त

कोई विशेष परिवर्तन नहीं आया था कि ब्रिटिश बटालियन एवं मुख्यालय का स्थान भारतीय सेना ने ले लिया था।

मैंने मानेकशॉ की मंडली के एक सदस्य मेजर जनरल शंकरन नायर से चीफ ऑफ स्टाफ का पदभार ग्रहण करना प्रारंभ कर दिया। मानेकशॉ के साथ हुए एक वार्त्तालाप के दौरान उन्होंने पश्चिम बंगाल सरकार की शिकायत की थी, क्योंकि वह फील्ड मार्शल लॉर्ड रॉबर्ट्स की प्रतिमा को पाँचवीं गोरखा रेजिमेंट के रेजिमेंटल सेंटर में स्थानांतरित करने के लिए बड़ी मात्रा में धन दिए जाने की माँग कर रही थी। मैंने अपने उत्तर में कहा था कि रॉबर्ट एक तोपची थे, कुशल तोपची, और यदि उनकी प्रतिमा को किसी रेजिमेंट में ले जाना ही है तो उसे आर्टिलरी रेजिमेंट में ले जाया जाना चाहिए। उन्होंने उत्तर दिया कि रॉबर्ट पाँचवीं गोरखा बटालियन के ऑनरेरी (मानद) कर्नल रहे थे। मैं उनकी अगली टिप्पणी से सन्न रह गया था—"तुम जानते हो कि मेरे पास इसका एक अन्य कारण है। रॉबर्ट्स को समूची ब्रिटिश सेना में 'बॉब्स बहादुर' के रूप में जाना जाता था, और मैं सभी गोरखाओं और समूची भारतीय सेना में 'सैम बहादुर' के नाम से जाना जाता हूँ।" मैंने उनसे प्रतिवाद करते हुए कहा कि मैंने तो किसी को भी आपको 'सैम बहादुर' कहते हुए नहीं सुना था! ब्रिटिश सैनिक अधिक अनौपचारिक थे, जबकि भारतीय सैनिक इस प्रकार की कोई स्वतंत्रता नहीं लेंगे और आपको केवल मानेकशॉ साहब अथवा 'हुजूर' कहकर संबोधित करेंगे। इसके बाद उन्होंने तत्काल मेजर जनरल शंकरन नायर को बुलाया और उनसे सीधे प्रश्न किया, "शंकरन, क्या पूरी भारतीय सेना मुझे 'सैम बहादुर' नहीं कहती है?" इसके उत्तर में शंकरन ने कहा, "जी हाँ, जी हाँ, संपूर्ण भारतीय सेना आपको 'सैम बहादुर' ही कहती है।" रॉबर्ट्स को बंगाल आर्टिलरी में कमीशन प्राप्त हुआ था और उन्हें 'विक्टोरिया क्रॉस' से पुरस्कृत किया गया था। उन्होंने व्यक्तिगत रूप से अफगानिस्तान में अनेक घुड़सवार अभियानों का नेतृत्व किया था। उन्हें सभी स्तर के सैनिकों द्वारा प्यार और आदर प्राप्त था। बर्मा में घायल होने के बाद मानेकशॉ ने हमेशा कार्यालय में नौकरी की और कभी भी शारीरिक रूप से किसी गोरखा बटालियन या सेना की किसी अन्य बटालियन की कमान नहीं सँभाली थी। परिणामतः 'सैम बहादुर' का उपनाम स्वयं मानेकशॉ ने अपने नाम को दीर्घजीवी बनाने के लिए उछाला था, जिसे मीडिया द्वारा लपक लिया गया था।

राइटर्स बिल्डिंग (जिसे विधानसभा भी कहा जाता है) में सरकार परिवर्तन के साथ ही मैंने राज्य सरकार, जो उस समय अंग्रेजों की प्रमिताओं को हटा रही थी, से

अनुरोध किया था कि वह रॉबर्ट्स की अश्वारोही प्रतिमा को आर्टिलरी रेजिमेंट को दान कर दे। उन्होंने प्रतिमा के लिए कोई मूल्य नहीं माँगा, केवल उसे स्थानांतरित करने में आए खर्च की माँग की। कंधार के फील्ड मार्शल रॉबर्ट्स, वी.सी., बंगाल आर्टिलरी और मुख्य तोपची की घोड़े की पीठ पर सवार प्रतिमा नासिक रोड स्थित आर्टिलरी केंद्र के प्रवेश-द्वार पर आज भी सुशोभित है।

मानेकशॉ चीफ ऑफ आर्मी स्टाफ (सेनाध्यक्ष) का पद सँभालने के लिए दिल्ली चले गए और शंकरन नायर को अपने साथ सेना मुख्यालय में सैन्यकर्मियों के कर्तव्य निर्वहन विभाग का निदेशक बनाकर ले गए। पूर्वी कमान में मैंने शीघ्र ही अपना कार्यभार सँभाल लिया। ले.जन. अरोड़ा एक सौम्य एवं मितभाषी व्यक्ति थे, जिनके साथ आसानी से निभाया जा सकता था। कमान मुख्यालय में ड्यूटी का आधिकारिक रूप से निर्धारित समय प्रातः 7:30 बजे से अप. 1 बजे तक था। अरोड़ा आमतौर पर प्रातः 10 बजे आया करते थे। लगभग 12 बजे उनकी पत्नी भाँति अरोड़ा उनके कार्यालय में आ जाती थीं। वे दोनों वहाँ चाय पीने के तत्काल बाद विभिन्न कारोबारी घरानों द्वारा आयोजित अपरा भोज में शामिल होने चले जाते थे। अरोड़ा शीघ्र ही सामाजिक परिधि का अंग बन गए। उनके इन कृत्यों ने रिटायर होने के बाद कलकत्ता स्थित एक प्रमुख व्यापारिक घराने में उनके लिए रोजगार का द्वार खोल दिया था।

पश्चिम बंगाल में कानून एवं व्यवस्था की समस्या बहुत विकराल थी। उत्तरी बंगाल के नक्सलबाड़ी क्षेत्र से शुरू हुए नक्सली आंदोलन को बल मिल रहा था। शीघ्र ही वहाँ चुनाव होने वाले थे। उस समय साम्यवादी 'संयुक्त मोरचा' की सरकार सत्ता में थी। सेनाध्यक्ष मानेकशॉ ने गृह सचिव गोविंद नारायण के साथ हमारे कार्यालय का दौरा किया था। हमारे आर्मी कमांडर जे.एस. अरोड़ा उस समय सुदूर दार्जिलिंग में थे। मानेकशॉ ने मुझे बताया कि केंद्र सरकार पश्चिम बंगाल में बिगड़ती कानून एवं व्यवस्था की स्थिति को लेकर, विशेषतया आगामी चुनावों के परिप्रेक्ष्य में, बहुत चिंतित थी। इसके बाद उन्होंने निर्देश दिया कि पूर्वी कमान को नक्सली आंदोलन को कुचल देना चाहिए और उन्होंने मुझसे यह भी कहा कि चुनावों के लिए सुरक्षा उपलब्ध कराने का दायित्व हमारे ऊपर होगा। किसी भी अन्य अधिकारी की भाँति मैंने उत्तर दिया कि यह हमारा दायित्व नहीं, बल्कि चुनावों की व्यवस्था एवं सुरक्षा का दायित्व राज्य सरकार एवं पुलिस का था। इसके बाद गोविंद नारायण ने अपनी प्रतिक्रिया देते हुए कहा कि स्थिति नियंत्रण में नहीं थी और यदि हमने उनकी बात मानकर वैसा नहीं किया तो वह पूरी तरह नियंत्रण से बाहर हो जाएगी।

इसके बाद मानेकशॉ ने हस्तक्षेप करते हुए कहा, "अरे मूर्खो! इसे तुम अच्छी तरह करोगे।" मैंने कहा कि यदि हमें इस प्रकार का कोई आदेश दिया जाएगा तो हम उसे अवश्य पूरा करेंगे। इस आदेश के पालन हेतु पल भर में समस्या की समीक्षा करने के बाद मैंने कहा कि हमारे पास उत्तरी बंगाल में पर्याप्त सैनिक हैं, परंतु हमें शेष बंगाल के लिए दो डिवीजनों की आवश्यकता पड़ेगी। सैम ने उदारता दिखाते हुए कहा, "मंजूर है, मैं तुम्हें दो डिवीजनें दूँगा और इसके साथ-साथ मैं तुम्हें 50 पैरा ब्रिगेड भी देने जा रहा हूँ। मैं परिणामों की आशा करता हूँ। किसी परेशानी की स्थिति में तुम मुझे फोन करोगे।" मैंने उनसे कहा कि आप इसे लिखकर भेज दीजिएगा। इसका रुखाई से प्रतिवाद करते हुए उन्होंने कहा कि लिखित आदेश की कोई आवश्यकता नहीं है और उनके द्वारा दिया गया मौखिक निर्देश प्रधानमंत्री इंदिरा गांधी के आदेशों पर आधारित है, जिन्होंने मुझे ऑपरेशन की कमान सँभालने के लिए नामांकित किया है।

इसके बाद उन्होंने मेरे कंधे पर हाथ रखा और कहा, "जेक, मुझे तुम्हारे ऊपर पूर्ण विश्वास है, मैं परिणाम चाहता हूँ। तुम अरोड़ा को सूचित कर सकते हो।" मानेकशॉ अपने वचन पर खरे उतरे और हमारे पास नौ इन्फैंट्री और चार पर्वतीय डिवीजनों के साथ 50 पैराशूट ब्रिगेड भी भेज दी। जी.ओ.सी. 33 कोर, जिसका मुख्यालय उत्तरी बंगाल में था, और बंगाल क्षेत्र, जिसका मुख्यालय कलकत्ता में स्थित था, दोनों के साथ मिलकर हमने तैनाती एवं काररवाई योजनाएँ सुनिश्चित कीं। चुनाव के समय हमने सेना को मतदान केंद्र तक तैनात कर दिया। एक कांग्रेसी सरकार सत्ता में आ गई। मुख्यमंत्री सिद्धार्थ शंकर रे एवं कलकत्ता के पुलिस आयुक्त रंजीत गुप्ता ने हमें खुफिया सूचनाएँ एवं पुलिस संसाधन उपलब्ध कराया। हम सबके संयुक्त प्रयासों के माध्यम से हमने सुनिश्चित किया कि 1971 के अंत तक पश्चिम बंगाल में नक्सली आंदोलन की कमर तोड़ दी जाएगी। अन्य राज्यों में आंदोलन पुनः खड़ा हो गया और दुर्भाग्यवश विभिन्न राज्य सरकारें उनसे निपट पाने में असमर्थ हैं और यह भी कि राज्यों के मध्य समन्वय की नितांत कमी है। यदि उग्रवाद-विरोधी आंदोलन की कमान सेना को नहीं सौंपी जाएगी तो नक्सली आंदोलन अन्य क्षेत्रों में भी फैल जाएगा। पश्चिम बंगाल में काररवाई करने का आदेश देने का श्रेय प्रधानमंत्री इंदिरा गांधी, गृहमंत्री और मानेकशॉ को दिया जाना चाहिए, जिन्होंने हमें सेना उपलब्ध कराई। मुख्यमंत्री सिद्धार्थ शंकर रे एवं पुलिस आयुक्त रंजीत गुप्ता तथा सैनिकों को भी इस सफलता का श्रेय दिया जाना चाहिए। मानेकशॉ ने मुझे मौखिक आदेश देने के बाद इन काररवाइयों में आगे कभी रुचि

नहीं ली। सिद्धार्थ शंकर रे समग्र एवं विविध रूप से कहते थे : 'जेक और मैंने एक साथ मिलकर नक्सलवादियों की कमर तोड़ दी।'

चारू मजूमदार, जिन्होंने नक्सली आंदोलन की शुरुआत की थी, की दुर्भाग्यवश जेल में मृत्यु हो गई। वह लगभग समस्या के समाधान के निकट पहुँच चुके थे। नक्सलवादियों ने अदम्य साहस का प्रदर्शन किया था। मुझे एक घटना याद आती है, जब हमारा एक सैनिक बैरकपुर की ओर गश्त कर रहा था। शॉट पाइपगन से लैस एक नक्सली ने गश्ती दल के कमांडर की गोली मारकर हत्या कर दी थी, जिसे तत्काल ढेर कर दिया गया था।

एक अन्य अवसर पर, नक्सल विरोधी काररवाइयों में लगे अपने सैनिकों से मैं मिलने जा रहा था, तभी बेहला के निकट मेरा ड्राइवर अपने रास्ते से भटक गया। चाकुओं एवं भालों से लैस नक्सलियों ने हमारी कार को घेर लिया। सौभाग्यवश, मेरे पास उस समय .38 बोर की स्मिथ एंड वैसन रिवॉल्वर थी। मैंने उनके सिर के ऊपर गोली चला दी और वे तितर-बितर हो गए। उसके बाद उन्होंने मुझे अपने रास्ते पर आगे जाने की अनुमति दे दी।

नागालैंड एवं मिजोरम में बड़े पैमाने पर उग्रवाद फैल रहा था। मैं नक्सल-विरोधी काररवाइयों में अत्यधिक व्यस्त होने के कारण उन क्षेत्रों के लिए समय नहीं निकाल पा रहा था और शीघ्र ही हम बांग्लादेश में होने वाली घटनाओं में लिप्त हो गए।

सितंबर 1971 में मैं मानेकशॉ के साथ सोवियत रक्षा मंत्री मार्शल ग्रेश्कोव के निमंत्रण पर सोवियत संघ की सद्भावना यात्रा पर गया था। मानेकशॉ ने सोवियत संघ के राजदूत से जानना चाहा था कि क्या मैं एक यहूदी होने के नाते आपके देश में स्वीकार्य होऊँगा? उन्हें सोवियतों की ओर से एक करारा सा जवाब दिया गया कि जैकब का हमारे देश में विशेष स्वागत किया जाएगा, क्योंकि उनकी सेना में अनेक यहूदी जनरल थे, जिनमें से अनेक को सोवियत संघ के नायकों के रूप में अलंकृत किया गया था। मानेकशॉ भी अपने साथ अपनी पत्नी एवं अपने निजी सहायक को लेकर गए थे। हमारी यात्रा अत्यंत शिक्षाप्रद एवं मनोरंजक थी। राजकीय अतिथि होने के कारण वहाँ हमारे खान-पान, आवास, मनोरंजन एवं आराम का भरपूर ध्यान रखा गया था। हमारे आने-जाने के लिए एक विशेष विमान उपलब्ध कराया गया था। वहाँ हमने पहली बार अपनी आँखों से देखा था कि 'अमीर' लोग किस तरह अपना जीवन व्यतीत करते थे। सोवियतों ने हमें इस तर्क के आधार पर निजी नौकर उपलब्ध कराने से इनकार कर दिया था कि

कम्युनिस्ट अपने सैनिकों को निजी नौकरों के रूप में प्रयोग नहीं करते हैं। भूलवश, मैं एक कमरे में प्रवेश कर गया, जहाँ हमारे संपर्क अधिकारी ले.जन. कुप्रियानो ठहरे हुए थे। मैंने वहाँ देखा कि उनके पास दो सैनिक उनकी सेवा में उपस्थित थे, जिनमें से एक उनके जूते उतार रहा था। मैंने कहा, "कुप्रियानो, कोई नौकर (परिचारक) नहीं।" मेरी बात सुनते ही वह क्रोध से लाल हो गए। मानेकशॉ का ए.डी.सी. तो उनके घरेलू नौकर और निजी सहायक जैसा दोहरा कार्य करता था। मुझे अपने लिए एक की भी आवश्यकता नहीं थी, क्योंकि अपने काम मैं स्वयं करता था। हमें मार्शल ग्रेश्कोव के समक्ष ले जाया गया। उनकी कुरसी के बगल में रखी साइड टेबल पर लंबी पट्टी वाला स्वेज नहर का मानचित्र रखा हुआ था, जिसमें मिस्र एवं इजराइल की सेनाओं की अवस्थाओं को चिह्नित किया गया था। हमारी बातचीत बीच-बीच में कई बार बाधित हुई, क्योंकि मंत्री को वहाँ होने वाली घटनाओं की अद्यतन जानकारी देनी पड़ती थी। उन्होंने फोन पर चीन और उसके द्वारा न केवल भारत के लिए खतरा उत्पन्न किए जाने, बल्कि सोवियत संघ के लिए भी खतरा उत्पन्न किए जाने के बारे में लंबी बातचीत की। मार्शल ग्रेश्कोव ने कहा कि अक्साई चीन से होकर गुजरने वाली सड़क के निर्माण की प्रगति को जाँचने के लिए सोवियतों ने एक उपग्रह भेजा है। हम उनकी निष्कर्षात्मक टिप्पणी सुनकर हैरान रह गए। उन्होंने कहा था, "आप इन चीनियों पर विश्वास नहीं कर सकते; वे अच्छे लोग (जैंटलमेन) नहीं हैं!"

हम मॉस्को के बाहरी क्षेत्र में स्थित प्रसिद्ध तामांस्की डिवीजन को देखने गए। उन्होंने आक्रमण के समय डिवीजन के सजीव प्रदर्शन की व्यवस्था की थी, जो अत्यंत प्रभावशाली थी। उन्होंने वहाँ आसपास बनी अपनी बैरकें भी दिखाईं। हमने वहाँ देखा कि सेना में जबरन भरती किए गए सैनिकों को यद्यपि कम वेतन दिया जाता था, परंतु उन्हें भोजन भरपूर मिलता था। यह वही डिवीजन थी, जो बोरिस येल्त्सिन को दोबारा सत्ता में लाई थी।

हम उनके कुछ अन्य अधिष्ठानों के दौरे पर भी गए, जहाँ हमें टैंक, बख्तरबंद सैनिक वाहन एवं अन्य उपकरणात्मक वस्तुएँ दिखाई गईं। मानेकशॉ ने इससे पूर्व मेरे साथ चर्चा के दौरान बताया था कि वे पुराने उच्चीकृत (अपग्रेडेड) सेंचुरियन टैंकों को खरीदना चाहते थे। मैंने उनके प्रस्ताव का सख्त विरोध करते हुए कहा था कि दक्षिण अफ्रीका से पुराने और बेकार हो चुके टैंकों को खरीदने में कोई बुद्धिमानी नहीं है, जबकि हमें रूस से नए और आधुनिक टैंक मिल सकते थे। हमने उन्हें बताया था कि प्रस्तावित टी-55 मजबूत और 'त्रुटिहीन' टैंक था। इसके अतिरिक्त वह द्वितीय

विश्वयुद्ध के दौरान निर्मित सर्वाधिक कारगर टी-34 टैंक का नया अवतार था। मैंने उन्हें यह सुझाव भी दिया था कि आपको बख्तरबंद सैनिक वाहन और मिसाइलों की ग्रैड फैमिली की खरीद के बारे में विचार करना चाहिए। उन्होंने कहा था कि वे मेरे सुझावों पर विचार करेंगे और मुझसे राय लेंगे और हमने टी-55 बख्तरबंद सैनिक वाहन एवं ग्रैड पी मिसाइल का विकल्प चुना था। बख्तरबंद सैनिक वाहन और ग्रैड पी मिसाइल 1971 के युद्ध से ठीक पहले हमारे पास पहुँच चुके थे।

मॉस्को से हम लेनिनग्राद शहर गए, जहाँ हम पुनः सेंट पीटर्सबर्ग में पहुँच गए थे। लेनिनग्राद एक सुंदर शहर है; मुझे वहाँ का तपोवन (हर्मिटेज) संग्रहालय बहुत प्रिय था। वहाँ हम मार्शल जकारोव से मिले, जिन्होंने एक व्यक्तिगत सैनिक के रूप में रूसी क्रांति के दौरान 'समर पैलेस' पर होने वाले हमले में भाग लिया था। उन्होंने अपने अनुभवों की कहानियाँ सुनाईं और अत्यंत पसंद किए जाने योग्य व्यक्ति सिद्ध हुए। हेलीकॉप्टरों के प्रयोग के संबंध में मेरे प्रति की गई जखारोव की टिप्पणियों में से एक टिप्पणी यह थी कि हेलीकॉप्टरों का निर्माण आक्रामक कारवाइयों के बजाय रसद की आपूर्ति हेतु किया गया था, जैसाकि अमेरिकियों के साथ वियतनाम में हुआ था। इतिहास ने उन्हें गलत सिद्ध कर दिया था।

रूसी जनरलों के साथ हुई मेरी चर्चाओं के दौरान मैंने पाया कि वे लोग सोवियत-पूर्व इतिहास के बारे में अधिक बातें करने के इच्छुक नहीं थे। बोर्डीनो संग्रहालय में मैंने अपने साथ चल रहे जनरल से कहा था कि नेपोलियन के विरुद्ध आस्टर्लिट्ज में होने वाली लड़ाई में संयुक्त सेनाओं की कमान में जनरल काटुजोव भी शामिल थे। वे इससे पूर्णतया अनभिज्ञ दिखाई दिए। बाद में उन्होंने क्रीमियाई युद्ध में राजकुमार मेन्सिकोव की भूमिका के बारे में अपनी अनभिज्ञता का झूठा बहाना बना दिया था।

हमने कीव की यात्रा भी की और उसके साथ-साथ हम उसके निकटवर्ती सामूहिक कृषि फार्म भी देखने गए, जो मुझे लेशमात्र भी प्रभावित करने में विफल रहा और पूर्णतया अनुत्पादक दिखाई पड़ा। मैंने उन्हें सुझाव दिया कि उत्पादन बढ़ाने में सहायता करने के लिए हमारे पंजाब के किसानों की सहायता ले सकते हैं, जिसे उन्होंने उदारतापूर्वक नहीं लिया था। हम जहाँ कहीं भी गए, मैं यह देखकर बहुत प्रभावित हुआ था कि वे अपने ऐतिहासिक स्मारकों की देखभाल बड़ी अच्छी तरह करते थे। हमें उनके क्रीमिया स्थित हॉलीडे रिसॉर्ट में भी ले जाया गया। हमारी प्रत्येक गतिविधि की अत्यंत सूक्ष्म निगरानी की जा रही थी। उदाहरण के लिए मैंने अपने मॉस्को में रहने वाले कुछ मित्रों के साथ मिलकर शहर को देखने की योजना

बनाई थी। योजना यह थी कि मैं क्रेमलिन में एक नृत्य देखने के बाद उनसे अलग हो जाऊँगा और बाद में उनसे क्रेमलिन के गेट के बाहर मिलूँगा। मैंने सोचा था कि मैं अपनी योजना के अनुसार उनसे अलग हो गया हूँ और बाहर निकलने में सफल हो जाऊँगा, परंतु जैसे ही मैं गेट के पास पहुँचा, मैंने अपने कंधे पर किसी का हाथ महसूस किया और पीछे से आवाज आई—"आप कहाँ जा रहे हैं श्रीमान?" मुझे निगरानी में मानेकशॉ के मनोरंजन के लिए उनके पास ले जाया गया।

वहाँ होने वाले मनोरंजन एवं दावतें अत्यंत शानदार थीं। वहाँ ह्वेल मछली के अंडों के ढेर सारे अचार के साथ एक दिन में चार बार भोजन मिलता था। सामान्यतया रूसी शराब की किस्में मीठी होती हैं, परंतु वोदका शुष्क है। भोजनालयों में उपलब्ध अनेक टोस्टों के साथ मैं अपने वोडका के गिलासों की अदला-बदली कर लेता था। एक गिलास मैं अपनी बगल में बैठे यहूदी के लिए लेता था और सोवियत यूनियन का दो बार अलंकृत नायक भी वैसा ही कर रहा था। मैंने इस तथ्य पर विशेष ध्यान दिया था कि वे हमेशा मुझसे मिलने और साथ देने के लिए यहूदी जनरलों को भेजा करते थे।

मानेकशॉ वोदका के पैग-दर-पैग अपने अंदर ढकेलते जाते थे और कई बार बहुत नशे में हो जाते थे। ऐसी ही एक दावत में वे लड़खड़ाते हुए खड़े हुए और एक ही भाषण को दो बार दे डाला था, जिससे रूसियों का खूब मनोरंजन हुआ था।

क्रीमिया में एक दिन भोर में मैं अपने सेवकों (देखभाल करनेवाले) से छिपकर बीच (समुद्रतट) पर चला गया। रूसी लोग अत्यंत मिलनसार एवं गर्मजोशी से पेश आने वाले लोग हैं। एक बार उन्होंने मेरे ऊपर अपने साथ शराब पीने का दबाव डाला। अंततोगत्वा जब मैं गेस्ट हाउस में वापस आया तो मेरे सेवक प्रसन्न नहीं हुए।

मानेकशॉ ने रोम होते हुए भारत लौटने का प्रबंध कर लिया था। रोम हवाई अड्डे पर एक सज्जन अपनी काली मर्सिडीज कार में मानेकशॉ से मिलने आए और बाद में वे भारतीय दूतावास की कार में वहाँ से चले गए। मैं शहर जाने के लिए किसी टैक्सी की तलाश में था, तभी श्रीमती मानेकशॉ ने उदारतापूर्वक मुझसे कहा कि वे मुझे शहर में छोड़ देंगी। वह मर्सिडीज लंदन से आई थी और उसका संबंध एक भारतीय कारोबारी से था। मैंने श्रीमती मानेकशॉ को धन्यवाद दिया और कार में सवार हो गया। उन्होंने मुझे वाया वेनेटो में छोड़ा, जहाँ से मैंने अपने ठहरने वाले स्थान पेंशन के लिए एक कैब ले ली। मैंने स्कूल में एलेक्स मुंथे की पुस्तक 'द स्टोरी ऑफ सान मिशेल' पढ़ी थी और अत्यंत रोमांचित हुआ था। मैं एनाकैप्री स्थित उनका विला 'सान मिशेल' देखने गया और उसकी जीर्ण-शीर्ण अवस्था देखकर

अत्यंत निराश हुआ, परंतु नीली गुफा सचमुच बहुत सुंदर थी। मैंने फ्लोरेंस की यात्रा भी की और उसके कला के भंडार को देखकर अत्यंत रोमांचित हुआ था।

उसके बाद मैं कुछ दिन लंदन में बिताकर भारत वापस लौट आया। पश्चिम बंगाल में हम अभी भी नक्सल विरोधी काररवाइयों में लिप्त थे। पड़ोसी बांग्लादेश में राजनीतिक उथल-पुथल शुरू हो गई थी। पाकिस्तानी सरकार का खुल्लम-खुल्ला विरोध किया जा रहा था। जुलाई 1971 में मुझे थाईलैंड जाकर यह देखने के लिए कहा गया कि क्या हम वहाँ से ऐसे वाहन खरीद सकते हैं, जो धान के खेतों में काररवाई करने में सक्षम हों? ब्रिगेडियर एफ.एस.बी. मेहता और ऑर्डिनेंस कोर का एक कर्नल मेरे साथ गया। हमने उनका परीक्षण किया और पाया कि वे हमारे अनुमान के अनुसार हमारी आवश्यकताएँ पूरी नहीं कर सकते थे। हमें प्रिंस टेप्पारिट द्वारा विकसित किए गए सिरैमिक सैंडविच आर्मर दिखाए गए, जो हमारे कंचन आर्मर के समान ही थे, इसलिए हमने उन्हें भारत में डी.आर.डी.ओ. से बनवा लिया।

थाईलैंड में हम थाई सेना के कमांडर-इन-चीफ जन. क्रियांगसैक चोमनन से मिले, जिनसे मैं अतीत में कलकत्ता में मिल चुका था। उन्होंने अपनी सीमा से बाहर जाकर हमारी आवभगत की। हमने वहाँ उनके वरिष्ठतम अधिकारियों के साथ गोल्फ खेली और वहाँ हमारा बड़े शानदार तरीके से मनोरंजन किया गया। थाईलैंड में भारतीय राजदूत और उनका स्टाफ यह देखकर हमसे ईर्ष्या करने लगा कि हम उनसे संपर्क किए बिना ही अपने मेजबानों से मिल रहे थे। उसके बाद उन्होंने हमसे अनुरोध किया कि हम अपने सम्मान में आयोजित होने वाले कार्यक्रमों में उन्हें भी अपने साथ ले जाएँ। थाई निवासी अत्यंत सत्कारपरक एवं मित्रवत् व्यवहार करने वाले लोग और श्रद्धालु बुद्धवादी हैं। मैंने उनके लिए भगवान् बुद्ध की एक विशाल प्रतिमा भेजने की सिफारिश की, जिसे स्वीकार कर लिया गया और बाद में उसे कार्यान्वित कर दिया गया। वह प्रतिमा आज भी बैंकॉक में एक प्रमुख स्थान पर खड़ी है।

□

7

1971 : युद्ध के बादल मँडराए

इस बीच पूर्वी पाकिस्तान में घटनाक्रम बड़ी तेजी से बदल रहा था। पाकिस्तान की दोनों शाखाओं, पूर्वी और पश्चिमी में जातीय के साथ-साथ जनसंख्या के घनत्व के आधार पर भारी अंतर था। 1961 में हुई जनगणना के आँकड़े दरशाते थे कि पूर्वी पाकिस्तान में हिंदुओं की जनसंख्या में एक करोड़ और पश्चिमी पाकिस्तान में 43,00,000 की वृद्धि हुई थी। वे दोनों चिह्नित तौर पर भाषा और संस्कृति के आधार पर भिन्न थे। पूर्वी पाकिस्तान, जो पहले भारत का पूर्वी बंगाल प्रांत था, सांस्कृतिक एवं भाषाई आधार पर पश्चिम बंगाल के समान था, जबकि पश्चिमी पाकिस्तान की उर्दू और पंजाबी संस्कृति एवं भाषा के साथ उसकी कोई समानता नहीं थी। पूर्वी पाकिस्तान पश्चिमी पाकिस्तान की दादागीरी का विरोध करता था और महसूस करता था कि पाकिस्तान की पश्चिमी शाखा का विकास पूर्वी शाखा के व्यय पर किया जा रहा था। पश्चिमी शाखा के प्रति पूर्वी शाखा की नाराजगी नाटकीय ढंग से बढ़ गई थी। सन् 1966 में अवामी लीग के नेता शेख मुजीबुर्रहमान ने अपनी छह सूत्री माँगों की घोषणा की और उसके परिणामस्वरूप उन्होंने प्रांतीय स्वायत्तता की माँग की। सन् 1967 में एक मुकदमे में मुजीब और कुछ अन्य लोगों पर अलगाववादी होने का आरोप लगाया गया, जिसे 'अगरतला कॉन्सपिरेसी' (षड्यंत्र) केस के नाम से जाना जाने वाला था। इस बीच, पाकिस्तान में जनरल याह्या खान ने जनरल अयूब खान को सत्ता से हटा दिया और देश की सत्ता का नियंत्रण अपने हाथों में ले लिया। 1970 में चुनाव कराए गए। शेख मुजीब की अवामी लीग ने पूर्वी पाकिस्तान की 162 में से 160 सीटें जीत लीं। जुल्फिकार अली भुट्टो की पाकिस्तान पीपुल्स पार्टी ने पश्चिम की 138 सीटों में से 81 पर जीत दर्ज की। भुट्टो ने मुजीब की छह सूत्री माँगों को ठुकरा दिया और मुजीब के साथ सत्ता में साझेदारी करने से इनकार कर

दिया। 1971 में भुट्टो मुजीब के साथ सौदेबाजी करने की नीयत से ढाका गए, परंतु वैसा कर पाने में वे असफल रहे थे।

इस बीच पाकिस्तान ने गुप्त रूप से श्रीलंका के रास्ते पूर्वी पाकिस्तान में अपनी सेना में वृद्धि करनी प्रारंभ कर दी। 15 मार्च को याह्या खान शेख मुजीब के साथ मोल-भाव करने ढाका पहुँचे। दोनों के बीच कोई समझौता नहीं हो सका और नेशनल असेंबली की बैठक को एक बार पुन: स्थगित कर दिया गया। याह्या खान ने पूर्वी पाकिस्तान में नियुक्त कमांडर ले. जनरल साहिबजादा याकूब खान को हटा दिया, जिन्हें पूर्वी लोगों (बंगालियों) का हमदर्द माना जाता था। उनके स्थान पर क्रूर ले.जन. टिक्का खान को नियुक्त कर दिया गया। संयोगवश, टिक्का खान नवंबर 1947 में पाकिस्तान जाने से पूर्व अगस्त 1947 में देवलाली के आर्टिलरी स्कूल में मेरे द्वारा चलाए जाने वाले गनरी स्टाफ कोर्स के छात्र थे। याह्या खान टिक्का खान को 'स्थिति से निपटने के लिए' छोड़कर पश्चिमी पाकिस्तान में वापस लौट गए। टिक्का खान ने 26 मार्च की रात को 01:00 बजे शुरू होने वाली 'काररवाई' (ऑपरेशन) का आदेश दे दिया। इस बीच शेख मुजीब ने एक संदेश जारी कर पूर्वी पाकिस्तान के लोगों से विरोध करने और पाकिस्तानियों को खदेड़ देने का आह्वान किया।

कुछ ही घंटों में ढाका को सेना के नियंत्रण में ले लिया गया। कठोर काररवाई के रूप में कई हजार बांग्लादेशियों को मौत के घाट उतार दिया गया। 26 मार्च को तड़के मुजीब को गिरफ्तार करके विमान द्वारा कराची ले जाया गया। बड़ी संख्या में बंगाली नेता बच निकले थे। बंगालियों का प्रतिरोध, विशेषकर ढाका विश्वविद्यालय में बहुत भयानक था। इस बीच चटगाँव में मेजर जनरल जियाउर रहमान ने अपनी 8 ईस्ट बंगाल रेजिमेंट की इन्फैंट्री बटालियन की कमान सँभाल ली और रेडियो स्टेशन को अपने अधिकार में ले लिया। वहाँ से किया गया उनका प्रसारण आजादी की घोषणा था। मेजर जिया ने पाकिस्तानी सेना का विरोध किया और अपनी बटालियन को पूर्व में बेलोनिया ले गए। इस बीच ईस्ट बंगाल रेजिमेंट की पाँच बटालियनों के सैनिकों ने भारत में प्रवेश करना प्रारंभ कर दिया।

31 मार्च को भारतीय संसद् ने बंगालियों पर किए जाने वाले अत्याचारों से आहत होकर एक प्रस्ताव पारित किया, जिसमें पाकिस्तान से माँग की गई कि वह पूर्वी बंगाल के लोगों को सत्ता का हस्तांतरण कर दे। इस बीच प्रारंभ में इक्का-दुक्का शरणार्थी भारत में दाखिल हुए, किंतु शीघ्र ही उनकी बाढ़ आ गई। अंततोगत्वा कुल मिलाकर कोई एक करोड़ लोगों ने भारत में शरण ली। अप्रैल माह के प्रारंभ में मुझे जनरल

मानेकशॉ का टेलीफोन मिला, जिसमें उन्होंने मुझे बताया कि सरकार चाहती है कि सेना को तत्काल पूर्वी पाकिस्तान के लिए प्रस्थान कर देना चाहिए। उनकी बात सुनकर पल भर के लिए मैं स्तब्ध रह गया, यद्यपि मैंने अनुमान लगा लिया था कि हमें किसी-न-किसी चरण में पूर्वी पाकिस्तान के लिए रवाना होने के लिए कहा जाएगा और उसी के अनुसार हमने अपनी योजनाएँ बनानी शुरू कर दी थीं। फिर भी, तत्काल प्रस्थान करने का आदेश कुछ ऐसा था, जिसकी मैंने आशा नहीं की थी, क्योंकि हमारे पास त्वरित सैन्य अभियान संचालित करने हेतु पर्याप्त धन एवं साधन नहीं थे। मैंने मानेकशॉ को बताया कि हमारे पास पर्वतीय डिवीजनें थीं, जिन्हें नदीय युद्धकला के लिए प्रशिक्षित अथवा लैस नहीं किया गया था। वहाँ बिना पुलों वाली कई बड़ी और चौड़ी नदियाँ थीं, जिन्हें हमें पार करना था और हमारे पास पुल निर्माण संसाधनों का अभाव था तथा हमारे पास अत्यंत सीमित मोटर परिवहन सुविधाएँ थीं। इसके अतिरिक्त, कुछ सप्ताहों में मानसून शुरू होने वाला था, जिसके कारण वह क्षेत्र वस्तुतः अपारगम्य होने वाला था। इसके बाद मानेकशॉ ने कहा कि वे मुझे दोबारा फोन करेंगे। अगले दिन सुबह उन्होंने मुझे पुनः फोन करके बताया कि दिल्ली में बैठे नौकरशाह सेना पर डरपोक होने का आरोप लगा रहे थे। मैंने उनसे कहा कि आप उन्हें बता दें कि हमारी संपूर्ण सेना नहीं, बल्कि केवल पूर्वी सेना थी, जो डरपोक थी। उसके बाद उन्होंने मुझसे पूछा कि हम पूर्वी पाकिस्तान में प्रवेश करने के लिए कब तक तैयार हो जाएँगे ? मैंने उत्तर दिया कि यदि हमें वांछित सेना और उपकरण मिल जाएँगे तो हम 15 नवंबर तक तैयार हो जाएँगे, क्योंकि तब तक वह क्षेत्र आवागमन के लिए अधिक सहज हो जाएगा। उन्होंने जवाब दिया कि वह सरकार को इसके अनुसार सूचित कर देंगे।

श्रीमती गांधी अपने साथ रक्षा मंत्री जगजीवन राम, वाई.बी. चव्हाण एवं रक्षा सचिव के.बी. लाल को लेकर सेना मुख्यालय के ऑपरेशन कक्ष में पधारीं। मैंने पूर्वी कमान मुख्यालय के बी.जी.एस. ब्रि. आदी सेठना के माध्यम से उनके पास एक संक्षिप्त एवं लिखित जानकारी भिजवा दी थी। इसे जनरल सैम मानेकशॉ द्वारा पढ़ा गया। मेरा पत्र पढ़ने के बाद वे श्रीमती गांधी से मुखातिब हुए और उन्होंने उनसे कारवाइयों को 15 नवंबर तक स्थगित रखने का अनुरोध किया, जिसके लिए वे तत्काल सहमत हो गईं। उस बैठक में सेना मुख्यालय में सैन्य कारवाई (एम.ओ.) निदेशालय के निदेशक ले. कर्नल सुखजीत सिंह, जी.एस.ओ.-1 कारवाई (ऑपरेशन) भी मौजूद थे। मानेकशॉ द्वारा मंत्रिमंडल की बैठक होने का जो दावा किया गया था, उसके बारे में कोई खोजे जा सकने वाले अभिलेख उपलब्ध नहीं थे।

शरणार्थियों ने भारत में प्रवेश करना जारी रखा था। रक्षा मंत्री जगजीवन राम कलकत्ता पधारे, परंतु वे कम्युनिस्ट–संयुक्त मोरचा सरकार को शरणार्थी शिविरों हेतु भूमि आवंटित करने के लिए मनाने में विफल रहे। रक्षा मंत्री ने मुझसे अनुरोध किया कि मैं उनके साथ राइटर्स बिल्डिंग में होने वाली मंत्रिमंडल की बैठक में भाग लूँ और राज्य सरकार को शिविरों के लिए भूमि उपलब्ध कराने के लिए मनाऊँ। दो घंटे तक चले सत्र के बाद अंततोगत्वा मंत्रिमंडल राजी हो गया। उसके बाद एक अप्रतिम एवं योग्य रक्षा मंत्री ने मुझे गले लगाया और बारंबार धन्यवाद दिया।

हमें शिविरों की स्थापना में सहायता हेतु संयुक्त मोरचा सरकार से पर्याप्त कर्मचारी नहीं मिल रहे थे। राष्ट्रीय स्वयंसेवक संघ का एक प्रतिनिधिमंडल मुझसे मिलने आया और उसने स्वेच्छापूर्वक सहायता करने का प्रस्ताव दिया। उनका स्वैच्छिक योगदान हमारे लिए अत्यंत महत्त्वपूर्ण एवं अमूल्य था। उन्होंने खाइयाँ खोदने में भी हमारे सैनिकों की सहायता की। युद्ध की समाप्ति के बाद स्वयंसेवकों ने शरणार्थियों को वापस उनके देश भेजने में भी सहायता की।

कुछ दिनों बाद सीमा सुरक्षा बल (बी.एस.एफ.) का एक प्रतिनिधिमंडल मेरे घर पर मुझसे मिलने आया। उसका नेतृत्व बल के महानिदेशक के. रुस्तमजी कर रहे थे। उनके साथ उपमहानिरीक्षक गोलक मजूमदार और उस समय बी.एस.एफ. में तैनात मेजर जनरल नरिंदर सिंह भी थे। आगंतुकों का दल अत्यंत मग्न मुद्रा में था। रुस्तमजी ने मुझे बताया कि चूँकि सेना पाकिस्तानियों को पूर्वी पाकिस्तान से बाहर निकालने की इच्छुक नहीं थी, इसलिए सरकार ने बी.एस.एफ. को वैसा करने के लिए कहा। मैंने सोचा कि शायद वे मजाक कर रहे थे और हँस पड़ा। इसके बाद उन्होंने हमसे मिलने के लिए आने का कारण बताया। उन्होंने कहा कि मैं आपको उस विजय परेड में शामिल होने के लिए आमंत्रित करने आया हूँ, जो मैं दो सप्ताह अथवा कुछ और समय बाद ढाका में आयोजित करने का प्रबंध कर रहा हूँ। मैंने रुस्तमजी से कहा कि आपके बल को एक या दो सप्ताह में वहाँ से वापस खदेड़ दिया जाएगा, इसलिए आपके लिए कुछ और सोचने के बजाय यही अच्छा होगा कि आप सुंदरबन और चटगाँव की पहाड़ियों पर अपने शिविर बनाने के बारे में विचार करें। जैसी कि मुझे आशा थी, लगभग एक पखवाड़े बाद बोनगाँव सीमा चौकी से बी.एस.एफ. के कमांडर का मेरे पास फोन आया, जिसने मुझे बताया कि उनके बलों को पूर्वी पाकिस्तान की सीमा के कुछ मील अंदर घेर लिया गया था। उसने मुझे यह भी बताया कि उसके ऊपर पाकिस्तानी टैंकों द्वारा हमला किया जाने वाला है, इसलिए मुझे तत्काल उसकी सहायता के लिए सेना भेजनी चाहिए। मैं जानता था

कि उस क्षेत्र में कोई टैंक नहीं थे और उसका इरादा हमारी पूर्वी सेना को समय से पूर्व युद्ध में लिप्त करने का था। मैंने उससे पूछा कि क्या उसके पास सहायता टुकड़ी पहुँच सकती थी, तो इस प्रश्न का उसने स्वीकारात्मक उत्तर दिया। इसके बाद मैंने उससे कहा कि यदि उसके पास तक सहायता टुकड़ी पहुँच सकती है तो वह खुद भी अपने बलों के साथ वापस लौट सकता है। मैंने उससे कहा कि वह हमारी ईस्ट बंगाल रेजिमेंट के लोगों के साथ शामिल हो जाए और हम अपनी ओर की सीमा से उनके अंतिम निष्कासन में सहायता करेंगे। पाकिस्तानियों द्वारा सीमा सुरक्षा बल के छह जवानों को पकड़कर ढाका में उनकी परेड कराई गई थी। यह रुस्तमजी द्वारा नियोजित विजय परेड की दूर की चीख–पुकार थी!

पाकिस्तानी तोपखाने ने बी.एस.एफ. और ईस्ट बंगाल की वापस लौटती टुकड़ियों पर पीछे से गोले दागने शुरू कर दिए। उसके कुछ गोले हमारी सीमा के अंदर भी आकर गिरे थे। बांग्लादेश के कार्यकारी प्रधानमंत्री ताजुद्दीन अहमद की सीमा के पूर्वी पाकिस्तान की ओर बनी सीमा शुल्क चौकी पर एक ब्रिटिश सांसद के साथ एक मुलाकात निर्धारित थी। मैं अपने मुख्यालय के जी.एस.ओ.–3 ऑपरेशंस के कैप्टन 'काका' संधु के साथ सीमा शुल्क चौकी पर ताजुद्दीन से मिला और उन्हें पाकिस्तानी सेना के आसन्न प्रस्ताव से अवगत कराया। उन्होंने मुझसे बैठक समाप्त होने तक वहीं बने रहने का आग्रह किया। संधु एवं मैंने अपनी ईस्ट बंगाल रेजिमेंट के सैनिकों से प्रस्तावित बैठक हेतु सुरक्षा उपलब्ध कराने के लिए कहा। सीमा शुल्क चौकी (कस्टम पोस्ट) के चारों ओर एक सुरक्षा घेरा खड़ा कर दिया गया। निर्धारित कार्यक्रम के अनुसार बैठक संपन्न हुई और ताजुद्दीन वहाँ से चले गए। उसके बाद मैंने वहाँ शेष बचे रह गए बी.एस.एफ. और ईस्ट बंगाल इकाइयों के जवानों की वापसी का निरीक्षण किया। जब मैं ईस्ट बंगाल के एक सैनिक के पास एक मशीनगन का दोबारा निरीक्षण करने गया तो उसने हँसते हुए बताया कि उसके पास कोई गोला–बारूद नहीं था। इससे पूर्व मैंने वापसी को निर्बाध बनाने के लिए अपनी 7 पंजाब इन्फैंट्री बटालियन को सुरक्षा उपलब्ध कराने के लिए नियुक्त कर दिया था। जब पाकिस्तानी सेना के आगे बढ़ते हुए सैनिक चौकी तक पहुँच गए तो हमने अपनी टुकड़ी को उन्हें चौकी पर कब्जा करने और उसके ऊपर फहरा रहे बांग्लादेशी झंडे को उतारने से रोकने का निर्देश दिया। हमारे सैनिकों ने गोलियाँ चलाना शुरू कर दिया और उन्हें सीमा शुल्क चौकी की ओर बढ़ने से रोक दिया और चौकी पर लगातार बांग्लादेशी ध्वज हमला बंद होने तक फहराता रहा। कुछ प्रारंभिक झटकों के बावजूद बी.एस.एफ. ने बांग्लादेश की मुक्ति में महत्त्वपूर्ण

भूमिका निभाई थी। उन्होंने मुक्तिवाहिनी को प्रशिक्षित करने में सहायता की थी। बी.एस.एफ. और सी.आर.पी.एफ. ने एक साथ मिलकर लड़ाई खत्म होने तक अनेक परिधीय (पेरीफेरल) काररवाइयों में सेना का साथ दिया था। हमारी विजय में अपने योगदान के लिए वे भी भारी श्रेय दिए जाने की योग्यता रखते हैं।

इस बीच, अप्रैल के प्रारंभिक दिनों में अनेक बंगाली प्रतिरोधी नेताओं ने कलकत्ता पहुँचना प्रारंभ कर दिया था, जिनमें प्रमुख थे—ताजुद्दीन, नजरुल इसलाम, मंसूर अली, कमरुज्जमाँ, कर्नल एम.ए.जी. उस्मानी और विंग कमांडर खोंडकर। कलकत्ता में 8, थिएटर रोड पर स्थित एक बँगले में एक 'निर्वासित सरकार' की स्थापना की गई। मैंने उनके साथ मुलाकात की और विविध प्रक्षेपणों के संबंध में चर्चा की। उन्होंने बैद्यनाथ ताल, जिसे वे 'मुजीबनगर' कहते थे, में पधारे कुछ बांग्लादेशी सांसदों के साथ एक बैठक आयोजित करने की इच्छा व्यक्त की। मैंने उन्हें उसके विरुद्ध सलाह दी और कहा कि वे चार्ल्स डि गाल और द्वितीय विश्वयुद्ध के दौरान एक स्वतंत्र फ्रांसीसी सरकार के उदाहरण का अनुसरण करें और एक अस्थायी सरकार के गठन की घोषणा करें। ताजुद्दीन ने मुझसे एक मसौदा घोषणापत्र देने का अनुरोध किया। मैंने एक छोटा सा मसौदा तैयार करके दे दिया, जिसे कुछ कानूनी विद्वानों के पास ले जाया गया, जिन्होंने उसमें विस्तार करते हुए उसे नए सिरे से कानूनी प्रारूप में पुनः लिख दिया। यह घोषणा-पत्र पूर्वी पाकिस्तान की सीमा के अंदर आने वाले बैद्यनाथ ताल पर 17 अप्रैल को जारी किया गया।

मैंने महसूस किया कि कलकत्ता स्थित पाकिस्तानी उप-उच्चायोग के कुछ बंगाली सदस्यों को स्वतंत्रता आंदोलन में शामिल कराना लाभप्रद होगा। मैंने अपने खुफिया तंत्र को आवश्यक संपर्क स्थापित करने का निर्देश दिया। यह कार्य कर्नल खारा ने किया। फिर भी उप-उच्चायोग के कर्मचारी अपनी भावी नौकरी एवं पेंशन की गारंटी चाहते थे। इस संबंध में मैंने ताजुद्दीन से चर्चा की और उन्होंने उनके अनुरोध को स्वीकार कर लिया। ताजुद्दीन एवं रुस्तमजी के साथ एक बैठक में मैंने उन्हें बताया कि हमारी सेना को काररवाई जारी रखना वांछनीय नहीं होगा और सर्वाधिक उपयुक्त यही होगा कि यह कार्य सीमा सुरक्षा बल (बी.एस.एफ.) करे। इसपर सहमति बनने के साथ ही पाकिस्तानी उप-उच्चायोग के बंगाली कर्मचारियों ने दल-बदल कर लिया, तथापि उस काररवाई की दुःखद प्रतिक्रिया हुई। श्रीमती गांधी को जब इसकी जानकारी मिली तो उन्होंने सेना द्वारा किए गए इस कृत्य के लिए मानेकशॉ को बधाई दी। संयोगवश, जो मानेकशॉ दावा करते थे कि सबकुछ

उन्हीं के इशारों पर हो रहा था, वे इस घटना से पूरी तरह अनभिज्ञ थे और इसकी जानकारी न देने के लिए वह जे.एस. अरोड़ा पर चीख पड़े थे। अरोड़ा को भी इस मामले की कोई जानकारी नहीं थी। उन्होंने मुझे रात को दस बजे फोन किया और स्पष्टीकरण देने के लिए कहा। मैंने उन्हें बताया कि यह एक खुफिया मामला था, इसलिए मैंने इसकी सूचना किसी को भी नहीं दी थी। मैंने उनसे कहा कि यदि वे मेरे उत्तर से संतुष्ट नहीं हैं तो मेरे स्थान पर अपने लिए कोई नया चीफ ऑफ स्टाफ खोज लें। अगली सुबह मैंने उन्हें अपने स्थान पर नियुक्त किए जा सकने वाले संभावित उपयुक्त अधिकारियों की सूची सौंप दी। उन्होंने मुझसे सूची लेते हुए कहा कि वे इस संबंध में मानेकशॉ से बात करेंगे। मैंने अपना सुपुर्दगी नोट बनाना शुरू कर दिया। कुछ घंटों बाद अरोड़ा थोड़ा लजाते हुए मेरे कार्यालय में आए और मुझसे कहा कि तुम्हें यहीं बने रहना है। मैंने उनसे साफ शब्दों में कह दिया कि आपने जिस लहजे में मेरे साथ पिछली रात बात की थी, वह मुझे कतई मंजूर नहीं। उसके बाद इस मामले में 13 दिसंबर की रात तक मेरे सामने कोई समस्या उत्पन्न नहीं हुई, जिसकी चर्चा मैं आगे करूँगा।

इससे पूर्व, मार्च 1971 के अंत में भारत सरकार ने मुक्तिवाहिनी की सहायता करने का निर्णय लिया था। मानेकशॉ ने इस संबंध में मुझसे चर्चा की और मुझे काररवाई का प्रत्यक्ष प्रभार सौंप दिया। मैंने सीमावर्ती क्षेत्रों में मुक्तिवाहिनी शिविरों का आयोजन प्रारंभ कर दिया। मैंने प्रारंभ में 8,000 प्रशिक्षुओं को चिह्नित किया, जिनकी संख्या आगे चलकर 20,000 तक बढ़ाई जाने वाली थी। मैंने अधिकारी स्तर के लिए तीन माह के प्रशिक्षण की योजना बनाई और कनिष्ठ नेताओं के लिए उसे दो महीने तक विस्तारित कर दिया। तदनुसार इसकी सूचना मैंने सेना मुख्यालय को भेज दी। कुछ सप्ताह बाद मानेकशॉ ने मेरे साथ बात की और कहा कि वे मेरे अनुमानों से सहमत नहीं थे और यह भी कि उन्हें कम-से-कम 1,00,000 प्रशिक्षित मुक्तिवाहिनी की आवश्यकता है। मैंने उनसे कहा कि इतनी बड़ी संख्या में गुरिल्लाओं को प्रशिक्षित कर पाना हमारे शिविरों की क्षमता से परे था और यह भी कि उनका प्रशिक्षण परिपूर्ण होना चाहिए। उनके रोजगार के बारे में मैंने मानेकशॉ को सुझाव दिया कि प्रशिक्षित गुरिल्लाओं की वापस पूर्वी पाकिस्तान में घुसपैठ करा दी जाएगी, जहाँ वे अपने प्रकोष्ठ स्थापित कर लेंगे और अन्य गुरिल्लाओं को काररवाई के लिए प्रशिक्षित करेंगे। मानेकशॉ ने पुनः असहमति व्यक्त की। उन्होंने प्रतिवाद करते हुए कहा कि मात्र तीन महीने का प्रशिक्षण पर्याप्त था। मैंने उनसे कहा कि हमारे शिविर कोई कबाब बनाने वाली मशीनें नहीं हैं, जिनमें एक तरफ

नादान गुरिल्लाओं को डाला जाएगा और दूसरी तरफ से वे पूर्ण प्रशिक्षित गुरिल्ला बनकर निकलेंगे! उन्होंने मुझसे कहा कि मैं पाकिस्तान की किलेबंद चौकियों पर हमला करने के लिए 1,00,000 गुरिल्लाओं को प्रशिक्षण देने में असमर्थ हूँ और यह भी कि वे इस कार्य के लिए किसी योग्य जनरल को भेजेंगे। मैंने अपने स्थान पर नियुक्त होकर आने वाले अधिकारी की प्रतीक्षा की। इस बीच, स्टेट बैंक ऑफ इंडिया से कोई नांबियार नामक सज्जन आए, जिन्होंने मुझसे मुक्तिवाहिनी को हथियारों से लैस करने के लिए धन की व्यवस्था करने हेतु एक बैंक खोलने के लिए स्थान उपलब्ध कराने का अनुरोध किया। मैंने उन्हें अस्थायी आधार पर फोर्ट विलियम में एक इमारत उपलब्ध करा दी, जिसमें उनका वह अस्थायी बैंक आज तक चल रहा है। मानेकशॉ की मंडली के एक सदस्य मेजर जनरल ओंकार सिंह कलकत आए। मैंने उन्हें जानकारी दी और उनके कार्य करने के लिए आवश्यक साधन उपलब्ध करा दिए। मानेकशॉ मुक्तिवाहिनी के प्रशिक्षण की प्रगति के मामले में अत्यंत रुचि ले रहे थे और रोजाना फोन करके जानकारी लेते थे कि कितनी लुंगियाँ, राइफलें और अन्य उपकरण जारी किए जा रहे थे; और इसके साथ वे यह भी पूछते थे कि अब तक कितने लोग प्रशिक्षित हो चुके हैं? मेजर जनरल कलकत उनके इन प्रश्नों का कोई उत्तर नहीं दे पाते थे। उसके बाद मानेकशॉ ने जानकारी के लिए मेरे पास दोबारा फोन करना शुरू कर दिया। मैंने उनसे कहा कि आपने इस कार्य के लिए एक अत्यंत योग्य एवं सक्षम अधिकारी को नियुक्त किया है, इसलिए इस विषय में आपको उसी से बात करनी चाहिए। इसके प्रत्युत्तर में उन्होंने कहा कि कलकत इस कार्य को पूरा कर पाने में अक्षम था, इसलिए मुझे उत्तर देना चाहिए। मैंने उन्हें अवगत कराया कि कलकत सीधे आर्मी कमांडर के अधीन काम कर रहा था, न कि मेरे, इसलिए आपको उसी से बात करनी चाहिए। कुछ देर बाद एक चिंतित आर्मी कमांडर ने मेरे कमरे का अंदरूनी दरवाजा खोलकर प्रवेश किया। उसने कहा कि मानेकशॉ ने मुझसे बात की है और कलकत को नजरअंदाज करने के लिए जिम्मेदार ठहराया है और उन्होंने मुझे रोजाना मुक्तिवाहिनी के संबंध में रिपोर्ट देने के लिए भी कहा है। इसके बाद अरोड़ा ने मुझसे कहा कि मानेकशॉ के सभी प्रश्नों का उत्तर मैं दूँगा, तुम योजना बनाने और आधारभूत ढाँचा तैयार करने पर अपना ध्यान केंद्रित करो, जबकि मुक्तिवाहिनी से जुड़े सैनिक मामलों को मैं देखूँगा। बहरहाल, नौसेना एवं वायुसेना से संबंधित अंगों के लिए सीधे मुझे ही उत्तरदायी ठहराया जाने वाला था। यह सचमुच मेरे लिए सौभाग्य की बात थी कि मुझे बिना किसी हस्तक्षेप के काररवाई एवं रसद की व्यवस्था करने के लिए

स्वतंत्र छोड़ दिया गया था। मेरे द्वारा तैयार किया गया बुनियादी ढाँचा लगातार काम कर रहा था। मेजर जिया को चटगाँव प्रखंड का प्रभारी बनाया जाने वाला था, मेजर खालिद मुशर्रफ को कोमिल्ला, मेजर सैफुल्ला को मैमनसिंह, विंग कमांडर बशर को रंगपुर, ले. कर्नल जमान को राजशाही, मेजर उस्मान को कुश्तिया, मेजर जलील को खुलना के लिए प्रभारी बनाया गया था। टाइगर सिद्दीकी को अपने प्रभाव वाले तंगैल इलाके में रहकर काम करना था।

मेजर जनरल कलकत उन्हें सौंपे गए कार्य को पूरा करने में अयोग्य सिद्ध हुए थे। यद्यपि वे एक अच्छे परंपरागत सैनिक थे, परंतु उस माहौल की गहराई से अनभिज्ञ थे, जो उन्हें उस समय मिला था। मानेकशॉ ने उन्हें हटाकर उनके स्थान पर मेजर जनरल 'जिम्मी' सरकार को नियुक्त कर दिया, जो एक मृदुभाषी बंगाली थे और कलकत के विपरीत वे फर्राटेदार बंगाली भाषा बोलते थे और नीति-कुशल होने के नाते उन्होंने शीघ्र ही मुक्तिवाहिनी के साथ अच्छा तालमेल बना लिया था। अपनी ओर से मैंने सावधानीपूर्वक काररवाइयों का निरीक्षण करना जारी रखा था।

पाला बदलने वाले वरिष्ठतम बंगाली पाकिस्तानी अधिकारियों में से एक थे, कर्नल उस्मानी, जिनके साथ निपट पाना बड़ा कठिन था। वे गुरिल्ला किस्म की मुक्तिवाहिनी और उसकी काररवाइयों को प्राथमिकता देने के बजाय नियमित इन्फैंट्री बटालियनों की स्थापना एवं उसके साजो-सामान की उपलब्धता पर अधिक ध्यान केंद्रित करते थे। मैं उस्मानी और उनकी बटालियनों को ढाका के उत्तर में मैमनसिंह में अपना आधार शिविर बनाने और उसी पर अपना ध्यान केंद्रित करते हुए देखना चाहता था। उस्मानी उसके विपरीत काम करते थे, जिसपर अंकुश लगाने में मैं विफल रहा था। उनका घर सिलहट क्षेत्र में था और वे अपनी बटालियनों को उसी के आसपास केंद्रित करने पर ध्यान देते थे। वे अपनी बटालियनों को उत्तर से पूर्वी क्षेत्र में ले जाने में सफल रहे थे और जिस स्थान को मैंने अपने सैनिकों को ढाका में प्रवेश कराने के लिए चुना था, वह पूरी तरह से असुरक्षित छूट गया था।

हमें अपने स्वतंत्रता आंदोलन संबंधी समाचारों के समर्थन में अंतरराष्ट्रीय समाचार जगत् का सकारात्मक समर्थन नहीं मिल पा रहा था, जो कि वर्णित अत्याचारों पर संशयात्मक दृष्टिकोण अपनाए हुए था। हमारे लिए एक सहानुभूतिपूर्ण एवं समर्थक अंतरराष्ट्रीय प्रेस का होना अनिवार्य था, क्योंकि पाकिस्तानी पंजे से बांग्लादेश को मुक्त कराने के लिए एक समर्थक दृष्टिकोण का प्रकाशित होना एक महत्त्वपूर्ण पूर्वापेक्षा (प्रि-कंडीशन) थी। मैंने ब्रिगेडियर सेठना को भारतीय अखबारों पर अपना ध्यान केंद्रित करने का अनुरोध किया, जबकि मैंने विदेशी अखबारों

को सँभालने का दायित्व सँभाला। मैंने 'संडे टाइम्स' के निकोलस टोमालिन को जानकारियाँ उपलब्ध कराईं, जो उनकी पहली खबर के प्रकाशन में सहायक सिद्ध हुईं। उनकी उस खबर का संबंध पाकिस्तानी सेना के अत्याचारों से था। टोमालिन एक अप्रतिम युद्ध संवाददाता थे, जिन्होंने खुद अपनी आँखों से चीजों को देखने के लिए पूर्वी पाकिस्तान में जाने का जोखिम उठाया था। वे हमेशा स्वयं मोरचे पर जाकर खबरें भेजने के लिए प्रसिद्ध थे और इसी क्रम में हाइट्स पर उनकी हत्या कर दी गई थी। 'न्यूयॉर्क टाइम्स' के सिडनी शानबर्ग एक अन्य साहसी युद्ध पत्रकार थे और बंगाली स्वतंत्रता संघर्ष के प्रति सहानुभूति रखते थे। शानबर्ग कालांतर में 'न्यूयॉर्क टाइम्स' के संपादक बन गए थे। वे कोलंबिया की घटनाओं से संबंधित समाचारों में लिप्त थे और उनकी आधिकारिक पुस्तक 'द किलिंग फील्ड्स' एक सर्वोत्तम बिक्री वाली (बेस्ट सेलर) पुस्तक थी, जिसपर आधारित एक फिल्म भी बनाई गई थी। बाद में पूर्वी पाकिस्तान में हमारी बढ़त के दौरान शानबर्ग पूर्व से ढाका की ओर प्रस्थान करने वाली हमारे सैनिकों के साथ पैदल चलकर गए थे। वहाँ अन्य पत्रकार भी थे। बी.बी.सी. के अल्लन हर्ट ने पूर्वी पाकिस्तान में जाकर वहाँ सेना द्वारा किए जाने वाले अत्याचारों पर एक फिल्म भी बनाई थी। मैंने युद्ध के मोरचे पर गीता मेहता (उड़ीसा के राजनीतिज्ञ बीजू पटनायक की पुत्री) और वान्या केवली के साथ एक ग्रेनाडा टेलीविजन टीम भी भेजी थी। उस टीम ने पूर्व की ओर से पाकिस्तान में प्रवेश किया था और वहाँ जाकर कुछ चौंकाने वाली फुटेज (फिल्म के संक्षिप्त अंश) भेजे थे। वहाँ कुछ अन्य प्रसिद्ध संवाददाता भी थे, जिनमें शामिल थे—'न्यूजवीक' के टोनी क्लिफ्टन, 'संडे ऑब्जर्वर' के गेविन यंग और कुछ अन्य के साथ साइमन विंचेस्टर भी शामिल थे। मैंने इन पत्रकारों के साथ खबरें साझा करने में ढेर सारा समय बिताया था। अंतरराष्ट्रीय अखबारों के संवाददाता प्रारंभ में समाचारों के संकलन में कुछ निरुत्साहित दिखाई दिए थे, परंतु समय बीतने के साथ वहाँ किए जाने वाले अत्याचारों को उन्होंने बेनकाब कर दिया था। जब अंतरराष्ट्रीय अखबारों में युद्ध की खबरों का प्रकाशन प्रारंभ हो गया तो लगभग संपूर्ण समाचार जगत् बांग्लादेश में होने वाले स्वतंत्रता संघर्ष का समर्थक बन गया था। अपने समाचारों के प्रकाशन के माध्यम से अत्याचारों को प्रकाश में लाने और बांग्लादेश की स्वतंत्रता के लिए समर्थन जुटाने के लिए इन साहसी संवाददाताओं को भी उचित श्रेय अवश्य दिया जाना चाहिए। दुर्भाग्यवश, हमारे मंत्रियों और नौकरशाहों को अभी यह सीखना शेष है कि अंतराष्ट्रीय प्रेस को कैसे सँभाला जाता है, जो कि हमारे राष्ट्रीय हितों के लिए घातक है!

दुर्भाग्यवश, हमारे पास शीर्षतम स्तर पर युद्ध के संचालन का समुचित आधारभूत ढाँचा नहीं है। सेना, नौसेना एवं वायुसेना (एयरफोर्स) के चीफ ऑफ स्टाफ बारी-बारी से चीफ ऑफ स्टाफ कमेटी का पदभार ग्रहण करते हैं। उनका कार्यकाल उनकी नौकरी के शेष बचे समय पर निर्भर होता है, जो कुछ मामलों में केवल कुछ ही सप्ताहों का होता है। चेयरमैन के पास अन्य दो सेवाओं के मामले में कुछ बोलने का अत्यंत सीमित अधिकार होता है, क्योंकि वे दोनों स्वायत्त हैं। बहुत-कुछ सेवा प्रमुखों के व्यक्तित्व एवं रक्षा मंत्री तथा कुछ सीमा तक प्रधानमंत्री के साथ उनके संबंधों पर निर्भर करता है। रक्षा सचिव भारतीय प्रशासनिक सेवा का एक अधिकारी होता है और उसके पास कोई ऑपरेशनल जिम्मेदारी नहीं होती है और सामान्यतया उसे काररवाई संबंधी योजनाओं के बारे में जानकारी नहीं दी जाती है। फिर भी साउथ ब्लॉक में बैठे 'बाबुओं' को लगता है कि 'सिविल कंट्रोल' का अर्थ 'सिविल सर्विस कंट्रोल' है। मुझे एक से अधिक बार उन्हें बताना पड़ा था कि वे सरकारी कर्मचारी थे, सरकार नहीं, जिसमें कैबिनेट के चुने हुए सदस्य शामिल होते हैं।

दुर्भाग्यवश, सेना मुख्यालयों में सेना प्रमुख एवं वायुसेना प्रमुख के बीच समीकरण अधिक सौहार्दपूर्ण नहीं होते हैं। वायुसेना अध्यक्ष, एयर चीफ मार्शल पी.सी. लाल एक योग्य एवं पेशेवर अधिकारी थे। मेरी समस्या यह थी कि मुझे दो वायुसेना कमान मुख्यालयों के साथ व्यवहार (डील) करना पड़ता था, जिनमें एक शिलांग में और दूसरा इलाहाबाद में था और दोनों मुख्यालय कई सौ मील दूर स्थित थे। किसी एक सुदूरवर्ती वायुसेना कमान मुख्यालय के साथ रोजमर्रा के कामकाज को निपटाना पहले ही अत्यंत कठिन था, दो के साथ निपटना तो लगभग असंभव था। मैंने मानेकशॉ से अनुरोध किया कि वह सीमाओं का पुनर्निर्धारण करके उसे तर्कसंगत बनाने के लिए वायु सेनाध्यक्ष लाल से बात करें, ताकि हमें केवल एक ही वायुसेना कमान मुख्यालय के साथ व्यवहार करना पड़े। मानेकशॉ ने यह कहते हुए इनकार कर दिया कि वे लाल से बात नहीं कर सकते। सौभाग्यवश, मैं लाल से मिल पाने में सफल हो गया और उन्हें अपनी परेशानी से अवगत कराया। मैंने उनसे फोर्ट विलियम में वायुसेना का एक अग्रिम मुख्यालय स्थापित करने का अनुरोध भी किया, ताकि हमें दैनंदिन ऑपरेशनल मामलों को निपटाने में सुविधा हो, क्योंकि शिलांग बहुत दूर था। लाल ने कहा कि वे इस मामले की जाँच करेंगे। कुछ दिनों बाद उन्होंने सीमाओं को परिवर्तित कर दिया, ताकि हम केवल शिलांग स्थित वायुसेना कमान मुख्यालय से व्यवहार कर सकें। उन्होंने एक एयर कमोडोर की

कमान में फोर्ट विलियम में भी एक अग्रिम मुख्यालय की स्थापना को अधिकृत कर दिया। लाल सचमुच एक योग्य, व्यावहारिक एवं दूरदर्शी अधिकारी थे।

हमारे पास पाकिस्तानी सेना की युद्ध व्यवस्था एवं स्थलीय विवरणों की बहुत कम विश्वसनीय जानकारी थी। हमारे पास पूर्वी पाकिस्तान के जो छोटे आकार के मानचित्र थे, वे लगभग पचास वर्ष पुराने थे और पूरी तरह निष्क्रिय हो चुके थे। मैंने मुक्तिवाहिनी से पाकिस्तान के आधुनिकतम एवं परिपूर्ण मानचित्रों को उपलब्ध कराने के लिए कहा और उन्होंने हमें पूर्वी पाकिस्तान का पूर्ण मानचित्र थमा दिया। मैं उन मानचित्रों को लेकर भारतीय सर्वेक्षण (सर्वे ऑफ इंडिया) के कलकत्ता के पार्क स्ट्रीट स्थित कार्यालय गया। भारतीय सर्वेक्षण के कर्मचारी अत्यंत सहयोगपूर्ण थे, जिन्होंने पुनः उन मानचित्रों को यथावत् तैयार कर दिया। हम काररवाइयाँ शुरू होने से पूर्व उन मानचित्रों को सभी संबंधित लोगों को वितरित करने में सफल हो गए। कलकत्ता स्थित भारतीय सर्वेक्षण ने बिना किसी आवश्यक पूर्व अनुमति के इस परियोजना को अपने हाथ में लिया और इस कार्य को उसके बाद नियमित कर दिया गया। ऐसा प्रतीत होता है कि इससे कोई सीख नहीं ली गई। 1987 में हमारी सेना बिना समुचित मानचित्रों के श्रीलंका पहुँच गई और मानचित्रों के अभाव में हमारी काररवाइयों पर विपरीत प्रभाव पड़ा था। इससे भी बड़ी बात यह कि श्रीलंका की काररवाइयों के संबंध में हमारे सेनाध्यक्ष जनरल के. सुंदरजी ने सरकार को परामर्श दे डाला कि वे मात्र 72 घंटों में अपना मिशन पूरा कर लेंगे। हमारी फौजों को एकमुश्त आक्रमण करने के बजाय टुकड़ों में भेजा गया और भारी सैन्य क्षति के साथ पूरा ऑपरेशन विफल हो गया था।

हमने पूर्वी पाकिस्तान के उन क्षेत्रों के स्थलीय (टोपोग्राफिकल) आँकड़े एकत्र करने प्रारंभ कर दिए और अपना विशेष ध्यान उन स्थलों पर दिया, जिनका संबंध नदियों, ज्वार आने वाले स्थानों, अस्थायी पुल बनाए जा सकने वाले क्षेत्रों, रेल यातायात, जल संचार और नौकाओं इत्यादि से था। पूर्वी कमान मुख्यालय की अभियांत्रिकी शाखा की टुकड़ियों ने उस समय उपलब्ध आँकड़ों से उनका मिलान किया। हमारे पास वहाँ के बंदरगाहों के बारे में बहुत कम जानकारी थी। सौभाग्यवश, मेरा एक मित्र जहाजरानी (शिपिंग) कारोबार में था, जिसने अतीत में चटगाँव और मंगला चालना में काम किया था। बंदरगाहों एवं लंगरगाहों (एंकरेज) की जानकारी देने के लिए मैं उसे लेकर नौसेना के खुफिया विभाग के निदेशक के पास गया।

हमें अनुसंधान एवं विश्लेषण शाखा (रॉ) से अत्यल्प खुफिया सूचनाएँ मिली थीं और उन्होंने हमें पूरी कारवाई के दौरान खुफिया आँकड़ों के मात्र दो आधे पृष्ठ उपलब्ध कराए थे। इसलिए हमने पाकिस्तानी युद्ध क्रम और उनकी इकाइयों के स्थानों के बारे में आपातकालीन खुफिया सूचना व्यवस्था निर्मित की। पूर्वी पाकिस्तानी सहायता टुकड़ियों ने हवाई मार्ग से श्रीलंका के रास्ते पूर्वी पाकिस्तान में प्रवेश करना प्रारंभ कर दिया था और हम उन्हें पहचान पाने में विफल थे। अप्रैल एवं मई माह में मैं सेना गुप्तचर शाखा के निदेशक (डी.एम.आई.) मेजर जनरल के साथ सेना मुख्यालय में सिग्नल इंटेलिजेंस इकाइयों को पूर्व में हमारे नियंत्रण में सौंपने के लिए माथापच्ची कर रहा था। डी.एम.आई. ने कहा कि पूर्वी सेना कमान में हम लोग 'कच्ची' (रॉ) खुफिया सूचनाओं को संसाधित एवं विश्लेषित करने में सक्षम नहीं हैं, इसलिए वे और उनका विभाग हमारे पास केवल उन खुफिया सूचनाओं को भेज सकते थे, जो उन्हें प्रासंगिक लगेंगी। कहने का तात्पर्य यह कि अब तक हमें सैन्य खुफिया निदेशालय से बहुत कम सूचनाएँ प्राप्त हो सकी थीं। उनका नकारात्मक दृष्टिकोण हमें व्यथित कर रहा था, क्योंकि हम सिग्नल अवरोधों (इंटरसेप्ट्स) की तात्कालिक जानकारी के बिना कार्य नहीं कर सकते थे। इसके बाद मैंने जनरल मानेकशॉ से बात की और उन्हें वचन दिया कि यदि वे खुफिया इकाइयों को मेरे नियंत्रण में सौंप देंगे तो पकड़ी गई खुफिया सूचनाओं की प्रतियाँ डी.एम.आई., नौसेना और वायुसेना को दे देंगे। मानेकशॉ मेरे सुझाव से सहमत हो गए और उन्होंने सिग्नल इंटेलिजेंस इकाइयों को सीधे हमारे अधीन कर दिया। पूर्वी कमान, पहली और एकमात्र क्षेत्रीय कमान थी, जिसे यह गौरव प्राप्त हुआ था। हमने अपनी खुफिया इकाइयों को नए सिरे से दोबारा विश्लेषित किया और न केवल पूर्वी एवं पश्चिमी पाकिस्तान के बीच प्रसारित होने वाले संदेशों को पकड़ा, बल्कि हम पूर्वी पाकिस्तान में समूचे पाकिस्तानी युद्ध क्रम का पुन: निर्माण करने में भी सफल हो गए। हम उस पाकिस्तानी नौसैनिक कोड को भी तोड़ पाने में सफल हो गए थे, जो कई महीनों से अपरिवर्तित बना हुआ था, जिसके आधार पर हमने अग्रिम कारवाई की। युद्ध के अंतिम चरणों में एक विशेष खुफिया संदेश पकड़ा गया, जिसके गंभीर परिणाम हो सकते थे। पकड़े गए संकेत का संदेश यह था कि दो युद्ध नौकाएँ मेघना नदी की गुप्ता क्रॉसिंग पर आकर मिलने वाली थीं। मानेकशॉ ने उसे परिभाषित करते हुए कहा कि इसका तात्पर्य यह है कि पाकिस्तानी सेना के सैनिक नदी मार्ग से भागकर बर्मा जाने का प्रयास कर रहे थे। मैंने उन्हें तर्क दिया कि वे समुद्र में चलने वाले पोत नहीं थे और यह भी कि वे इतने बड़े आकार के भी नहीं

थे कि उनमें अधिक सैनिकों को चढ़ाकर बर्मा ले जाया जा सके! इसके बाद उन्होंने सेना मुख्यालय में बैठने वाले सैन्य कारवाई योजना के निदेशक मेजर जनरल इंदर गिल को आदेश दिया कि वह इस आशय का संदेश प्रसारित करें कि मानेकशॉ को इस बात की जानकारी है कि वे लोग गुप्ता क्रॉसिंग पर क्या कर रहे हैं! मैंने गिल से अनुरोध किया कि वह इस संदेश को प्रसारित न करें, क्योंकि इससे हमारे द्वारा पाकिस्तानियों के गुप्त कोड को तोड़ने का भेद खुल जाएगा। फिर भी गिल मानेकशॉ को समझा पाने में असफल रहे। जैसे ही संदेश प्रसारित किया गया, पाकिस्तानी नौसेना ने तत्काल अपना कोड बदल दिया। इसका परिणाम यह हुआ कि हम उसके बाद होने वाले किसी भी पाकिस्तानी बेतार संदेश को पढ़ पाने में असमर्थ हो गए।

1 दिसंबर, 1971 को हमने पश्चिमी पाकिस्तान से पूर्वी पाकिस्तान को भेजे गए एक गुप्त संदेश को पकड़ा, जिसमें व्यापारिक समुद्री जहाजों को बंगाल की खाड़ी में प्रवेश न करने की चेतावनी दी गई थी और नागरिक विमानों को भारतीय सीमा के निकट उड़ान भरने से रोक दिया गया था। हमने पाकिस्तानी पनडुब्बी 'गाजी' से प्रसारित एक संकेत को भी मार्ग में ही अवरुद्ध कर दिया था, जिसमें कहा गया था कि वह 27 नवंबर को श्रीलंका से चलकर विशाखापत्तनम पहुँच जाएगी। हमने इन खुफिया सूचनाओं को सेना मुख्यालय, नौसेना एवं वायुसेना के पास अग्रसारित कर दिया। हमारे द्वारा पकड़े गए इन गुप्त संदेशों का सार यह था कि पाकिस्तान आगामी कुछ दिनों में भारत पर आक्रमण करने की योजना बना रहा था। शायद इस अग्रिम जानकारी के कारण ही 3 दिसंबर को हमारी हवाई पट्टियों पर किए गए पाकिस्तानी हमले का पूर्वानुमान लगा लिया गया था, इसलिए उस हमले से हमारे विमानों एवं हवाई पट्टियों को बहुत मामूली क्षति पहुँची थी।

□

8

रणनीति : जो अंत में सफल हुई

भारतीय सेना में वास्तव में 'रणनीति' (स्ट्रेटजी) पढ़ाई ही नहीं जाती थी। न तो भारत का कोई सैन्य संस्थान इस विषय को पढ़ाता था और न ही सेना मुख्यालय में इसका कोई रणनीतिक आयोजन होता था। फिर भी, ब्रिगेड तक और कुछ सीमा तक डिवीजनल स्तर पर 'युक्ति कौशल' पढ़ाया जाता था। 'युक्ति कौशल' लड़ाइयाँ जीत सकता है, परंतु वह 'रणनीति' ही है, जो युद्धों को जीतती है। द्वितीय विश्वयुद्ध के दौरान जो युक्तियाँ अपनाई जाती थीं, उसके बाद से भारतीय सेना की युक्तियों में किसी भी अंश तक कोई परिवर्तन नहीं हुआ था। सेना सड़क मार्ग से अपने पीछे आने वाली रसद सहायता के बल पर काम करने की अभ्यस्त थी। एक ब्रिगेड एवं डिवीजनल कमांडर के रूप में मैंने अपने सैनिकों को कच्चे एवं सहायक मार्गों से आगे बढ़ने के लिए प्रशिक्षित किया था। हमें जिन उद्‌देश्यों को प्राप्त करने की आवश्यकता थी, वे थे संचार एवं नियंत्रण केंद्रों पर अधिकार करना। हम कस्बों और किलेबंद क्षेत्रों को (बाईपास) एक तरफ छोड़कर आगे बढ़ जाते थे और बाद में रसद सहायता के लिए सड़क मार्गों को खोल दिया जाता था। इन नीतियों को अपनाने के लिए कमांडरों को विवश किया जाता था, जिसे वे अत्यंत उदासीनतापूर्वक स्वीकार कर लेते थे। बाद में ऐसे अनेक अवसर आए, जब कारवाइयों के दौरान कमांडरों ने उप-मार्गों को छोड़कर पक्की सड़कों पर वापस चले जाने का प्रयास किया।

मई 1971 के अंत तक मैंने निम्नलिखित रणनीतिक प्रतिमानों पर आधारित एक 'मसौदा रेखांकित योजना' (ड्राफ्ट आउटलाइन प्लान) तैयार कर ली थी—

(क) हमारा अंतिम लक्ष्य ढाका पर अधिकार करना था, जो हमारे गुरुत्वाकर्षण का केंद्र और पूर्वी पाकिस्तान की भूराजनीतिक एवं भूरणनीतिक हृदयस्थली था।

(ख) पाकिस्तानी किलेबंद मोरचों एवं कस्बों को नजरअंदाज करना और उसी के अनुसार अपने लिए आक्रमण मार्गों का चयन करना।

(ग) अपने संचार केंद्रों को सुरक्षित बनाए रखने के साथ-साथ शत्रु सेना के कमान एवं नियंत्रण केंद्रों को नष्ट करना। अनदेखी की गई शत्रु सेनाओं से बाद में निपटना।

(घ) उपर्युक्त लक्ष्यों की प्राप्ति के क्रम में यह आवश्यक था कि हम पाकिस्तानी फौजों को ढाका और अल्परक्षित क्षेत्रों को छोड़कर कस्बों एवं सीमावर्ती क्षेत्रों में उलझाए रखें।

बांग्लादेश को स्वतंत्र कराने की किसी भी काररवाई की योजना बनाते समय पूर्वी कमान में हम लोगों को किसी भी संभावित चीनी हस्तक्षेप से निपटने की तैयारी करने के साथ-साथ उत्तर-पूर्व के उग्रवाद को सीमित करने के अतिरिक्त भूटान की सुरक्षा को भी सुनिश्चित करना था।

पूर्वी पाकिस्तान का इलाका गंगा, ब्रह्मपुत्र एवं मेघना नदियों द्वारा चार सेक्टरों में विभाजित था। हमने प्रत्येक सेक्टर के लिए सहायक उद्देश्यों (सब्सिडरी ऑब्जेक्टिव्स) का चयन किया। गंगा के उत्तर में स्थित उत्तर-पश्चिमी सेक्टर के लिए और ब्रह्मपुत्र के पश्चिम में अपना संचार केंद्र बनाने के लिए हमने अपने मुख्य सहायक उद्देश्य की प्राप्ति हेतु बोगरा का चुनाव किया। पश्चिमी सेक्टर गंगा के दक्षिणी एवं पश्चिमी क्षेत्र में पड़ता था। हमारे महत्त्वपूर्ण लक्ष्य (टारगेट) जेसोर, मागुरा और फरीदपुर (गोलकुंडा घाट) थे। फरीदपुर हमारा अंतिम सहायक उद्देश्य होने वाला था, क्योंकि वह ढाका शहर के सामने पड़ता था। हमने सेना मुख्यालय से दो अतिरिक्त इन्फैंट्री डिवीजनों की माँग की। हमारे पास नक्सल विरोधी काररवाइयों के लिए यहाँ 9 इन्फैंट्री और 4 माउंटेन डिवीजनें पहले से मौजूद थीं। उनको हमने इस क्षेत्र को आवंटित करने का प्रस्ताव दिया। दक्षिण-पूर्वी सेक्टर मेघना नदी के पूर्व में आता था। हमारे मुख्य उद्देश्य मेघना नदी के तट पर स्थित दाउदखंडी और चाँदपुर बनने वाले थे, जो ढाका के निकट एक महत्त्वपूर्ण नदी बंदरगाह (रिवर कोस्ट) था। हमारे पास 57 और 8 पर्वतीय डिवीजनें थीं, जो मिजोरम एवं नागालैंड में कोई उग्रवाद-विरोधी तोपखाना गतिविधियाँ संचालित नहीं कर रही थीं। हम उन्हें इस सेक्टर में इस्तेमाल कर सकते थे। हमें एक अतिरिक्त इन्फैंट्री डिवीजन की आवश्यकता पड़ने वाली थी। 23 माउंटेन डिवीजन असम में 4 कोर के लिए आरक्षित थी और आवश्यकता पड़ने पर हम उसे भी तैनात कर सकते थे। इस क्षेत्र की कमान एवं नियंत्रण के लिए हम तिब्बत में मौजूद चीनियों

के विरुद्ध रक्षार्थ प्रयोग में लाई जाने वाली मुख्यालय 4 कोर को इस्तेमाल कर सकते थे तथा तेजपुर स्थित मुख्यालय की रक्षा के लिए एक छोटी सेना पीछे छोड़ सकते थे। मुझे इस बात का लेशमात्र भी संदेह नहीं था कि ढाका पूर्वी पाकिस्तान का भूराजनीतिक एवं भूरणनीतिक हृदयस्थल था और हमारा प्राथमिक एवं अंतिम उद्देश्य उसपर अधिकार करना था। ढाका को अधिकार में लिये बिना कोई अभियान पूर्ण नहीं हो सकता था। हमें उत्तर की ओर से ढाका की ओर प्रस्थान और उसपर अधिकार करने के लिए एक इन्फैंट्री डिवीजन के साथ पैराशूट से उतारी गई सेना की आवश्यकता थी। हमने अपने पूर्वी कमान मुख्यालय के बी.जी.एस. ब्रिगेडियर आदी सेठना के माध्यम से मई में उपर्युक्त योजना की एक रूपरेखा भेजी, जिसे सैन्य काररवाई के तत्कालीन निदेशक मेजर जनरल के.के. सिंह के पास पहुँचा दिया गया। मेजर जनरल के.के. सिंह को छुट्टी देने के लिए मेजर जनरल इंदर गिल को डी.एम.ओ. बनाकर भेजा गया था। पूर्व में मानसून आने वाला था। इसलिए हमारे पास आधारभूत ढाँचे के निर्माण और साजो-सामान की व्यवस्था सुनिश्चित करने के लिए बहुत कम समय था। मैंने अपनी पूर्वी कमान के मुख्यालय के प्रशासन प्रभारी ब्रिगेडियर छज्जूराम को अपनी रेखांकित योजना (आउटलाइन प्लान) को कार्यान्वित करने हेतु आगे बढ़ने और आधारभूत ढाँचे (इंफ्रास्ट्रक्चर) के निर्माण तथा रसद सामग्री की आपूर्ति की योजना बनाने का आदेश दिया। इसका अर्थ यह था कि हमें मानसून (वर्षा ऋतु) के दौरान निरंतर कार्य करना था। हमने त्रिपुरा में दो अथवा अधिक डिवीजनों के लिए दो संपूर्ण कोरों के लिए पर्याप्त इंफ्रास्ट्रक्चर का निर्माण कर लिया। इसके लिए त्रिपुरा में सड़कों का निर्माण एवं सुधार करना आवश्यक था, ताकि हमारी रेलरोड एवं लैंडिंग ग्राउंड्स के निर्माण के साथ क्षमता में वृद्धि हो सके। इसके लिए लगभग 30,000 टन निर्माण सामग्री त्रिपुरा भेजी गई। संकेत (सिग्नल) एवं संचार केंद्र स्थापित कर दिए गए थे। लगभग 7,000 हजार टन रसद सामग्री तुरा के उत्तर में मेघालय की गारो पहाड़ियों पर भेजी गई, ताकि डिवीजन की सहायता और ढाका में प्रवेश किया जा सके। इसी प्रकार के लॉजिस्टिक्स (रसद सामग्री) का निर्माण उत्तर-पश्चिम एवं पश्चिम में भी किया गया। यह सब इस पूर्वानुमान के साथ किया गया था कि सेना मुख्यालय हमारी प्रस्तावित योजना की रूपरेखा को स्वीकार कर लेगा। हमें आशा थी कि उसमें कोई बड़ा परिवर्तन नहीं किया जाएगा। आर्मी कमांडर के रूप में जनरल जे.एस. अरोड़ा अत्यधिक व्यस्त थे, इसलिए हमने उन्हें लॉजिस्टिक्स के निर्माण से संबंधित कोई जानकारी नहीं दी।

मई के प्रारंभ में ब्रि. छज्जूराम मेरे पास आर्मी कमांडर के दस्तखत कराने के लिए कुछ कागजात लेकर आए। चूँकि मैं बहुत व्यस्त था, इसलिए मैंने उनसे कहा कि वे स्वयं सीधे आर्मी कमांडर के पास जाकर कागजात पर हस्ताक्षर करा लें। छज्जूराम ने जैसे ही आर्मी कमांडर को लॉजिस्टिक्स के निर्माण की प्रगति के बारे में जानकारी दी, अरोड़ा हतप्रभ रह गए और मेरे कार्यालय में आ धमके। उन्होंने मुझसे कहा कि अब इस मामले को और आगे बढ़ने की जरूरत नहीं है, क्योंकि हमें सेना मुख्यालय के कारवाई संबंधी निर्देशों की प्रतीक्षा करनी चाहिए। मैंने उन्हें बताया कि अब भंडारों के परिवहन को रोक पाना बहुत मुश्किल है, क्योंकि उसपर तीव्र गति से काम चल रहा है। मैंने उन्हें यह भी बताया कि यदि हम अभी अपनी तैयारी को स्थगित कर देंगे तो हमें उस समय इंफ्रास्ट्रक्चर और रसद की आपूर्ति में काफी दिक्कतों का सामना करना पड़ेगा, जब अंततोगत्वा हमें कारवाई शुरू करनी होगी। मैंने अपनी बात को आगे बढ़ाते हुए कहा कि मुझे नहीं लगता कि सेना मुख्यालय मेरी रेखांकित योजना में कोई बड़ा और महत्त्वपूर्ण परिवर्तन करेगा! लंबी बहस के बाद वे उदासीनतापूर्वक लॉजिस्टिकल निर्माण जारी रखने के लिए राजी हो गए।

हमारे पास कलकत्ता और असम में भी कुछ नदी में विमानों को उतारने में सक्षम बड़ी नौकाएँ थीं और हमारे कलकत्ता के जहाजी बेड़े में कुछ ऐसी नौकाएँ भी थीं, जो टैंकों को ढोकर ले जा सकती थीं। हमारा इरादा कलकत्ता में स्थित नौकाओं के बेड़े को मेघना नदी में उतारने का था, परंतु वे खुले समुद्र को पार कर पाने में सक्षम नहीं थीं। मैंने वाइस एडमिरल एन. कृष्णन से पूछा कि क्या उनका नौसैनिक लैंडिंग क्राफ्ट वहाँ काम कर सकता है? उन्होंने कहा कि शुष्क क्षेत्र होने के कारण वे वहाँ काम नहीं कर सकते। उसके बाद मैंने इन नौकाओं को गंगा में इस्तेमाल करने का निर्णय लिया, ताकि पश्चिम की ओर से ढाका की तरफ कारवाइयों में उनकी सहायता ली जा सके। हुगली नदी का जल स्तर मानसून के अंत तक कम हो जाता है, इसलिए मैंने मई और जून के महीनों में नौकाओं को प्रवाह के विपरीत फरक्का के उत्तर की ओर ले जाने का निर्णय लिया। इन नौकाओं को हमने 4 दिसंबर को हार्डिंग ब्रिज की ओर रवाना कर दिया था, जो 5 दिसंबर को वहाँ पहुँच गई थीं। उन्होंने नए कोर मुख्यालय में अपनी उपस्थिति दर्ज कराई, जिसकी स्थापना 4 इन्फैंट्री डिवीजन और 9 इन्फैंट्री डिवीजन के ऑपरेशनों के नियंत्रण हेतु की गई थी।

अगस्त 1971 के प्रथम सप्ताह में जनरल मानेकशॉ डी.एम.ओ. मेजर जनरल के.के. सिंह के साथ फोर्ट विलियम पधारे, ताकि उन्होंने हमारे पास अगस्त के प्रारंभ

में जो मसौदा कारवाई निर्देश भेजे थे, उन पर चर्चा की जा सके। ऑपरेशन रूम में होने वाली चर्चाओं में शामिल होने के लिए अरोड़ा के साथ मैं भी गया। यद्यपि हमारी अधिकतर मसौदा योजना, जैसे कि सेक्टरों और कुछ सीमा तक सेक्टरों को आवंटित किए जाने वाले सैनिकों को उसमें सम्मिलित कर लिया गया था, परंतु अनिवार्य आधारिक रणनीति एवं उद्देश्यों को शामिल नहीं किया गया था। सेना मुख्यालय के कारवाई निर्देश का लक्ष्य केवल क्षेत्र को अपने अधिकार में लेने और एक 'अस्थायी बांग्लादेशी सरकार' की स्थापना करने तक सीमित था। हमारा प्रमुख उद्देश्य खुलना का नदी बंदरगाह (जिसके प्रधान लंगरगाह चालना और मेघना के प्रवाह की ओर) और चटगाँव का बंदरगाह होने वाला था। ढाका का उल्लेख कहीं भी नहीं किया गया था। मानेकशॉ ने डी.एम.ओ. को चर्चा शुरू करने के लिए कहा। के.के. सिंह ने इन दोनों बंदरगाहों के महत्त्व पर बल दिया, जिन्हें उन्होंने 'प्रवेश बंदरगाह' की संज्ञा दी थी और यह भी कि हमारा मुख्य बल खुलना पर होना चाहिए। उनकी बातें सुनकर मैं दंग रह गया। इसके विपरीत, अरोड़ा ने स्वीकृति में अपना सिर हिलाया। मैंने स्पष्ट किया कि 'प्रवेश' बंदरगाहों का प्रश्न अप्रासंगिक था, क्योंकि हमारी नौसेना निश्चय ही उनका मार्ग अवरुद्ध कर देगी और उनके लिए प्रवेश करना अथवा बाहर निकलना मुश्किल कर देगी। किसी भी मामले में खुलना एक छोटा बंदरगाह था, मुख्य लंगरगाह मंगला/चालना अनुप्रवाह क्षेत्र में होने वाले थे। मैंने उन्हें बताया कि यद्यपि खुलना अपेक्षाकृत हमारी सीमा के अधिक निकट था और उसके बीच में बिना पुल वाली अनेक उफनती छोटी नदियाँ भी थीं, इसलिए वह क्षेत्र भी हमारी कारवाई के लिए अधिक उपयुक्त नहीं था। चटगाँव सतही था और हमारे भूरणनीतिक केंद्र ढाका से काफी दूर था। मैंने कहा कि समूचे पूर्वी पाकिस्तान पर नियंत्रण करने के लिए ढाका को अपने कब्जे में लेना अत्यंत आवश्यक था। मानेकशॉ मेरी ओर देखकर मुसकराए और अपनी पसंदीदा दोस्तानापूर्ण भाषा में बोले, "जेक स्वीटी, क्या तुम यह नहीं देखते कि यदि हम खुलना और चटगाँव को ले लेंगे तो ढाका का पतन अपने आप हो जाएगा? इसलिए ढाका को लेने की कोई आवश्यकता नहीं है।" उसके बाद डी.एम.ओ. के साथ गरमागरम बहस हुई। अंततोगत्वा मानेकशॉ समर्थन प्राप्त करने के लिए अरोड़ा की ओर मुड़े, "जगजीत, क्या तुम इस बात से सहमत नहीं हो कि यदि खुलना और चटगाँव को ले लें तो ढाका का पतन अपने आप हो जाएगा?" अरोड़ा ने उत्तर दिया, "यस सर, मैं पूर्णतया सहमत हूँ।" यह एक ऐसा दृष्टिकोण था, जिसे अरोड़ा ने लड़ाई शुरू होने तक बनाए रखा। मैं मानेकशॉ के अंतर्निहित कार्यात्मक चिंतन की संकल्पना को समझ पाने में

पूर्णरूपेण विफल रहा था। फिर भी, जाने से पूर्व उन्होंने हमें एक रियायत दे दी और वह रियायत यह थी कि वे खुलना के मुख्य आक्रमण से 'भार' (वेट) नामक शब्द को निकाल देंगे! बैठक खत्म हो गई। कारवाई कक्ष को छोड़ते हुए मानेकशॉ ने मुझे अपनी बाँहों में भरते हुए कहा, "जेक, मैं तुम पर भरोसा कर रहा हूँ।"

हमारे पास उच्चतम स्तर पर युद्ध के निर्देशन हेतु कोई उपयुक्त मशीनरी नहीं थी। एयर चीफ मार्शल पी.सी. लाल अपनी पुस्तक 'माई ईयर्स विद द आई.ए.एफ.' में लिखते हैं—

> *"यहाँ मैं अपने एवं अन्य लोगों के मन में बैठे उस संदेह को अवश्य स्पष्ट करूँगा कि 1971 के युद्ध के उद्देश्य क्या थे? जैसाकि सभी सेना चीफ ऑफ स्टाफ एवं क्रमशः प्रत्येक सेवा चीफ द्वारा परिभाषित किया जाता है, वह युद्ध पूर्व में यथासंभव अधिकाधिक भूमि प्राप्त करने और वहाँ मौजूद पाकिस्तानी सेनाओं को इस सीमा तक निष्प्रभावी बनाने के लिए किया गया था, ताकि बांग्लादेश में एक संभावित राज्य का आधार स्थापित किया जा सके। यह संभावना भी थी कि पाकिस्तानी सेनाओं का पूर्वी पाकिस्तान में पूरी तरह पतन हो जाएगा और उनके साथ-साथ ढाका का भी पतन हो जाएगा और यह भी कि पूर्वी पाकिस्तान का वह संपूर्ण क्षेत्र स्वतंत्रता आंदोलन के नेताओं के लिए उपलब्ध हो जाएगा। यह ऐसा विषय था, जिसकी संभावना के बारे में विचार नहीं किया गया था। कारवाई की माँग थी कि पूर्वी पाकिस्तान में कमान सँभाल रहे लोगों को सीमित उद्देश्यों के लिए काम करना चाहिए और उन्हें यथाशीघ्र प्राप्त करने का हरसंभव प्रयास करना चाहिए। ऐसी आशंका भी व्यक्त की गई थी कि लक्ष्य पूरा करने में दो या तीन सप्ताह का भी विलंब अपरिहार्य रूप से संयुक्त राष्ट्र सुरक्षा परिषद् को परिदृश्य में ले आएगा, जो दोनों पक्षों को कश्मीर की भाँति युद्धविराम करने के लिए विवश कर देगी। तीनों सेनाओं—सेना, नौसेना एवं वायुसेना—के बीच इस बुनियादी समझदारी के साथ उन्हें अपनी सर्वोत्तम विचारित गतिविधियों की योजना बनाने के लिए छोड़ दिया गया था।*

पी.सी. लाल, जो अपनी व्यावसायिक निष्ठा के लिए प्रसिद्ध थे, की ये टिप्पणियाँ स्पष्ट रूप से संकेत करती हैं कि वहाँ न तो कोई 'स्पष्ट राजनीतिक लक्ष्य' था और न ही दिल्ली में बैठे चीफ ऑफ स्टाफ के बीच ऑपरेशनों के नियंत्रण के लिए कोई सहमत्य रणनीति थी।

इसके बाद हमने अपनी रेखांकित योजनाओं को विभिन्न सेना स्थापनाओं (फॉर्मेशंस) के अध्ययन के लिए भेज दिया और उसके बाद सभी स्थापनाओं में युद्ध आयोजित किए गए। यहाँ हमारी किलेबंद कस्बों के प्रतिरोध के केंद्रों को अनदेखा (बाईपास) करने की रणनीति पर चर्चा की गई। प्रारंभ में बहुत अधिक विरोध हुआ, खासतौर से नई II कोर (जिसे अब '2 कोर' के रूप में लिखा जाता है) की ओर से किया गया, जो चाहती थी कि उसकी डिवीजनें एक सँकरे मोरचे पर कंधे-से-कंधा मिलाकर आगे बढ़ें। इन चर्चाओं के दौरान अरोड़ा की ओर से भी विरोध किया गया, जिन्होंने पहले 33 कोर की कमान सँभाली थी, वह रंगपुर एवं किलेबंद कस्बे हिल्ली को कब्जे में लेने के प्रति आसक्त थे। हिल्ली को अनदेखा करने की हमारी योजना को कोर कमांडर ले. जनरल मोहन थापन द्वारा स्वीकार किया गया था, जो इस बात से भी सहमत थे कि उनका अंतिम उद्देश्य बोगरा के संचार केंद्र पर अधिकार करना था। हिल्ली पर अधिकार करने के प्रति केवल अरोड़ा ही आसक्त नहीं थे। कालांतर में 22 नवंबर को युद्ध शुरू होने से पूर्व मानेकशॉ ने मेरी सलाह के विपरीत और अरोड़ा द्वारा समर्थन किए जाने के कारण हमें हिल्ली पर आक्रमण करने का आदेश दे दिया। पाकिस्तानियों की ओर से किए गए भारी विरोध और जवाबी काररवाई के कारण हमें हमारे सैनिकों की जान के रूप में भारी क्षति उठानी पड़ी और हमारा बहुत सारा कीमती समय बरबाद हो गया। कोमिल्ला को अनदेखा करने का तीव्र विरोध 4 कोर के ले. जनरल सगत सिंह द्वारा भी किया गया था, जो चौड़ाग्राम-लक्षम-चाँदपुर की ओर आगे बढ़ना चाहते थे। यहाँ एक बार फिर सगत सिंह कोमिल्ला और उसकी म्यानमाटी छावनी पर हमला करने के प्रति आसक्त थे। काररवाइयों के दौरान सगत सिंह ने मेघना नदी की ओर आगे बढ़ने पर अपना ध्यान केंद्रित करने के बजाय अपने सैनिकों को म्यानमाटी छावनी पर कब्जा करने के लिए मोड़ दिया था।

मानेकशॉ अब मुक्तिवाहिनी की काररवाइयों की प्रगति को लेकर अधीर होने लगे थे। सितंबर में उन्होंने पूर्वी कमान के ऑपरेशन कक्ष में डिवीजनल एवं कोर कमांडरों को संयुक्त रूप से संबोधित करने का निर्णय लिया। वे अपने साथ बांग्लादेश मामलों की देखरेख कर रहे प्रधानमंत्री के सलाहकार डी.पी. धर और अनुसंधान एवं विश्लेषण शाखा (रॉ) के प्रमुख रामजी काव को भी लेकर आए थे। (उल्लेखनीय है कि रॉ विदेशी खुफिया मामलों का कामकाज देखती थी) काव भी प्रधानमंत्री के काफी निकट थे। मानेकशॉ ने इसके बाद फॉर्मेशन कमांडरों

को उनके सेक्टरों में मुक्तिवाहिनी की शिथिल प्रगति को लेकर बुरा-भला कहना और उनकी आलोचना करनी प्रारंभ कर दी। उन्होंने मुझे स्मरण कराया कि किस प्रकार उन्होंने मेरे स्कूल के प्रधानाचार्य जैसे वरिष्ठ पद पर बैठे हुए अधिकारी को धमकाया था! दिल्ली में बैठे मानेकशॉ को मैदानी स्थिति की जानकारी बहुत कम थी। फॉर्मेशन कमांडरों को आशा थी कि इस संबंध में आर्मी कमांडर ले. जनरल जे.एस. अरोड़ा उनके समर्थन में कुछ बोलेंगे, परंतु उनकी चुप्पी को देखकर वे चकित थे और लेशमात्र भी नहीं समझ पाए कि आखिर उनके मन में चल क्या रहा था। मैंने बीच-बचाव करने का प्रयास किया, परंतु मानेकशॉ ने मुझे बीच में ही टोक दिया और कहा कि इस विषय में अरोड़ा को उत्तर देना चाहिए। उनकी 'प्रोत्साहन' वार्त्ता प्रत्युत्पादक सिद्ध हुई और फार्मेशन कमांडरों द्वारा उसपर तीव्र रोष व्यक्त किया गया। उन्होंने आशा की थी कि अरोड़ा उनका समर्थन करेंगे, क्योंकि वे अत्यंत विषम परिस्थितियों में परिणाम देने के लिए अपनी ओर से सर्वोत्तम प्रयास कर रहे थे। निष्ठा एक दोमुँही गली है, जिसमें आना और जाना दोनों किया जा सकता है। वहाँ मौजूद अधिकारियों ने जब देखा कि अरोड़ा परिचारक (वेटर) से ट्रे लेकर डी.पी. धर और मानेकशॉ को शीतल पेय परोसने लगे थे, तो वे हक्के-बक्के रह गए।

अरोड़ा ने मोहन थापन से नजरें नहीं मिलाईं, जो उस समय पश्चिम बंगाल में 33 कोर की कमान सँभाल रहे थे; उन दोनों के बीच बोलचाल नहीं थी। अरोड़ा चाहते थे कि 33 कोर के मुख्यालय में उनके नाम पर एक सिनेमा का नामकरण किया जाए, जिसे थापन ने ठुकरा दिया था। एक अन्य कोर कमांडर, जी.ओ.सी. 4 कोर ले. जनरल सगत सिंह के साथ प्रारंभ में अरोड़ा के संबंध अच्छे थे, परंतु जब उन्हें पता चला कि मानेकशॉ सगत सिंह को पसंद नहीं करते थे, तो अरोड़ा के संबंध उनके साथ भी खराब हो गए। 2 कोर के कमांडर ले. जनरल 'टैप्पी' रैना के साथ अरोड़ा के संबंध ठीक थे। रैना एक कश्मीरी थे और श्रीमती इंदिरा गांधी के नजदीकी कश्मीरी सलाहकारों के साथ उनके संबंध बहुत अच्छे थे। मानेकशॉ 101 संचार जोन के योग्य, ईमानदार और स्पष्टवादी मेजर जनरल गुरबख्श सिंह को भी पसंद नहीं करते थे, जिसके कारण अरोड़ा भी गुरबख्श सिंह के प्रति आक्रामक हो गए थे। ले. जनरल रैना का अपने अधीनस्थ मेजर जनरल दलबीर सिंह, जी.ओ.सी., 9 इन्फैंट्री डिवीजन के ऊपर थोड़ा या कोई नियंत्रण नहीं था, जो खुलेआम उनके आदेशों की अवहेलना करते थे। ले. जनरल सगत सिंह के अपने दो कमांडरों-57 पर्वतीय डिवीजन

के कमांडर मेजर जनरल बी.एफ. गोन्सालि्वस और 23 पर्वतीय डिवीजन के कमांडर मेजर जनरल आर.डी. हीरा के साथ भी अच्छे संबंध नहीं थे। व्यक्तित्व की इस कलह के कारण आदेश पारित करने और उनके कार्यान्वयन पर विपरीत प्रभाव पड़ रहा था।

सेना मुख्यालय में मानेकशॉ और सैन्य काररवाइयों के निदेशक मेजर जनरल के.के. सिंह के बीच सितंबर 1971 तक संबंध अत्यंत मधुर थे। के.के. सिंह के स्थान पर मेजर जनरल इंदर गिल को कार्यकारी डी.एम.ओ. नियुक्त किया गया था। गिल एक ईमानदार, सक्षम एवं स्पष्टवादी अधिकारी थे और उन लोगों की तरह नहीं थे, जो 'जी हुजूरी' करते थे, जिन्हें मानेकशॉ अपने आसपास रखना चाहते थे। मानेकशॉ अपनी मंडली के एक सदस्य मेजर जनरल वीर वोहरा को नियुक्त करना चाहते थे, जो उस समय इंग्लैंड में एक पाठ्यक्रम में भाग ले रहे थे। गिल सेना मुख्यालय में रणनीति एवं उद्देश्यों के विषय में होने वाले काररवाई संबंधी दिशा-निर्देशों के समय मानेकशॉ से आँखें नहीं मिलाते थे। गिल और मैं सीमित उद्देश्यों के बारे में चर्चा करते थे और ढाका को अपना मुख्य उद्देश्य बनाना चाहते थे। गिल मेरे साथ इस बिंदु पर सहमत थे कि हमारा प्राथमिक एवं अंतिम उद्देश्य ढाका होना चाहिए। मैंने उनसे इस मामले में मानेकशॉ से चर्चा करने के लिए कहा था, जिन्होंने मुझे प्रत्युत्तर में बताया कि वे मानेकशॉ को समझा पाने में विफल हो गए थे और मानेकशॉ ने मुझसे यह भी कहा था कि मुझे काररवाई निर्देशों को पढ़ना चाहिए और सीखना चाहिए कि ऐसे दस्तावेज कैसे लिखने चाहिए? मानेकशॉ ने गिल को कार्यकारी डी.एम.ओ. नियुक्त किया था और युद्ध समाप्त होने के बाद तक भी उन्हें पूर्ण डी.एम.ओ. नियुक्त नहीं किया था। मानेकशॉ जिस समय स्टाफ कॉलेज के कमांडेंट थे, उस समय गिल उनके साथ प्रशिक्षक थे और उनकी बातें सुनकर वे सन्न रह गए थे। गिल ने मुझे बताया था कि इस मामले को आगे बढ़ाने का कोई लाभ नहीं था, क्योंकि मानेकशॉ इस बात से पूणरूपेण सहमत थे कि हमारे मुख्य लक्ष्य खुलना और चटगाँव होंगे। इसलिए अब वे मेरे साथ मिलकर ढाका पर अधिकार करने के लिए काम करेंगे। मैंने गिल को बताया कि मानेकशॉ ने ढाका के लिए सैनिक आवंटित नहीं किए थे, मैं चीन के साथ लगने वाली अपनी उत्तरी सीमा पर तैनात तीन ब्रिगेडों को वहाँ से ढाका के लिए रवाना करूँगा। गिल मेरी बात से सहमत हो गए, परंतु उन्होंने मुझे चेतावनी देते हुए कहा कि मैं इसकी जानकारी मानेकशॉ को न दूँ, जो महसूस करते थे कि चीनी हमारे ऊपर हमला कर देंगे। मैंने गिल को बताया कि मैंने

तिब्बती पठार पर इस प्रकार की कोई हलचल नहीं देखी थी और हमने जो चीनी रेडियो संदेश बीच में सुन लिये थे, वे भी इसका कोई संकेत नहीं देते थे। मानेकशॉ इस बात से सहमत थे कि चीनी आक्रमण करेंगे, यह एक ऐसा विचार था, जिसे उन्होंने 8 दिसंबर, 1971 तक अपने मन में बनाए रखा था।

मुझे अपने मुख्य अभियंता (चीफ इंजीनियर) को हटाने के लिए कहना पड़ा, क्योंकि वह कोई परिणाम नहीं दे रहा था। मैंने एक नए चीफ इंजीनियर को नियुक्त किए जाने की माँग की, जिसे पूरा करते हुए ब्रि. 'बाबा' भिड़े को तैनात कर दिया गया था। भिड़े एक 'गरम तार' (लाइव वायर) और सूझबूझ वाले दूरदर्शी अधिकारी थे। मैंने उन्हें उनका प्राथमिक कार्य बताते हुए कहा कि आपको सबसे पहले अनेक नदियों पर पुल बनाने की योजना बनानी होगी और हमारी पुल संबंधी आवश्यकताओं का आकलन करना होगा। पुलों के निर्माण संबंधी हमारी माँगों को के.के. सिंह द्वारा अगस्त के अंत में जारी किया गया, जिसके प्रत्युत्तर में उनसे व्यंग्य करते हुए पूछा था कि क्या आप उन पुलों को राजस्थान के रेगिस्तानों में बनाने जा रहे हैं? उन्होंने द्वितीय विश्वयुद्ध के दौर की पुल निर्माण सामग्री जारी की, जिसकी मरम्मत भी नहीं की जा सकती थी। उन्होंने आधुनिक पुलों को पश्चिमी थिएटर के लिए सुरक्षित रख लिया था। भिड़े ने अपनी ओर से सर्वोत्तम कार्य किया। उन्होंने न केवल विभिन्न डिपो से पुलों को एकत्र किया, बल्कि उनकी मरम्मत कराकर उन्हें कारगर भी बनाया। पुल-निर्माण काररवाइयों की योजना बनाने और उन्हें कार्यान्वित करने के लिए किए गए उनके उत्कृष्ट योगदान के लिए उन्हें भारी श्रेय दिया जाना चाहिए। जिस समय हमारी काररवाई संबंधी तैयारियाँ समाप्त हुईं, तब तक संपूर्ण काररवाई क्षेत्र में प्रत्येक एकल पुल की व्यवस्था की जा चुकी थी।

नवंबर के प्रारंभ में हमने तीन पर्वतीय ब्रिगेडों को पहाड़ों से उतरकर उन मैदानी स्थानों में जाने का आदेश दिया, जहाँ से ढाका पर प्रहार किया जा सके। अब तक इंदर गिल को युद्ध के परिदृश्य में लाया जा चुका था, परंतु मानेकशॉ को इसकी जानकारी नहीं दी गई थी। इससे पूर्व हमने 5.5 इंच वाली सभी मध्यम तोपों और गहराई वाली तोपखाना इकाइयों को 8 और 57 पर्वतीय डिवीजनों की ओर रवाना कर दिया था, जिनके पास कोई तोपखाना नहीं था। मैंने 101 संचार जोन के जी.ओ.सी. मेजर जनरल गुरबख्श सिंह को ढाका पर अधिकार करने की योजना की जानकारी दी। वहाँ चार बटालियनों की एक ब्रिगेड पहले ही अपना मोरचा सँभाले हुए थी, जिसे मैंने इस मुख्यालय के अधीन

तैनात कर दिया था। उन्हें चीनी सीमा से आने वाली दो अतिरिक्त ब्रिगेडों के साथ-साथ एक इन्फैंट्री बटालियन भी आवंटित कर दी गई, जो मुक्तिवाहिनी की काररवाइयों में सहायता करने के लिए ब्रि. संत सिंह की कमान में थी। इससे पूर्व अक्तूबर में हमने तंगैल में एक बटालियन को पैराशूट से उतारने की तैयारी हेतु एक 'ऑपरेशन इंस्ट्रक्शन' तैयार कर ली थी। हमने तंगैल का चुनाव इसलिए किया था, क्योंकि वह टाइगर सिद्दीकी के अधीन था और वहाँ सुरक्षित अवतरण किया जा सकता था। वह स्थान ढाका के सर्वाधिक निकट था, जहाँ हम अपने सैनिकों को उतार सकते थे और उत्तरी क्षेत्र से संपर्क भी सुनिश्चित बनाए रख सकते थे।

ढाका पर अधिकार करने के लिए योजना

यहाँ मैं ढाका पर अधिकार करने के लिए योजना की चर्चा अवश्य करूँगा। चूँकि हमारे पास प्रारंभ में उत्तर में चार इन्फैंट्री बटालियनों की केवल एक ही ब्रिगेड थी, हमने तीन ब्रिगेडों (जिनमें से प्रत्येक में तीन इन्फैंट्री बटालियनें थीं) में उसे चीनी सीमा से नीचे उतार लिया गया था। हमने एक बटालियन समूह को तंगैल में विमान से उतारने की योजना बनाई, तंगैल को सुरक्षित उतराई के लिए इसलिए चुना गया था, क्योंकि उस क्षेत्र पर अपनी 20,000 की सेना के साथ टाइगर सिद्दीकी का नियंत्रण था। तंगैल एक ऐसा उपयुक्त पर्वतीय स्थान था, जहाँ से ढाका पर आक्रमण करने के लिए सैनिकों को (जंप) कुदाया जा सकता था और उत्तर से आने वाली सेनाओं का संपर्क कराया जा सकता था। अवतरण (लैंडिंग) के लिए काररवाई क्रम अक्तूबर के मध्य में एयर वाइस मार्शल चरण दास, गुरु देवाशेर, 50 पैरा ब्रिगेड की कमान सँभालने वाले मैथ्यू थॉमस और मेरे द्वारा बनाया गया था। हमारी योजना के अनुसार, अवतरण डी प्लस 7 के साथ होने वाला था और उसे 24 घंटों के अंदर जोड़ दिया जाने वाला था। इससे पूर्व मैंने फोर्ट विलियम में स्थित 101 संचार जोन के जी.ओ.सी. को योजना के विवरणों की जानकारी दे दी थी। वे अत्यंत आशावादी व्यक्ति थे और मुझसे कहा था कि वे डी प्लस 10 तक ढाका पर अधिकार कर लेंगे। हमने उनके पास रेखांकित योजना के विवरणों सहित एक अर्धसरकारी पत्र भेज दिया था, क्योंकि अभी मानेकशॉ को चीनी सीमा से बुलाई जाने वाली ब्रिगेडों की तैनाती के बारे में सहमत होना शेष था। अवतरण एवं सम्मिलन की दोनों काररवाइयाँ हमारी योजना के अनुसार सफलतापूर्वक पूरी कर ली गईं।

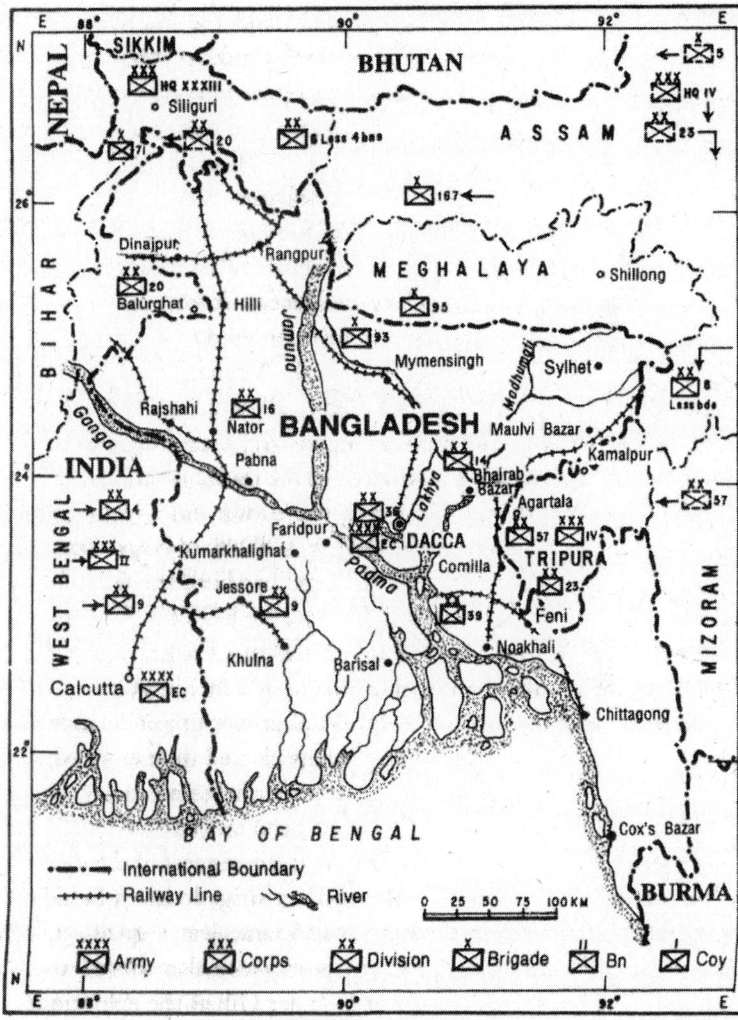

संकेंद्रण क्षेत्रों में शुरुआती विकास और परिवर्तन

इस मानचित्र में दरशाई गई भारत की बाहरी सीमाएँ न तो सही हैं और न ही प्रामाणिक

मैंने 50 पैरा ब्रिगेड के सिग्नल अधिकारी कैप्टन घोष को निर्देश दिया कि वे तंगैल जाकर सिद्दीकी को हमारी योजना की जानकारी दें और उनसे कहें कि वे अवतरण एवं हमारे सैनिकों को ढाका की ओर रवाना होने में सहायता करें। घोष नवंबर के मध्य में तंगैल पहुँच गए और सिद्दीकी को पूरी जानकारी दी। इस बीच,

इंदर गिल ने हवाई अवतरण (एयर ड्रॉप) का आदेश मिलने के बाद मुझसे कहा कि मैं इस कार्य के लिए तंगैल के बजाय ढाका के कुर्मीटोला स्थित हवाई पट्टी के बारे में विचार करूँ और यह भी कि ब्रिगेडियर मैथ्यू थॉमस ने भी उनके विचार के प्रति अपनी सहमति व्यक्त की है। मैंने गिल से कहा कि आप क्रेटे को स्मरण करें, जहाँ जर्मनों को भारी क्षति उठानी पड़ी थी। कुर्मीटोला स्थित हवाई पट्टी की रक्षा वायु रक्षा बलों द्वारा भलीभाँति की जा रही थी। मैंने उन्हें आर्नहीम की याद भी दिलाई, जिसे फिल्म 'ए ब्रिज टू फॉर' में फिल्मांकित किया गया था और उन्हें यह भी बताया था कि किस प्रकार ब्रिटिश सेना वहाँ संपर्क कर पाने में विफल रही थी! हम अपनी पैदल सेना को कुर्मीटोला में पैराड्रॉप सैनिकों के साथ जोड़ पाने में उतनी अच्छी तरह सफल नहीं हो पाएँगे, जितना कि तंगैल में। अंतर-सेवा (इंटर सर्विस) ऑपरेशन के लिए जारी किए गए आदेश में गिल ने एक विकल्प के तौर पर कुर्मीटोला को भी शामिल कर लिया था। बाद में गिल ने मुझसे कहा था, "जेक, आप तंगैल के बारे में सही थे और मैं कुर्मीटोला के बारे में गलत था।" बाद में कुछ विरोधियों की ओर से आलोचना के स्वर भी सुनाई दिए। उनका कहना था कि ढाका पर कब्जा करने के विषय में युद्ध शुरू होने से पूर्व लिखित आदेश जारी क्यों नहीं किए गए थे? मैंने जनरल गुरबख्श सिंह गिल को नवंबर 1971 में एक अर्धसरकारी पत्र लिखा था, जिसमें ढाका पर अधिकार करने की योजना को रेखांकित किया गया था। दुर्भाग्यवश, अरोड़ा ने ऑपरेशन से संबंधित समस्त दस्तावेजों को नष्ट कर देने का आदेश दिया था। काररवाइयाँ प्रारंभ होने से पहले ही ब्रिगेडों को चीनी सीमा से रवाना कर दिया गया था, लेकिन मानेकशॉ ने हमें युद्ध शुरू होने से पाँच दिन पूर्व 8 दिसंबर तक उनका इस्तेमाल करने की अनुमति देने से इनकार कर दिया था। युद्धविराम से कुछ दिनों पूर्व मेजर जनरल नागरा ने मुख्यालय 101 कम्युनिकेशन जोन के अधीन सैनिकों की कमान सँभाली थी। 95 ब्रिगेड ग्रुप पहले ही रवाना हो चुका था और नागरा, जो उस समय आगे बढ़ती सेनाओं में शामिल होने के लिए रवाना हो चुके थे, उनको पुष्टि के आदेश मौखिक तौर पर दे दिए गए थे। नागरा को उससे पूर्व ही ब्रिगेडियर आदी सेठना, बी.जी.एस. एचक्यू कमांड द्वारा फोन पर विस्तार से समझा दिया गया था और मैंने उन्हें दिए गए विवरणों की पुष्टि की थी। वे अपने पूर्ववर्ती जी.ओ.सी. जनरल गुरबख्श गिल से अस्पताल में मिले थे और गिल ने भी उन्हें इस बारे में बता दिया था। अन्य दो ब्रिगेडों की नियुक्ति और उन्हें 95 ब्रिगेड में शामिल होकर ढाका पर कब्जा करने के आदेश 8 दिसंबर को जारी कर दिए गए थे। उल्लेखनीय है कि मानेकशॉ ने पूर्वी पाकिस्तान में उनकी नियुक्ति

की मंजूरी 8 दिसंबर को दी थी, जिसके कारण हमें पाँच दिनों का निरर्थक विलंब हो गया। डी.एम.ओ. इंदर गिल के अनुरोध पर तीसरी ब्रिगेड, 121 ब्रिगेड 6 दिसंबर को उत्तरी बंगाल से पश्चिमी मोरचे के लिए रवाना कर दी गई थी। एक बटालियन से कम सैनिकों वाली 50 पैरा ब्रिगेड, सभी वायु रक्षा इकाइयाँ, टी55 टैंकों की दो रेजिमेंट, जो एक स्क्वाड्रन से कम थी, और 130 एम.एम. तोपों वाली दो आर्टिलरी रेजिमेंट्स को भी 6 दिसंबर को पश्चिमी मोरचे के लिए रवाना कर दिया गया था, जो खासतौर से अच्छा नहीं कर रही थीं। मैं उन्हें वहाँ भेजने के लिए इसलिए राजी हुआ, क्योंकि पश्चिमी कमान को उनकी जरूरत थी।

सिद्दीकी ने न तो वापस लौटते पाकिस्तानियों पर एक भी गोली चलाई और न ही वे अपने 20,000 लोगों के साथ ढाका की ओर रवाना हुए। ढाका की योजना अक्तूबर में बनाई गई थी और इस संबंध में जी.ओ.सी. को जानकारी दे दी गई थी तथा एक अर्धसरकारी पत्र के माध्यम से योजना के विवरणों को उनके पास भेज दिया गया था। वहाँ ऐसे अनेक 'शक्की लोग' थे, जो हमेशा त्रुटियाँ खोजते रहते थे। हमारे लिए युद्ध शुरू होने से पूर्व लिखित आदेश जारी करना संभव नहीं था, जबकि स्वयं मानेकशॉ 8 दिसंबर से पूर्व चीनी सीमा से सैनिकों को ढाका भेजने के लिए राजी नहीं थे। उन्होंने लड़ाई शुरू होने के पाँच दिन बाद 8 दिसंबर को सेनाएँ भेजी थीं। ढाका में एक सुनियोजित ऑपरेशन किया गया था—95 ब्रिगेड समूह को तंगैल में विमान से उतारे जाने के बाद वैसी ही काररवाई 167 और 5 माउंटेन ब्रिगेडों को लेकर की जाने वाली थी। बिहार रेजिमेंट की एक इन्फैंट्री बटालियन को ब्रिगेडियर संत सिंह को आवंटित किया गया था, जो मुक्तिवाहिनी की सहायता कर रहे थे। किसी एकल धुरी पर की जाने वाली वह विशालतम एकाग्रता थी। कैप्टन घोष द्वारा सिद्दीकी को अपने 20,000 सैनिकों के साथ ढाका की ओर प्रस्थान करने की जानकारी दिए जाने के बावजूद उन्होंने वैसा नहीं किया। ऐसी स्थिति में ये आलोचक और शंकालु प्राणी कैसे कह सकते थे कि ढाका को योजना में शामिल नहीं किया गया था? बिना किसी विस्तृत एवं स्पष्ट योजना के यह सब कैसे हुआ होता? एक तरल युद्ध में हमेशा लिखित आदेश जारी करना संभव नहीं होता और ऐसी परिस्थितियों में मौखिक आदेश जारी करना एक आम नियम है।

मुक्तिवाहिनी काररवाइयों के लिए दिया गया कोड नाम 'ऑपरेशन जैकपॉट' 30 नवंबर को समाप्त हो गया। अरोड़ा ने मुझे अपनी तैयारियों के बारे में जानकारी देने के लिए कहा, जिसे मैंने किया। मैंने उन्हें बताया कि हमने चीनी सीमा पर तैनात अपनी पूर्वी कमान की तीन ब्रिगेडों को रवाना कर दिया था। उसके बाद

मैंने उन्हें अपनी ढाका योजना की जानकारी दी। अरोड़ा इस सूचना से अवाक् रह गए और बोले कि इसकी सूचना वे मानेकशॉ को दे देंगे। मैंने उनसे कहा कि आप ऐसा न करें, क्योंकि उन्हें उनके रवाना होने की जानकारी नहीं है, और यह भी कि मानेकशॉ अभी भी इस बात से सहमत हैं कि चीनी सेना हस्तक्षेप करेगी! इसके बाद अरोड़ा ने मुझे मानेकशॉ के लिए एक सिग्नल संदेश का मसौदा लिखने के लिए कहा। मैंने उनसे पुन: कहा कि हमें ऐसा नहीं करना चाहिए, जिसके उत्तर में उन्होंने कहा कि वे जानते हैं कि उन्हें क्या करना चाहिए! इसके बाद उन्होंने मानेकशॉ के पास एक निजी संकेत भेजा। जैसी कि मुझे आशा थी, दो घंटे बाद उनका उत्तर आ गया, जिसमें लिखा था, "मैंने किसी स्त्री से भी अधिक अच्छी तरह तुम्हारी देखभाल की है। तुम्हें इन ब्रिगेडों को सीमा से बुलाने के लिए किसने कहा? तुम्हें उन्हें तत्काल वापस भेजना होगा।" ब्रिगेडियर आदी सेठना वह संदेश लेकर मेरे पास आए। मैंने उनसे कहा कि आप इसे लेकर अरोड़ा के पास जाइए। कुछ मिनट बाद अरोड़ा काँपते हुए मेरे कार्यालय में आए और पूछा कि अब हमें क्या करना चाहिए? मैंने उत्तर दिया, "मेहरबानी करके आप अब कुछ मत कीजिए और इस मामले को मैं इंदर गिल के साथ बात करके सुलझा लूँगा।" मैंने गिल को फोन किया, जो बहुत उखड़े हुए थे, क्योंकि मानेकशॉ ने हमारी इस काररवाई की सूचना उन्हें न देने के लिए उनकी खूब खिंचाई कर दी थी। उन्होंने मुझसे पूछा कि जब हम खामोश रहने के लिए सहमत हो गए थे तो फिर हमने यह संदेश क्यों भेजा? मैंने उन्हें संपूर्ण परिस्थितियों की जानकारी दी और उनसे कहा कि हम सब जानते हैं कि कुछ ही दिनों में युद्ध शुरू होने वाला है और यदि हम इन ब्रिगेडों को वापस भेज देंगे तो हम ढाका पर धावा बोलने के दौरान उनका इस्तेमाल नहीं कर पाएँगे। उन्होंने कहा, "ओके जेक, सैम राजी नहीं होंगे। मुझे उनके आदेशों का पालन करना होगा। इसलिए प्लीज, मुझसे वादा करो कि तुम बिना मेरा नाम लिये उन्हें बांग्लादेश के अंदर नहीं भेजोगे!" मैंने कहा, "मैं वादा करता हूँ।" मैंने अनुमान लगाया था कि एक बार युद्ध शुरू हो जाने के बाद मानेकशॉ उनकी तैनाती के लिए राजी हो जाएँगे। उसके बाद मैंने पुन: 6 माउंटेन डिवीजन को नियुक्त करने का अनुरोध किया। गिल ने कहा कि सैम उन्हें भूटान की रक्षा के लिए आरक्षित रखे जाने पर बल दे रहे थे। यह अभिलेख में दर्ज किए जाने योग्य है कि चीनी सीमा पर तैनात तीन में से दो ब्रिगेडों की तैनाती के आदेश 8 दिसंबर को अर्थात् युद्ध शुरू होने के पाँच दिन बाद दिए थे! पहले उन्होंने हमें आदेश दिया था कि एक ब्रिगेड को 6 दिसंबर को पश्चिमी सीमा पर भेज दिया जाए। मैंने जनरल मानेकशॉ

से बार-बार अनुरोध किया था कि आप हमें 6 माउंटेन डिवीजन को ढाका पर अधिकार करने के लिए तैनात करने की अनुमति दे दें। इसके बावजूद मानेकशॉ ने यह कहकर अनुमति देने से इनकार कर दिया कि चीनी किसी भी समय भूटान पर हमला कर सकते थे। इसलिए इस डिवीजन को आरक्षित रखा गया और ढाका पर हमला करने के लिए तैनात नहीं किया गया।

संयोगवश, हम जानते थे कि रूसी अपनी 40 डिवीजनों को सिंजियांग और 7 डिवीजनों को मंचूरियाई सीमाओं पर भेजने की प्रक्रिया में थे। इसलिए चीनी किसी भी तरह हमारे लिए कोई समस्या खड़ी करने की स्थिति में नहीं थे, जैसाकि उन्होंने 1965 में किया था। मानेकशॉ अवश्य ही इन चालों से परिचित रहे होंगे, फिर भी आश्चर्यजनक रूप से उन्होंने इस सूचना को कोई महत्त्व नहीं दिया था।

पाकिस्तान ने पूर्वी भाग में अपनी सेना को दुगना कर दिया था। ले. जनरल नियाजी का लक्ष्य अपने क्षेत्र की रक्षा करना था। उन्होंने अपने प्रमुख कस्बों और उनकी ओर जाने वाले रास्तों की किलेबंदी कर दी थी। उन्होंने उत्तर-पूर्वी सेक्टर में मेजर जनरल नजर हुसैन शेकर की कमान वाली अपनी 16 इन्फैंट्री ब्रिगेड को तैनात कर दिया था, जिसका मुख्यालय नैटोर में था। उस डिवीजन में एक टोही एवं एक सहायता बटालियन थी, एक स्क्वाड्रन से कुछ कम बख्तरबंद बटालियन, दो फील्ड रेजिमेंट, एक हैवी मोर्टार बैटरी थी, जो उसकी तीन इन्फैंट्री ब्रिगेडों के अतिरिक्त थी। शेकर ने चार बटालियनों वाली 23 इन्फैंट्री ब्रिगेड को दिनाजपुर-रंगपुर क्षेत्र में तैनात कर दिया था, 205 इन्फैंट्री ब्रिगेड को हिल्ली-गोराघाट, 34 इन्फैंट्री ब्रिगेड को राजाशाही-नौगाँव क्षेत्र में तैनात किया गया था। इस डिवीजन को सिलीगुड़ी गलियारे को काटने का काम सौंपा गया था, ताकि असम और उत्तर-पूर्व का सड़क संपर्क शेष भारत से कट जाए।

पश्चिमी सेक्टर में 9 इन्फैंट्री डिवीजन को तैनात किया था। इस डिवीजन की कमान प्रारंभ में मेजर जनरल शौकत रजा ने सँभाली थी, जिन्होंने मेरे अधीन बर्मा अभियान में मेरे मातहत मेरी बैटरी के सेकंड इन कमान के रूप में नौकरी की थी। शौकत अक्तूबर में रावलपिंडी में डी.एम.ओ. का कार्यभार ग्रहण करने चले गए थे। शौकत के स्थान पर मेजर जनरल एम.एच. अंसारी को लाया गया था। उनकी डिवीजन में एक स्क्वाड्रन बख्तरबंद गाड़ियाँ, दो फील्ड रेजिमेंट और एक हैवी मोर्टार बैटरी और इसके साथ उनकी तीन अनुपूरक ब्रिगेडें थीं। उसका मुख्यालय जैसोर में स्थित था और उसके साथ 107 इन्फैंट्री ब्रिगेड, 57 इन्फैंट्री ब्रिगेड को झेनीदा-जिबानगर क्षेत्र में तैनात किया गया था। इसके अतिरिक्त सतखीरा में भी कुछ टुकड़ियाँ थीं।

दक्षिण-पूर्वी सेक्टर में नियाजी ने मेजर जनरल अब्दुल माजिद काजी की कमान वाली 14 इन्फैंट्री डिवीजन को तैनात किया था। अपनी इन्फैंट्री ब्रिगेडों की सहायता के लिए डिवीजन के पास बख्तरबंद गाड़ियों का एक स्क्वाड्रन, दो फील्ड रेजिमेंट और एक हैवी मोर्टार बैटरी तैनात थीं। मुख्यालय प्रारंभ में ढाका में था, परंतु बाद में भैरव बाजार चला गया था। 17 इन्फैंट्री ब्रिगेड को अखौरा ब्राह्मण बरिया में तैनात किया गया था, 313 इन्फैंट्री ब्रिगेड को मौलवी बाजार, 202 इन्फैंट्री ब्रिगेड को सिलहट में तैनात किया गया था। 39 इन्फैंट्री डिवीजन को मेजर जनरल रावल रहीम खान की कमान में सेक्टर के दक्षिणी भाग में नियुक्त किया गया था, जिसका मुख्यालय चाँदपुर में था। 117 इन्फैंट्री ब्रिगेड को म्यानमाटी क्षेत्र में तैनात किया गया था। केवल दो बटालियनों वाली 53 इन्फैंट्री ब्रिगेड को अर्धसैनिक बलों के साथ फेनी क्षेत्र में तैनात किया गया था। 91 इन्फैंट्री ब्रिगेड एक कमजोर ब्रिगेड थी, जिसमें केवल एक इन्फैंट्री बटालियन और चटगाँव क्षेत्र में कुछ अर्धसैनिक इकाइयाँ थीं।

उत्तर-पूर्व में नियाजी ने 36 इन्फैंट्री डिवीजन और जमालपुर-मैमनसिंह क्षेत्र में 93 इन्फैंट्री ब्रिगेड तैनात की थीं। इसके अतिरिक्त नियाजी की प्रत्येक डिवीजन को बड़ी संख्या में ईस्ट पाकिस्तान सिविल आर्म्ड पुलिस (पूर्वी पाकिस्तान नागरिक सशस्त्र पुलिस), मुजाहिदों और रजाकारों को आवंटित किया गया था। नियाजी का लक्ष्य किसी भी मूल्य पर पूर्वी पाकिस्तान की रक्षा करना था और उन्होंने तथा उनके स्टाफ के सदस्यों ने आकलन किया था कि उनके लिए सर्वोत्तम संभव उपाय अपने क्षेत्र की रक्षा करना था। उनका मानना था कि यदि वे मुख्य मार्गों पर स्थित शहरों और कस्बों के दोनों ओर फैलकर बाधाएँ खड़ी कर देंगे तो वे हमें कोई बड़ी घुसपैठ करने से रोक देंगे। किसी किलेबंद (फोर्टिफाइड) नगर पर अधिकार करना बहुत खर्चीला और समय नष्ट करने वाला होता है। इसलिए उन्होंने कस्बों और संपर्क मार्गों पर बड़ी संख्या में अर्धसैनिक बलों की तैनाती कर दी थी। मैं अपनी इस योजना से सहमत था कि परिणाम प्राप्त करने के लिए हमें हमारे अभियान को बहुत तेज गति से चलाना होगा, खासतौर से इसलिए भी कि उस समय संयुक्त राष्ट्र सुरक्षा परिषद् का अधिवेशन चल रहा था और यदि हमारी काररवाई में अधिक विलंब होता तो वह निश्चित तौर पर ऐसा प्रस्ताव पारित कर सकती थी, जिसके अंतर्गत हमें युद्धविराम करने और अपनी सेनाएँ हटाने के लिए कहा जा सकता था। इसलिए हमने नगरों को अनदेखा करने के लिए सहायक मार्गों का चयन किया था। यदि नियाजी ने विभिन्न नदियों के संगमों और ढाका त्रिभुज की रक्षा करने पर ध्यान केंद्रित किया होता तो हमारे लिए ढाका पर अधिकार कर पाना असंभव हो जाता।

माता-पिता : एलियास और कैरी जैकब, सन् 1917

जैक (एकदम दाईं ओर) पिता और भाई के साथ, 1930

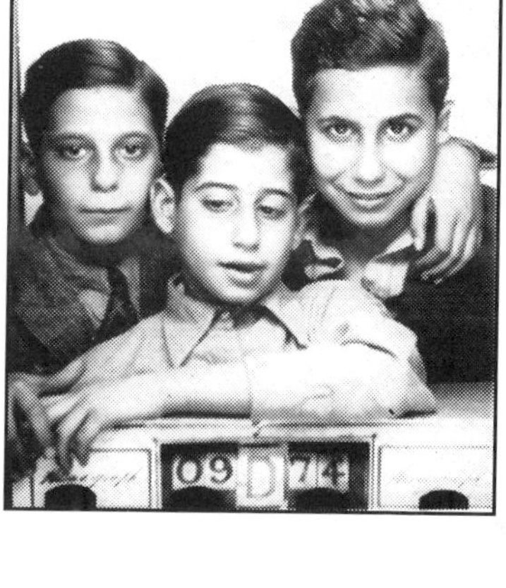

छोटा जैक (एकदम बाईं ओर) अपने भाई मोरिस और एरिक के साथ, 1938

स्कूल के दिन,
दार्जीलिंग में, 1938

सन् 1939, एन.बी.एम.आर (उत्तरी बंगाल घुड़सवार राइफल्स), बेकर शील्ड
जे.एफ.आर. (बिल्कुल कोने में बैठे हैं) बेकर शील्ड के साथ

सेकंड लेफ्टिनेंट के तौर पर उत्तर-पूर्व के लिए शुरुआत करते समय, 1942

कमांडर-इन-चीफ का बैनर लिये हुए, 1942

महू में, ऑफिसर कैडेट
जे.एफ.आर. जैकब, 1942

जे.एफ.आर. (सबसे आगे) नस्ताचुम पास, कुपवाड़ा, जम्मू एंड कश्मीर, 1952

जे.एफ.आर. (दाएँ) अपने चार्जर के साथ, पटियाला बटालियन, 1953

जे.एफ.आर. (दाएँ) सेकंड लेफ्टिनेंट टोनी डिसिल्वा के साथ, 75 पटियाला माउंटेन बटालियन, 1953

नए साल की पार्टी : बख्तरबंद विभाग तोपखाना मेस, 1954;
जे.एफ.आर. सबसे दाईं ओर पाइप के साथ

जे.एफ.आर. (दाएँ से चौथे स्थान पर) 3 फील्ड रेजीमेंट के अफसरों के साथ,
ऑफिसर्स मेस, 1956

अपने लैब्राडोर के साथ, जोधपुर, 1969

लद्दाख में बौद्ध भिक्षुकों के साथ

गोराई–मधुमती नदी पर बना पुल, पूर्व पाकिस्तान, 1971; इस पुल का निर्माण भारतीय सेना बल द्वारा किया गया। चित्र सौजन्य : यूनाइटेड सर्विस इंस्टीट्यूट, नई दिल्ली

ढाका में आत्मसमर्पण के दौरान, 6 दिसंबर, 1971; जे.एफ.आर. बिल्कुल दाईं ओर खड़े हैं

मुक्ति सेना, पूर्व पाकिस्तान, 1971; चित्र सौजन्य : यूनाइटेड सर्विस इंस्टीट्यूट, नई दिल्ली

फील्ड मार्शल रॉबर्ट, तोपखाना केंद्र, नासिक के प्रवेश द्वार पर बंगाल तोपखाना प्रतिमा

भारतीय टैंक झेनिंद सेक्टर, पूर्व पाकिस्तान में आगे बढ़ती हुई, 1971; चित्र सौजन्य : यूनाइटेड सर्विस इंस्टीट्यूट, नई दिल्ली

पाल सिंह गिल के साथ
रावी नदी के तट पर, 1972

जे.एफ.आर. (बाएँ से दूसरे) रक्षा मंत्री बंसी लाल (बाएँ से पहले) के साथ, नागालैंड, 1975

फिल्मस्टार परवीन बॉबी के साथ, कलकत्ता, 1975

जे.एफ.आर. जनरल अब्बासी (केंद्र), कमांडर-इन-चीफ ईरानी सेना और उनकी पत्नी के साथ

जे.एफ.आर. ज्योति बसु (मुख्यमंत्री, पश्चिम बंगाल) के साथ, 1977

जे.एफ.आर. (दाएँ से दूसरे) इराकी सेना प्रतिनिधि मंडल, जिसकी अध्यक्षता मेजर जनरल नजदत कासिम मकसूद द्वारा की गई थी, के साथ, पोर्ट विलियम, कलकत्ता, 1979

जे.एफ.आर. (बिल्कुल दाईं ओर) इंग्लैंड की रानी, क्वीन एलिजाबेथ द्वितीय के साथ

जे.एफ.आर. पटियाला घुड़सवार बटालियन के साथ

जे.एफ.आर. गोवा के राज्यपाल के रूप में उद्घाटन समारोह में, 1999

जे.एफ.आर. पंजाब विश्वविद्यालय द्वारा डॉक्टरेट की उपाधि
उपराष्ट्रपति भैरों सिंह शेखावत से प्राप्त करते हुए, चंडीगढ़, 2003

जैकब परिवार
बेथल आराधनालय,
कलकत्ता में

जे.एफ.आर. इजराइल के राष्ट्रपति, शिमोन पेरेज के साथ, 2008

नवंबर माह के प्रारंभ में उपसेनाध्यक्ष ले. जनरल नाथा हरप्रसाद ने मुझे कलकत्ता हवाई अड्डे पर मिलने के लिए कहा। जब वे वायुसेना के विमान से उतरे तो मैं उन्हें अपनी गाड़ी में बैठाकर टर्मिनल की ओर ले गया। उन्होंने मुझसे कहा कि मैं उन्हें वापस हवाई पट्टी पर ले जाऊँ, क्योंकि उन्हें किसी महत्त्वपूर्ण विषय पर चर्चा करनी थी। मैंने वैसा ही किया और अपने ड्राइवर को गाड़ी छोड़कर चले जाने के लिए कह दिया। इसके बाद उपसेनाध्यक्ष ने कहा कि भले ही कार में ड्राइवर नहीं था, फिर भी वे गंभीर मामलों पर कार में बैठकर चर्चा करना पसंद नहीं करते और यह भी कि हमें हवाई पट्टी पर टहलते हुए चर्चा करनी चाहिए। लगभग सौ गज तक पैदल चलने के बाद वे एक स्थान पर रुक गए और चारों ओर दृष्टि दौड़ाकर देखा कि वहाँ आसपास कोई दिखाई तो नहीं दे रहा था! जब उन्हें कहीं कोई भी नहीं दिखाई पड़ा तो उन्होंने मुझसे पूछा, "तुम अंतिम आक्रमण किस दिन करना पसंद करोगे?" चूँकि हमारी सारी तैयारियाँ 30 नवंबर तक पूर्ण हो जाने वाली थीं, इसलिए मैंने महसूस किया कि 5 दिसंबर की तारीख सबसे अच्छी रहेगी, क्योंकि इस अवधि में हमें किसी भी त्रुटि को दूर करने का पर्याप्त समय मिल जाएगा। वे मेरी बात से सहमत हो गए और मुझसे कहा कि हमला करने का समय (एच. आवर) दिल्ली में वायुसेना मुख्यालय से विचार-विमर्श करने के बाद तय किया जाएगा। इसके बाद उन्होंने कहा कि दिल्ली स्थित सेना मुख्यालय से हमारे पास एक 'कोड' भेजा जाएगा। हम अधोलिखित प्रारूप पर सहमत हुए, 'चीफ ऑफ स्टाफ बैठक में… दिसंबर को…बजे शामिल होंगे, जिसमें आक्रमण के समय एवं तिथि की जानकारी दी जाएगी।' सैन्य कारवाइयों के निदेशक (डी.एम.ओ.) इंदर गिल ने मुझे बताया कि मानेकशॉ ने मुझसे कहा है कि हमले की तिथि को बदलकर 4 दिसंबर कर दिया जाए, क्योंकि 4 उनका 'शुभ अंक' था। हमारे लिए यह सौभाग्य की बात थी कि पाकिस्तान ने पश्चिम में हमारी हवाई पट्टियों पर 3 दिसंबर की शाम को ही बमबारी कर दी।

हमारी तैयारियाँ तेजी से आगे बढ़ रही थीं। हमने 22 नवंबर को ही अपने सैनिकों को पूर्वी पाकिस्तान में अपनी आक्रामक कारवाइयाँ शुरू करने और सुनियोजित कारवाइयों के लिए कूद (जंपिंग ऑफ) क्षेत्रों में समुचित व्यवस्था करने का आदेश दे दिया था। हमने इस कारवाई के पक्ष में यह बहाना बनाया कि हमें पाकिस्तानी तोपखाने को खामोश करने की जरूरत थी, जो हमारी कुछ सीमा चौकियों पर बमबारी कर रहा था। 22 नवंबर को मानेकशॉ ने आदेश दिया कि मुक्तिवाहिनी को हिल्ली पर कब्जा करना चाहिए। इसके बाद अरोड़ा ने मुझसे

कहा कि वे मुक्तिवाहिनी की इस काररवाई की व्यवस्था करेंगे। मैंने उनसे कहा कि आपको ऐसा करने की कोई आवश्यकता नहीं है, क्योंकि आप जानते हैं कि हम हिल्ली को नजरअंदाज करने जा रहे थे। उन्होंने कहा कि वे मानेकशॉ की इच्छाओं को पूरा करेंगे। मुक्तिवाहिनी को पीछे हटा लिया गया था। इसके बाद अरोड़ा ने मेरी और कोर कमांडर की राय के खिलाफ वहाँ नियमित सेना भेजने का निर्णय ले लिया। इस अनावश्यक एवं विलंबित काररवाई में हमें हमारे अनेक सैनिकों को खोना पड़ा। हिल्ली को केवल 11 दिसंबर को ही खाली कराया जा सका।

हमारे आक्रमण से पूर्व की संपूर्ण अवधि में अमेरिकी एवं चीनी चालों (गतिविधियों) ने सेना मुख्यालय में भय का वातावरण उत्पन्न कर दिया था। मानेकशॉ दृढ़तापूर्वक इस आशंका से सहमत थे कि हमारी ओर से आक्रमण शुरू होने के बाद चीनी अवश्य हस्तक्षेप करेंगे। खुफिया सूचनाओं, रेडियो प्रसारणों और हमारी सीमा निगरानी चौकियों की रिपोर्टें पढ़ने के बाद हमने पाया कि तिब्बत में ऐसी किसी भी तैयारी के संकेत नहीं थे। इससे भी बड़ी बात यह कि हिमालय क्षेत्र में स्थित अधिकतर दर्रे सर्दियों में बंद हो जाएँगे। ऐसी स्थिति में तिब्बती पठारों की ओर से कोई काररवाई कर पाना अत्यधिक कठिन हो जाएगा। काठमांडू स्थित अमेरिकी सैन्य अताशे कर्नल मेल्विन होल्स्ट ने भी चीनियों के संभावित हस्तक्षेप संबंधी बयान देकर दिल्ली में बैठे निर्णयकर्ताओं के मन में संदेह उत्पन्न कर दिया था। होल्स्ट ने मेरे साथ फोर्ट सिल में एक ही पाठ्यक्रम में भाग लिया था। युद्ध की समाप्ति के बाद होल्स्ट जब मुझसे मिलने कलकत्ता आए थे तो मैंने उनसे पूछा था कि आपने ऐसा बयान क्यों जारी किया था? वे विषय परिवर्तन करते हुए मेरे प्रश्न को टाल गए थे। हमें सिंकियांग की ओर 40 और मंचूरियन सीमा की ओर 7 रूसी डिवीजनों के रवाना होने की जानकारी थी।

अमेरिकी लोग पूर्वी शाखा के प्रति पाकिस्तानी दृष्टिकोण के समर्थक थे और उसे वह पाकिस्तान का अविभाज्य अंग मानते थे। अमेरिकी विदेश मंत्री डॉ. हेनरी किसिंगर राष्ट्रपति निक्सन की चीन-यात्रा का प्रबंध कराने और चीन एवं अमेरिका के बीच दोबारा दोस्ती कराने के लिए पाकिस्तान के एहसानमंद थे। निक्सन ने भी पाकिस्तान के प्रति अमेरिकी झुकाव का पक्ष लिया था और पाकिस्तानी सैन्य शासन से भी उनके संबंध अत्यंत मधुर थे, जबकि श्रीमती इंदिरा गांधी के साथ उनके संबंध अत्यंत असुविधाजनक थे, क्योंकि वे उन्हें घृणित रूप से नापसंद करते थे। 6 जुलाई को डॉ. किसिंगर ने इस्लामाबाद होते हुए दिल्ली की यात्रा की थी और वहाँ से खाली हाथ लौट गए थे। पाकिस्तान के प्रति चीनी और अमेरिकी समर्थन बढ़ने लगा था

और इसका सामना करने के लिए श्रीमती गांधी ने सोवियत संघ की ओर रुख किया। उन्होंने मॉस्को के लिए एक मैत्री संधि के संबंध में संदेश भेजे, जो 1969 से ही विचाराधीन थी। उन्हें सोवियत संघ की ओर से सकारात्मक अनुक्रिया प्राप्त हुई। दोनों देशों के बीच भारतीय संप्रभुता और गुटनिरपेक्ष नीति से कोई समझौता किए बिना एक मैत्री संधि पर हस्ताक्षर किए गए। एक प्रकार से वह संधि हमारी आवश्यकताओं को पूरा करने के लिए की गई थी। संधि के मुख्य विषय को अनुच्छेद 9 में परिभाषित किया गया है, जो कहता है कि दोनों पक्षों में से किसी एक पर भी आक्रमण किए जाने अथवा उसका खतरा उत्पन्न होने की स्थिति में इस संधि में शामिल दोनों पक्ष तत्काल उस खतरे को दूर करने के लिए एक-दूसरे के साथ विचार-विमर्श की प्रक्रिया में प्रवेश करेंगे और अपने-अपने देशों में शांति एवं सुरक्षा सुनिश्चित करने के लिए उचित एवं प्रभावशाली कदम उठाएँगे। एक प्रकार से यह श्रीमती गांधी की ओर से उठाया गया सचमुच एक महत्त्वपूर्ण कदम था। यह किसी चीनी हस्तक्षेप और कुछ सीमा तक अमेरिकी हस्तक्षेप के लिए एक अंकुश था। इस मैत्री संधि एवं अन्य कारकों के आलोक में मैं पूर्णरूपेण सहमत था कि चीनी सेना हस्तक्षेप नहीं करेगी। मैंने महसूस किया कि इस संधि ने हमें पूर्वी पाकिस्तान में कोई कारवाई और हस्तक्षेप करने की स्वतंत्रता दे दी थी। इस बीच, विदेश मंत्रालय ने अपने संयुक्त सचिव ए.के. रे को कलकत्ता में 'अस्थायी बांग्लादेश सरकार' के साथ वार्त्तालाप करने के लिए भेज दिया था। रे एक योग्य एवं सक्षम अधिकारी थे और ताजा स्थिति से भलीभाँति परिचित थे। उन्होंने शीघ्र ही बांग्लादेशी नेतृत्व के साथ उत्कृष्ट तालमेल स्थापित कर लिया था। फिर भी उनके इस उत्तम कार्य की सराहना डी.पी. धर द्वारा नहीं की गई थी, जो उस समय विदेश मंत्रालय में नीति नियोजन विभाग के मुखिया थे। उन्होंने सोवियत-समर्थक विचारों वाले अत्यंत प्रभावशाली कश्मीरियों के साथ मिलकर हमारी विदेश नीति प्रतिपादित की थी। इस समूह में शामिल प्रमुख एवं प्रभावशाली लोग थे, पी.एन. हक्सर, पी.एन. धर और 'टिक्की' कौल। डी.पी. धर जब कभी भी कलकत्ता में होते थे, हमेशा ग्रैंड होटल के मालिक के कमरे में बैठकर काम करते थे। मैं डी.पी. धर को तब से जानता था, जब मैं कश्मीर में अपनी सेवाएँ दे रहा था। उनके साथ होने वाली मेरी मुलाकातें कई-कई घंटे चलती थीं। वह अंग्रेजी जिन पीना पसंद करते थे और हमेशा मुझसे अपने साथ उसकी एक बोतल लाने का अनुरोध करते थे। उनका मानना था कि सोवियत रुझान वाले कम्युनिस्ट अच्छे लोग थे, जबकि चीन-समर्थक मार्क्सवादी अच्छे लोग नहीं थे। वे चाहते थे कि मैं बांग्लादेश के स्वतंत्रता आंदोलन में सोवियत-समर्थक कम्युनिस्टों को हथियारों से

सज्ज करूँ! मैंने किसी भी समूह को हथियारों से लैस करने से इनकार कर दिया था और उनसे कहा था कि कम्युनिस्टों को हथियार उपलब्ध कराना हमारे हित में नहीं था। सबसे दुर्भाग्यपूर्ण बात यह थी कि वे ए.के. रे की पूरी तरह उपेक्षा करते थे, क्योंकि वे उन्हें नापसंद करते थे। रे एक व्यावहारिक एवं उपयोगी व्यक्ति थे। डी.पी. धर के साथ आखिरी मुलाकात पाकिस्तानी सेना के आत्मसमर्पण के फौरन बाद कलकत्ता हवाई अड्डे के वी.आई.पी. लाउंज (अति विशिष्ट कक्ष) में हुई थी, जहाँ पश्चिम बंगाल के मुख्यमंत्री सिद्धार्थ शंकर रे भी मौजूद थे। मैंने डी.पी. धर से कहा कि यह हमारे लिए आवश्यक था कि हम बांग्लादेश सरकार के साथ तीन अनिवार्य बिंदुओं पर समझौता करें। प्रथम, हिंदू अल्पसंख्यकों के लिए सुरक्षा की गारंटी; द्वितीय, सीमा के दोनों ओर विदेशी क्षेत्रों का वैज्ञानिक पुनर्गठन और तृतीय, रेल एवं अंतरदेशीय जलमार्गों के लिए पारगमन अधिकारों के साथ चटगाँव बंदरगाह पर उपलब्ध सुविधाओं का उपयोग शामिल हो। डी.पी. धर ने मुसकराते हुए प्रतिक्रिया दी, "जेक, तुम एक सैनिक हो। ये समस्याएँ राजनीतिक हैं। उन्हें किसी उपयुक्त समय पर हल किया जा सकता है।" मैंने उन्हें अपनी प्रतिक्रिया देते हुए कहा कि सबसे उपयुक्त समय तो आज और अभी है और यह भी कि बाद में किसी समझौते पर पहुँचना अत्यंत कठिन होगा। वह दोबारा मुसकराए, जबकि मुख्यमंत्री खामोश बने रहे। जिन तीन अनिवार्यताओं का मेरे द्वारा अनुरोध किया गया था, वे आज की तारीख तक अनसुलझी बनी हुई हैं। धर को यह मुहावरा याद रखना चाहिए था—'चोट तब करो, जब लोहा गरम हो', लेकिन वे ऐसा करने में विफल रहे थे।

अमेरिका की स्थिति अत्यंत जटिल थी। यद्यपि किसिंगर ने स्पष्ट कहा था कि उन्होंने भारत को इस बात का संकेत दे दिया था कि वह महसूस करते थे कि पूर्वी पाकिस्तान के लिए स्वायत्तता अपरिहार्य थी, दूसरी ओर निक्सन पाकिस्तानी दृष्टिकोण के प्रति झुके रहने के लिए अडिग थे। अमेरिकी राजदूत केनेथ कीटिंग ने मेरे साथ अक्तूबर में फोर्ट विलियम में मुलाकात की। हमारे बीच पूर्वी पाकिस्तान की तत्कालीन स्थिति पर लंबा विचार-विमर्श हुआ था। मैंने उन्हें शरणार्थियों के भारत में बढ़ते अंतर्प्रवाह से अवगत कराया और उसके साथ-साथ पूर्वी पाकिस्तान में किए जाने वाले अत्याचारों की जानकारी भी दी। मैंने उनसे कहा था कि मैं यह समझ पाने में पूरी तरह असमर्थ हूँ कि किस प्रकार विश्व का विशालतम लोकतंत्र होने के बावजूद अमेरिका उस बर्बर, दमनकारी सैनिक शासन का समर्थन कर रहा था, जिसने चुनाव परिणामों को न केवल अनदेखा किया था, बल्कि उसने उसका अपमान भी किया था? कीटिंग एक यहूदी थे और इस बात को बड़ी अच्छी तरह

जानते थे कि किस प्रकार नाजियों और फासीवादी शासनों ने 1930 और 1940 के दशक में उनके ऊपर बर्बर अत्याचार किया था। मेरी बात सुनकर उनका चेहरा लाल सुर्ख हो गया था और उन्होंने कोई प्रतिक्रिया देने के बजाय चुप्पी साध ली थी। यह सर्वविदित था कि पूर्वी पाकिस्तान के मुद्दे पर कीटिंग और निक्सन के संबंध अत्यंत तनावपूर्ण हो गए थे। कीटिंग के प्रति निक्सन की उपेक्षा और उनकी सलाह के प्रति असम्मान को किसिंगर के दस्तावेजों में समाहित किया गया था, जो अब सार्वजनिक कर दिए गए थे। पूर्वी पाकिस्तान के लोगों के उद्देश्य को समर्थन देने के कीटिंग के प्रयास निष्फल हो गए थे और निक्सन लगातार पाकिस्तान की ओर झुके रहे थे। मुजीब की हत्या के बाद अमेरिकी विदेश विभाग द्वारा जारी दस्तावेजों में किसिंगर के उन निर्देशों का उल्लेख है, जिसमें उन्होंने कलकत्ता स्थित अपने राजदूत एवं महावाणिज्य दूत को लिखा था कि 'जनरल जैकब पर एक विशेष दृष्टि रखी जानी चाहिए, क्योंकि उन्हें आशंका थी कि वे बांग्लादेश पर पुनः चढ़ाई कर सकते थे।'

एक अन्य व्यक्ति, जिन्हें मैं स्नेहपूर्वक स्मरण करता हूँ, वे थे जॉर्ज बी. ग्रिफिन। वे उन तनावपूर्ण माहों के दौरान बनी परिस्थितियों से भलीभाँति परिचित थे, जिन्होंने दोनों देशों को 1971 के युद्ध की ओर प्रेरित किया था। वे कलकत्ता स्थित अमेरिकी दूतावास से संबद्ध एक राजनीतिक अधिकारी थे। ग्रिफिन वहाँ होने वाले समूचे नाटक के साक्षी थे, यद्यपि वे पूर्वी पाकिस्तान के दमित लोगों के उद्देश्य के प्रति सहानुभूति रखते थे, उन्हें वाशिंगटन में बैठे उनके पाकिस्तान-प्रेमी स्वामियों की ओर से खुफिया सूचनाएँ एकत्र करने के लिए विवश कर दिया गया था। इस्लामाबाद एवं नई दिल्ली स्थित अमेरिकी दूतावासों के बीच तनाव बढ़ने लगा था। सन् 2002 में एक साक्षात्कार में उन्होंने रहस्योद्घाटन किया था कि किस प्रकार उन्होंने भारतीय चिंतन एवं योजनाओं की जानकारी प्राप्त करने के लिए भारतीय सेना और सार्वजनिक क्षेत्र के अधिकारियों के साथ दोस्ती कर ली थी! इस साक्षात्कार में वे एक शाम मेरे घर पधारने की घटना का भी उल्लेख करते हैं, जब उन्होंने भाग्यवश, मेरे शयनकक्ष में लगे उस मानचित्र को पढ़ने का अवसर प्राप्त कर लिया था, जिसमें भारतीय सेना की तैनातियों को दरशाया गया था। निश्चय ही उन्होंने उसे एक सनसनीखेज खबर माना होगा! उन्हें इस बात की तनिक भी भनक नहीं लगी कि वह व्यवस्था मैंने उन्हें अपने घर भोजन पर आमंत्रित करने के बाद की थी और दीवार पर लगे मानचित्र में जानबूझकर मिथ्या सूचनाएँ चिह्नित की गई थीं, जिन्हें उनके अवलोकन एवं अपने स्वामियों को सूचित करने के लिए तैयार किया गया था। (विवरणों के लिए परिशिष्ट देखें।)

युद्ध

पूर्वी पाकिस्तान में होने वाली घटनाओं को लेकर याह्या खान अधिकाधिक हताश होने लगे थे, विशेषतया तब, जबकि सीमापार से होने वाली काररवाइयों में 22 नवंबर से वृद्धि हो गई थी। उनके ऊपर अपनी सशस्त्र सेनाओं और जुल्फिकार अली भुट्टो की ओर से कुछ करने का भारी दबाव था। पहली बात तो यह कि उनके ऊपर उन विदेशी अखबारों के समाचारों पर सरकार की ओर से की जाने वाली आलोचनाओं पर अंकुश न लगा पाने के लिए उनकी खिंचाई की जा रही थी, जो लगातार पाकिस्तान की लाचारगी की खबरें दे रहे थे और वे भारत की 'आक्रामक' काररवाइयों का उत्तर दे पाने में असमर्थ सिद्ध हो रहे थे, जिससे उनकी सत्तारूढ़ सेना का मखौल उड़ाया जा रहा था। दूसरी बात यह कि पूर्वी पाकिस्तान में की जाने वाली भारतीय काररवाइयों ने उनकी निंदा किए जाने हेतु उत्प्रेरित नहीं किया था। तीसरी बात यह कि भुट्टो द्वारा याह्या खान पर लगातार फब्तियाँ कसी जा रही थीं कि अगर वे इसी तरह निष्क्रिय होकर हाथ-पर-हाथ धरे बैठे रहे तो 'जनता द्वारा उन्हें मार डाला जाएगा!' 30 नवंबर को भारत के खिलाफ लड़ाई शुरू करने का निर्णय लिया गया। इसके लिए आक्रमण की तारीख 2 दिसंबर तय की गई, जिसे बाद में आगे बढ़ाकर 3 दिसंबर कर दिया गया था। हमारे संकेत अवरोधक संगठन ने पश्चिमी पाकिस्तान से पूर्वी पाकिस्तान के लिए किए जाने वाले रेडियो प्रसारणों को बीच में ही सुन लिया था, जिसमें समस्त पाकिस्तानी जहाजरानी को भारतीय बंदरगाहों से दूर रहने और पाकिस्तानी विमानों को भारतीय सीमा के निकट उड़ान न भरने की चेतावनी दी गई थी। इन अवरोधित प्रसारणों की सूचना हमने सेना, नौसेना और वायुसेना मुख्यालयों को दे दी थी और संकेत दिया था कि अब पाकिस्तान की ओर से आक्रामक काररवाई अवश्यंभावी थी। शायद इसी अग्रिम सूचना का परिणाम था कि जब पाकिस्तानी वायुसेना के विमानों ने हमारी पश्चिमी हवाई पट्टियों पर हमला किया तो हमें कोई खास नुकसान नहीं हुआ था। युद्ध समाप्त होने के बाद मैं गिरफ्तार किए गए पाकिस्तानी सेना के ले. जनरल नियाजी से पूछताछ कर रहा था तो उसने मुझे अविश्वसनीय रूप से बताया था कि उसे हमारी हवाई पट्टियों पर हमला करने के संबंध में याह्या खान की ओर से कुछ भी नहीं बताया गया था। उसने मुझे यह भी बताया था कि वह 3 दिसंबर को ढाका से बाहर था और अपनी उत्तरी इकाइयों के दौरे पर था। बाद में इसकी पुष्टि मुझे 'टाइम्स' (लंदन) की संवाददाता हॉलिंग्सवर्थ ने की थी। उसने मुझे बताया था कि हमलों के दौरान वह नियाजी के साथ थी और उसने इसकी जानकारी नियाजी को बी.बी.सी. रेडियो

प्रसारण को सुनने के बाद दी थी। यह समाचार सुनने के बाद नियाजी वापस ढाका लौट आया था।

3 दिसंबर की शाम 18:00 (छह) बजे मुझे जनरल मानेकशॉ का फोन मिला, जिसमें उन्होंने पश्चिम में हमारी हवाई पट्टियों पर हमला किए जाने की सूचना दी और मुझसे कहा कि इसकी जानकारी मैं श्रीमती गांधी को दे दूँ, जो उस समय कलकत्ता के गवर्नमेंट हाउस में ठहरी हुई थीं। मैंने मानकेशॉ से पूछा कि क्या अब हम अपनी आक्रामक योजनाओं पर अमल कर सकते हैं? तो मानेकशॉ ने उसका सकारात्मक उत्तर दिया। मानेकशॉ के साथ हुई मेरी बातचीत की जानकारी मैंने अरोड़ा को दी और उन्हें सुझाव दिया कि चूँकि मुझे पुष्टि आदेश जारी करने के लिए ढेर सारा काम करना है और इसके अतिरिक्त मैं वायु प्रयासों में समन्वय स्थापित करने के कारण बहुत व्यस्त हूँ, इसलिए इस संबंध में आपको श्रीमती गांधी को सूचित कर देना चाहिए।

मैंने अपने पूरे स्टाफ को एक साथ बुलाया और उन्हें हमारी फॉर्मेशंस को जारी किए जाने वाला आदेश लिखवा दिया। इसके बाद मैंने अपने अग्रिम वायु मुख्यालयों को सूचित किया कि मैं जे.ए.ओ.सी. के पास वायुसेना की उड़ान टुकड़ियों के आवंटन हेतु समन्वय स्थापित करने के लिए जा रहा हूँ। मैंने अपने तीनों कोर कमांडरों—ले. जनरल टैप्पी रैना, एम.एल. थापन और सगत सिंह तथा जी.ओ.सी. 101 एरिया कमांडर मेजर जनरल गुरबख्श सिंह गिल को फोन करके जानकारी दी। इन फार्मेशनों के लिए आदेश जारी किए जा चुके थे और वायु प्रयासों को 20:30 (रात 8:30 बजे) तक आवंटित कर दिया गया था। अरोड़ा रात 9 बजे वापस लौटे। मैंने उन्हें अपनी ओर से किए गए प्रयासों की जानकारी दी। हमारी सेनाएँ अधीर हो रही थीं और आक्रमण शुरू करने में होने वाले विलंब से तनाव में थीं। अरोड़ा अत्यंत प्रसन्न मुद्रा में थे और उन्होंने अपने ए.डी.सी. कैप्टन मोहिंदर सिंह को व्हिस्की की एक बोतल लाने के लिए कहा। व्हिस्की आ गई और अरोड़ा ने गटागट दो पैग अपने हलक में उतार लिये। मैंने अरोड़ा के दबाव देने पर एक घूँट पी लिया और कहा कि यह भी मैं केवल हमारी विजय के नाम पर पी रहा हूँ। मेरे पास 'न्यूयॉर्क टाइम्स' के सिडली शानबर्ग का फोन आया और उसने पूछा कि हम क्या काररवाई करने जा रहे हैं? मैंने उसे बताया कि फिलहाल तो हम शराब पी रहे हैं। उसने पूछा कि क्या हम लोग चिंतित हैं? जिसके उत्तर में मैंने कहा कि हम बहुत ही कम समय के अंदर पूर्वी पाकिस्तान को स्वतंत्र करा लेंगे। उसने मुझसे अनुरोध किया कि उसे भी हमारी सेनाओं के साथ पूर्वी पाकिस्तान जाने की अनुमति

दी जानी चाहिए और मैंने उसे आश्वस्त कर दिया कि मैं इसके लिए आवश्यक प्रबंध करूँगा। बाद में सिडनी शानबर्ग ने हमारी चौथी कोर की अग्रिम टुकड़ी के साथ ढाका में प्रवेश किया।

इससे पूर्व 3 दिसंबर की सुबह हमारी पूर्वी नौसैनिक कमान के फ्लैग ऑफिसर कमांडिंग इन चीफ (एफ.ओ.सी.-इन-सी) वाइस एडमिरल कृष्णन ने मेरे पास यह बताने के लिए फोन किया कि विशाखापट्टनम बंदरगाह के संपर्क मार्गों पर कुछ मछुआरों को एक टूटी हुई पाकिस्तानी पनडुब्बी के अवशेष मिले हैं। मैंने उन्हें पाकिस्तानी पनडुब्बी 'गाजी' की गतिविधियों की जानकारी अपने बेतार अवरोधकों के माध्यम से पहले ही दे दी थी। एडमिरल कृष्णन ने कहा कि 1 या 2 दिसंबर को जब वह समुद्र में विस्फोटक बिछा रही थी, उसी समय 'गाजी' को उड़ा दिया गया था और उन्होंने यह भी कहा कि यह एक ईश्वरीय कृत्य था।

मैंने उनसे कहा कि चूँकि अब 'गाजी' का नामोनिशान मिट गया है, इसलिए हमें काररवाई करने की पूरी आजादी दी जानी चाहिए। अगले दिन उन्होंने मुझे पुनः फोन किया और पूछा कि क्या हमने उसके डूबने की खबर दे दी थी? मैंने उनके उस प्रश्न का नकारात्मक उत्तर दिया और उनसे कहा कि मैं तो सोच रहा था कि आपने इसकी खबर दे दी होगी! उन्होंने राहत की साँस लेते हुए मुझे धन्यवाद दिया और कहा कि मैं हमारे पिछले वार्त्तालाप को भूल जाऊँ। कई दिनों बाद 9 दिसंबर को पूर्वी नौसैनिक कमान ने एक सरकारी विज्ञप्ति जारी की, जिसमें कहा गया था कि भारतीय नौसेना ने 4 दिसंबर को पाकिस्तान की 'गाजी' पनडुब्बी को समुद्र में डुबा दिया था। 'गाजी' को 'डुबाने' की उस काररवाई में भाग लेने वाले नौसैनिकों और संबद्ध अधिकारियों को अलंकारों से पुरस्कृत किया गया था। कृष्णन ने मुझे बताया था कि हमारे गोताखोरों को 'गाजी' की वह पंजिका (रजिस्टर एंट्री) मिल गई थी, जिसमें अंतिम प्रविष्टि 27 दिसंबर को की गई थी। बाद में जिन गोताखोरों को 'गाजी' के अवशेषों कीं जाँच करने के लिए भेजा गया था, उन्होंने एकमत होकर कहा था कि 'गाजी' उसके अंदर हुए आंतरिक विस्फोट के कारण डूबी थी। 'गाजी' के डूबने की घोषणा नौसेना द्वारा उसकी कहानी का मिलान करने के बाद ही की गई थी।

अभी हाल में ही भारतीय मीडिया ने इस मुद्दे को पुनः उछाल दिया था (देखें, 'द टाइम्स ऑफ इंडिया', 12 मई, 2010) यह खबर उसने यह पता लगने के बाद प्रकाशित की थी कि इस बात के कोई आधिकारिक एवं पुष्टिकारक अभिलेख नहीं हैं कि वास्तव में गाजी के साथ हुआ क्या था? इसमें कोई संदेह नहीं है कि भारतीय

नौसेना ने एक शानदार काम किया था, परंतु यह भी सच है कि हमने गाजी को नहीं डुबाया था!

3 दिसंबर की रात को जब युद्ध आधिकारिक रूप से प्रारंभ हो गया, उस समय हम आक्रमण करने के लिए अच्छी तरह से तैयार थे। चूँकि सरकार ने हमें पाकिस्तानी तोपों को 'खामोश' करने के लिए पाकिस्तान में दस किलोमीटर अंदर तक प्रवेश करने की अनुमति दे दी थी, इसलिए हमने अपनी टुकड़ियों को 27 नवंबर को ही रवाना कर दिया था, ताकि वे वहाँ आक्रामक काररवाई करने के लिए धावा बोलने वाले क्षेत्रों का निर्माण कर सकें। पश्चिमी सेक्टर में 2 कोर कई मील अंदर तक आगे चली गई थी और उसने वहाँ भैरव नदी के आर-पार एक पुल का निर्माण भी कर लिया था। 24 नवंबर को पाकिस्तानी वायुसेना ने हमारी सेनाओं पर हमला कर दिया था। हमने अपने ग्नैट लड़ाकू विमानों को दमदम हवाई पट्टी की ओर रवाना कर दिया था। कमान मुख्यालय में हम अपनी हमले में शामिल ब्रिगेड के साथ सीधा संपर्क बनाए हुए थे और हमने अपने लड़ाकू विमानों को हस्तक्षेप करने का निर्देश दे दिया था। हमारे तीन विमानों को मार गिराया गया था, जिनमें से दो को पाकिस्तानी वायुसेना द्वारा और एक विमान को विमानरोधी दस्ते द्वारा गिराया गया था। मैं अपने घुसपैठ क्षेत्रों में अपने सैनिकों से मिल रहा था और वहाँ हमें पाकिस्तानी टैंक आते-जाते दिखाई दे रहे थे। यहाँ मेरा टैंकरोधी काररवाइयों का पूर्व अनुभव बहुत काम आया। मैंने प्रत्याक्रमण की आशंका का अनुमान लगाते हुए अपनी तोपों को प्रतिक्षेपरहित (सुरक्षित) स्थानों पर छिपा दिया और अपने टैंकों को उनके स्थलों से दूर करने में सहायता की। मैंने अपनी दूरबीन से देखा तो मुझे एक अधिकारी दिखाई पड़ा, जो अपने शैफी टैंकों को एक कतार में खड़ा कर रहा था। वह अधिकारी शायद नियाजी था। वे टैंक मुझे लॉर्ड कार्डिगन की लाइट ब्रिगेड परंपरा के दिखाई दिए, जो खुले मैदान में खड़े थे और उनके पीछे एक इन्फैंट्री ब्रिगेड चल रही थी। हमने उन्हें अपनी ओर 500 गज की दूरी तक अंदर आने दिया; उसके बाद मैंने अपने तोपखाने को 'फायर' करने का संकेत दिया और उन्हें एक झटके में नष्ट कर दिया गया। पाकिस्तान की उस स्क्वाड्रन के सभी 14 टैंक नष्ट हो गए थे और उनके पीछे चलने वाले इन्फैंट्री सैनिक बड़ी संख्या में मारे गए थे। मैंने अरोड़ा के ए.डी.सी., कैप्टन मोहिंदर सिंह को आँखों देखा हाल (रनिंग कमेंट्री) बताया, जो उस समय अरोड़ा के साथ कमान हाउस में चल रही एक पार्टी में भाग ले रहे थे। नष्ट किए गए पाकिस्तानी टैंकों को खींचकर हमारी सीमा की ओर ले आया गया, जिन्हें हमने बाद में भारतीय और विदेशी दोनों संवाददाताओं को दिखाया

था। विदेशी संवाददाताओं ने उन्हें अच्छी तरह देखा, परंतु उन्होंने जानकारी देने वाले अधिकारी से एक भी प्रश्न नहीं पूछा। वे सभी पूर्वी पाकिस्तान को स्वतंत्र कराने के हमारे प्रयास के पक्षधर थे। उसी प्रकार की सीमित किस्म की काररवाइयाँ अन्य सेक्टरों में भी की गईं। उत्तर-पूर्वी सेक्टर में मानेकशॉ के आदेश और अरोड़ा के कार्यान्वयन के अंतर्गत 23 नवंबर को 33वीं कोर हिल्ली पर आक्रमण कर रही थी, जिसमें हमारे 67 सैनिक मारे गए और 90 घायल हुए थे। पूरे युद्ध के दौरान किसी एक मोरचे पर होने वाली वह सबसे बड़ी क्षति थी। चूँकि हम अपनी रक्षा शक्ति को भलीभाँति जानते थे, इसलिए हमने प्रारंभ में अपनी आक्रमण योजना में हिल्ली को दरकिनार (बाईपास) करने का निर्णय लिया था। अंततोगत्वा 11 दिसंबर को हिल्ली का पतन हो गया। वह पूरी तरह से एक निरर्थक कारवाई थी, जिसका मैंने पुरजोर विरोध किया था। उस कारवाई का विरोध करने वालों में कोर कमांडर ले. जनरल थापन और डिवीजनल कमांडर (जी.ओ.सी. 20 इन्फैंट्री डिवीजन) मेजर जनरल लक्ष्मण सिंह भी शामिल थे। इस सेक्टर के लिए नियोजित हमारी प्रारंभिक कारवाइयों को उनकी योजनानुसार कार्यान्वित किया गया था। दक्षिण-पूर्वी सेक्टर में हमारी शुरुआती कारवाइयों का भयानक विरोध किया गया और उसमें हमें कुछ हानि भी पहुँची थी। फिर भी हम अपने पैरा टुकड़ियों के उतरने वाले (जंपिंग ऑफ) क्षेत्रों को अपनी आवश्यकतानुसार सुरक्षित बनाए रखने में सफल हो गए थे। इस प्रकार हम 3 दिसंबर की रात को पूर्वी पाकिस्तान को स्वतंत्र कराने हेतु किए जाने वाले तड़ित (लाइटनिंग) आक्रमण हेतु पूरी तरह तैयार थे। चौथी कोर के अधीन आने वाले सिलहट सेक्टर की दलाई में की गई हमारी शुरुआती कारवाई में हमारा कार्यान्वन कमजोर रहा था, जिसके कारण हमें अपनी आक्रमणकारी ब्रिग्रेडों के ब्रिगेड कमांडर को हटाकर दूसरा कमांडर नियुक्त करने के लिए विवश होना पड़ा था। उसके स्थान पर हमने डिवीजन के तोपखाना कमांडर ब्रिगेडियर टॉम पांडे को नियुक्त किया था।

□

9

कारवाइयों का संचालन

सीधे ढाका जाने और प्रतिरोधी केंद्रों को अनदेखा करने पर आधारित हमारी रणनीति से संबंधित आदेश हमारी समस्त स्थापनाओं (फॉर्मेशंस) को जारी कर दिए गए। उत्तर-पश्चिमी सेक्टर में 33 कोर के अधीन 20 पर्वतीय डिवीजन के साथ 340 पर्वतीय ब्रिगेड को बोगरा के संचार केंद्र पर अधिकार करने के लिए रवाना कर दिया गया था और वहाँ से उन्हें आगे ब्रह्मपुत्र नदी तक जाने का निर्देश दिया गया था। हमारी मुख्य प्रहार रेखा पीरगंज से होकर हिल्ली को एक तरफ छोड़ते हुए नीचे दक्षिण की ओर बोगरा तक जाती थी। 6 माउंटेन डिवीजन, जिसे भूटान की रक्षा के लिए अलग बचाकर रखा गया था और वह हमारी आक्रामक कारवाइयों के लिए हमारे अधीन नहीं थी। उसे हमारी ओर से रंगपुर नामक कस्बे पर कृत्रिम खतरा उत्पन्न करने का आदेश दिया गया था। असम के अंतरदेशीय जलमार्ग जहाजी बेड़े को नदी में की जाने वाली कारवाइयों में सहायता करने के लिए सीमा पर दुबरी नामक स्थान पर रवाना कर दिया गया था। पश्चिमी सेक्टर में कारवाइयों की कमान एवं नियंत्रण के लिए सेना मुख्यालय ने कम संख्या वाले 2 कोर मुख्यालयों की स्थापना की स्वीकृति दे दी थी। हमने इसका अनुमान पहले ही लगा लिया था और अपनी भावी योजनाओं एवं आवश्यकताओं के आधार पर आधारभूत ढाँचा (इंफ्रास्टक्चर), लॉजिस्टिक्स (रसद सामग्री) एवं संचार की व्यवस्था मध्य नवंबर में सैनिकों के आगमन से काफी पहले ही कर ली थी। कोरों की कमान सँभालने के लिए ले. जनरल टी.एन. रैना को नामांकित किया गया था। मैं रैना से पहले से ही परिचित था, क्योंकि महू स्थित अधिकारी प्रशिक्षण विद्यालय में हम दोनों साथी कैडेट एवं प्लाटून ऑफिसर थे। चूँकि मैंने तोपखाना (आर्टिलरी) में प्रवेश ले लिया था, इसलिए मुझे रैना के चार महीने बाद कमीशन प्राप्त हुआ था, जिससे वह मेरे

वरिष्ठ बन गए थे। मैंने रैना को उनके द्वारा निष्पादित किए जाने वाले कार्यों की जानकारी दी। वे कोई जोखिम मोल लेने से कतराते थे और चाहते थे कि उनकी डिवीजनें कंधे-से-कंधा मिलाकर आगे बढ़ें। उनका अपने डिवीजनल (संभागीय) कमांडरों-9 इन्फैंट्री डिवीजन के कमांडर मेजर जनरल दलबीर सिंह पर नाममात्र का नियंत्रण था, जो उनके आदेशों का बार-बार खुला उल्लंघन करते थे और अत्यंत रूखे स्वभाव वाले व्यक्ति थे। 4 पर्वतीय डिवीजन के अन्य संभागीय कमांडर निम्न कोटि के थे। हमने मूल रूप से योजना बनाई थी कि 9 इन्फैंट्री डिवीजन पहले जैसोर पर कब्जा करेगी और उसके बाद 4 माउंटेन डिवीजन की सहायता हेतु आगे बढ़ जाएगी, जो झेनिडा, मागुरा, फरीदपुर और गोएलुंडो घाट पर अधिकार करेगी। अंतरदेशीय जलमार्गीय जहाजी बेड़ा नौका सैनिकों को लेकर आवश्यकता पड़ने पर ढाका लाने के लिए गोएलुंडो घाट की ओर प्रस्थान करने वाला था। कोर मुख्यालयों में युद्ध क्रीड़ा के दौरान तीखी बहसें होती रहती थीं। मेजर जनरल दलबीर सिंह बोयरा धुरी को प्रयोग करते हुए जैसोर को अनदेखा (बाईपास) किए बिना मुख्य मार्ग से आगे बढ़ने के इच्छुक थे। इस योजना को विफल करने के क्रम में उन्होंने बोयरा की प्रारंभिक काररवाई को कार्यान्वित किया, जिसके कारण वे चकमा देने का लाभ उठाना भूल गए। रैना भी चाहते थे कि उनकी दो डिवीजनें कंधे-से-कंधा मिलाकर आगे बढ़ें, क्योंकि वे अपने बगल वालों से अत्यंत चिंतित थे। वे पूरी काररवाई के दौरान चौकन्ने थे, शायद आवश्यकता से अधिक चौकन्ने रहते थे। उनकी यही सोच इस सेक्टर में धीमी प्रगति के लिए जिम्मेदार थी। सौभाग्यवश, कुछ ब्रिगेड कमांडरों ने साहस और पहलकदमी का प्रदर्शन किया।

दक्षिण-पूर्वी सेक्टर में हमने 4 कोर के लिए आधारभूत ढाँचे का निर्माण किया था। ले. जनरल सगत सिंह एक आक्रामक दृष्टिकोण रखते थे। उनके पास नागालैंड से आई एक ब्रिगेड से कुछ कम 8 पर्वतीय डिवीजन थी, जिसकी कमान मेजर जनरल कृष्णा राव के हाथ में थी। उनकी डिवीजन में अपनी निजी आर्टिलरी (तोपखाना) नहीं थी, क्योंकि वह उग्रवाद-विरोधी भूमिका में रही थी। हमने तोपखाने की उस कमी को पूरा करने के लिए चीनी सीमा से रेजिमेंटों को बुला लिया था। इसी प्रकार मेजर जनरल बी.एफ. गोंसाल्विस की कमान वाली मिजोरम की 57 माउंटेन डिवीजन थी, जिसमें पूरी क्षमता वाला तोपखाना मौजूद था। हमने इन चालों में आकलित जोखिम उठाया और केवल दिल्ली स्थित सैन्य काररवाई निदेशक को विश्वास में लिया था। 4 कोर की एक अन्य कोर रिजर्व डिवीजन, 23 माउंटेन डिवीजन थी, जिसकी कमान मेजर जनरल आर.डी. हीरा के हाथों में थी।

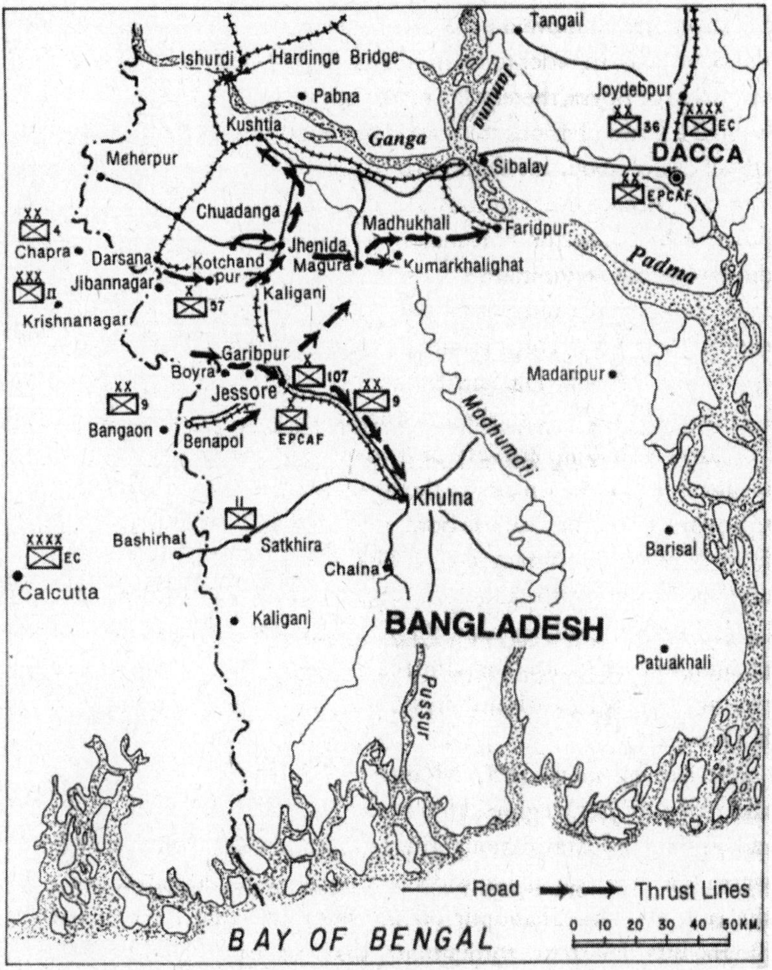

पश्चिमी सेक्टर

इस मानचित्र में दरशाई गई भारत की बाहरी सीमाएँ न तो सही हैं और न ही प्रामाणिक

हमने 57 माउंटेन डिवीजन के लिए योजना बनाई थी कि वह पहले कोमिल्ला पर नियंत्रण करेगी और उसके बाद मेघना के लिए रवाना हो जाएगी। दुर्भाग्यवश, हमें इस बात की जानकारी नहीं थी कि कोरोनेशन पुल से होकर गुजरने वाली रेलवे लाइन को वाहन चलने योग्य बना दिया गया था। हम चाहते थे कि 23 माउंटेन डिवीजन कोमिल्ला को बाईपास करके मेघना नदी पर स्थित चाँदपुर के नदीय

बंदरगाह (रिवर कोस्ट) पर पहुँच जाए। ले. जनरल सगत सिंह लगातार इस बात पर बल दे रहे थे कि वे कोमिल्ला और उसकी म्यानमाटी छावनी पर अधिकार करेंगे। फिर भी हमने फेनी के निकट अपनी प्रारंभिक काररवाइयों को ध्यान में रखते हुए आदेश दिया कि 23 डिवीजन की प्रहार पंक्ति कोमिल्ला को अनदेखा करेगी और उसके बाद चाँदपुर की ओर बढ़ जाएगी, जिसे मैंने अपना सर्वाधिक महत्त्वपूर्ण लक्ष्य होने का अनुमान लगाया था। हमारे पास मेघना नदी को पार करने की आकस्मिक योजना थी, क्योंकि नौसेना ने वहाँ काररवाई करने से इनकार कर दिया था। हमें एमआई-8 हेलीकॉप्टरों की दो स्क्वाड्रन आवंटित करने का वादा किया गया था। युद्ध के दौरान जब हमने उनकी माँग की तो सेना मुख्यालय की ओर से हाथ खड़े कर दिए गए। चूँकि एमआई-8 हेलीकॉप्टर हमें नहीं मिले थे, इसलिए हमने पास मौजूद 14 एमआई-4 हेलीकॉप्टरों को सेना की कोरों को आवंटित कर दिया।

यद्यपि सेना मुख्यालय ने कहा था कि चटगाँव का बंदरगाह हमारा मुख्य लक्ष्य होना चाहिए, परंतु हमने इस निर्देश को नजरअंदाज कर दिया और 4 कोर को विशिष्ट आदेश दिया कि वह मेघना नदी की ओर घुसपैठ करे और यदि संभव हो तो ढाका पर दबाव बढ़ाने के लिए नदी को पार कर जाए। इसलिए हमें चटगाँव की ओर आगे बढ़ने के लिए अन्य सैनिकों की आवश्यकता पड़ी। अत: हमने इस लक्ष्य को प्राप्त करने के लिए एक 'किलो' बल का निर्माण किया। हमने दो रूपांतरित इन्फैंट्री बटालियनों को मिजो पहाड़ियों से नीचे उतार लिया (जिन्हें संगठनात्मक रूप से केवल उग्रवाद-विरोधी काररवाइयों के लिए गठित किया गया था), दो ईस्ट बंगाल बटालियनें, एक बी.एस.एफ. बटालियन, एक सी.आर.पी.एफ. बटालियन, एक पर्वतीय तोपखाना रेजिमेंट, एक बी.एस.एफ. आर्टिलरी पोस्ट ग्रुप और एक मुजीब तोपखाना था। हमने योजना बनाई थी कि मुक्तिवाहिनी सेक्टर मुख्यालयों के ब्रिगेडियर शाहबेग सिंह इस बल की कमान सँभालेंगे। मैंने अरोड़ा को इस बारे में बता दिया था, जो अगरतला आकर 4 कोर और शाहबेग सिंह को तदनुसार निर्देश देने वाले थे। फिर भी शाहबेग ने अरोड़ा को साफ बता दिया था कि वे ऐसा नहीं करेंगे, क्योंकि इससे उनकी सैन्य प्रतिष्ठा प्रभावित होगी और ऐसा करने के बजाय वह मुक्तिवाहिनी के साथ बने रहना चाहेंगे। जब अरोड़ा ने मुझे इसकी जानकारी दी तो मैं अवाक् रह गया और उसके बाद मुझे 'किलो फोर्स' की कमान सँभालने के लिए मुख्यालयों की खोज करनी पड़ी। उसके बाद मैंने डी.एम.ओ. (डायरेक्टर मिलिटरी ऑपरेशंस) से अनुरोध किया कि वे हमें इस उद्देश्य के लिए ब्रि. आनंद स्वरूप एवं उग्रवाद-विरोधी स्कूल की सहायता लेने की अनुमति प्रदान करें, जोकि सेना मुख्यालय के अधीन था।

इंदर गिल हमेशा की तरह व्यावहारिक निकले और अनुमति देने के लिए राजी हो गए। शाहबेग सिंह अरोड़ा के काफी निकट था और ढाका के पतन के बाद उसने प्रत्यक्ष रूप से नागरिक मामलों में एवं उन्हें मिली अन्य भूमिकाओं में खुलकर काम किया था। रिटायर होने के बाद वह बहुत बदनाम हुआ था, क्योंकि वह पंजाब में जरनैल सिंह भिंडरा वाले की सेना खालिस्तान कमांडो फोर्स का मिलिटरी लीडर बन गया था।

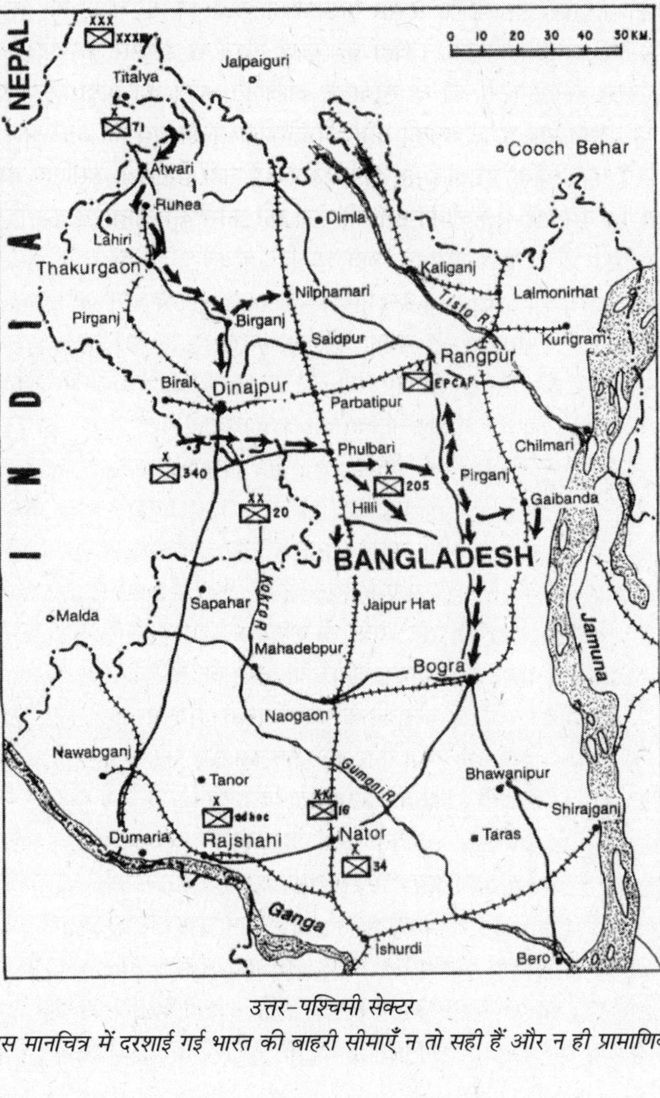

उत्तर–पश्चिमी सेक्टर

इस मानचित्र में दरशाई गई भारत की बाहरी सीमाएँ न तो सही हैं और न ही प्रामाणिक

मुझे मानेकशॉ की ओर से निर्देश दिया गया था कि हमारे मुख्य आक्रमण के दौरान मेजर जनरल सुजान सिंह उबन की कमान वाली स्पेशल फ्रंटियर फोर्स का भी इस्तेमाल करना चाहिए। हमारी नियमित सेनाओं के साथ उसे जोड़ पाना अत्यधिक कठिन दिखाई पड़ा, क्योंकि मैंने 'किलो फोर्स' के लिए मिजोरम से पहले ही दो इन्फैंट्री डिवीजनों को बुला लिया था। मैंने उन्हें चटगाँव की पहाड़ियों पर स्थित रंगामाटी पर कब्जा करने का निर्देश दिया था, जिसकी रक्षा के लिए कुछ कमांडो और कुछ अनियमित सिपाही तैनात थे। उन्हें हमारी मुख्य सेनाओं से अलग घने जंगलों वाले पहाड़ी क्षेत्रों में स्वतंत्र रूप से काम करने का लक्ष्य दिया गया था। उनकी टुकड़ियाँ अपना उद्देश्य पूरा करने के लिए मिजोरम से निकल पड़ीं। उन्होंने युद्ध की समाप्ति तक अपना कार्य पूर्ण कर लिया और उसके बाद वे नीचे चटगाँव की ओर आ गईं, जहाँ से उन्हें वाहनों द्वारा भारत में वापस लाया गया। पश्चिमी (2 कोर) सेक्टर में काररवाइयाँ हमारी अपेक्षा के अनुसार तीव्र गति से आगे नहीं बढ़ रही थीं। प्रारंभ में पाकिस्तानियों ने जैसोर से निकलने से पूर्व भयानक प्रतिरोध किया था। मैंने रैना को आगे बढ़ने के लिए उकसाना जारी रखा, परंतु कोई खास सफलता नहीं मिली। हमें 50 पैराशूट ब्रिगेड से केवल एक बटालियन आवंटित की गई थी, जबकि शेष बची ब्रिगेडों को सेना मुख्यालय रिजर्व के रूप में रोक लिया गया था।

उसके बाद मैंने गिल से अनुरोध किया कि वे हमें जैसोर पर अधिकार करने के लिए पीछे की ओर से आक्रमण करने के लिए 50 पैरा ब्रिगेड के शेष सैनिक उपलब्ध करा दें। काफी लंबी बातचीत के बाद गिल उन्हें इस शर्त पर हमें देने के लिए तैयार हो गए कि जब भी कभी आवश्यकता पड़ेगी, उन्हें सेना मुख्यालय में वापस भेज दिया जाएगा। मैं उनकी शर्त मानने के लिए सहमत हो गया और तत्काल ब्रिगेड कमांडर मैथ्यू थॉमस को बुलाकर उन्हें उनके मिशन की जानकारी दी। मैंने कोर कमांडर से बात की और उनसे कहा कि वे ब्रिगेडियर मैथ्यू थॉमस को प्रत्येक संभव सहायता दें और आवश्यकता हो तो उन्हें अतिरिक्त बटालियन भी आवंटित करें। ब्रिगेड 6 दिसंबर को रवाना हो गई। इस बीच पाकिस्तानियों द्वारा जैसोर को खाली कर दिया गया था और 9 इन्फैंट्री डिवीजन उसके अंदर प्रवेश कर गई थी। डिवीजन को 4 माउंटेन डिवीजन की आक्रमण शक्ति बढ़ाने के लिए मागुरा-फरीदपुर धुरी की ओर दो ब्रिगेडों को भेजना था। 9 इन्फैंट्री डिवीजन ने अपने 'पुनर्गठन' में कई बहुमूल्य दिन बिता दिए और बार-बार अनुरोध करने के बावजूद वह 4 माउंटेन डिवीजन की शक्ति बढ़ाने में विफल रही। इसके बाद मैंने ब्रिगेडियर थॉमस को मागुरा-फरीदपुर धुरी की ओर आगे बढ़ने का आदेश दिया। ब्रिगेड की

अग्रिम बटालियन को मागुरा में पाकिस्तानी वायुसेना बलों के तीव्र प्रतिरोध का सामना करना पड़ा। उस हमले में अन्य सैनिकों के अतिरिक्त बटालियन का कमान अधिकारी भी वीरगति को प्राप्त हो गया था। इस बीच, गिल ने मुझसे 50 पैराशूट ब्रिगेड को, जो हमारे पैरा ड्रॉप के लिए चिह्नित की गई थी, को वापस तंगैल भेजने के लिए कहा। 9 इन्फैंट्री डिवीजन को एक ब्रिगेड खुलना को घेरने और यदि संभव हो तो उसपर अधिकार करने के लक्ष्य को पूरा करने के लिए रवाना होने को कहा गया था। डिवीजनल कमांडर ने मागुरा–फरीदकोट धुरी की ओर आगे बढ़ने के बजाय अपनी समूची डिवीज़न को इस लक्ष्य की प्राप्ति पर ध्यान केंद्रित करने के लिए कहा। कोर कमांडर ने माफी माँग ली, परंतु उसने कोई कारवाई नहीं की। मेजर जनरल दलबीर सिंह ने खुलना पर अधिकार करने का प्रयास किया और अपनी टुकड़ियों को एक–एक करके उसकी ओर रवाना किया और इस प्रक्रिया में उसे भारी सैन्य क्षति उठानी पड़ी। 16 दिसंबर को जब मैं नियाजी से आत्मसमर्पण कराने के लिए ढाका की ओर जा रहा था और जैसोर में हेलीकॉप्टर बदल रहा था, मैं यह देखकर चकित रह गया था कि तोपखाने का एक हेलीकॉप्टर 9 इन्फैंट्री ब्रिगेड के खुलना पर विलंबित आक्रमण में सहायता करने के लिए उड़ान भरने जा रहा था! 15 दिसंबर को शाम 17:00 (5) बजे से युद्धविराम लागू हो गया था। मैंने डिवीजन को आदेश दिया कि वह अन्य आक्रामक कारवाइयों से बचे और युद्धविराम को कार्यान्वित करे।

इस बीच, 4 माउंटेन डिवीजन ने मागुरा पर कब्जा कर लिया और गंगा नदी के तट पर स्थित फरीदपुर से आगे बढ़ते हुए, बिना पुल वाली चौड़ी मधुमती नदी को पार करने की दिशा में चल पड़ी। इस बीच 7 माउंटेन डिवीजन की एक टुकड़ी, जिसे कुश्तिया की ओर भेजा गया, वह चकित होकर पाकिस्तानी सेनाओं से टकरा गई और उसे भारी जन–क्षति उठानी पड़ी। डिवीजन को जो प्रहार पंक्ति आवंटित की गई थी, उसने उसकी ओर आगे बढ़ने के बजाय हार्डिंग ब्रिज से होकर वापस लौटती पाकिस्तानी टुकड़ियों का पीछा करना शुरू कर दिया! मूल प्रहार पंक्ति से भटकाव के कारण फरीदपुर की ओर आगे बढ़ने की गति को धीमा कर दिया। मैंने जब इस संबंध में कोर कमांडर से बात की तो उसके कथन को सुनकर मैं हतप्रभ रह गया, जिसने मुझे बताया कि उसे इस परिवर्तित प्रयास के विषय में कोई जानकारी नहीं थी। न केवल कोर मुख्यालय 4 माउंटेन डिवीजन की बढ़त को नियंत्रित करने में विफल रहा, बल्कि इससे भी बड़ी और गंभीर बात यह थी कि एक ब्रिगेड से कुछ कम, जिस डिवीजन को खुलना को घेरे में लेना था, वह गंगा

नदी के तट पर स्थित फरीदपुर में जाकर निर्धारित प्रहार पंक्ति की ओर 4 माउंटेन डिवीजन की सहायता करने में विफल हो गई थी! इससे भी अधिक चौंकाने वाली बात यह थी कि कोर कमांडर ने उस अंतरदेशीय जलमार्गीय जहाजी बेड़े को, जिसने 5 दिसंबर को उसके पास अपनी उपस्थिति दर्ज कराई थी, आगे बढ़ने की अनुमति देने से इनकार कर दिया था! जब मैंने कोर कमांडर से कहा कि आपको अपने बेड़े को, जिसमें एक इन्फैंट्री ब्रिगेड के परिवहन की क्षमता है, उसे ढाका के विपरीत गोएलुंडो घाट की ओर आगे बढ़ाने की आवश्यकता है तो उसने यह कहकर वैसा करने से इनकार कर दिया कि नदी के उत्तरी तट की ओर से छोटे अस्त्रों से गोलियाँ चलाई जा रही हैं। मैंने उससे प्रतिवाद करते हुए कहा कि आठ साल तक स्कूल जाते समय हार्डिंग पुल को पार किया था, इसलिए मुझे पता है कि उस स्थान से नदी का दूसरा किनारा नजर भी नहीं आता है। मेरी बात सुनकर वह मौन हो गया, जिससे मुझे साफ पता चल गया कि खुद-ब-खुद ढाका पर आक्रमण करने का अवसर मिलने के बावजूद उसका उस तरफ जाने का कोई इरादा नहीं था। अंततोगत्वा वही जहाजी बेड़ा 18 दिसंबर को पाकिस्तानी युद्धबंदियों को भारत लाने के लिए ढाका की ओर रवाना हो गया था।

अपनी प्रहार पंक्ति से भटक जाने के कारण 4 माउंटेन डिवीजन के सैनिकों को तीन दिनों का विलंब हो गया था। 4 माउंटेन डिवीजन ने भारी विरोध का सामना करते हुए दो अन्य नदियों को पार किया और अंततः फरीदपुर में प्रबल पाकिस्तानी प्रतिरोध के बावजूद 14/15 दिसंबर की रात को मधुमती नदी को पार कर लिया। कोर कमांडरों द्वारा अपनी इकाइयों की निर्धारित प्रहार पंक्ति से विचलन पर नियंत्रण कर पाने में विफल हो जाना और 9 इन्फैंट्री डिवीजनों का आगे न बढ़ने का कारण बताकर उसे स्वीकार करना सचमुच खेदजनक है। यदि वह ऐसा नहीं करती तो 11 कोर को 101 कम्युनिकेशन जोन की ढाका पर अधिकार करने के प्रयासों में खुलना में उसकी सहायता करने का जो अवसर मिला था, उससे हाथ न धोना पड़ता!

उत्तर-पश्चिमी सेक्टर में 20 माउंटेन डिवीजन और 71 माउंटेन ब्रिगेड ने अपना कार्य पूरे जोश के साथ किया था। 71 माउंटेन ब्रिगेड ने नल्फामारी और दिनाजपुर में 15 दिसंबर तक पाकिस्तानी दुर्गों तक पहुँचने के लिए सिलीगुड़ी गलियारे से बड़ी तेजी से प्रस्थान किया, परंतु तब तक युद्धविराम लागू हो गया था। 340 माउंटेन ब्रिगेड ने हिल्ली स्थिति पाकिस्तानी रक्षा पंक्तियों के प्रबल प्रतिरोध को अनदेखा करते हुए पीरगंज की ओर प्रस्थान किया और युद्धविराम की घोषणा होने से पूर्व ही दक्षिण में बोगरा की ओर पहुँच गईं। डिवीजन की 202 एवं 165 ब्रिगेडें

सेक्टर पर नियंत्रण करने के क्रम में अलग-अलग होकर आगे बढ़ी थीं। जिस समय युद्धविराम प्रभावी हुआ था, 20 माउंटेन डिवीजन ने उसे दिया गया लक्ष्य, रक्तरंजित विरोध के बावजूद, प्राप्त कर लिया था।

दक्षिण-पूर्वी सेक्टर में 8 माउंटेन ब्रिगेड की 59 माउंटेन ब्रिगेड ने शिलांग से आई 5/5 गोरखा ब्रिगेड के साथ मिलकर 202 पाकिस्तानी ब्रिगेड को सिलहट में ही सीमित कर दिया था, जिसे बिना वजह ही 311 पाकिस्तानी ब्रिगेड द्वारा मौलवी बाजार में तैनात किया गया था। हमें उम्मीद थी कि ब्रिगेड मेघना नदी के संगम पर बने कोरोनेशन पुल पर पीछे से हमला करेगी। यदि वह ऐसा कर जाती तो 4 कोर की मेघना नदी पर सीमित क्रॉसिंग हमारे लिए अत्यंत कठिन हो जाती। जब हमने इस ब्रिगेड के सिलहट में सहायता पहुँचाने की खबरों को बीच में ही पकड़ लिया तो हमने राहत की साँस ली! समस्त आभ्यासिक उद्देश्यों के लिए दो पाकिस्तानी ब्रिगेडें निकल चुकी थीं, परंतु वे हमारे निर्धारित लक्ष्य, ढाका से बहुत दूर थीं। युद्ध की समाप्ति के बाद जब मैं डिवीजन के जी.ओ.सी. मेजर जनरल अब्दुल माजिब काजी से पूछताछ कर रहा था, मैंने उससे पूछा कि उसने इस ब्रिगेड को सिलहट की ओर क्यों रवाना किया था ? इस प्रश्न के उत्तर में उसने जवाब दिया था कि उसे पूरा यकीन था कि हम सिलहट पर अधिकार नहीं कर पाएँगे। नियाजी की किलेबंदी की रणनीति और डिवीजनल कमांडर के उसके अकल्पनीय कार्यान्वयन ने पाकिस्तानी रक्षा पंक्ति को तितर-बितर कर दिया, जिससे हमारी ढाका की ओर बढ़ने की गति तेज हो गई थी।

मेजर जनरल गोन्साल्विस के नेतृत्व वाली 57 माउंटेन डिवीजन अपना लक्ष्य प्राप्त करने के लिए तेजी से आगे बढ़ गई थी। उन्होंने पाया था कि पाकिस्तानी सेनाओं ने अखुरा से ब्राह्मण बरिया तक रेलवे लाइनों से पटरियाँ उखाड़ दी थीं और उसे एक सड़क के रूप में परिवर्तित कर दिया था। हमने इस धुरी पर आगे बढ़ने का विचार इसलिए नहीं किया था, क्योंकि हमें उम्मीद थी कि पाकिस्तानी इन्फैंट्री ब्रिगेड मौलवी बाजार से ब्राह्मण बरिया और आगे सिलहट तक हमारे ऊपर पीछे से हमला कर देगी, लेकिन उसने वैसा नहीं किया। इसलिए हमने इस धुरी का उपयोग करते हुए 57 माउंटेन ब्रिगेड के प्रहार पंक्ति के परिवर्तन के अनुरोध को स्वीकार कर लिया था। 57 माउंटेन ब्रिगेड समस्त प्रतिरोधों का सफाया करते हुए अपनी लाइट इन्फैंट्री टुकड़ियों के साथ मेघना नदी को पार करने में सफल हो गई थी और अपनी पैदल टुकड़ियों को ढाका की ओर रवाना कर दिया था। उन्हें पूरे रास्ते में एक भी पाकिस्तानी तोप अथवा वाहन नहीं मिला था।

इस बीच, 23 माउंटेन डिवीजन, जो लालमाई स्थित पाकिस्तानी रक्षा पंक्तियों को अनदेखा करके चौड़ाग्राम-मुदफरगंज धुरी पर आगे बढ़ रही थी, वह लक्षम स्थित छावनी को छोड़ते हुए चाँदपुर की ओर तेजी से आगे बढ़ रही थी। इस क्षेत्र की काररवाइयों में लिप्त पाकिस्तानी सेना हटकर अपनी म्यानमाटी छावनी में चली गई थी। 4 कोर ने 9 दिसंबर तक चाँदपुर और दाउदखंडी के अपने लक्ष्यों को प्राप्त कर लिया था और महत्त्वपूर्ण मेघना उभार (बल्ज) को सुरक्षित कर लिया था। पूर्व की ओर से ढाका जाने वाले सभी संपर्क मार्ग खुले पड़े हुए थे। नियाजी ने बाद में मुझे ढाका में बताया था कि जब चाँदपुर का पतन हो गया तो हम समझ गए थे कि अब हम युद्ध हार गए हैं। इससे पूर्व मैंने चाँदपुर को अपना प्रमुख लक्ष्य मानकर उसपर कब्जा करने का भारी दबाव बनाया था और 23 माउंटेन डिवीजन को कोर कमांडर तथा सेना कमांडर की इच्छा के विरुद्ध चाँदपुर से चौड़ाग्राम की ओर आगे बढ़ने का आदेश जारी किया था, जबकि उपर्युक्त दोनों लोग पहले लालमाई पहाड़ियों, कोमिल्ला और म्यानमाटी छावनियों को अपने अधिकार में लेने के इच्छुक थे। कोरें म्यानमाटी को लेकर अत्यधिक आसक्त थीं, जिसे हम भी अपनी घेरेबंदी में लेना चाहते थे और उसके लिए हमने 57 माउंटेन डिवीजन की 61 ब्रिगेड, 23 माउंटेन डिवीजन की 181 माउंटेन ब्रिगेड के साथ 61 माउंटेन ब्रिगेड को इस कारवाई के लिए 23 माउंटेन डिवीजन की कमान के अधीन रखा था। विलंबित हमलों और अनावश्यक हताहतों के बावजूद म्यानमाटी छावनी हमारी पहुँच से दूर बनी रही और उसने केवल युद्धविराम लागू होने के बाद ही आत्मसमर्पण किया था। इस बीच, 6 दिसंबर को किलो फोर्स फेनी को अधिकार में लेने के बाद चटगाँव की ओर आगे बढ़ रही थी। ले. जनरल सगत सिंह किलो फोर्स से पहले ही चटगाँव को लेने के प्रति अडिग थे। उन्होंने मेघना नदी को पार करने के बजाय 23 माउंटेन डिवीजन की 181 माउंटेन को चटगाँव की ओर आगे बढ़ने का आदेश दे दिया था। पाकिस्तानी सेनाएँ चटगाँव की ओर जाने वाले संपर्क मार्गों पर फौजदाहाट में अपनी रक्षा तैयारियाँ कर रही थीं, जो हमारे लड़ाकू विमानों की सीमा से बाहर था। विमान वाहक पोत 'विक्रांत' से उड़ान भर सकने वाले लड़ाकू विमान उस समय उपलब्ध नहीं थे। 14 दिसंबर की सुबह दो कैनबरा पायलट मेरे पास टुंगी, जो ढाका से कुछ मील उत्तर में था, पर बमबारी करने के बारे में जानकारी लेने आए। टुंगी का चयन दिल्ली स्थित सेना प्रमुखों ने एक 'रणनीतिक लक्ष्य' के रूप में किया था। हमारी सेनाएँ उसके बाहरी क्षेत्रों में थीं और वह हमारे तोपखाने की परिधि में आता था और वह हमारे सहायक लड़ाकू विमानों की परिधि

के अंदर भी आता था, इसलिए वह किसी तरह कोई रणनीतिक लक्ष्य नहीं था। मैंने पायलटों से कहा कि आपको टुंगी में दिए गए लक्ष्य पर आक्रमण करने की कोई आवश्यकता नहीं है। वहाँ केवल एक निर्माणाधीन फैक्टरी है, इसलिए वहाँ पर हमारी कारखाइयों की कोई प्रासंगिकता नहीं है, अत: आप लोगों को पाकिस्तान के फौजदाहाट रक्षा क्षेत्र में आक्रमण करना चाहिए, क्योंकि वह हमारे सहायक लड़ाकू विमानों की रेंज से बाहर था। मैंने उन्हें यथोचित टारगेट के बारे में जानकारी दी, जिसपर उन्होंने सफलतापूर्वक बमबारी कर दी। उसी दिन देर रात, अत्यंत उद्विग्न देवाशेर, मुख्यालय में वरिष्ठ स्टाफ ऑफिसर, पूर्वी एयर कमान का मुझे एक फोन आया, जो मुझसे कह रहे थे कि वायुसेना अध्यक्ष जानना चाहते हैं कि किसके पास एक रणनीतिक एयर स्ट्राइक को परिवर्तित करने का अधिकार है, वह भी उस दशा में, जबकि हमले का आदेश दिल्ली में तीन चीफ ऑफ स्टाफ द्वारा दिया गया था? मैंने देवाशेर को स्पष्ट किया कि चूँकि हम वास्तविक धरातल पर एक तेज एवं त्वरित कारखाई में व्यस्त हैं, इसलिए हमारे पास दिल्ली के सेना प्रमुखों के ऐसे लंबे और गैर-परंपरागत प्रश्नों का उत्तर देने और उनकी सहमति लेने का कोई समय नहीं है। मैंने देवाशेर से कहा कि आप सेना प्रमुखों को सूचित कर दें कि इस परिवर्तन के लिए सारी जिम्मेदारी मेरी और केवल मेरी है और यह भी कि इसके लिए पायलटों पर दोषारोपण नहीं किया जाना चाहिए। वायुसेना प्रमुख एक व्यावहारिक व्यक्ति थे और उन्होंने उस परिवर्तन की आवश्यकता को स्वीकार कर लिया था। बात वहीं समाप्त हो गई और उसके बाद इस मामले में अन्य कोई बात सुनने को नहीं मिली। हमारी पैदल सेनाएँ 15 दिसंबर को युद्धविराम से ठीक पहले फौजदाहाट पहुँच गई थीं।

8 दिसंबर को मानेकशॉ ने मेरे पास यह कहने के लिए टेलीफोन किया कि वे यह नहीं समझ पा रहे थे कि पश्चिमी सेना के कमांडर ले. जनरल कैंडेथ पर्याप्त फुरती से आगे क्यों नहीं बढ़ रहे थे, इसलिए उन्हें बरखास्त कर रहे हैं? उनका इरादा उनके स्थान पर 1 कोर के कमांडर ले. जनरल के.के. सिंह को नियुक्त करने का था और वह कैंडेथ के चीफ ऑफ स्टाफ मेजर जनरल हरीश राय को 1 कोर में भेजने के इच्छुक थे। उनका यह कथन सुनकर मैं स्तब्ध रह गया था। मैं कैंडेथ को भलीभाँति जानता था और वे एक अच्छे एवं प्रभावशाली कमांडर थे। मैंने मानेकशॉ से कहा कि मझधार में घोड़ों को बदलने की कोई तुक नहीं थी और यह भी कि 1965 के युद्ध में ले. जनरल के.के. सिंह का ट्रैक रिकॉर्ड अपेक्षा के विपरीत काफी अच्छा था और यह भी कि 1 कोर की कारखाइयाँ पैदल सेना की थीं। काफी

कहासुनी के बाद उन्होंने कहा कि मैं इस विषय में पुनर्विचार करूँगा। मुझे बताया गया था कि कैंडेथ के चीफ ऑफ स्टाफ मेजर जनरल हरीश राय ने अपने संस्मरणों में इस बात का उल्लेख किया था कि उन्हें के.के. सिंह को बदले जाने के आदेश का पालन करने की चेतावनी दी गई थी। कैंडेथ ने अत्यंत दक्षतापूर्वक पश्चिमी सेना की कमान सँभाली थी।

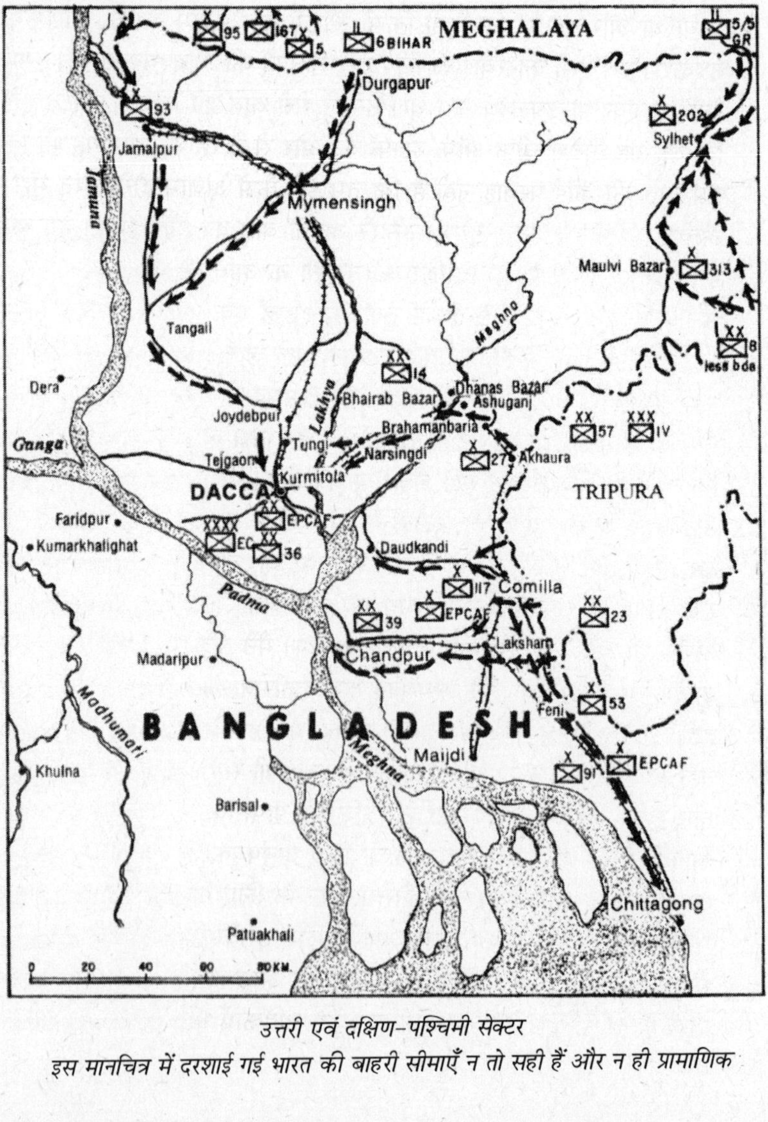

उत्तरी एवं दक्षिण–पश्चिमी सेक्टर

इस मानचित्र में दरशाई गई भारत की बाहरी सीमाएँ न तो सही हैं और न ही प्रामाणिक

9 दिसंबर की सुबह मानेकशॉ ने मुझे फोन किया और कहा कि मैं कॉक्स बाजार पर दोहरा हमला करके पाकिस्तानी सेनाओं को बचकर बर्मा भाग जाने से रोकूँ। मैंने मानेकशॉ को बताया कि वहाँ शायद ही कोई सेना थी, जो अराकान रोड की तरफ वापस लौट सकती थी और यह भी कि मुझे इस तरह का कोई संकेत नहीं मिला था। मानेकशॉ अपनी बात पर अडिग थे। मैंने उन्हें बताया कि मैंने द्वितीय विश्वयुद्ध के दौरान बर्मा के तट पर अनेक दोहरी कारवाइयों में भाग लिया था और यह भी कि ऐसी किसी लैंडिंग को अंजाम देने के लिए हमें पोत, उपकरण एवं ऐसी कारवाई के लिए दक्ष सैनिकों की आवश्यकता थी। हमारे पास इनमें से एक भी उपलब्ध नहीं था। उन्होंने मेरी बात को बीच में काटते हुए कहा कि वह यह निर्देश चीफ ऑफ स्टाफ की ओर से दे रहे थे, और यह भी कि उन्हें इस बात की कोई परवाह नहीं है कि तुम इसे कैसे अंजाम दोगे, परंतु मुझे उनके आदेश का पालन करना होगा। उन्होंने अपनी बात को आगे बढ़ाते हुए कहा कि इस उद्देश्य के लिए 10 दिसंबर को नौसेना के अधिकारियों की एक टीम मुझसे मुलाकात करेगी और मुझे रिपोर्ट देगी। मैंने उन्हें एक बार फिर याद दिलाया कि वहाँ न केवल कोई पोत था, बल्कि रेंगने वाले जाल और जीवनरक्षक पेटियाँ भी नहीं थीं और हमारा कोई भी सैनिक कभी समुद्र में नहीं उतरा था। मानेकशॉ ने पुनः अपनी बात दोहराई कि कारवाई की गति तेज की जानी चाहिए और यह भी कि उसे करने के साधन मुझे स्वयं खोजने होंगे। मैंने कलकत्ता में मौजूद नौसेना अधिकारियों से कहा कि वे कलकत्ता की गोदी में खोजबीन करके पता लगाएँ कि क्या वहाँ ऐसी कोई उपयुक्त नौका उपलब्ध थी, जो एक ब्रिगेड के यातायात में सक्षम हो? सौभाग्यवश, उसी समय 'विश्व विजय' नामक एक वाणिज्यिक जहाज अपना सामान उतारकर लंगर डाले खड़ा था। मैंने तत्काल उसे उपयोग करने का आदेश जारी कर दिया। मेरे ऑपरेशन रूम में नौसेना के अधिकारियों के साथ बैठक हुई। उनमें से किसी को भी दोहरी (जल-थल) कारवाई का कोई पूर्व अनुभव नहीं था। मैंने अतीत में कॉक्स बाजार के दक्षिणी समुद्र के ढलानयुक्त टापुओं पर तीन महीने का दोहरी कारवाई का प्रशिक्षण प्राप्त किया था। कॉक्स बाजार अपने आप में किसी हमलावर अवतरण के लिए अनुपयुक्त था, क्योंकि यदि वहाँ कोई अवतरण होता भी, तो उसका प्रतिरोध करने के लिए निश्चय ही कोई छोटी छावनी मौजूद होगी। आक्रमणकारी अवतरण के लिए उसके संपर्क क्षेत्र भी अनुपयुक्त थे। मैंने कॉक्स बाजार के दक्षिण में उखिया के आसपास वाले टापुओं पर प्रशिक्षण प्राप्त किया था और उसके संपर्कों पर कुछ नदिकाएँ भी थीं। इन सारी चीजों को मैं

नौसेना के अधिकारियों के ध्यान में लाया था। मैंने उन्हें बताया था कि मैं एक ऐसी सेना एकत्र करने का प्रयास कर रहा था, जिसके सैनिकों को मैं उनकी काररवाइयों से अलग निकालकर लाया था और इसमें शामिल थी—मुख्यालय और माउंटेन आर्टिलरी ब्रिगेड, जिसे मैंने पहले तोपखाना मुख्यालय को आवंटित कर दिया था, 1/3 गोरखा राइफल्स, 2 कंपनियाँ बिहार और एक टुकड़ी आर्टिलरी की थी। नौसेना हमें 150 कमांडो उपलब्ध कराने के लिए सहमत हो गई थी। चूँकि हमारी किसी भी टुकड़ी ने इससे पूर्व किसी दोहरी काररवाई में भाग लेने का प्रशिक्षण प्राप्त नहीं किया था, इसलिए हमारे पास इस प्रकार की काररवाइयों के लिए कोई विशेष साजो-सामान भी उपलब्ध नहीं था। नौसेना भाटा के समय पोत को उतारने और ज्वार के समय दोबारा प्रवाहित करने के लिए राजी हो गई थी। व्यापारिक जहाज को उसपर सवार सैनिकों को समुद्र में उतरने वाले बेड़े पर स्थानांतरित करना था। विमानवाहक पोत 'विक्रांत' को वायु सहायता उपलब्ध करानी थी, क्योंकि हमारे उतरने वाले टापू हमारे सहायक विमानों की सीमा से काफी दूर थे। इस ऑपरेशन को 'रोमियो' नामक कोड नाम दिया गया था। सेना 12 दिसंबर को निर्धारित समय-सूची से दो दिन बाद कलकत्ता से रवाना हुई थी, परंतु एक कटु सत्य यह भी था कि हम आदेश मिलने के मात्र तीन दिनों के भीतर अपनी टुकड़ियों को युद्ध के मोरचे से हटाकर अपनी सेनाओं को उनके वाहनों, तोपों और अन्य उपकरणों को समुद्र में उतारने का उत्कृष्ट कार्य करने में सफल हो गए थे।

'रोमियो सेना' को समुद्र में आई.एन.एस. गुलदार एवं आई.एन.एस. घड़ियाल पर स्थानांतरित कर दिया गया था। इस प्रकार हमारी समस्त योजना मानचित्र से परे बनाई गई थी और प्रत्येक टापू (बीच) का सर्वेक्षण किया जाना अभी शेष था। दुर्भाग्यवश, नौसेना ने समुद्र के बीच में रहते हुए योजना में परिवर्तन करने का निर्णय ले लिया। अवतरण बेड़े को टापुओं पर ले जाने और सैनिकों को सूखे तटों पर उतारने के बजाय उन्होंने सैनिकों को नौकाओं द्वारा उतारने का निर्णय लिया, जोकि एक जल्दबाजी में किया गया एक अपूर्ण टापू टोह अभियान था। यद्यपि मैंने नौसेना को नदिकाओं पर निगाह रखने की चेतावनी दी थी, फिर भी सैनिकों को एक नदिका पर उतार दिया गया था। वहाँ बारह लोगों को उतारा गया था, जिसमें से दो सैनिक नदी में डूब गए थे और अन्य 30 सैनिक तट पर छोड़ दिए गए थे। उस समय तक मेरी वह सलाह सही सिद्ध हो चुकी थी कि उस क्षेत्र में हमारा एक भी दुश्मन नहीं था, अलबत्ता नदी के निकट मुक्तिवाहिनी का एक शिविर अवश्य लगा हुआ था। 15 दिसंबर को शाम 5 बजे युद्धविराम लागू हो जाने के बाद 'रोमियो फोर्स' को

16 और 18 दिसंबर के बीच स्थानीय नौकाओं की सहायता से उतार लिया गया था। हम सचमुच अत्यंत सौभाग्यशाली थे कि किसी स्वस्थ चिंतन एवं मूल्यांकन के अभाव में बनाए गए इस निकृष्ट ऑपरेशन में बड़ी आसानी से बचकर निकल आए! मानेकशॉ के आदेश पर किया गया यह ऑपरेशन उनके इस मूर्खतापूर्ण आकलन पर आधारित था कि पाकिस्तानी सेनाएँ अराक़ान मार्ग के रास्ते बर्मा की ओर भाग रही थीं! यह ऐसा निराधार अनुमान था, जो किसी भी खुफिया सूचना द्वारा समर्थित नहीं था। मानेकशॉ की ओर से किए गए एक संक्षिप्त से टेलीफोन के अतिरिक्त दिल्ली स्थित सेवा मुख्यालयों से कोई भी लिखित अथवा मौखिक आदेश नहीं आया था। उभयचर (जल एवं थल) कारखाइयों के लिए विशेष प्रकार के उपकरणों एवं पोतों की आवश्यकता होती है और इसके साथ-साथ विस्तृत नियोजन एवं कारखाई में भाग लेने वाले सैनिकों के लिए सघन अभ्यास की आवश्यकता होती है, जिसमें सेना, नौसेना एवं वायुसेना के कर्मचारी भाग लेते हैं। उस समय इनमें से कोई भी पूर्वापेक्षा विद्यमान नहीं थी। इस प्रकार की विशेष कारखाइयों को घुड़कीबाज मानेकशॉ की ओर से दिल्ली के चीफ ऑफ स्टाफ को आदेश नहीं दिया जाना चाहिए था। हम इस निकृष्टतम अभिकल्पित ऑपरेशन से सही-सलामत आसानी से बच निकले, हमारे लिए यह सचमुच अत्यंत सौभाग्य की बात थी। संयोगवश न तो विमानवाहक पोत 'विक्रांत' ने उतराई में भाग लिया था और न ही इस कारखाई में भाग लेने वाले नौसेना के 150 कमांडो ने।

मुक्तिवाहिनी : बहादुरों की वीरतापूर्ण कहानी

इन स्वतंत्रता सेनानियों के संगठन, भूमिका एवं अन्य कृत्य बांग्लादेश में सर्वविदित हैं और उन्हें भलीभाँति परिभाषित एवं अभिलेखित किया गया है। तथापि, मुक्तिवाहिनी के गठन में भारतीय सेना की भूमिका एवं संयुक्त कारखाइयों के संचालन को भारत में अधिक प्रचार प्राप्त नहीं हुआ है।

मुक्तिवाहिनी, स्वतंत्रता सेनानियों, मुक्ति सेनाओं एवं नौसेना के कमांडो, पूर्वी बटालियनों ने एक साथ मिलकर पूर्वी पाकिस्तान में पाकिस्तानी सेनाओं के आत्मसमर्पण में अग्रणी भूमिका अदा की थी। पाकिस्तानी पंजे से उनके देश को मुक्त कराने के लिए उनके योगदान को यथोचित श्रेय दिया ही जाना चाहिए।

ढाका एवं अन्य क्षेत्रों में पाकिस्तानी सेना की बर्बर कारखाई एवं विध्वंस ने भारत के लोगों को चौंका दिया था। 25 मार्च, 1971 को ढाका में 'ऑपरेशन सर्च लाइट' शुरू किया गया था। विश्वविद्यालय क्षेत्र में हजारों विद्यार्थियों को मौत के

घाट उतार दिया गया था। उससे पूर्व ईस्ट बंगाल बटालियनों को पाकिस्तानी सेना द्वारा तितर-बितर कर दिया गया था। इन समस्त घटनाओं के होने के बावजूद वे दमनकारी सेनाओं का विरोध करने में सफल रहे थे। इन बटालियनों ने धीरे-धीरे अपना ठिकाना भारत में बना लिया था।

26 मार्च, 1971 को भारत सरकार द्वारा सीमा सुरक्षा बल (बी.एस.एफ.) को आदेश दिया गया था कि वह विद्रोही बांग्लादेशी बलों को समस्त संभव सहायता उपलब्ध कराए। बांग्लादेशी बटालियनें और बी.एस.एफ. भारतीय सीमा पर वापस लौट आए थे। उनके वापस लौटने के दौरान छिटपुट लड़ाई हुई थी। फिर भी वे कुछ महत्त्वपूर्ण पुलों को, विशेषतया पूर्वी क्षेत्रों में नष्ट करने में सफल हो गए थे। 29 अप्रैल, 1971 को भारत सरकार ने पूर्वी सेना को आदेश दिया कि वह बांग्लादेशी सेनाओं को अपने देश को स्वतंत्र कराने के संघर्ष में हर समस्त संभव सहायता उपलब्ध कराने का दायित्व अपने ऊपर ले ले। उस क्षेत्र में अवस्थित बी.एस.एफ. को पूर्वी सेना की ऑपरेशनल कमान के अधीन कर दिया गया था।

इस बीच, मार्च 1971 के अंत तक बांग्लादेश के प्रतिरोधी नेताओं ने कलकत्ता पहुँचना प्रारंभ कर दिया था। इन नेताओं में प्रमुख थे—ताजुद्दीन अहमद, नजरुल इसलाम, कमरुज्जमां, मंसूर अली, कर्नल मैग. उस्मानी एवं विंग कमांडर खांडकर। शीघ्र ही 8 थिएटर रोड पर स्थित एक बँगले में एक निर्वासित सरकार की स्थापना कर दी गई। मैंने दोनों मुख्यालयों की स्थापना के लिए आधारभूत ढाँचे का निर्माण करने में सहायता की थी। मैंने उनके मंत्रिमंडल की कुछ बैठकों में भी भाग लिया था और उस्मानी तथा खांडकर से बार-बार मिलता रहता था।

सेना मुख्यालय ने हमारी पूर्वी कमान को तीन कार्य सौंपे थे। मेरा पहला दायित्व यह था कि मैं स्वतंत्र ईस्ट बंगाल की अस्थायी सरकार को पूर्वी पाकिस्तान में एक गुरिल्ला अभियान शुरू करने के उनके प्रयास में उनका परामर्श एवं मार्गदर्शन करूँ।

हमें सौंपा गया अगला कार्य यह था कि मैं लगभग 20,000 की संख्या वाली एक गुरिल्ला फोर्स का गठन करूँ और उसे हथियारों से लैस करूँ, जिसे बाद में लगभग 1,00,000 तक विस्तारित किया जा सकता था। हमारी पूर्वी कमान को पूर्वी पाकिस्तान में गुरिल्ला काररवाइयों की योजना बनाने, उन्हें निर्देशित करने एवं उनके साथ समन्वय स्थापित करने का दायित्व सौंपा गया था। प्रारंभिक चरणों में छापामार दस्तों को उन क्षेत्रों में काम करना था, जहाँ पाकिस्तानी सेनाओं की उपस्थिति नहीं थी। इसके बाद उन्हें बाहरी चौकियों और काफिलों पर हमला एवं

अन्य विध्वंसात्मक काररवाइयाँ करनी थीं। अंततः गुरिल्लाओं को उप-इकाइयों एवं समूहों में कार्य करने का दायित्व सौंपा गया था। मैंने प्रशिक्षित किए जाने वाले गुरिल्लाओं की संख्या और उनकी नियुक्ति की संख्या की संकल्पना से असहमति व्यक्त की थी। मानेकशॉ 1,00,000 गुरिल्लाओं को प्रशिक्षित किए जाने पर बल दे रहे थे। उनका कहना था कि एक बार प्रशिक्षित हो जाने के बाद उन्हें किलेबंद पाकिस्तानी रक्षा चौकियों पर हमला करने के लिए तैनात किया जाना चाहिए। मैंने उन्हें बताया कि हमने आठ शिविरों के निर्माण का कार्य शुरू कर दिया है, जिनमें से प्रत्येक शिविर में एक समय में 1,000 से कुछ अधिक गुरिल्लाओं को प्रशिक्षित करने की क्षमता थी। मुझे गुरिल्लाओं को प्रशिक्षित करने के लिए तीन माह और कनिष्ठ नेताओं के प्रशिक्षण हेतु पाँच माह का समय चाहिए था। मानेकशॉ ने उत्तर दिया कि इस कार्य के लिए केवल तीन से चार सप्ताह का समय पर्याप्त था। मैंने व्यंग्यात्मक प्रतिक्रिया देते हुए कहा कि हमारे शिविर कोई चटनी बनाने की मशीनें नहीं थे कि उसके एक सिरे से एक प्रशिक्षु प्रवेश करेगा और तीन सप्ताह बाद मशीन के दूसरे सिरे से एक प्रशिक्षित गुरिल्ला बाहर निकल आएगा! इसके बाद उन्होंने कहा कि यदि मैं 1,00,000 प्रशिक्षित लड़ाके तैयार नहीं कर सकता तो वह किसी अन्य व्यक्ति को इस कार्य के लिए भेज देंगे, जो यह कार्य कर दिखाएगा। मेजर जनरल ओंकार सिंह कलकत मई में पहुँच गए, परंतु वह दिया कार्य पूरा करने में विफल रहे। उसके बाद मानेकशॉ ने मुझे फोन किया और कहा कि कलकत मेरे प्रश्नों का उत्तर दे पाने में सफल नहीं हुए थे, इसलिए वह कार्य अब मुझे करना चाहिए। मैंने उनसे कहा कि इस विषय में आपको आर्मी कमांडर से पूछना चाहिए। इसके बाद उन्होंने प्रतिवाद करते हुए कहा कि अरोड़ा भी उसे कर पाने में असमर्थ थे। उसके बाद मैंने प्रशिक्षण एवं काररवाइयों का निरीक्षण अपने हाथ में ले लिया। अरोड़ा द्वारा मुझे बताया गया कि स्वतंत्रता सेनानियों के प्रशिक्षण एवं उन्हें हथियारों से लैस करने का दायित्व अपने ऊपर ले लेंगे और यह भी कि मुझे नौसेना एवं वायु शाखाओं की देखभाल करनी चाहिए तथा स्वतंत्रता सेनानियों की काररवाइयों में समन्वय स्थापित करना चाहिए।

भारतीय स्टेट बैंक के एक वरिष्ठ अधिकारी श्री नांबियार को वित्तीय सलाहकार नियुक्त किया गया था, जिन्होंने बैंक की शाखा खोलने के लिए एक उपयुक्त भवन उपलब्ध कराने की माँग की। उन्हें वह स्थान उपलब्ध करा दिया गया, जिसे उन्होंने कभी वापस नहीं लौटाया। उस भवन में आज भी स्टेट बैंक ऑफ इंडिया की फोर्ट विलियम शाखा विद्यमान एवं कार्यरत है।

बांग्लादेशी बलों का मुख्यालय भी उसी 8 थिएटर रोड स्थित भवन में स्थापित किया गया था, जिसमें बांग्लादेश की अस्थायी सरकार का कार्यालय था। कर्नल उस्मानी ने पूर्वी कमान के साथ परामर्श करके ऑपरेशन थिएटरों को आठ सेक्टरों में विभाजित कर दिया। प्रत्येक सेक्टर में एक बांग्लादेशी अधिकारी और उसके स्टाफ के कुछ कर्मचारी थे। वे भारतीय सेना के 'ऑपरेशन जैकपॉट' में लिप्त सेक्टर कमांडरों के समन्वय के साथ काम करते थे। बांग्लादेशी बलों की काररवाइयों को 'ऑपरेशन जैकपॉट' का कोड नाम दिया गया था।

मेजर जिया को चटगाँव सेक्टर के लिए, मेजर खालिद मुशर्रफ को कोमिल्ला के लिए, मेजर सैफुल्लाह को मैमन सिंह के लिए, ले. कर्नल जमान को राजशाही के लिए, मेजर उस्मान को कुश्तिया के लिए और मेजर जलील को खुलना के लिए सेक्टर कमांडर का दायित्व सौंपा गया था। 'टाइगर' सिद्दीकी ने अपने नियंत्रण वाले तंगैल क्षेत्र में स्वतंत्र रूप से कार्य करने का निर्णय लिया था, जैसाकि नुरुल कादर ने टोहा क्षेत्र में किया था। भारतीय सेना के फॉर्मेशन कमांडरों ने अपने-अपने क्षेत्रों में बनाए गए सेक्टरों में मार्गदर्शन उपलब्ध कराया था।

हमने एक हजार से कुछ अधिक संख्या वाले प्रशिक्षुओं के लिए प्रशिक्षण शिविरों की स्थापना की थी। उत्तरी बंगाल के एक सेक्टर में बनाए गए मूर्ति शिविर का संचालन 20 माउंटेन डिवीजन द्वारा किया जाना था, जबकि ऐसा ही एक शिविर 'बी' सेक्टर में बनाया गया था। 'सी' सेक्टर में स्थित चालुक्य शिविर का संचालन 9 इन्फैंट्री डिवीजन द्वारा किया जाने वाला था। 'डी' सेक्टर के त्रिपुला नामक स्थान पर बनाए गए देवतामूरा शिविर का संचालन 57 माउंटेन डिवीजन द्वारा तथा इसी प्रकार असम के 'ई' सेक्टर के मासिमपुर में स्थापित शिविर का संचालन भी उसी डिवीजन द्वारा किया जाने वाला था। तूरा शिविर की स्थापना मेघालय के सेक्टर एफ.जे. में की गई थी, जिसका संचालन 101 कम्युनिकेशन जोन द्वारा किया जाना था। 'ई' सेक्टर के शिविर को सिल्चर में स्थापित किया गया था, जिसका संचालन 8 माउंटेन डिवीजन और दाउकी, 'ई' सेक्टर के शिविर का संचालन 101 कम्युनिकेशन जोन द्वारा किया जाना था।

कुल मिलाकर, लगभग 80,000 स्वतंत्रता सेनानियों को 100 के समूह वाले 20 स्क्वाडों की 10 टीमों में संगठित किया गया था। वे सभी राइफलों, ग्रेनेडों, लाइट मशीन गनों और विस्फोटकों से लैस थे। नियमित बटालियनों को कनिष्ठ नेता उपलब्ध कराने के लिए मूर्ति शिविर में लगभग 130 कैडेटों को प्रशिक्षित किया गया था। उन प्रशिक्षण शिविरों में प्रशिक्षित कुछ गुरिल्लाओं ने 2010 में नई दिल्ली में आयोजित एक शिविर की यात्रा की थी।

मुझे नौसैनिक कमांडो की कारवाइयों के प्रशिक्षण एवं नियोजन का विशिष्ट दायित्व सौंपा गया था। नौसेना ने एक अत्यंत गरम मिजाज कमांडर मैथिस को मेरी सहायता के लिए नियुक्त किया था। लगभग 400 कमांडो को हुगली नदी के ऊपरी तटवर्ती भागों में प्रशिक्षित किया गया था। मैंने पश्चिम बंगाल सरकार से अनुरोध किया कि वह मुझे समुद्र में जा सकने वाले दो जहाजों 'पद्मा' एवं 'पलाश' को उधार दे दे। मैंने उनके ऊपर 40 एम.एम. लाइट एयर डिफेंस तोपें चढ़ा दी थीं। नौसेना ने मुझे मेरी सहायता करने के लिए एक पनडुब्बी चालक कमांडर सामंत को भी नियुक्त कर दिया था। मैथिस एवं सामंत दोनों सीधे मेरे पास अपनी उपस्थिति दर्ज कराते थे।

जैसाकि मैंने पहले भी इस बात का उल्लेख किया था, कारवाइयों की प्राथमिकताओं को लेकर मेरे और उस्मानी के बीच गहरे मतभेद थे। मैं चाहता था कि सर्वाधिक बल मुक्ति सेनाओं के प्रशिक्षण एवं उनके उपकरणों पर दिया जाए। उस्मानी एक प्रतीकात्मक नियमित सैन्य अधिकारी के दृष्टिकोण वाला व्यक्ति था, जो चाहता था कि अनियमित स्वतंत्रता सेनानियों के बलों के बजाय सेना की नियमित टुकड़ियों के प्रशिक्षण पर अधिक बल दिया जाए। फिर भी खांडकर मेरे दृष्टिकोण से सहमत थे। उस्मानी ने मेरी आपत्तियों के बावजूद तीन अन्य नियमित बटालियनें खड़ी कर दी थीं और उन बटालियनों में उन कर्मियों को लिया गया था, जिन्हें हमने मुक्तिवाहिनी के रूप में प्रशिक्षित किया था।

पाँच नियमित ईस्ट बंगाल बटालियनें संगठित की गईं और उन्हें शस्त्रास्त्रों से सज्ज कर दिया गया। 1, 3 और 7 ईस्ट बंगाल बटालियनों को मेघालय के तुरा नामक स्थान पर रवाना कर दिया गया, जहाँ उन्हें 'जेड फोर्स' नामक ब्रिगेड मुख्यालय के अधीन तैनात कर दिया गया। 2 एवं 4 ईस्ट बंगाल बटालियनों को त्रिपुरा भेज दिया गया, जहाँ उन्हें पुनः शस्त्रास्त्रों से लैस किया गया। इन ईस्ट बंगाल बटालियनों के अतिरिक्त तीन आर्टिलरी (तोपखाना) बटालियनें भी बनाई गईं। बांग्लादेशी नियमित बलों को तीन बलों में विभाजित कर दिया गया—जेड फोर्स में 1, 3, 8 ईस्ट बंगाल बटालियनों को शामिल किया गया था, जिनकी सहायता के लिए 2 फील्ड बैटरी को तैनात किया गया था, के. फोर्स में 10 एवं 11 ईस्ट बंगाल को शामिल किया गया था, जिसकी सहायता के लिए नं. 3 फील्ड बैटरी को तैनात किया गया था। एस. फोर्स में 2, 4 एवं 9 ईस्ट बंगाल बटालियनों को शामिल किया गया था, जिनकी सहायता के लिए नं. 1 फील्ड बैटरी (मुजीब) को तैनात किया गया था।

बांग्लादेश की वायुसेना टुकड़ी को हमारी वायुसेना ने एक ऑट्टर, एक डकोटा विमान एवं एक अलोट्टि हेलीकॉप्टर आवंटित किया था। वायुसेना की टुकड़ी भी सीधे मेरे अधीन कार्य कर रही थी।

अगस्त 1971 से स्वतंत्रता सेनानियों ने पूर्वी पाकिस्तान में अपनी घुसपैठ प्रारंभ कर दी थी। प्रारंभ में लगभग कुछ सौ गुरिल्लाओं की घुसपैठ कराई गई थी, परंतु नवंबर माह के अंत तक लगभग 50,000 स्वतंत्रता सेनानियों की घुसपैठ करा दी गई थी। उन्होंने न केवल पाकिस्तानी सशस्त्र सेनाओं पर बार-बार घात लगाकर हमला करके उन्हें परेशान कर दिया था, बल्कि उसके अर्धसैनिक बलों को भी भयभीत कर दिया था। उन्होंने समूची पाकिस्तानी सेना के अधिकारियों एवं सैनिकों में भय का वातावरण पैदा कर दिया था, उनकी कारवाइयों का पाकिस्तानी सशस्त्र सेनाओं के मनोबल पर विनाशकारी प्रभाव पड़ रहा था। स्वतंत्रता सेनानियों ने पूर्वी पाकिस्तान के अंदर कुछ क्षेत्रों को अपने नियंत्रण में भी ले लिया था। टाइगर सिद्दीकी अपने 20,000 साथियों के साथ तंगैल पर अधिकार किए हुए था और जिया ने पूर्वी क्षेत्रों को अपने नियंत्रण में ले लिया था।

स्वतंत्रता सेनानियों ने न केवल पाकिस्तानी सेना के आधारभूत ढाँचे (इंफ्रास्ट्रक्चर) को बाधित एवं नष्ट कर दिया था, बल्कि उन्होंने उसकी रसद आपूर्ति भी ठप कर दी और संचार लाइनों को भी तबाह कर दिया था। उन्होंने पुलों एवं रेलवे की पटरियों को भी उड़ा दिया था, जिससे रेल यातायात जहाँ-का-तहाँ ठहर गया था। उन्होंने बिजली के खंभों और पावर हाउसों को बमों से उड़ाकर बिजली की आपूर्ति ठप कर दी थी। उन्होंने पाकिस्तानी सेना के अधिकारियों एवं कर्मचारियों के मन में भय का भीषण वातावरण उत्पन्न कर दिया था, जिसके कारण पाकिस्तानी सशस्त्र बलों की भारी पराजय हुई थी, इसलिए स्वतंत्रता सेनानियों को उनकी उपलब्धियों के लिए यथोचित श्रेय एवं सम्मान अवश्य दिया जाना चाहिए।

भारतीय नौसेना के कमांडर मैथिस के अधीन लगभग 400 कमांडो और गोताखोरों को प्लासी में प्रशिक्षित किया गया था। मैथिस किसी समय पलासी में मेरे सहायक रहे थे। यह वही स्थान था, जहाँ सिराजुद्दौला और रॉबर्ट क्लाइव के बीच लड़ाई हुई थी। उसके आम के प्रसिद्ध बाग आज भी वहाँ मौजूद हैं। मुक्ति तोप नौका, जिसके ऊपर एक बोफोर्स एल-60 40 एमएम तोप लगाई गई थी, की सहायता से उन्होंने 15 पाकिस्तानी जहाजों, 11 तटीय नौकाओं, 7 तोप लगी नावों, 11 बजरों, 2 टैंकरों एवं 19 नदीय बेड़ों को पकड़कर डुबा दिया था या उन्हें भारी नुकसान पहुँचाया था। उनकी उपलब्धियाँ अत्यंत उल्लेखनीय थीं।

हम मुक्ति नौसेना को कुछ अन्य जहाज भी देना चाहते थे। मैंने पहले इस विषय में कलकत्ता पोर्ट कमिश्नर और उसके बाद पश्चिम बंगाल के मुख्यमंत्री से बात की, जो अत्यधिक सहायक सिद्ध हुए। वे हमें एम.वी. पलाश एवं एम.वी. पद्मा नामक दो जहाज उधार देने के लिए सहमत हो गए। हमने उनके डेक को सुदृढ़ करते हुए उन पर बोफोर्स एल–60 40 एमएम तोपें चढ़ा दीं। उन जहाजों को उन बांग्लादेशी कर्मचारियों के ह वाले कर दिया गया था, जो पहले पाकिस्तानी नौसेना के कर्मचारी थे। भारतीय नौसेना के पनडुब्बीकर्मी कमांडर सामंत को पद्मा एवं पलाश की कमान सँभालने के लिए मेरे अधीन तैनात कर दिया गया था। दोनों कमांडर मैथिस और सामंत सीधे मेरे अधीन काम कर रहे थे, न कि पूर्वी नौसेना कमान के। हमारे दोनों जहाजों ने पूर्वी पाकिस्तान की ओर आने वाली पाकिस्तानी जहाजरानी पर तबाही मचा दी थी। मुझे वह घटना याद आती है, जब मैं जहाजरानी के कारोबार में लिप्त अपने एक मित्र के घर पर बैठा हुआ था, मुझे एक विदेशी जहाज के कप्तान ने कुछ बिना फटे हुए 40 एमएम के गोले दिखाए थे, जिन पर भारतीय निर्माण चिह्न अंकित थे, जिसके बारे में उसने बताया था कि वे गोले उसके जहाज पर दागे गए थे। मैंने उसे बताया कि संभवत: वे गोले किसी पाकिस्तानी जहाज द्वारा दागे गए थे, परंतु मैं यह नहीं समझ सका कि हमारे गोले उन्हें कैसे मिल गए थे ?

मैंने सामंत को चालना एवं मंगला स्थित लंगरगाहों पर खड़े पाकिस्तानी जहाजरानी पर आक्रमण करने का आदेश दिया। मैंने उससे कहा कि वे उन दोनों लंगरगाहों से आगे न बढ़ें, क्योंकि हमारी सेनाएँ खुलना के नजदीक पहुँच गई थीं। मैंने फोर्ट विलियम स्थित अग्रिम वायुसेना मुख्यालय से संपर्क किया और बमवर्षा की पंक्ति का निर्धारण किया। वायुसेना ने हमसे कहा कि हम अपने दोनों जहाजी बेड़ों के डेक को पीले रंग में रँग दें, ताकि उन्हें पहचाना जा सके। मैंने सामंत को उनके लक्ष्य एवं बमबारी पंक्ति की जानकारी दी और उन्हें उससे आगे न जाने की हिदायत दी। हमने अपने जहाजों डेक को पीले रंग से रँग दिया था।

पद्मा एवं पलाश दोनों जहाजों को मार्ग में पर्याप्त सफलता प्राप्त हुई और उन्होंने 9/10 दिसंबर की रात में कई पाकिस्तानी जहाजों को समुद्र में डुबा दिया था। सामंत और पद्मा एवं पलाश पर सवार उनका कार्यबल (टास्क फोर्स) मंगला के लंगरगाह में प्रवेश कर गया। सामंत ने अति उत्साहित होकर खुलना पर आक्रमण करने का निर्णय लिया। वे बमबारी पंक्ति से आगे बढ़ गए और हमारे लड़ाकू विमान उसके जहाजों के पीले रंग में रँगे हुए डेक को पहचान पाने में विफल रहे और उन दोनों जहाजों पर बमबारी कर दी और अपने ही जहाज को समुद्र में डुबा दिया।

सामंत एवं दोनों जहाजों का चालक दल किसी तरह तैरकर तट पर पहुँचे। वह क्षेत्र मुक्तिवाहिनी के नियंत्रण में था और मुक्तिवाहिनी ने उनकी वापसी का प्रबंध कर दिया था। सामंत ने जिस साहस का प्रदर्शन किया था, उससे हम अत्यंत प्रभावित हुए थे और उन्हें 'महावीर चक्र' प्रदान करने की संस्तुति की थी, जो उन्हें बाद में प्राप्त भी हुआ।

पश्चिम बंगाल सरकार ने पद्मा और पलाश की क्षति के लिए क्षतिपूर्ति की माँग की। हमारे वित्तीय सलाहकार दोनों जहाजों के आधे मूल्य का भुगतान करने के लिए राजी हो गए। फिर भी राज्य सरकार चाहती थी कि उसे दो नए जहाज खरीदने के लिए वांछित धन का भुगतान किया जाए। मैंने वित्तीय सलाहकार को समझाया कि हमारी कारवाई से पहले और कारवाई के दौरान सशस्त्र सेनाओं की निर्बाध सहायता करने के लिए हमें दो नए जहाज खरीदने के लिए पर्याप्त धन उपलब्ध कराना चाहिए। वित्तीय सलाहकार यथोचित धन का भुगतान करने के लिए सहमत हो गए और मुख्यमंत्री ने इसके लिए मुझे धन्यवाद दिया।

गुरिल्ला कारवाइयों की सफलता के लिए यह महत्त्वपूर्ण है कि वे अनिवार्यतः शत्रु के घर में गहराई तक घुसकर उसपर प्रहार करें। सफलता प्राप्त करने के लिए समय, संगठन एवं उत्प्रेरण महत्त्वपूर्ण है। कोई भी गुरिल्ला कारवाई त्वरित परिणाम नहीं दे सकती। हमारे पास मई से नवंबर तक की एक सीमित समय-सीमा थी, जिसके अंदर हमें एक गुरिल्ला बल को प्रशिक्षित करना था और उसे हथियारों से लैस भी करना था।

मुक्तिवाहिनी ने जिन अप्रशिक्षित लोगों को भरती किया था, उनके पास छोटे शस्त्रों एवं विस्फोटकों को चलाने का कोई ज्ञान नहीं था। मैंने उन्हें तीन महीने का प्रशिक्षण दिए जाने के लिए मानेकशॉ पर दबाव डाला था, जिसे ठुकरा दिया गया था। युवा प्रशिक्षुओं को प्रशिक्षण के लिए मात्र तीन से चार सप्ताहों का समय दिया गया था, जो किसी प्रशिक्षित गुरिल्ला के लिए अपर्याप्त था। कनिष्ठ नेताओं को न्यूनतम पाँच से छह माह का प्रशिक्षण दिए जाने की आवश्यकता थी। हमने इसे सुनिश्चित करने का प्रयास किया था। पर्याप्त प्रशिक्षण अवधि का अभाव उनकी कार्यकुशलता को प्रभावित करने वाला था। प्रशिक्षुओं का चयन एक प्रकार से अफरातफरी में किया गया था और प्रशिक्षित कनिष्ठ नेताओं के अभाव ने कारवाइयों के संचालन को बड़े पैमाने पर सीमित कर दिया था।

जैसाकि पहले भी कहा गया है, उस्मानी दुर्भाग्यपूर्ण ढंग से गुरिल्ला कारवाइयों के प्रति अधिक आग्रही नहीं थे और वे नियमित बटालियनों की स्थापना पर ध्यान

केंद्रित करने को प्राथमिकता देते थे। उन्होंने पाँच में से तीन नियमित बटालियनों को प्रारंभिक कारवाइयों से वापस बुला लिया था और उन्हें एक ब्रिगेड के रूप में परिवर्तित कर दिया था। बाद में उन्होंने तीन अन्य बटालियनों और दो अन्य ब्रिगेड मुख्यालयों की स्थापना की थी। इन स्थापनाओं के लिए कर्मचारियों का चयन स्वतंत्रता सेनानियों के दल से किया गया था, जिसके कारण गुरिल्ला कारवाइयों के लिए प्रशिक्षित गुरिल्लाओं की कमी पड़ गई थी। नियमित बटालियनों ने नवंबर एवं दिसंबर के महीनों में कुछ सुनिष्पादित कारवाइयों में भाग लिया था। मानेकशॉ के कथनानुसार हमारी भारतीय सेनाओं का मुख्य लक्ष्य चटगाँव पर कब्जा करना था, इसलिए ईस्ट बंगाल बटालियनों के साथ संशोधित इन्फैंट्री बटालियनों की मिश्रित सेना को चटगाँव की ओर आगे बढ़ने का आदेश दिया गया था। जब तक वे शहर के बाहरी इलाकों में पहुँचीं, तब तक 15 दिसंबर को युद्धविराम लागू हो गया था।

गुरिल्ला कारवाइयों का संचालन एक जटिल कार्य है। इन कारवाइयों की सफलता के लिए सावधानीपूर्ण नियोजन, समग्र प्रोत्साहन, सतर्क भरती एवं कारगर कमान एवं नियंत्रण की आवश्यकता होती है। मुक्तिवाहिनी के सेक्टर मुख्यालयों में गुरिल्लाओं की भारी कमी थी, इसलिए वे आवश्यक मानकों के अनुसार योजना बनाने और कारवाइयों को नियंत्रित करने में सफल नहीं हो पाए थे। गुरिल्लाओं की भरती ठीक प्रकार से संगठित नहीं थी, उन्हें दिए गए लक्ष्य भी अत्यंत महत्त्वाकांक्षी थे और कई बार उनमें अव्यवस्था फैल जाती थी। कई बार जब उन्हें शत्रु की ओर से कठोर प्रतिरोध का सामना करना पड़ा तो वे वापस भारतीय सीमा की ओर लौट आए थे। कई बार उनके अंदर अभिप्रेरण की भी कमी होती थी। उदाहरण के लिए, टाइगर सिद्दीकी ने यद्यपि तंगैल में गिराए गए भंडारों को खोजने में सहायता की थी, परंतु उन्होंने जमालपुर और मैमनसिंह से वापस लौटती पाकिस्तानी सेनाओं को तंगैल के अपने मजबूत गढ़ में बीच में ही पकड़ लेने के लिए कुछ भी नहीं किया था। मैंने स्वतंत्रता सेनानियों से द्वितीय विश्वयुद्ध जैसे 'फ्रेंच माकिस विद्रोह' को ढाका में खड़ा करने का भी अनुरोध किया था, लेकिन इसे भी अमलीजामा नहीं पहनाया जा सका था।

इसके बावजूद, मुक्तिवाहिनी एवं ईस्ट बंगाल बटालियनों की उपलब्धियों को यथोचित श्रेय अवश्य दिया जाना चाहिए। उन्होंने पाकिस्तानी पूर्वी कमान के आत्मसमर्पण की ओर ले जाने वाली कारवाइयों में एक महत्त्वपूर्ण एवं प्रमुख भूमिका अदा की थी। उन्होंने अपर्याप्त प्रशिक्षण एवं पर्याप्त कनिष्ठ नेताओं के अभाव के बावजूद, अत्यंत साहस एवं दृढ़ निश्चय के साथ लड़ाई की थी। उन्होंने

पाकिस्तानी सेना में अत्यंत भय का वातावरण उत्पन्न कर दिया था और उन्हें पूरी तरह हतोत्साहित कर दिया था, उन्हें आगे बढ़ने से रोक दिया था और एक प्रकार से उन्होंने पाकिस्तानी सेनाओं को उनकी चौकियों एवं रक्षित स्थानों पर रहने के लिए विवश कर दिया था। उन्होंने पाकिस्तानी सेनाओं को हतोत्साहित कर दिया था और उनकी लड़ने की इच्छाशक्ति को क्षीण कर दिया था। उन्होंने उनकी सीमा के अंदर बड़े क्षेत्रों पर अधिकार कर लिया था, पुलों, बिजली के खंभों को तोड़ देने के अतिरिक्त जहाँ भी अवसर मिलता, वे पाकिस्तानियों को खूब प्रताड़ित करते थे।

कई वर्षों तक भारत एवं बांग्लादेश दोनों ने पाकिस्तानी पूर्वी कमान को पराजित करने में उनके योगदान को कम करके आँका था। बहरहाल, मार्च 2008 में बांग्लादेश की सेना ने भारत के दस अधिकारियों एवं उनकी पत्नियों को आमंत्रित किया। मैंने उस प्रतिनिधिमंडल का नेतृत्व किया था। हमारी यात्रा दस दिनों बाद संपन्न हुई थी और इस दौरान हमारे स्वागत के लिए 'लाल कालीन' (रेड कारपेट) बिछाया गया था और राजकीय अतिथि के रूप में हमारा सम्मान किया गया था। प्रेस ने हमारी यात्रा का समाचार अत्यंत उद्दीप्त शीर्षकों के साथ प्रकाशित किया था। 16 दिसंबर को फोर्ट विलियम में होने वाले समारोह में भाग लेने के लिए बांग्लादेश से प्रतिनिधिमंडल आए थे। दोनों देशों की सेनाएँ अब पूर्वी सेना, ईस्ट बंगाल बटालियनों, स्वतंत्रता सेनानियों तथा बांग्लादेश की जनता को उनकी विजय को संभव बनाने के लिए देय महत्त्व एवं श्रेय देती हैं।

□

10

आत्मसमर्पण : एक सत्यकथा

11 दिसंबर को तंगैल में किए गए एयरड्रॉप (पैराशूट से सामान नीचे फेंकना) की योजना अक्तूबर में बनाई गई थी, जो पूरी तरह सफल रही थी। उत्तर से आने वाली सेनाओं के साथ उनका सम्मिलन 12 दिसंबर को पूर्व निर्धारित योजना के अनुसार ही हुआ था। सेनाएँ 13 दिसंबर को ढाका के बाहरी इलाकों में पहुँच गई थीं। सिद्दीकी और उसके 20,000 लोग हमारी सेनाओं के साथ ढाका की ओर प्रस्थान करने में विफल रहे थे।

संयुक्त राष्ट्र में व्यस्ततम गतिविधियाँ चल रही थीं। सोवियत संघ ने इस प्रकार उन सभी प्रस्तावों पर वीटो लगा दिया था, जो युद्धविराम के साथ पूर्वी पाकिस्तान के लोगों की मान्यता की इच्छा से जुड़े नहीं थे।

6 दिसंबर को संयुक्त राष्ट्र में अमेरिकी राजदूत जॉर्ज बुश ने तत्काल युद्धविराम एवं हमारी सेनाओं को वापस बुलाने की माँग की। इस प्रस्ताव पर भी सोवियत संघ द्वारा वीटो लगा दिया गया था। संयुक्त राष्ट्र की आम सभा में अर्जेंटीना की ओर से एक प्रस्ताव लाया गया, जिसमें युद्धविराम की घोषणा एवं हमारी सेनाओं को वापस बुलाने का प्रस्ताव 11 के विरुद्ध 104 मतों से पारित किया गया था।

अमेरिकी विमानवाहक पोत 'एंटरप्राइज', जो द्विमार्गीय (जल एवं वायु) आक्रमण पोत था, जिसमें चार गाइडेड मिसाइल डिस्ट्रायर, एक गाइडेड मिसाइल पोत एवं एक लैंडिंग फ्रिगेट एवं लैंडिंग क्राफ्ट लदे हुए थे, उसकी गतिविधियों से दिल्ली में अकुलाहट व्याप्त हो गई थी। 'एंटरप्राइज' 13/14 दिसंबर की रात को मलाका के जलडमरूमध्य से होकर रवाना हुआ था। टास्क फोर्स सुमात्रा एवं निकोबार के रास्ते हिंद महासागर में ग्रेट चैनल होते हुए रवाना हुई थी, जबकि भारतीय नौसेना ऐसी किसी भी गतिविधि से पूरी तरह अनभिज्ञ थी।

13 दिसंबर को अमेरिका की ओर से सुरक्षा परिषद् में एक प्रस्ताव लाया गया, जिसमें तत्काल सेनाएँ हटाने की माँग की गई थी, जिसपर सोवियत संघ द्वारा वीटो लगा दिया गया था। सोवियत संघ की ओर से हमें सूचित कर दिया गया था कि अब कोई अन्य वीटो नहीं होगा। उसके बाद मानेकशॉ ने हमें आदेश दिया कि हमने अब तक जिन कस्बों को बाईपास किया था, उन सभी पर अधिकार कर लें। उनके आदेश में ढाका का कहीं भी कोई उल्लेख नहीं किया गया था, यद्यपि हम उसके बाहरी इलाकों तक पहुँच चुके थे। उन्होंने अपने इस आदेश की प्रतियाँ हमारे कोर कमांडरों को प्रेषित कर दी थीं। यदि हम उनके आदेश का पालन करते तो हमें अपनी सेनाओं को वापस लौटाना पड़ता! हमने अपनी पूर्वी कमान में उस आदेश को अनदेखा करने और ढाका की ओर अपने आक्रमण के साथ आगे बढ़ने का निर्णय लिया। मुझे इसी प्रकार के एक समान आदेश की याद आई, नेल्सन को 1801 में कोपनहेगन की लड़ाई से पूर्व जब वापस लौटने का आदेश दिया गया था तो उसने अपनी दूरबीन का ढक्कन लगाते हुए कहा था, "मुझे तो वापस लौटने का कोई भी आदेश दिखाई नहीं देता—हमला करो!"

मेरे ऊपर सीधे ढाका जाने और कस्बों को अनदेखा करने की रणनीति एवं योजना बनाने का दोषारोपण किया जा रहा था। अरोड़ा ने मुझसे कहा था कि "मेरा सिर निहाई पर रखकर काट दिया जाएगा।" मैंने 13 दिसंबर की रात को नियाजी के साथ वायरलेस पर बात की और उसके समक्ष आत्मसमर्पण करने के लिए उदार शर्तों का प्रस्ताव रखा। मैंने उससे कहा कि हम वहाँ जातीय अल्पसंख्यकों की सुरक्षा सुनिश्चित करेंगे और आत्मसमर्पण करने वाली सेनाओं के साथ जिनेवा सम्मेलन के प्रस्तावों के अनुसार यथोचित सम्मानजनक व्यवहार करेंगे। मैंने नियाजी के साथ 14, 15 एवं 16 दिसंबर को बात की थी।

14 दिसंबर को हमें एक सौभाग्यपूर्ण समाचार मिला। हमने एक सिग्नल संदेश को बीच में ही पकड़ लिया था, जिसमें कहा गया था कि दोपहर 12:00 बजे गवर्नमेंट हाउस में एक बैठक होने वाली थी। हमने वायुसेना के साथ मिलकर उसपर बमबारी करने की व्यवस्था की। हमारा हमला कारगर रहा और गवर्नर डॉ. अब्दुल मोहतालेब मलिक त्यागपत्र देकर इंटरकॉन्टिनेंटल होटल चले गए। वह पूर्वी पाकिस्तान की अंतिम सरकार का अंत था। उसी दिन शाम को नियाजी एवं फरमान अली ने अमेरिकी महावाणिज्यदूत स्पिवाक को युद्धविराम से संबंधित प्रस्ताव सौंपा। प्रस्ताव में कहा गया था—

1. युद्धविराम एवं सभी हमलों की समाप्ति,
2. संयुक्त राष्ट्र को प्रशासन का हस्तांतरण,
3. संयुक्त राष्ट्र सुनिश्चित करेगा कि—
   (क) पश्चिमी पाकिस्तान में उनकी वापसी लंबित रहने तक सभी सशस्त्र सैनिकों एवं अर्धसैनिक बलों की सुरक्षा।
   (ख) सभी पश्चिमी पाकिस्तानी नागरिकों की सुरक्षा,
   (ग) 1947 में आए सभी प्रवासियों की सुरक्षा,
   (घ) कोई प्रतिशोधक काररवाई नहीं की जाएगी।

इन प्रस्तावों में भारत का कोई उल्लेख नहीं किया गया था।

यह संदेश 15 दिसंबर को भुट्टो के पास न्यूयॉर्क भेज दिया गया, जहाँ वे सुरक्षा परिषद् की बैठक में भाग ले रहे थे। भुट्टो ने युद्धविराम के प्रस्ताव को तत्काल ठुकरा दिया। सुरक्षा परिषद् उस रात पोलैंड (सोवियत ब्लॉक) के एक संकल्प पर चर्चा कर रही थी, जिसमें युद्धविराम एवं सेनाओं की वापसी की आवश्यकता बताई जा रही थी। भुट्टो ने उस प्रस्ताव को फाड़कर फेंक दिया, क्योंकि उसमें भी अन्य प्रस्तावों की तरह भारत के आक्रांता होने के नाते निंदा नहीं की गई थी। उन्होंने बैठक में चिल्लाते हुए कहा कि वे कभी भी आत्मसमर्पण नहीं करेंगे और अपनी अंतिम साँस तक लड़ेंगे।

16 दिसंबर की सुबह मानेकशॉ ने मुझे फोन किया और कहा, "जेक, जाओ और आत्मसमर्पण करा लो।" मैंने उनसे पूछा कि "क्या मुझे आत्मसमर्पण के बारे में उस प्रारूप के अनुसार मोल-भाव करना चाहिए, जो उनके पास कुछ दिनों पूर्व भेजा गया था?" उन्होंने उत्तर दिया, "तुम जानते हो कि क्या करना है; सिर्फ जाओ।" इसके बाद मैंने कहा कि नियाजी ने मुझे लंच पर आमंत्रित किया है और मैंने इस विषय में अरोड़ा को सूचित कर दिया है। मैं उनके कार्यालय के बाहर श्रीमती भाँति अरोड़ा से मिला और उन्होंने मुझे बताया कि वह ढाका जा रही थीं, क्योंकि उनका स्थान उनके पति की बगल में था। मैं अरोड़ा के पास वापस आया और उनसे पूछा कि क्या वे अपने साथ अपनी पत्नी को भी लेकर जा रहे थे? उन्होंने इस प्रश्न का उत्तर स्वीकार्यता में दिया। मैंने उनसे कहा कि उनको अपने साथ वहाँ ले जाना जोखिम भरा होगा तो अरोड़ा ने उत्तर दिया कि उनकी सुरक्षा सुनिश्चित करना मेरी जिम्मेदारी होगी!

मैं अपने एक स्टाफ ऑफिसर के साथ ढाका की ओर रवाना हो गया। मैंने अपने साथ आत्मसमर्पण प्रस्ताव का एक प्रारूप ले लिया था, जिसकी अभी तक सेना

मुख्यालय द्वारा पुष्टि की जानी शेष थी। मैंने हेलीकॉप्टर में दोबारा तेल भरवाने का समय बचाने के लिए जैसोर में अपना हेलीकॉप्टर बदल दिया। एक ऑफिसर सेना मुख्यालय से एक सिग्नल संदेश लेकर मेरी तरफ भागता हुआ आया। मुझे आशा थी कि मैं अपने साथ जो प्रारूप लेकर जा रहा हूँ, शायद इस संदेश में उसकी पुष्टि की गई होगी। संदेश में कहा गया था, 'भारत सरकार ने जनरल जैकब को जनरल नियाजी के साथ लंच करने की स्वीकृति दे दी है।' मैं ढाका की ओर बढ़ गया।

ढाका में हेलीकॉप्टर से उतरने के बाद संयुक्त राष्ट्र के प्रतिनिधियों मार्क हेनरी, केल्ली एवं अन्य लोगों ने मुझसे मुलाकात की। उन्होंने मुझे बताया कि वे लोग मेरे साथ सरकार पर अधिकार करने और पाकिस्तानी सेना, अर्धसैनिक बलों की वापसी तथा पाकिस्तानी नागरिकों की वापसी का प्रबंध करने के लिए जा रहे थे। मैंने उन्हें धन्यवाद दिया, परंतु उनके प्रस्ताव को ठुकरा दिया। उस समय ढाका में मुक्तिवाहिनी और पाकिस्तानी सेना के बीच लड़ाई जारी थी।

पाकिस्तानियों ने मेरे लिए एक स्टाफ कार भेजी थी। पाकिस्तान की पूर्वी कमान के चीफ ऑफ स्टाफ मुझे पूर्वी कमान के मुख्यालय ले जाने के लिए मेरे साथ कार में बैठ गए। अभी हमने मुश्किल से कुछ सौ गज की दूरी तय की थी कि स्वतंत्रता सेनानियों के एक दल ने सड़क अवरुद्ध कर दी और कार पर गोली चला दी। मैं 'इंडियन आर्मी' चिल्लाता हुआ कार से बाहर निकल आया। मेरी जैतूनी हरे रंग की भारतीय सेना की वरदी को देखने के बाद उन्होंने गोली चलानी बंद कर दी, किंतु वे पाकिस्तानी चीफ ऑफ स्टाफ की हत्या करने पर आमादा थे। मैंने उनके साथ बड़े प्रेम से बात की और उन्हें समझाया कि वे हमें आगे जाने दें। वे लोग मन मसोसकर राजी हो गए। इस बीच हमारा सामना प्रेस से हो गया। 'टाइम' मैगजीन ने खबर दी थी कि मैंने उन्हें कहा था कि "मैं तुम लोगों को गोली मार दूँगा।" मैं शस्त्रविहीन था! कुछ मिनट बाद हमें आगे बढ़ने की अनुमति दे दी गई। मैंने नियाजी के कार्यालय में प्रवेश किया। वहाँ पाकिस्तानी सेना, नौसेना एवं वायुसेना के वरिष्ठतम अधिकारी उपस्थित थे और वहाँ उनके साथ कुछ अन्य वरिष्ठ सैन्य अधिकारी भी थे। मैंने वहाँ सोफे पर मेजर जनरल नागरा को नियाजी के गले में बाँहें डालकर पंजाबी भाषा में अश्लील चुटकुले सुनाते हुए देखा तो चौंक गया। सिद्दीकी सालिक ने अपनी पुस्तक 'विटनेस टु सरेंडर' (1977) में लिखा था कि वे चुटकुले प्रकाशित किए जाने योग्य नहीं थे!

हमने नागरा को कुछ दिनों पूर्व ही मेजर जनरल गुरबख्श सिंह के स्थान पर नियुक्त किया था, जो उस सेना की कमान में शामिल थे, जो ढाका पर कब्जा करने

के लिए आगे बढ़ रही थी, परंतु रास्ते में घायल हो गए थे। नागरा नियाजी को बहुत पहले, तब से जानते थे, जब वे इस्लामाबाद स्थित हमारे उच्चायोग में सैन्य सलाहकार थे। युद्धविराम 15 दिसंबर की शाम 17:00 बजे से प्रभावी हो गया था। 16 दिसंबर की सुबह नागरा ढाका से बाहर लगभग 30 मील दूर अपनी 95 माउंटेन ब्रिगेड और 2 पैरा की टुकड़ियों के साथ थे और युद्धविराम लागू होने के बाद उन्होंने नियाजी को अपना कोई प्रतिनिधि भेजने का संदेश भेजा था। नियाजी उस संदेश को समझ पाने में विफल रहे थे, क्योंकि वे मेरी प्रतीक्षा कर रहे थे। नागरा को एक सफेद झंडा लहराते हुए नियाजी के मुख्यालय में ले जाया गया। मैंने उनके कार्यालय के बाहर सफेद झंडा लगी तीन जीपें खड़ी देखी थीं।

मैंने नागरा को बाहर बुलाया और एक जनरल ऑफिसर के रूप में प्रतिकूल एवं असम्मानजनक आचरण करने के लिए उसकी खूब खिंचाई की। मैंने उससे कहा कि वह तत्काल ढाका की हवाई पट्टी और इंटरकॉन्टिनेंटल में मौजूद कर्मचारियों की सुरक्षा के लिए फौरन कुछ टुकड़ियाँ भेज दे। मैंने उसे यह निर्देश भी दिया कि वह रेसकोर्स मैदान में आत्मसमर्पण-पत्र पर हस्ताक्षर करने के लिए एक मेज और दो कुरसियों तथा संयुक्त गार्ड ऑफ आनर देने के लिए एक सैनिक टुकड़ी की व्यवस्था करे। मैंने उससे कहा कि वह वहाँ से जाने से पूर्व अपने पीछे मेरे लिए एक जीप छोड़कर जाए। नागरा का उसके बाद का आचरण अत्यंत संदेहास्पद था। उसने मेजर जनरल राव फरमान अली की नई मर्सिडीज कार का अपहरण कर लिया और उसे लेकर असम में अपने पूर्व मुख्यालय चला गया था। उसे आदेश दिया गया कि वह उस कार को कमान मुख्यालय के ह वाले कर दे, जहाँ उसे अधिकार में लेकर सेना मुख्यालय द्वारा नया पंजीयन नंबर दिया गया। उस जनरल के विरुद्ध अनेक अन्य आरोप भी थे। अरोड़ा ने उसके लिए किसी अलंकरण की सिफारिश करने से इनकार कर दिया था और वह उसके विरुद्ध अनुशासनात्मक कारवाई करने के इच्छुक थे। फिर भी उन्होंने मामले पर पुनर्विचार किया और कोई कारवाई न करने का निर्णय लिया।

मैंने भवन में दोबारा प्रवेश किया। मसौदा आत्मसमर्पण-पत्र (ड्राफ्ट इंस्ट्रुमेंट ऑफ सरेंडर) को पढ़ा गया। नियाजी की आँखों से आँसू बहकर उसके गालों पर आ गए थे। उसने रोते हुए कहा, "किसने कहा कि मैं आत्मसमर्पण कर रहा हूँ? आप मेरे द्वारा प्रस्तावित केवल युद्धविराम एवं सेना की वापसी के संबंध में चर्चा करने आए हैं।" वहाँ उपस्थित अन्य सेवा प्रमुखों (सर्विस चीफ) ने भी अपनी आपत्तियाँ बुलंद कीं और नियाजी की हाँ-में-हाँ मिलाई। राव फरमान अली ने

एक 'संयुक्त कमान' के समक्ष आत्मसमर्पण के विरुद्ध अपनी आपत्ति दर्ज कराई। चूँकि समय निकलता जा रहा था, इसलिए मैंने नियाजी को एक तरफ बुलाया। मैंने उससे स्पष्ट शब्दों में कह दिया कि यदि वह आत्मसमर्पण नहीं करेगा तो मैं उनके परिवारों और जातीय अल्पसंख्यकों की सुरक्षा की जिम्मेदारी नहीं लूँगा, परंतु यदि वह वैसा करेगा तो मैं उनकी सुरक्षा सुनिश्चित करूँगा? मैंने उसे पुनर्विचार करने के लिए कहा और उसे दोबारा याद कराया कि यदि वह आत्मसमर्पण नहीं करेगा तो मैं उनके परिवारों की सुरक्षा के लिए जिम्मेदार नहीं होऊँगा। मैंने अपनी बात को आगे बढ़ाते हुए कहा कि मैं उसे मेरे प्रस्ताव पर पुनर्विचार करने के लिए तीस मिनट का समय दूँगा और यदि उसने फिर भी आत्मसमर्पण नहीं किया तो मैं युद्ध शुरू करने और ढाका पर बमबारी करने का आदेश दे दूँगा। उसके बाद मैं प्रेस से मिलने के लिए बाहर निकल आया। मैं अत्यंत चिंतित था। नियाजी के पास ढाका में 26,400 सैनिक थे और हमारे पास ढाका से तीस मील दूर केवल 3,000 सैनिक थे। मैं बड़े असमंजस में था कि यदि उसने इनकार कर दिया तो मैं क्या करूँगा? अरोड़ा और उनके परिजन एक या दो घंटे में पहुँचने वाले थे और युद्धविराम भी शीघ्र ही समाप्त होने वाला था। मेरे हाथ में कुछ भी नहीं था। पाकिस्तानी जाँच आयोग ने अपनी रिपोर्ट में बाद में कहा था, "वहाँ कमरे के बाहर जनरल जैकब थे, जो अत्यंत शांत मुद्रा में अपनी पाइप पीते हुए चहलकदमी कर रहे थे।" उस रिपोर्ट के विपरीत, मैं अत्यंत चिंता एवं तनाव में था। मैंने वहाँ तैनात पाकिस्तानी संतरी को बुलाकर उसके परिवार के बारे में पूछा। उसकी आँखों से यह कहते हुए आँसू छलक पड़े कि मैं एक भारतीय अधिकारी होते हुए भी उसके साथ बात कर रहा हूँ, जबकि उसके अपने अधिकारी कभी उसके साथ बात तक नहीं करते! 30 मिनट बाद मैं नियाजी के कार्यालय में दोबारा गया, जहाँ मौत का-सा सन्नाटा पसरा हुआ था। मेरा 'प्रारूप आत्मसमर्पण दस्तावेज' (ड्राफ्ट सरेंडर डॉक्यूमेंट) मेज पर पड़ा हुआ था। मैंने नियाजी से पूछा कि क्या वह दस्तावेज को स्वीकार करता है? जिसका उसने कोई उत्तर नहीं दिया। मैंने अपना प्रश्न तीन बार दोहराया। उसने अब भी कोई प्रतिक्रिया नहीं दी। उसके बाद मैंने दस्तावेज को हाथ में ऊँचा उठाकर लहराते हुए कहा, "मैं इसे स्वीकृत किए जाने के रूप में लेता हूँ।" नियाजी की आँखों से आँसू बहकर उसके गालों पर आ रहे थे। वहाँ मौजूद लोगों की निगाहें उसे घूर रही थीं। मैं नियाजी को बुलाकर एक ओर ले गया और उसके बाद उसे बताया कि मैंने रेसकोर्स में जनता के समक्ष हस्ताक्षर किए जाने का प्रबंध कर लिया है। उसने इसपर कड़ी आपत्ति की। इसके बाद मैंने उससे कहा कि उसे केवल अपनी

तलवार समर्पित करनी होगी। उसने कहा कि उसके पास कोई तलवार नहीं है और यह कि वह अपनी रिवॉल्वर सरेंडर कर देगा। इसके बाद मैंने उससे कहा कि उसे एक 'गार्ड ऑफ ऑनर' देना होगा। जापानियों के आत्मसमर्पण के बाद मेरे विचार अतीत में 1945 में भटकने लगे थे। जिस समय मैं सुमात्रा में विमान से उतरा था, तब जापानियों ने मुझे 'गार्ड ऑफ ऑनर' दिया था। नियाजी ने कहा कि उसके पास 'गार्ड ऑफ ऑनर' को कमांड करने वाला कोई स्टाफ नहीं है। मैंने उसके ए.डी.सी. की ओर इशारा किया और कहा कि उसे कमांड करना चाहिए। मैंने उन्हें अपनी सुरक्षा के लिए अपने हथियारों को तब तक अपने पास रखने की अनुमति दे दी थी, जब तक कि हम स्वयं उन्हें निरस्त्र न कर देते।

उसके बाद मैंने नियाजी के चीफ ऑफ स्टाफ अधिकारियों के साथ उनकी अन्य छावनियों एवं टुकड़ियों के आत्मसमर्पण संबंधी औपचारिकताओं के बारे में चर्चा की। मैंने इस संबंध में अरोड़ा से वायरलेस पर संपर्क करना चाहा, परंतु उनसे संपर्क नहीं किया जा सका। स्पष्ट था कि वह जनरल सगत सिंह को लेने के लिए अगरतला चले गए थे। उसके बाद हम मेस (भोजनालय) में लंच करने चले गए। वहाँ 'ऑब्जर्वर' के संवाददाता गैविन यंग हमें मेस के बाहर खड़े मिले। उन्होंने अनुरोध किया कि क्या वे भी हमारे साथ लंच कर सकते हैं? हम भोजन कक्ष में चले गए। वहाँ करीने से सजी मेजों पर रखी चाँदी की ट्रॉफियों को देखकर मैं स्तब्ध रह गया। मेरा कुछ खाने का मन नहीं हुआ, इसलिए एक तरफ चला गया। इस बीच गैविन यंग ने अपने अखबार 'ऑब्जर्वर' के लिए दो पृष्ठों की खबर लिख डाली, जिसका शीर्षक था 'आत्मसमर्पण भोज' अर्थात् 'द सरेंडर लंच'। अपराह्न 15:00 (तीन) बजे मैंने नियाजी से कहा कि वे मुझे लेकर हवाई अड्डे चलें। चूँकि नागरा मेरे लिए कोई जीप छोड़कर नहीं गया था, इसलिए मैं नियाजी के साथ उसकी स्टाफ कार में बैठ गया। मुक्तिवाहिनी के लड़ाके कार पर कूद पड़े और बड़ी कठिनाई से हम हवाई अड्डे पहुँच सके। सौभाग्यवश, हमने रास्ते में एक जीप को रोका, जिसमें हमारे दो वायुसैनिक सैर करने निकले थे। मैंने उन्हें अपने पीछे-पीछे आने के लिए कहा।

नागरा ने हवाई पट्टी पर कोई सैनिक नहीं भेजे थे। मैंने अपने स्टाफ ऑफिसर को जाकर यह देखने के लिए कहा कि क्या वहाँ हमारे कुछ सैनिक मौजूद थे? यदि वे मिलें तो उन्हें शहर में प्रवेश करने के लिए कहो। थोड़ी देर बाद सशस्त्र मुक्तिवाहिनी से लदा एक ट्रक हवाई पट्टी पर आकर रुका। उसमें से एक आदमी उतरा, जो हमारी जैतूनी हरी वरदी पहने था, जिसपर मेजर जनरल स्तर के अधिकारी

के बैज लगे हुए थे, वह अपने पीछे दो सशस्त्र सैनिकों को लेकर हमारे पास आया। मैंने उसे 'टाइगर' सिद्दीकी के रूप में पहचाना और किसी संकट का अनुमान लगाया। सिद्दीकी, जिसके पास लगभग 20,000 लड़ाके थे, उसने तंगैल से वापस लौटते पाकिस्तानियों को रोकने के लिए एक भी गोली नहीं चलाई थी और वह हमारे साथ ढाका भी नहीं आया था। मैंने महसूस किया कि शायद वह नियाजी की हत्या करने आया था। मुझे यह सुनिश्चित करना था कि नियाजी आत्मसमर्पण-पत्र पर हस्ताक्षर करने तक जीवित रहे। मैंने दोनों पैरा सैनिकों से कहा कि वे नियाजी को अपने घेरे में ले लें और अपनी बंदूकों को सिद्दीकी की ओर तान दें।

मैंने बड़ी नरमी से सिद्दीकी से कहा कि वह हवाई पट्टी से चला जाए। उसने कोई प्रतिक्रिया नहीं दी। मैंने अपना अनुरोध दोहराया। उसने अभी भी कोई उत्तर नहीं दिया। उसके बाद मैंने उससे चीखते हुए कहा कि वह ट्रक में सवार अपने लड़ाकों को लेकर हवाई पट्टी से चला जाए और उनके चले जाने के बाद मैंने राहत की साँस ली। कुछ दिनों बाद सिद्दीकी ने अंतरराष्ट्रीय मीडिया को अपने कैमरा दल के साथ बुलाया और अपने ही कुछ लोगों को गद्दार कहकर अपनी बेंत से उनकी पिटाई करने लगा। बाद में इस घटना के चित्रों को बड़े पैमाने पर प्रसारित कर दिया गया।

लगभग 16:30 (4:30) बजे अरोड़ा अपने काफिले के साथ 5 एम-14 और चार अलौटी हेलीकॉप्टरों पर सवार होकर पहुँचे। अरोड़ा अपनी पत्नी और नौसेना तथा भारमीय वायुसेना कमानों के मुख्य कमांडरों (सीज-एन-सी) के साथ उतरे। उनके साथ ले. जनरल सगत सिंह और उनके कुछ डिवीजनल कमांडर भी विंग कमांडर खांडकर के साथ हेलीकॉप्टरों से उतरे थे। दुर्भाग्यवश, कार को क्षतिग्रस्त कर दिया गया था। मैंने पहले आखिरी कार में अरोड़ा एवं नियाजी के साथ बैठकर जाने की योजना बनाई थी, लेकिन अरोड़ा ने मुझसे कहा कि मैं उनकी पत्नी के लिए स्थान बनाऊँ, जिसके बाद वे अपने पति की बगल में जाकर बैठ गईं। उनका सहायक, जो हस्ताक्षर किए जाने वाले आत्मसमर्पण-पत्र को लेकर उनके साथ आया था, उसे और मुझे एक ट्रक में सवार होकर रेसकोर्स मैदान पहुँचना पड़ा। यद्यपि हमारे पास किसी प्रकार के समारोह की तैयारी के लिए बहुत कम समय था, फिर भी समारोह अपेक्षाकृत बड़ी अच्छी तरह संपन्न हुआ। सलामी गारद (गार्ड ऑफ ऑनर) का निरीक्षण करने के बाद अरोड़ा और नियाजी मेज पर एक साथ बैठे और आत्मसमर्पण-पत्र पर हस्ताक्षर किए। मैंने दस्तावेज पर निगाह डाली तो चौंक गया, क्योंकि उसमें लिखा गया था, 'आत्मसमर्पण-पत्र पर भारतीय मानक समय (आई.एस.टी.) 16:31 बजे हस्ताक्षर किए गए।' जब मैंने अपनी घड़ी देखी

तो वह 16:55 बजे का समय दिखा रही थी। वे अपने साथ हस्ताक्षर करने के लिए जो दस्तावेज लाए थे, उन पर दोनों द्वारा कलकत्ता में पुनः हस्ताक्षर किया जाना था।

नियाजी ने अपनी एपोलेट (कंधे के आर-पार लगाई जाने वाली पट्टी-पद सूचक चिट) उतारी, अपनी रिवॉल्वर निकाली और उसे अरोड़ा को सौंप दिया; उसके गालों पर आँसुओं की धार बह चली थी। उस समय अँधेरा होने लगा था। रेसकोर्स में जमा भीड़ चिल्लाने लगी और नियाजी को पीट-पीटकर मार डालने का खतरा पैदा हो गया था। भीड़ ने पाकिस्तान विरोधी नारे लगाने शुरू कर दिए और गालियाँ सुनाई देने लगीं। इसके बाद भीड़ नियाजी की ओर बढ़ने लगी। वहाँ मौजूद वरिष्ठ अधिकारियों ने नियाजी को अपने सुरक्षा घेरे में ले लिया और उन्हें चुपके से ले जाकर वहाँ खड़ी हमारी एक जीप में बैठा दिया।

मैंने ले. जनरल सगत सिंह को पाकिस्तानियों से हथियार डलवाने और अन्य काररवाइयों को पूरा करने के बारे में समझाया। उसके बाद हम हवाई पट्टी पर लौट आए। रियर एडमिरल शरीफ, जिसे मैंने अपने नौसेना कमांडर से मिलने की अनुमति दी थी, वह वाइस एडमिरल कृष्णन से मिला। कृष्णन ने शरीफ को अपनी पिस्तौल उनके ह वाले करने का आदेश दिया, जिसका उसने तत्काल पालन किया। उसके बाद हम पहले अगरतला और तत्पश्चात् कलकत्ता के लिए प्रस्थान कर गए।

मैं यह सोचकर चकित था कि आत्मसमर्पण-पत्र पर हस्ताक्षर किए जाने का समय 16:31 (4:31) बजे क्यों लिखा गया था? उस समय संसद् का सत्र चल रहा था, सभवतः इसीलिए मानेकशॉ ने इंदिरा गांधी को बता दिया होगा कि आत्मसमर्पण-पत्र पर उसी समय हस्ताक्षर किए जाएँगे। सदस्यगण ढाका में होने वाली काररवाइयों के बारे में जानने के लिए अत्यंत उतावले हो रहे थे। पश्चिम बंगाल के मुख्यमंत्री सिद्धार्थ शंकर रे, जो उस समय संसद् में उपस्थित थे, के अनुसार, सदस्यगण ढाका में होने वाली वार्त्ताओं की प्रगति के बारे में जानने के लिए अत्यंत व्यग्र थे। रक्षा मंत्री ने सदस्यों को कई बार बताया था, जनरल जैकब अभी लंच कर रहे हैं। इस बात की प्रबल संभावना थी कि भावी पीढ़ी द्वारा इतनी सारी उथल-पुथल भरी घटनाओं के बीच भी जैकब का इतनी देर तक बड़े आराम से लंच करने की घटना को याद रखा जाएगा!

कुछ समय बाद, जब मैंने नियाजी द्वारा सौंपी गई रिवॉल्वर की जाँच की तो महसूस किया कि वह रिवॉल्वर नियाजी की नहीं हो सकती थी। उसकी नली में गंदगी भरी पड़ी थी और उसे काफी लंबे समय से साफ भी नहीं किया गया था। उसकी डोरी काफी घिसी हुई और गंदी थी। वह किसी कमान सँभालने वाले जनरल

का अस्त्र कदापि नहीं हो सकता था। संभवत: नियाजी ने उसे किसी सेना पुलिसकर्मी से ले लिया होगा और अपनी निजी रिवॉल्वर बताकर समर्पित कर दिया होगा! मैं खुद को यह सोचने से नहीं रोक पाया कि क्या नियाजी ने सचमुच अपनी ओर से इतनी घटिया हरकत की होगी?

सैन्य काररवाइयों को एक 'विद्युतीय (तड़ित) अभियान' के रूप में उल्लिखित किया जा रहा है और अनेक देशों के सैन्य संस्थानों में इसे पढ़ाया भी जाता रहा है। कालांतर में पाकिस्तान के नेशनल डिफेंस कॉलेज की ओर से जारी किए गए एक पाकिस्तानी दस्तावेज का उल्लेख इन शब्दों में किया गया था—

> *"भारतीयों ने पूर्वी पाकिस्तान के विरुद्ध अपनी आक्रामक कारवाइयों को किसी पाठ्य-पुस्तक के प्रारूप में नियोजित एवं कार्यान्वित किया था। वह आमूल-चूल नियोजन, सूक्ष्म समन्वय, सशक्त कार्यान्वयन का एक उत्कृष्टतम उदाहरण था। इसका पूरा श्रेय निस्संदेह भारतीय पूर्वी कमान में जनरल जैकब द्वारा की गई सतर्क तैयारियों एवं उनके कोर कमांडरों द्वारा किए गए सफल कार्यान्वयन को जाता है।"*

नियाजी ने बिना किसी प्रतिशोधात्मक कारवाई के संयुक्त राष्ट्र के तत्त्वावधान में युद्धविराम, संयुक्त राष्ट्र के तत्त्वावधान में सेनाओं की वापसी और संयुक्त राष्ट्र के तत्त्वावधान में ही सरकार के हस्तांतरण का प्रस्ताव दिया था। उनके युद्धविराम के प्रस्ताव में भारत का कहीं कोई उल्लेख नहीं था। 16 दिसंबर को ढाका में नियाजी के पास 26,400 सैनिक थे और हमारे पास केवल 3,000 सैनिक थे, जो ढाका से बाहर तीस मील की दूरी पर थे। संयुक्त राष्ट्र सुरक्षा परिषद् उस समय पोलैंड के एक प्रस्ताव पर बहस कर रही थी। वह कम-से-कम दो या अधिक सप्ताह तक अभी लड़ाई कर सकता था, और यदि उसने केवल एक ही दिन लड़ाई जारी रखी होती तो संयुक्त राष्ट्र सुरक्षा परिषद् ने सेनाओं की वापसी का आदेश दे दिया होता! कुछ पाकिस्तानियों का कथन है कि नियाजी की हिम्मत जवाब दे गई थी और यह भी कि मैंने उसे आत्मसमर्पण करने के लिए मूर्ख बनाया था! मैंने उसके साथ आत्मसमर्पण की सौदेबाजी अपने अपुष्ट प्रारूप दस्तावेज के आधार पर की थी, जिसे मैंने दिल्ली प्रेषित कर दिया था। शायद यहाँ पाकिस्तान सरकार के 'हमूदुर्रहमान जाँच आयोग' की रिपोर्ट को उद्धृत करना प्रासंगिक होगा—

> *"जनरल नियाजी, जब आपके पास ढाका में 26,400 सैनिक थे और भारतीयों के पास आपसे काफी दूर केवल कुछ हजार सैनिक ही थे, आप कम-से-कम दो और सप्ताह तक लड़ाई जारी रख सकते थे और*

उस समय संयुक्त राष्ट्र सुरक्षा परिषद् की बैठक भी चल रही थी। यदि आपने कम-से-कम एक ही दिन और लड़ाई की होती तो भारतीयों को वापस जाना पड़ता, फिर आपने एक शर्मनाक, बिना शर्त सार्वजनिक आत्मसमर्पण क्यों स्वीकार किया, और केवल इतना ही नहीं, आपने अपने ए.डी.सी. की कमान में उसे एक सलामी गारद (गार्ड ऑफ ऑनर) भी पेश की?"

नियाजी : मुझे जैकब द्वारा वैसा करने के लिए विवश किया गया था, जिसने मुझे आत्मसमर्पण करने के लिए ब्लैकमेल किया था¨ "

इसकी पुनरावृत्ति नियाजी ने 1988 में प्रकाशित अपनी पुस्तक द 'बिट्रेयल ऑफ ईस्ट पाकिस्तान' में भी की थी।

मान लीजिए कि यदि मैं ढाका में नियाजी की ओर से दिए गए संयुक्त राष्ट्र के तत्त्वावधान में युद्धविराम के प्रस्ताव को इतिहास में अपनी किस्म के एकमात्र बिना शर्त सार्वजनिक आत्मसमर्पण में परिवर्तित करने में विफल हो जाता तो अगले ही दिन हमें वापस लौटना पड़ता। मैं विफल नहीं हुआ और भारत एक क्षेत्रीय महाशक्ति बन गया। अभियान सचमुच एक 'बारीकी से चलाई जाने वाली चीज' था। हम सचमुच अत्यंत सौभाग्यशाली थे। यद्यपि उस अभियान का अध्ययन विदेशों में अनेक सेनाओं द्वारा किया जाता है, परंतु भारत में उसे अधिक विस्तार के साथ नहीं पढ़ाया जाता है, न ही उससे कोई सबक सीखे गए, खासतौर से उसकी सचलता (मोबाइलिटी) एवं आपूर्तियों (लॉजिस्टिक्स) को पर्याप्त महत्त्व नहीं दिया गया।

एक युद्धविराम को आत्मसमर्पण में परिवर्तित कर दिया गया और केवल चार घंटे के अंदर उसपर हस्ताक्षर भी करा लिये गए थे। समारोह की तैयारियाँ अत्यंत आधारिक थीं और न्यूनतम संसाधनों के साथ उसकी व्यवस्था की गई थी। वाटरलू की लड़ाई के बाद दिए गए ड्यूक ऑफ वेलिंगटन के वक्तव्य को उद्धृत करें तो उनके अनुसार—'वह बड़ी बारीकी से की गई काररवाई थी।'

पाकिस्तानियों के मन में यहूदियों के प्रति कोई प्यार नहीं है। यहूदियों को यह भलीभाँति पता था कि मैं एक यहूदी हूँ। इसलिए यह अत्यंत आश्चर्यजनक है कि पूर्वी पाकिस्तान में 1971 के युद्ध के विषय में पाकिस्तान के नेशनल डिफेंस कॉलेज में किए गए उनके अध्ययन में वे भारतीय विजय का श्रेय साफतौर पर 'मेजर जनरल जैकब' को देते हैं। फिर भी, भारत में मेरे 'टेक्स्ट बुक' अभियान और इतिहास के एकमात्र युद्धविराम को बिना शर्त आत्मसमर्पण में परिवर्तित करने के योगदान को अधिक नहीं जाना जाता है। मैं इस तथ्य को पुनः दोहराना चाहूँगा कि जब 1977 में

मेरी पुस्तक 'सरेंडर एट ढाका : बर्थ ऑफ ए नेशन' (ढाका में आत्मसमर्पण : एक राष्ट्र का जन्म) प्रकाशित हुई थी, मैंने व्यक्तिगत रूप से उसकी प्रतियाँ मानेकशॉ एवं अरोड़ा को उस समय दी थीं, जब वे दोनों पूरी तरह स्वस्थ एवं सक्रिय थे; एक ने भी उसका खंडन जारी नहीं किया था। पुस्तक का अनुवाद चीनी, थाई, फारसी, अरबी, बंगाली और हिब्रू भाषाओं में किया गया था।

1971 के युद्ध का इतिहास लिखने के लिए एक टीम बनाई गई थी। टीम के सदस्य 1971 के युद्ध के संबंध में मुझसे मिलने आए थे। मेरे पास आने से पूर्व वे लोग मानेकशॉ, अरोड़ा, सगत सिंह और इंदर गिल से मिल चुके थे। उन्होंने मुझसे मिलने की योजना तब तक नहीं बनाई थी, जब तक कि गिल ने उन्हें यह नहीं बता दिया कि यदि आप लोगों को कोई व्यक्ति उस समय की घटनाओं की अधिकृत जानकारी दे सकता है तो वह एकमात्र व्यक्ति जैकब हैं। मैंने उन्हें संपूर्ण घटनाक्रम की जानकारी दी। मेरी बातें सुनकर वे लोग अत्यंत व्यथित एवं चकित दिखाई दिए, क्योंकि मुझसे पूर्व उन्होंने जिन लोगों का साक्षात्कार लिया था, उन्होंने उन्हें घटनाओं की बड़ी रंगीन एवं कल्पित जानकारी दी थी। ब्रि. भीमैया, जो उस टीम की सहायता कर रहे थे, उन लोगों को उन तमाम संचालनात्मक निर्देशों एवं सिग्नल संकेतों को दिखाने ले गए, जिनमें 13 दिसंबर को मानेकशॉ की ओर से जारी किया गया वह आदेश भी शामिल था, जिसके तहत उन्होंने चीनी सीमा से बुलाई गई ब्रिगेडों को वापस अपने स्थान पर भेजने के लिए कहा था। मानेकशॉ ने उस आदेश की प्रतियाँ बनवाकर कोर कमांडरों को भेज दी थीं और उन्हें बाईपास किए गए कस्बों पर कब्जा करने का आदेश दिया था, परंतु उसमें ढाका का कोई उल्लेख नहीं था। भीमैया ने आगे चलकर मुझे बताया था कि रक्षा मंत्रालय ने निर्णय लिया था कि मेरा नहीं, बल्कि केवल मानेकशॉ द्वारा दिए गए विवरण को स्वीकार किया जाना चाहिए।

16वीं कोर की स्थापना

युद्ध की समाप्ति के बाद मेरे प्रति मानेकशॉ का व्यवहार बहुत अच्छा हो गया था। मुझे पीर पंजाल पर्वत श्रेणियों के दक्षिणी क्षेत्र में एक नई 16वीं कोर की स्थापना करने के लिए पदोन्नत कर दिया गया था। कमान सँभालने से पूर्व मैंने अपना कुछ समय कश्मीर में अपनी पसंदीदा ट्राउट बीट मछलियों को पकड़ने में बिताया। मैं खुशकिस्मत था कि कोकरानाग में अपनी छह मछलियों को पकड़ने का कोटा पूरा कर पाने में सफल रहा था। उनका पूरा भार चार पाउंड से अधिक था। पकड़ी

गई मछलियों के चित्र को कश्मीर के पर्यटन विभाग द्वारा अपनी प्रचार पुस्तिका में प्रकाशित किया गया था।

अरोड़ा ने श्रीमती गांधी से संपर्क किया और उनसे उन्हें राज्यपाल नियुक्त किए जाने का अनुरोध किया। इंदिरा गांधी ने उनके अनुरोध को ठुकरा दिया। उसके बाद उन्होंने पंजाब में अकाली सरकार से संपर्क किया और उन्होंने (अकालियों) उनके लिए राज्यसभा में एक सीट का प्रबंध कर दिया।

ले. जनरल पी.एस. भगत, वीर चक्र, को नव-सृजित उत्तरी कमान का आर्मी कमांडर नियुक्त किया गया, जो मेरी 16वीं कोर से तात्कालिक रूप से वरिष्ठ थी। मुख्यालय 16 कोर का दायित्व क्षेत्र पीर पंजाल रेंज से लेकर केवल रावी नदी के पार तक फैला हुआ था। मैं कोर मुख्यालय के लिए किसी स्थान की तलाश में था, जिसके लिए मुझे जम्मू का सुझाव दिया गया। उस सुझाव को मैंने तुरंत ठुकरा दिया, क्योंकि मैं नहीं चाहता था कि मेरा मुख्यालय उस शहर की भीड़ में एक डिब्बा बनकर रह जाए। मुझे अपने सांबा के नगरोटा में बिताए गए दिनों की याद आई, जहाँ मैं तवी नदी के तट पर माहशीर मछली का शिकार करने जाया करता था, जो नगरोटा के निकट ही बहती थी। वहाँ एक कानन विश्रामगृह (फॉरेस्ट रेस्ट हाउस) था, जो नदी को अनदेखा करती एक खड़ी चट्टान पर स्थित था, जहाँ का दृश्य अत्यंत मनोहर एवं दर्शनीय था। मैंने उसे अपने आवास के रूप में किराए पर ले लिया था। नगरोटा में शायद ही कोई आधारभूत ढाँचा था; हमने अपनी ऊर्जाओं को सबसे पहले बिजली और जल उपलब्ध कराने पर केंद्रित किया।

किसी कोर मुख्यालय की स्थापना करना एक कठिन कार्य था। शीघ्र ही हमारा सामना सीमा पर मौजूद पाकिस्तानी सेनाओं से होने वाला था, जहाँ हमें उनके साथ अनेक झड़पों में लिप्त होना पड़ा था। आर्मी कमांडर ले. जनरल भगत एक व्यावहारिक एवं सक्षम व्यक्ति थे और उन्होंने मुझे पूरी स्वतंत्रता दी थी। उन्हें लोगों से मिलना-जुलना और पार्टियों में शामिल होना अत्यंत प्रिय था। एकमात्र सेवारत 'विक्टोरिया क्रॉस' विजेता होने के नाते वे दिल्ली में मौजूद बड़े अधिकारियों की आँखों में बहुत खटकते थे।

नियंत्रण रेखा के पास मौजूद पाकिस्तानी सेनाओं की ओर से अनेक घुसपैठें की जाती थीं, जिनमें से कुछ तो बहुत बड़ी होती थीं और उन्हें खदेड़ने के लिए हमें कई प्रकार की कारवाइयाँ करनी पड़ती थीं। भगत को 17 दिसंबर के बाद के युद्धविराम के बाद किए गए परिवर्तनों और पिछले युद्धविराम के दौरान निर्धारित सीमाओं के नव-निर्धारण का दायित्व सौंपा गया था। भगत ने सीमाओं के पुनर्निर्धारण के लिए

नए 1 मील मानचित्र 1:50,000 के बजाय पुराने 1 इंच (1:63,300) मानचित्र का चयन किया। पाकिस्तानी अपने नए मानचित्र 1:50,000 का प्रयोग कर रहे थे। भिन्न-भिन्न पैमानों के आधार पर नियंत्रण रेखा को एक सीध में रखने में समस्या उत्पन्न हो रही थी। भगत ने अनजाने में ठाको चक के मामले में एक गलती कर दी। जबकि नियंत्रण रेखा को युद्धविराम होने से पूर्व की स्थितियों तक निर्धारित किया जाना था, परंतु जम्मू एवं पाकिस्तान के बीच अंतरराष्ट्रीय सीमा को परिवर्तित नहीं किया जा सकता था। पाकिस्तान के कब्जे वाला ठाको चक अंतरराष्ट्रीय सीमा पर हमारी ओर था, लेकिन भगत ने उसे भूलवश नियंत्रण रेखा का एक भाग मान लिया और उसे पाकिस्तान के सुपुर्द कर दिया था। मैंने उनके इस निर्णय पर कठोर आपत्ति की, परंतु मामले को हमारे पक्ष में सुलझाने में कुछ समय लग गया।

मैंने ठाको चक में एक अत्यंत ऊँचे निगरानी टावर का निर्माण करा दिया था, जहाँ से स्यालकोट और पाकिस्तान के अन्य आंतरिक भागों को देखा जा सकता था। मैंने अपने अनेक निगरानी नाकों को जोड़ने वाली एक सड़क का निर्माण करवाया, जिससे हमारी चौकियों के लिए एक ओट बन गई और उसपर निगरानी एवं द्रुत आवागमन सुनिश्चित हो गया। अब मेरे पास माहशीर की फिशिंग के लिए पर्याप्त समय उपलब्ध हो गया था। विश्रामगृह से थोड़ा ऊपर की ओर जाकर मैंने अत्यंत हलकी टकली से लगभग 40 पाउंड की एक माहशीर पकड़ी, जिसे खींचकर जमीन पर लाने में मुझे 40 मिनट का समय लग गया था!

जनरल भगत को विवश होकर रिटायर होना पड़ा, क्योंकि तत्कालीन चीफ ऑफ आर्मी स्टाफ (सेनाध्यक्ष) जनरल जी.जी. बेवूर को एक्सटेंशन (सेवा विस्तार) दे दिया गया था। यदि यह नहीं दिया गया होता तो भगत सामान्यतया अगले सेनाध्यक्ष बन जाते। यह ऐसा पद था, जिसे पाने की लालसा उनके हृदय में बनी हुई थी। दुःख के कारण ऐसा नहीं हो सका। उन्होंने अपनी नौकरी के अंतिम दिन मेरे साथ बिताए थे। उन्हें दामोदर वैली कॉरपोरेशन के अध्यक्ष पद पर नई नियुक्ति दी गई थी, जिसका कार्यालय कलकत्ता में था। भगत मेरे घर से अपनी आँखों में आँसू लिये हुए निकले थे। बाद में वे कलकत्ता में गंभीर रूप से बीमार हो गए और मेरा हाथ थामकर बुदबुदाते हुए अपने प्राण त्याग दिए कि "मैं एक तोपगाड़ी पर जाना चाहता हूँ।" हमने उनके लिए उपयुक्त अंतिम विदाई का प्रबंध किया। पूर्व सेनाध्यक्ष जनरल जे.एन. चौधरी उन्हें लेकर जाने वाली तोपगाड़ी के पीछे मेरे साथ-साथ चले। वे मेरी ओर मुड़े और बोले, "जैकब, मैं आशा करता हूँ कि मुझे भी ऐसा ही उत्तम अंतिम संस्कार मिलेगा।"

एल.के. झा जम्मू एवं कश्मीर के राज्यपाल थे और सर्दी के महीनों के दौरान हमारे मुख्यालय के बिल्कुल निकट आ जाते थे और अकसर मेरे पास आते रहते थे। कालांतर में जब वे दिल्ली में 10 जनपथ में रहते थे तो अकसर मुझे अपने घर भोजन एवं बातचीत करने के लिए बुलाया करते थे। एल.के. झा अत्यंत बुद्धिमान एवं इंदिरा गांधी के काफी निकट थे। वे अपनी समस्याओं के निदान के लिए उन्हें एक माध्यम के रूप में प्रयोग करती थीं। उनकी मृत्यु के साथ ही मैंने अपना एक मित्र खो दिया।

एक बार मैं अपनी दिल्ली-यात्रा के दौरान मानेकशॉ से मिलने गया, जो उस समय एम.ई.एस. के निरीक्षण बँगले में रह रहे थे। वे लॉन में बिल्कुल अकेले बैठे हुए थे और अत्यंत अवसादग्रस्त दिखाई दे रहे थे। उन्होंने मुझे बताया था कि उन्होंने श्रीमती गांधी से योजना आयोग का उपाध्यक्ष नियुक्त किए जाने का अनुरोध किया था, जिसे उन्होंने ठुकरा दिया था और उसके बजाय मुझे कनाडा में उच्चायुक्त के पद पर नियुक्ति का प्रस्ताव दिया था। उनकी बातें सुनकर मुझे बहुत दुःख हुआ था। पूर्वी कमान में आर्मी कमांडर (जी.ओ.सी.-इन-सी) के रूप में मेरी नियुक्ति के आदेश आ गए थे और मैं कलकत्ता जाने के लिए तैयार हो गया था।

□

11

सेना कमांडर के रूप में मेरे दिन

1 अगस्त, 1974 को मैंने पूर्वी कमान के जी.ओ.सी.-इन-सी के रूप में अपना पदभार ग्रहण किया। मैं उस कलकत्ता नामक शहर में वापस आ गया था, जहाँ मेरा जन्म हुआ था; वह अत्यंत मिलनसार लोगों का शहर था, वह ऐसा शहर था, जिसे मैं बहुत प्यार करता था। मैं अलीपुर स्थित आर्मी हाउस में चला गया, जो एक निराडंबर एवं एकाकी बँगला था, जिसकी दीवार कलकत्ता के चिड़ियाघर की दीवार से सटी हुई थी। उस भवन का अधिग्रहण जनरल कुमारमंगलम के लिए किया गया था, जो उस समय आर्मी कमांडर थे। कुमारमंगलम ने उस बँगले में रहने से इनकार कर दिया था और उसके बजाय उन्होंने अपने रहने के लिए फोर्ट विलियम में स्थित वाटरगेट हाउस को चुना था। सैम मानेकशॉ उस बँगले में रहने वाले पहले सैन्य अधिकारी थे। संयोगवश, यदि मुझे कोई विकल्प दिया गया होता तो मैं भी वाटरगेट हाउस में रहने को प्राथमिकता देता, जिसपर मैंने पूर्वी कमान के चीफ ऑफ स्टाफ के रूप में अधिकार किया था।

मेरे कमान सँभालने के तत्काल बाद मिजोरम के पुलिस महानिरीक्षक की उनके कार्यालय में ही एक मिजो उग्रवादी कापुचुंगा द्वारा गोली मारकर हत्या कर दी गई थी। मैं फौरन आइजॉल के लिए रवाना हो गया। वहाँ पहुँचकर मैंने स्थिति की समीक्षा की और उग्रवादियों की अच्छी तरह से मरम्मत करने की काररवाई का आदेश दिया। इस बीच, नागालैंड में भी स्थिति बिगड़ती जा रही थी। वहाँ संभागीय मुख्यालय के निकट घात लगाकर हमला किया गया था, जिसमें जी.ओ.सी. 8 माउंटेन डिवीजन के हेलीकॉप्टर पर एक छोटे हथियार से हमला कर दिया गया था। मेरे पूर्ववर्ती अधिकारी ने सेनाध्यक्ष को सूचित किया था कि उसने नगा विद्रोह की कमर तोड़ दी थी, अत: वहाँ से दो ब्रिगेडों को वापस बुलाया जा सकता था।

उसके जाने से पूर्व उन दोनों ब्रिगेडों को वहाँ से हटा लिया गया था। मैंने स्थिति का आकलन किया। सैनिकों को स्थिर चौकियों पर तैनात कर दिया गया था और उनके पास कोई आरक्षित सैनिक नहीं थे। मैंने सेनाध्यक्ष से अतिरिक्त सेना भेजने का अनुरोध किया, लेकिन उन्होंने मेरे पूर्ववर्ती अधिकारी की टिप्पणी का संदर्भ देते हुए कहा कि नगा विद्रोह को कुचला जा चुका था। उसके बाद मैंने अनेक स्थिर चौकियों पर सेनाओं का पुनर्गठन किया और सचल काररवाइयों के लिए तीन बटालियनों का एक आरक्षित बल बना दिया। इसी बीच मेरे पास एक ऐसा व्यक्ति आया, जिसने खुद को रॉ का एजेंट होने का दावा किया और अपना कोड नाम 'एजेंट ऑरेंज' बताते हुए कहा कि सड़क के दोनों ओर 50 गज तक गुप्तचर तैनात कर दिए जाने चाहिए। मैंने उसके सुझाव को तत्काल ठुकरा दिया।

अक्तूबर 1974 के दौरान हमारे सैनिकों ने एक नगा गैंग को बीच रास्ते में ही पकड़ लिया था, जो हथियार और गोला-बारूद लेने चीन जा रहा था। कुमाऊँ बटालियन की एक पलटन ने वहाँ कुछ उग्रवादियों के नेता मुइवा को देख लिया था, लेकिन उन्होंने अतिरिक्त सैन्य सहायता पहुँचने तक गोली नहीं चलाई थी। पलटन को सक्रिय देखकर मुइवा अपने पीछे एक डायरी छोड़कर वहाँ से भाग गया था। वह अभी भी अत्यंत सक्रिय था और उस समय अपने उग्रवादियों के साथ बर्मा में रह रहा था। उसकी डायरी में साम्यवाद (कम्युनिज्म) पर लिखे विचारों को पढ़कर मैं आश्चर्यचकित रह गया था। वहाँ पकड़े गए अन्य दस्तावेजों ने उनकी विस्तृत एवं संपूर्ण गणना प्रणाली का रहस्योद्‍घाटन कर दिया था। उसके तत्काल बाद खुफिया ब्यूरो के श्री जोशी ने मुझे फोन किया और बताया कि उनके पास प्रथम श्रेणी की सूचना थी कि एक बड़ा गिरोह चीन जाने के लिए एकत्र हो रहा था। मैंने उनसे कहा कि यदि आप पूरी तरह आश्वस्त हैं तो मैं नागालैंड के अंदर एवं बाहर से एक बड़ी सेना इस गिरोह को बीच में ही पकड़ने के लिए भेज देता हूँ। जोशी ने उत्तर दिया कि उनकी सूचना सकारात्मक थी और उन्होंने मुझे उनकी अंतिम अवस्थिति (लोकेशन) की जानकारी दी; परंतु उन्होंने कहा कि मैं यह भविष्यवाणी नहीं कर सकता कि वे लोग किस रास्ते से होकर चीन जाएँगे? मैंने उन्हें धन्यवाद देकर फोन काट दिया। उनकी आंतरिक एवं बाह्य घेरेबंदी के लिए मुझे लगभग 8,000 सैनिकों की आवश्यकता थी। मुझे इसके लिए उस काररवाई का सहारा लेना पड़ा, जो हमने 1971 में पूर्वी पाकिस्तान में की थी, अर्थात् चीनी सीमा से सैनिकों को हटा लिया था। मैंने एक इन्फैंट्री ब्रिगेड को सीधे बाहरी घेरेबंदी के लिए रवाना होने का आदेश दिया। आंतरिक घेरेबंदी के लिए मैंने नागालैंड में मौजूद सचल (मोबाइल) सैन्य

टुकड़ियों का प्रयोग किया। डिवीजन के जी.ओ.सी. छुट्टी पर थे, अतः राज्यपाल एल.पी. सिंह ने मुझे फोन किया और कहा कि मैं कुछ समय बाद उन्हें दोबारा फोन करूँ। मैंने राज्यपाल एल.पी. सिंह को सूचित किया कि मुझे आपको दोबारा फोन करने की कोई आवश्यकता नहीं है, क्योंकि पूरी कारवाई का संचालन मैं स्वयं सँभालूँगा। मैंने मुख्यमंत्री विजोल अंगमी को फोन किया और उनसे अनुरोध किया कि आप उन पड़ोसी गाँवों में जाएँ, जहाँ मुझे विद्रोहियों के गैंग के जाने की आशा थी और ग्रामीणों से कहें कि वे उन लोगों की कोई सहायता न करें। इससे पूर्व विजोल भूमिगत रहे थे। विजोल ने उत्तर दिया, "क्या आप मुझे राजनीतिक आत्महत्या करने के लिए कह रहे हैं?" मैंने उन्हें उत्तर दिया कि "अतीत में आपने ही मुझे बताया था कि चीनी कम्युनिस्ट अत्यंत निर्मम एवं नास्तिक लोग थे, फिर आप इन विद्रोहियों को चीन जाने, हथियार इकट्ठा करने और नास्तिक चीनियों के दुष्प्रचार से रोकने के लिए कुछ कर क्यों नहीं रहे हैं?" विजोल ने कुछ मिनट तक मेरी ओर घूरकर देखा और उसके बाद उत्तर दिया, "जनरल! मैं जाऊँगा; मुझे इन गाँवों में ले जाने के लिए एक हेलीकॉप्टर दीजिए।" उन्हें एक हेलीकॉप्टर उपलब्ध करा दिया गया और उन्होंने वादे के अनुसार इन गाँवों की यात्रा की और उनकी यात्राओं ने प्रभाव भी डाला। हम उग्रवादियों के गैंग को मोकोचांग के निकट पकड़ने में सफल हो गए। हमने उस पूरे क्षेत्र को अपने घेरे में ले लिया और जिस समय मैं पड़ोस के एक शिविर में ठहरा हुआ था, राज्यपाल ने मुझे फोन करके कहा कि मैं वामुजो नामक एक मंत्री को गैंग के साथ वार्त्ता करने की अनुमति दे दूँ, क्योंकि वर्तमान भूमिगत गिरोहों के साथ उनके संपर्क थे। मैंने महसूस किया कि वामुजो का उद्देश्य समय प्राप्त करना था, ताकि गैंग वहाँ से बचकर निकल जाए और मैंने अपने विचार से राज्यपाल को अवगत भी करा दिया। इसके बाद राज्यपाल ने पूछा कि "क्या मैंने वहाँ 'मार्शल लॉ' लागू कर दिया था?" मैंने उनसे कहा कि "आप अच्छी तरह जानते हैं कि हम लोग वहाँ 'आर्म्ड फोर्सेज स्पेशल पावर्स एक्ट' (ए.एफ.एस.पी.ए.-सशस्त्र सेना विशेष अधिकार अधिनियम) के अंतर्गत कारवाई कर रहे थे, इसलिए मैंने वामुजो को जाकर मोल-भाव करने की अनुमति देने से इनकार कर दिया।" जब घेराबंदी करने वाले जवान उस स्थान के निकट पहुँचे तो उन्हें गैंग नहीं मिला। ब्रिगेड कमांडर क्लेर ने महसूस किया कि गैंग आगे निकल चुका था, इसलिए उन्होंने परामर्श दिया कि हम अपनी टुकड़ियों को त्वेनसांग की अगली विराम-रेखा के लिए रवाना कर दें। मैंने उदासीनतापूर्वक सहमति दे दी और एक चॉपर लेकर असम राइफल्स की चिंतुंगिया चौकी के सामान्य क्षेत्र की ओर

चला गया, जहाँ गैंग के होने की संभावना थी। मैंने गोरखा चौकी कमांडर से बात की और उससे जानना चाहा कि गैंग यहाँ से आगे निकल पाने में कैसे सफल हो गया? उसने अपना सिर हिलाते हुए कहा, "साहब, वे लोग अभी भी वहीं हैं।" मैंने उससे पूछा कि "तुम्हें कैसे पता है?" उसने दोबारा उत्तर दिया, "साहब, यह तो मैं नहीं जानता, लेकिन इतना अवश्य जानता हूँ कि वे लोग अभी भी वहाँ हैं।" टुकड़ियाँ अगली विराम-रेखा की ओर प्रस्थान करने वाली थीं, इसलिए मुझे त्वरित निर्णय लेना था। मेरे ए.डी.सी. (निजी सहायक) कैप्टन हरबख्श सिंह गिल ने मुझे कुछ अनन्नास दिए, जो उसे पोस्ट कमांडर ने दिए थे। वे बहुत मीठे अनन्नास थे और उससे पहले मैंने इतने मीठे अनन्नास कभी नहीं खाए थे। मैंने कुछ मिनट तक सोचा और अपने रेडियो से ब्रिगेड कमांडर को आदेश दिया कि वापस मुड़े और दोबारा आगे बढ़े। मैंने उसे पूरे क्षेत्र में 3 इंच का मोर्टार दागने का आदेश दिया और पूरे क्षेत्र में धुआँ (गंधकरहित) फैल गया। ऑपरेशन सफल रहा। गैंग के एक या दो गुर्गों को छोड़कर समूचे गिरोह को पकड़ लिया गया था। सचमुच उस समय भाग्य ने मेरा साथ दिया था। श्रीमती रानो शाइजा (नगा नेता फिजो की भतीजी) ने मेरे ऊपर आरोप लगाया कि मैं जहरीली गैस का प्रयोग कर रहा था, लेकिन कुछ समय बाद वह अपनी बात से मुकर गई और मैंने नगा जनता के लिए जो कुछ किया था, उसने मुझे धन्यवाद देने के लिए पत्र लिखा (परिशिष्ट देखें)।

किसी विद्रोह के दौरान उसे फैलने से रोकने के लिए दो कारक आवश्यक हैं। पहला, उसे अपनी जड़ें जमाने से रोका जाए और दूसरा, उन्हें शस्त्रों की आपूर्ति की जाने वाली आपूर्ति-श्रृंखला को काट दिया जाए। हमने पहले उनकी चीन से होने वाली आपूर्ति रेखा (सप्लाई लाइन) को काट दिया और उसके बाद नागालैंड में उनके अड्डों को खोजकर उन्हें नष्ट कर दिया। विद्रोही भागने को मजबूर हो गए और उन्होंने शांति स्थापित करने के लिए संदेश भेजे। चेदेमा में बैठकें हुईं और अंततोगत्वा वे 'शिलांग समझौते' पर हस्ताक्षर करने के लिए सहमत हो गए। राज्यपाल ने मुझे अथवा मेरे किसी प्रतिनिधि को शिलांग जाकर समझौते पर हस्ताक्षर करने के लिए कहा, परंतु मैंने इसलिए हस्ताक्षर करने से मना कर दिया, क्योंकि समझौते की धारा 3 में अनेक खामियाँ थीं, जो बाद में विद्रोहियों को समझौते से मुकरने के लिए प्रेरित कर सकती थीं। (परिशिष्ट में रानो शाइजा और राज्यपाल के पत्र देखें)।

मिजो विद्रोह उस समय पूरे उफान पर था। मिजो पहाड़ियों को मूलत: 'लुशाई पहाड़ियाँ' कहा जाता था। लुशाई, अर्थात् लंबा सिर! हम अत्यंत सौभाग्यशाली थे

कि हमारे पास अजित डोभाल जैसा एक युवा गुप्तचर ब्यूरो (आई.बी.) अधिकारी था। डोभाल एक गरम तार (लाइव वायर) के समान थे और उनके पास वेश बदलकर उग्रवादियों के नियंत्रण वाले क्षेत्रों में जोखिम भरा कार्य करने का साहस था। हम दोनों के बीच कुछ व्यावसायिक मतभेद थे। मैं ऐसे ही एक मतभेद को स्मरण करना चाहूँगा—बायकवेल्ला गैंग, जो मणिपुर से मिजोरम के बीच आता-जाता रहता था, हमें उसकी तलाश करनी थी। हम उन्हें गिरफ्तार करना चाहते थे, परंतु डोभाल उनके साथ वार्त्ता करने के पक्ष में थे। उन्होंने मुझे इस बात की सूचना नहीं दी थी कि वे अपने साथ कुछ विद्रोहियों को आई.बी. की एक जीप में लेकर निकल रहे थे। मैंने आदेश दिया कि जीप को बीच में ही रोक लिया जाए और विद्रोहियों को गिरफ्तार कर लिया जाए। दिल्ली से चीख-पुकार की आवाजें आने लगीं। सेनाध्यक्ष जनरल टी.एन. 'टैपी' रैना ने मुझे फोन करके पकड़े गए लोगों को आई.बी. को सौंपने का आदेश दिया। मैंने उन्हें बताया कि कानून के अनुसार हम पकड़े गए विद्रोहियों से 14 दिनों तक पूछताछ कर सकते थे, जिसके बाद उन्हें निकटतम थाने को सौंप सकते थे। रैना ने कहा कि मैं उनके प्रति कठोरता बरत रहा था और मैंने उनसे कह दिया था कि (वे मेरे साथ सेना प्रशिक्षण विद्यालय में थे और उन्हें मुझसे कुछ महीने पहले ही कमीशन मिला था, क्योंकि मुझे एक अन्य प्रशिक्षण प्राप्त करने के लिए आर्टिलरी स्कूल में भेज दिया गया था) और यह भी कि उनके पास इस मामले में 'सुनवाई करने का अधिकार' नहीं था और हम कानून के अनुसार उन्हें निकटतम पुलिस थाने को सौंपेंगे, न कि आई.बी. को। डोभाल ने विद्रोही नेताओं को कलकत्ता में होने वाली बैठक में भाग लेने के लिए राजी करने में बड़ी महत्त्वपूर्ण भूमिका निभाई थी और उसका प्रबंध भी बड़े सुंदर ढंग से किया था। सरकार और विद्रोहियों के बीच रुक-रुककर वार्त्ताओं के कई दौर चले थे और अंत में एक 'शांति समझौता' संभव हो पाया था, जो आज तक विद्यमान है। डोभाल सचमुच एक अद्धितीय आई.बी. अधिकारी थे और मैं सौभाग्यशाली था कि मुझे उनके साथ काम करने का अवसर मिला था। उस अवधि के दौरान मुझे रामजी काव के साथ भी बातचीत करने का अवसर मिला था, जिन्होंने 'रॉ' की स्थापना की थी। काव एक उत्कृष्ट अधिकारी एवं विचारक थे। कालांतर में मैंने लुशाई गीत 'लेंडपुई' को एक प्रयाण गीत के रूप में जोसफ द्वारा संगीतबद्ध कराने की व्यवस्था की थी। प्रयाण गीत को 'हँसते लुशाई' (लुशाई की हँसी) शीर्षक दिया गया था।

मैं पाल्डेन थेंडुप नामग्याल से परिचित था, जो 1969 में सिक्किम के 12वें चोग्याल बने थे। आदिकाल से ही सिक्किम की जनसंख्या में लेपचा-भूटिया कबीले

को वरीयता प्राप्त थी। बाद में सिक्किम में नेपालियों का अंतर्प्रवाह बढ़ गया, जिसने जातीय संतुलन को प्रभावित कर दिया था। 5 दिसंबर, 1950 से सिक्किम भारत का एक रक्षित राज्य बन गया था। चोग्याल की पहली पत्नी सांगे देई की 1957 में मृत्यु हो गई थी। उनका वांग्चुक नामक एक पुत्र था। उसके बाद चोग्याल ने मार्च 1963 में होप कुक नामक एक अमेरिकी महिला से विवाह किया था। उससे उनके तेन्जिंग एवं पाल्डेन नामक दो पुत्र पैदा हुए थे। बड़े पुत्र पाल्डेन नामग्याल का 4 अप्रैल, 1965 को उसके पिता की मृत्यु हो जाने के बाद चोग्याल के रूप में राज्यारोहण किया गया था।

इस बीच सिक्किम में भारी राजनीतिक तूफान आ गया था। कुछ लोगों के अनुसार, उसे दिल्ली से उकसावा दिया जा रहा था। अंततोगत्वा, सन् 1953 में राज्य परिषद् में लेपचा-भूटिया मोरचा एवं नेपालियों के बीच समानता के आधार पर सीटों को साझा करने का नियम बनाया गया। दिल्ली में होप कुक का तीव्र विरोध किया जा रहा था। जब वह चोग्याल को छोड़कर अमेरिका वापस लौट गई तो भारत सरकार ने राहत की साँस ली थी। मैंने चोग्याल को अत्यंत हँसमुख व्यक्ति पाया था, जो अत्यंत तुनकमिजाज व्यक्ति भी था, परंतु यदि उसे ठीक से समझाया जाता था तो वह सहयोग करने लगता था। फिर भी गंगटोक स्थित राजनीतिक अधिकारी उसे पसंद नहीं करते थे और उसे हटाने का षड्यंत्र करते रहते थे। मार्च, 1975 में सेना मुख्यालय से ले. जनरल जसवंत सिंह तत्कालीन विदेश सचिव केवल सिंह के आदेश पर फोर्ट विलियम स्थित मेरे कार्यालय में पधारे थे। उन्होंने मुझे बताया कि केवल सिंह ने उन्हें निर्देश दिया था कि सिक्किम की गारद को निरस्त एवं प्रतिबंधित कर दिया जाए, क्योंकि उन्हें (केवल सिंह को) भय था कि चोग्याल के अंगरक्षक चीन की ओर उसके पलायन में उसकी सहायता कर सकते थे। उनका यह भय निर्मूल एवं बेतुका था। संयोगवश, जब चोग्याल मेरे अलीपुर स्थित कमान हाउस में मुझसे मिलने आए थे तो उनकी कार को हमारी बिल्डिंग तक पुलिस के एक ट्रक सिपाहियों की रक्षा में लाया गया था। मैंने सहायक पुलिस आयुक्त को फोन करके पूछा कि आखिर समस्या क्या है? उसने उत्तर दिया कि पुलिस का पहरा इसलिए लगाया गया है, ताकि चोग्याल को चीन जाने से रोका जा सके। मैंने उससे कहा कि मूर्ख मत बनो, क्योंकि चोग्याल के लिए यहाँ से चीन जाने का कोई मार्ग नहीं है, इसलिए तुम मेरे आवास से फौरन अपनी पुलिस को हटा लो। मैंने ले. जनरल जसवंत सिंह से कहा कि आप चाहें तो गंगटोक जा सकते हैं, परंतु मैं यहाँ चोग्याल के साथ सौदा करने की अनुमति नहीं दूँगा। इसके बाद मैंने उससे पूछा कि क्या

सेनाध्यक्ष को इस विषय में कोई जानकारी है ? उसने उत्तर दिया कि सेनाध्यक्ष इस विषय में कुछ नहीं जानते हैं। इसके बाद मैंने सेनाध्यक्ष जनरल बेवूर को फोन किया। बेवूर ने बताया कि उन्हें इस संबंध में कोई जानकारी नहीं है और यह भी कि विदेश सचिव केवल सिंह इस समय गंगटोक में पड़ाव डाले हुए हैं, उन्हें तुमसे बात करनी चाहिए। यह संदेश केवल सिंह को दे दिया गया, जिन्होंने कहा कि उनकी बेवूर से बात करने की कोई इच्छा नहीं है। मैंने भी केवल सिंह के पास संदेश भिजवा दिया कि मैंने भी अपने कोर एवं डिवीजन मुख्यालयों को निर्देश जारी कर दिया है कि अब से कोई भी अधिकारी उनसे (केवल सिंह से) कोई आदेश नहीं लेगा। मैंने अपने ब्रिगेडियर, जनरल स्टाफ, ब्रि. बलजीत मेहता को इस जानकारी के साथ गंगटोक भेज दिया कि कोई भी काररवाई केवल कमान मुख्यालय की ओर से भेजे गए उनके आदेशों पर की जाएगी। मैंने बेवूर पर यह प्रभाव डालने का प्रयास किया कि आपको दिल्ली में सरकार को यह जानकारी दे देनी चाहिए कि यद्यपि एक लेपचा चोग्याल, भले ही वह घमंडी क्यों न हो, उसे समझाया जा सकता था। इसके तत्काल बाद बेवूर ने मुझे फोन किया और कहा कि सरकार ने निर्णय लिया है कि सिक्किम की गारद को शस्त्रविहीन कर दिया जाए, क्योंकि वे सुरक्षा के लिए खतरा थे। मैंने कहा कि मैं सिक्किम की गारद को जानता हूँ और वे किसी प्रकार की कोई चुनौती पेश नहीं कर सकते। उन्होंने कहा कि ये आदेश सरकार की ओर से दिए गए थे। मैंने उसके विषय में कहा कि यदि ये सरकारी आदेश थे तो इन्हें लिखित रूप से दिया जाना चाहिए। सेनाध्यक्ष ने कहा कि केवल मौखिक आदेश है, लिखित में कोई आदेश नहीं दिया जाएगा। इस पूरे मामले को लेकर मैं अत्यंत अप्रसन्न था। मैंने ब्रि. बलजीत मेहता से कहा कि वे गारद को निरस्त्र करने की औपचारिकताओं एवं रूपरेखाओं के विषय में डिवीजन मुख्यालय के साथ विचार-विमर्श करें और इस बात पर बल दिया कि काररवाई रक्तपातरहित होनी चाहिए। दुर्भाग्यवश, महल के एक संतरी ने हमारे सैनिकों पर गोली चला दी थी, जिसे तत्काल मार डाला गया था। उनके शस्त्रागार को जब्त कर लिया गया, गारद को निरस्त करने के बाद उसका विघटन कर दिया गया। चोग्याल की आँखों से आँसू बह रहे थे। उसने एक सैनिक के रक्त में कपड़ा भिगोकर बार-बार प्रार्थना की कि गारद के अलंकार एवं मानक उसे लौटा दिए जाएँ। सरकार की ओर से उसके अनुरोध को ठुकरा दिया गया। समूची घटना अनावश्यक एवं निंदनीय थी। बार-बार केवल एक ही बात दोहराई जा रही थी कि चोग्याल अपने अंगरक्षकों का प्रयोग चीन जाने के लिए करेगा (अंगरक्षकों के पास केवल राइफलें थीं और उनकी संख्या भी मात्र दो सौ थी)। बाद में चोग्याल के पुत्र

तेन्जिंग की अपने पिता के साथ तीखी नोक-झोंक हुई और उसने उन्हें पीट भी दिया, जिसके परिणामस्वरूप चोग्याल ने निराश होकर मात्रा से अधिक नींद की गोलियाँ खा लीं। मुझे इस घटना की जानकारी दी गई तो मैंने फौरन सेना के एक हेलीकॉप्टर चालक को आदेश दिया कि वह उन्हें उनके महल से उठाकर सिक्किम के हवाई अड्डे ले जाए, जहाँ से उन्हें विमान द्वारा कलकत्ता लाया जा सके। चोग्याल को कलकत्ता के एक निजी अस्पताल में भरती कराया गया, जहाँ कुछ दिनों बाद उन्हें होश आ गया। मैं अस्पताल के कमरे के बाहर तेन्जिंग से मिला, जिसे अपने कृत्य पर कोई अफसोस नहीं था। चोग्याल की मृत्यु 1982 में हुई, जबकि तेन्जिंग 11 मार्च, 1978 को एक कार दुर्घटना में मारा गया था। उसकी मृत्यु के बाद कुछ लोगों ने आरोप लगाया कि उसकी मृत्यु कोई दुर्घटना नहीं थी।

कैप्टन डब्ल्यू.ए. संगमा मेघालय के मुख्यमंत्री थे और 1970 के दशक के प्रारंभिक दिनों में एक क्षेत्रीय राजनीतिक पार्टी ए.पी.एच.एल.सी. के अध्यक्ष थे। वे एक योग्य मुख्यमंत्री थे और उन्होंने एक ईमानदार सरकार का नेतृत्व किया था। हम दोनों के बीच बड़े अच्छे कार्यकारी संबंध थे और हम शिलांग में कई बार मिलते रहते थे। कुछ समय बाद वे मुझसे मिलने कलकत्ता आए। उन्होंने 18 मार्च, 1972 को मुख्यमंत्री का पदभार ग्रहण किया था। 1976 में एक शाम उन्होंने मुझसे परामर्श लेने के लिए कलकत्ता में फोन किया। उन्होंने कहा कि कांग्रेस पार्टी चाहती है कि मेरी पार्टी उसमें शामिल हो जाए। मैंने उनसे पूछा कि क्या आप भी ऐसा ही चाहते हैं तो उन्होंने नकारात्मक उत्तर दिया। मैंने उनसे कहा कि आपको वही करना चाहिए, जो आपको सही लगे।

दो सप्ताह बाद वे कांग्रेस में शामिल हो गए। बाद में जब मेरी उनसे मुलाकात हुई तो मैंने पूछा कि आपने किस कारण से अपना मन-परिवर्तन किया? उन्होंने उत्तर दिया कि मेरे पास एक ऐसा संदेश भेजा गया था कि यदि मैं कांग्रेस में शामिल नहीं हुआ तो उसके बहुत गंभीर परिणाम होंगे। कालांतर में जब एक दिन शिलांग में मेरी मुलाकात इंदिरा गांधी से हुई तो उन्होंने विषय को बदलते हुए उत्तर-पूर्व की सरकारों की चर्चा छेड़ दी। इंदिरा गांधी ने कहा कि इन क्षेत्रीय सरकारों को कांग्रेस में शामिल हो जाना चाहिए। मैंने उनसे कहा कि इन उग्रवाद प्रभावित क्षेत्रों में राष्ट्रवादी क्षेत्रीय सरकारें अधिक व्यावहारिक एवं कारगर होंगी, जिनके माध्यम से केंद्र सरकार उग्रवादियों से अधिक अच्छी तरह निपट सकती थी, बजाय इसके कि वह इनसे सीधे निपटने का प्रयास करे! इंदिरा गांधी का दृढ़ मत था कि संगमा सरकार की तरह अन्य क्षेत्रीय सरकारों को भी कांग्रेस में शामिल हो जाना चाहिए। मैंने कहा,

"मैडम प्रधानमंत्री, मुझे कांग्रेस की किसी भी सरकार की अपेक्षा इन क्षेत्रीय सरकारों से अधिक सहयोग मिलता है।" यह एक युक्तिहीन टिप्पणी थी, जिसे सुनकर श्रीमती गांधी आगबबूला हो गईं। कुछ देर बाद जब वे कुछ शांत हुईं तो बोलीं, "अपनी बात जारी रखो।" मैंने उत्तर दिया कि मैं तो यह सोचकर चकित था कि क्या आप सच्चाई सुनना पसंद करेंगी या फिर वह सुनना चाहेंगी, जो आपको पसंद हो? उन्होंने कोई प्रतिक्रिया नहीं दी। श्रीमती गांधी ने कुछ समय का विश्राम लेकर शिलांग राजभवन में मनोरंजन किया। मुझे कई बार उनसे बात करने का अवसर मिला था और उनके प्रति मेरे मन में उच्चतम आदर था। कई बार जब वे फुरसत में होती थीं तो अपने बच्चों राजीव और संजय के विषय में भी बातें किया करती थीं। उन्होंने एक बार बताया था कि संजय दोपहर और रात के खाने के बीच कुछ नहीं खाता था, लेकिन राजीव अकसर बीच-बीच में अल्पाहार करता रहता था। उन्होंने एक बार मुझे गुप्त रूप से बताया था कि उनका पसंदीदा संगीत 'फिडलर ऑन द रूफ' (छत पर सारंगी बजानेवाला) था। उन्होंने एक बार मुझसे पूछा था कि क्या यहूदी भारत को छोड़ रहे हैं? मैंने इस प्रश्न का कोई उत्तर नहीं दिया था।

यहाँ मैं स्वर्ण मंदिर के संबंध में एक विशेष वार्त्तालाप का उल्लेख अवश्य करूँगा। मैंने स्वर्ण मंदिर में किसी जबरन प्रवेश के विरुद्ध उन्हें सख्त सलाह दी थी और एल.के. झा का उल्लेख करते हुए उन्हें बताया था कि सन् 1922-23 में अंग्रेजों को अमृतसर से कुछ दूर उत्तर में एक गुरुद्वारे को लेकर कोई समस्या थी। उन्होंने गुरुद्वारे के चारों ओर कँटीले तारों की चहारदीवारी बनाकर उसका प्रवेश नियंत्रित कर दिया था, लेकिन उन्होंने मंदिर में प्रवेश नहीं किया था। एल.के. झा के माध्यम से यह संदेश श्रीमती गांधी के पास विधिवत् पहुँचा दिया गया था, लेकिन बाद में अत्यंत दुर्भाग्यपूर्ण ढंग से स्वर्ण मंदिर में जबरन प्रवेश किया गया, जिसके कारण बड़ी भारी जन-क्षति हुई थी।

इस घटना के बाद श्रीमती गांधी ने मेरे पास संदेश भेजा, किंतु नरसिम्हा राव द्वारा मेरे पास उस संदेश को वितरित नहीं किया गया, जो उस समय पार्टी की ओर से पंजाब के मामलों को देख रहे थे। नरसिम्हा राव ने मेरे पास संदेश भिजवाया कि मैं उनके साथ पंजाब की यात्रा करूँ और श्रीमती गांधी के लिए उन्हें कोई जानकारी दूँ। मैंने पंजाब में यात्रा करते और जनता के सभी वर्गों के लोगों से बातचीत करते हुए सात दिन बिताए थे और अपनी रिपोर्ट राव को सौंप दी थी। मेरी सिफारिशों पर दो दिनों तक खूब चर्चाएँ होती रहीं और उस मामले में उसके अतिरिक्त मुझे अन्य कुछ भी सुनने को नहीं मिला था।

मेरे विचार से, श्रीमती इंदिरा गांधी को देश में आपातकाल लागू करने का मूर्खतापूर्ण सुझाव पश्चिम बंगाल के मुख्यमंत्री एस.एस. रे द्वारा दिया गया था। रे अकसर इस बात की डींग मारते थे कि वे श्रीमती इंदिरा गांधी के काफी निकट थे और उन्होंने उन्हें केवल आपातकाल लगाने का सुझाव ही नहीं दिया था, बल्कि उस अध्यादेश का प्रारूप भी उन्होंने ही तैयार किया था।

पूर्वी कमान में मेरे जी.ओ.सी.-इन-सी के कार्यकाल के दौरान मेरी सबसे बड़ी चिंता असम एवं त्रिपुरा में बड़े पैमाने पर होने वाली घुसपैठ थी। अगरतला की अपनी यात्रा पर गए मुख्य सचिव ने मुझे बताया था कि त्रिपुरा के मुख्यमंत्री सेन गुप्ता बांग्लादेशियों के त्रिपुरा में प्रवेश को खुलेआम प्रोत्साहन दे रहे थे, ताकि आदिवासी वोटों को रोकने के लिए जातीय असंतुलन उत्पन्न किया जा सके। मैं मुख्यमंत्री से मिलने गया और उन्हें इस घुसपैठ से अवगत कराया। उन्होंने मुझसे स्पष्ट शब्दों में कहा कि "इसके लिए उन्हें श्रीमती गांधी का आशीर्वाद प्राप्त था।" मैंने इस संबंध में सेनाध्यक्ष से जानकारी माँगी तो उन्होंने कुछ घंटों बाद पलटकर जवाब दिया कि ऐसी कोई स्वीकृति नहीं दी गई थी। उसके बाद मैं राज्य के मुख्य सचिव को साथ लेकर मुख्यमंत्री से मिलने गया। उन्होंने मुख्य सचिव को कार्यालय से बाहर चले जाने के लिए कहा, लेकिन मैंने मुख्यमंत्री को बताया कि यहाँ मुख्य सचिव का उपस्थित रहना आवश्यक एवं महत्त्वपूर्ण है। उसके बाद मैंने मुख्यमंत्री से कहा कि मैंने दिल्ली में पूछताछ की थी, जिसमें मुझे बताया गया था कि त्रिपुरा में बांग्लादेशियों को प्रवेश कराने के लिए कोई स्वीकृति प्रदान नहीं की गई थी। मेरी बात सुनते ही उनकी त्योरियाँ चढ़ गईं। उन्होंने मेरी ओर घूरते हुए पूछा, "यह तुम्हें कैसे प्रभावित करता है?" मैंने उत्तर दिया कि "यह घुसपैठ राष्ट्रीय सुरक्षा के लिए खतरा थी, और चूँकि राष्ट्रीय सुरक्षा के लिए सरकार के प्रति मैं उत्तरदायी था, इसलिए यह अनधिकृत घुसपैठ तत्काल बंद होनी चाहिए। मैं बी.एस.एफ. के अधिकारियों से कहूँगा कि वे इस अवैध आव्रजन को रोकने के लिए आवश्यक कदम उठाएँ।" उसके बाद हम वहाँ से वापस आ गए।

पश्चिम बंगाल में एक अन्य गंभीर मामले में मुझे प्रधानमंत्री के विदेश नीति सलाहकार जी. पार्थसारथी और विदेश सचिव जगत मेहता से मिलने के लिए कहा गया था। जगत मेहता ने मुझे सूचित किया कि 1971 के युद्ध के दौरान कुख्यात रहा 'टाइगर सिद्दीकी', जिसने आत्मसमर्पण के कुछ दिनों बाद उन लोगों को देशद्रोही कहकर सार्वजनिक रूप से बेंत से पिटाई की थी, वह अपने सशस्त्र समर्थकों के साथ पश्चिम बंगाल में था। सिद्दीकी पूरी तरह से अविश्वसनीय व्यक्ति था और मैं

यह नहीं समझ पा रहा था कि वह यहाँ क्या कर रहा था? मैंने जगत से कह दिया कि वे पार्थसारथी को सूचित कर दें कि राष्ट्रीय सुरक्षा कारणों से मैं उसे यहाँ स्वीकार नहीं कर सकता। जगत ने उत्तर दिया कि पार्थसारथी मेरी बात नहीं सुनेंगे, इसलिए उन्हें इसके बारे में मुझे अवगत कराना चाहिए। मैं सीधे पार्थसारथी के पास गया और उनसे साफ कह दिया कि यह स्वीकार्य नहीं है। उन्होंने मेरी ओर देखते हुए अपने होंठ काट लिये, किंतु मेरी बात का कोई उत्तर नहीं दिया। मैंने उनसे कहा कि चूँकि इस क्षेत्र में सुरक्षा का दायित्व मेरे ऊपर है, इसलिए मैं विदेशियों के किसी सशस्त्र समूह को भारतीय धरती पर कदापि स्वीकार नहीं कर सकता। उन्होंने केवल मुझे घूरते हुए देखा। इसके बाद मैंने कहा कि मैं उन्हें बाहर खदेड़ दूँगा। इसके कुछ दिनों बाद सिद्दीकी और उसके सशस्त्र समर्थकों का गिरोह वापस बांग्लादेश लौट गया।

जिस समय मैंने कमान सँभाली थी, उस समय राइटर्स बिल्डिंग में सिद्धार्थ शंकर रे के नेतृत्व वाली कांग्रेस की सरकार थी, जिनके साथ मेरी पहली बार मुलाकात हुई थी। रे एक संपूर्ण सज्जन व्यक्ति थे, जिसे सामाजिक अभिमानी भी कहा जा सकता था, जो बार-बार अपने उच्च कुल की पृष्ठभूमि का बखान करते रहते थे। वे न तो शराब पीते थे, न ही धूम्रपान करते थे और खेलों, विशेषतया क्रिकेट के शौकीन थे। आपातकाल की घोषणा होने से एक दिन पूर्व उन्होंने मुझे फोन किया और कहा, "जेक, मेरे पास केवल तुम्हारे कानों के लिए कोई अत्यंत गोपनीय सूचना है; देश में आपातकाल की घोषणा होने जा रही है।" मेरी समझ में कुछ नहीं आया कि आखिर वह कहना क्या चाहते थे? मैंने प्रत्युत्तर में कहा, "सिद्धार्थ, कैसा आपातकाल?" मैं उस समय कलकत्ता के चारों ओर कार चला रहा था, वहाँ सबकुछ सामान्य था। उन्होंने उत्तर दिया, "तुम कल देखोगे। पूरे देश में राष्ट्रीय आपातकाल लागू हो जाएगा।" अगले दिन आपातकाल की घोषणा कर दी गई और आपातकाल लागू करने का सुझाव देने तथा इमरजेंसी आदेशों के लेखन में रे ने प्रमुख एवं महत्त्वपूर्ण भूमिका अदा की थी।

रे ने सोचा होगा कि वे हरेक को निशाने पर ले सकते हैं। वे जानबूझकर सरकारी समारोहों में निर्धारित समय के बाद आते थे और हमेशा पूर्व आई.सी.एस. अधिकारी और राज्यपाल जॉन डायस के आने के बाद आते थे। मैंने रे से पूछा कि वे उनके साथ इस तरह क्यों व्यवहार करते हैं, तो उन्होंने उत्तर दिया, "मैं उसके साथ अपने पायदान जैसा व्यवहार करता हूँ।"

रे ने ईडन गार्डन क्रिकेट स्टेडियम में सेना से स्वीकृति लिये बिना एक मंडप (पैवेलियन) के निर्माण का निर्णय ले लिया था। ईडन गार्डन सेना के नियंत्रण वाले

'मैदान' का एक भाग था। उसका संचालन फोर्ट विलियम एक्ट द्वारा शासित था, जिसे ब्रिटिश सरकार द्वारा इसलिए लागू किया गया था, ताकि फोर्ट विलियम से दागी जाने वाली तोपों से मैदान अप्रभावित रहे। उसकी न्यायिक शक्तियाँ दुर्ग कमांडर में निहित थीं। समाचार-पत्रों में पैवेलियन के निर्माण संबंधी खबरों को पढ़ने के बाद मैंने पुलिस आयुक्त को बुलाया और खूब फटकार लगाई। मैंने उसे आदेश दिया कि वह पैवेलियन में चल रहे निर्माण कार्य पर रोक लगाने के लिए वारंट जारी करे। कुछ दिनों बाद रे ने मुझे फोन किया और कहा कि मुझे आपके साथ अपने राइटर्स बिल्डिंग स्थित कार्यालय में किसी विषय पर चर्चा करनी है। मैंने उनके कार्यालय के अंदर प्रवेश किया तो उन्होंने मुझे स्थान ग्रहण करने के लिए कहा। मेरे बैठते ही उन्होंने कमिश्नर द्वारा जारी वारंट मेरे सामने रख दिया। उसे देखने के बाद मैंने कहा कि यह वारंट मेरे आदेश पर ही जारी किया गया था। उन्होंने कहा, "लेकिन जेक, मैं मुख्यमंत्री हूँ।" मैंने प्रतिवाद करते हुए कहा, "आपके पास मैदान पर कोई अन्य निर्माण करने का कोई अधिकार नहीं है, जबकि मैं आपकी 'राइटर्स बिल्डिंग' की छत पर बरामदा (पेंटहाउस) बनाने का अधिकार रखता हूँ।" उन्होंने उत्तर दिया, "लेकिन पैवेलियन आवश्यक है।" मैंने कहा, "मैं सहमत हूँ और यदि आपने इसके लिए मुझसे मंजूरी माँगी होती तो मैं आपको मंडप के निर्माण की अनुमति दे देता, लेकिन आपने ऐसा नहीं किया।" उन्होंने उत्तर दिया, "मैं रक्षा मंत्री बंसी लाल से बात करूँगा।" उन्होंने फोन उठाया और मंत्री से बात की। उसके बाद उन्होंने फोन नीचे रख दिया और मुसकराते हुए कहा, "बंसी लाल कहते हैं कि यदि तुम राजी हो जाओगे तो वे भी राजी हो जाएँगे।" मैंने कहा कि "बंसी लाल के राजी होने का सवाल ही पैदा नहीं होता, क्योंकि मैदान संबंधी समस्त अधिकार फोर्ट विलियम एक्ट के अंतर्गत केवल दुर्ग कमांडर को दिए गए हैं।" इसके बाद वे अपनी बात से पलटे और बोले, "मैं कलकत्ता एवं उसके उपनगरों को चलाने के लिए तुम्हारे जैसे किसी व्यक्ति को खोज रहा हूँ। तुम रिटायर कब हो रहे हो?" उनकी इस बात ने मुझे और अधिक व्यथित कर दिया। मैंने उत्तर दिया, "श्रीमान मुख्यमंत्री महोदय, रिटायर होने के बाद मुझे आपसे नौकरी माँगने की कोई आवश्यकता नहीं है," इतना कहते हुए मैं उनके कार्यालय से बाहर निकल आया।

मुख्यमंत्री ने श्रीमती इंदिरा गांधी से संपर्क किया। तत्कालीन सेनाध्यक्ष जनरल रैना ने रे को मंजूरी देने के लिए मुझे फोन किया। मैंने उन्हें बताया कि इस मामले में आपको सुनवाई करने का कोई अधिकार नहीं है और मैं यथासंभव वही करूँगा, जो किया जा सकता है। उसके बाद मुख्यमंत्री रे ने अनेक लोगों से संपर्क किए।

दो महीने बाद मुख्यमंत्री ने मुझसे कहा कि मैं उनके और संबद्ध मंत्री के साथ होने वाली बैठक में भाग लूँ। बैठक सौहार्दपूर्ण थी। मैं मामले के समाधान के लिए अपने प्रस्ताव के साथ पूरी तरह तैयार होकर गया था। मैंने उनसे कहा कि मैं निम्नलिखित शर्तों पर निर्माण की अनुमति दे सकता हूँ—

(क) चूँकि राज्य सरकार ने मैदान की 1.5 एकड़ भूमि पर अतिक्रमण किया था, इसलिए उसे साल्ट लेक क्षेत्र में सेना को 78 एकड़ भूमि देनी होगी। यह संख्या विभिन्न क्षेत्रों में भूमि की तत्कालीन दरों पर आधारित थी।

(ख) मंडप एवं स्टेडियमों में सेना के लिए विशिष्ट संख्या में सीटें आरक्षित करनी होंगी।

(ग) मोहन बागान मैदान पर बनाए गए पक्के स्टैंड का उपयोग सेना के दर्शकों द्वारा किया जाएगा।

(घ) अन्य सभी छोटे अतिक्रमणों को हटाना होगा।

(ङ) मैदान पर बने स्टेडियम के द्वार पर बने टिकट काउंटर से मिलने वाली राशि का एक प्रतिशत सेना के कल्याण हेतु व्यय किया जाएगा।

मुख्यमंत्री ने प्रतिवाद करते हुए कहा, “जेक, पहले मैं नहीं समझ पाया था कि तुम एक प्रॉपर्टी डीलर हो।” मैंने उनकी टिप्पणी को अनदेखा करते हुए कहा, “यह मेरा अंतिम प्रस्ताव है, आप इसे स्वीकार करें अथवा छोड़ दें।” पैवेलियन के निर्माण को लेकर रे की प्रतिष्ठा दाँव पर थी। उन्होंने मेरी ओर देखा और कहा, “जेक, तुम बहुत जटिल आदमी हो।” मैंने 78 एकड़ भूमि पर बाड़ लगाने के लिए तत्काल एक सर्वेक्षण टीम भेज दी (आज पश्चिम बंगाल सरकार सेना से उस भूमि को खाली करने और बेहला में वैकल्पिक भूमि लेने का अनुरोध कर रही है)। कलकत्ता से मेरे रवाना होने तक राज्य सरकार ने गेट मनी की शर्त को छोड़कर शेष सभी शर्तें लागू कर दी थीं। सिद्धार्थ तब तक जीवित थे, और उनकी मोहक पत्नी माया हमारी छोटी सी घनिष्ठ मित्र मंडली की सदस्य थीं। मेरे मन में उन दोनों के प्रति सर्वोच्च सम्मान है। 17 दिसंबर, 2010 को मैं कलकत्ता में उनसे मिलने उनके घर गया था। अत्यंत खेदपूर्ण ढंग से हाल में ही रे की मृत्यु हो गई थी।

कांग्रेसी मंत्रिमंडल के स्थान पर ज्योति बसु के नेतृत्व वाली मार्क्सवादी सरकार सत्ता में आ गई थी। ज्योति बसु एवं उनकी सरकार के साथ मेरे अच्छे संबंध थे। वह अत्यंत व्यावहारिक व्यक्ति थे और उनके साथ काम करना आसान था, क्योंकि वे कोई माँग नहीं करते थे। ज्योति बसु एक व्यवहारकुशल राजनेता थे।

बंसी लाल रक्षा मंत्री थे और उनके साथ मैंने अच्छे सबंध स्थापित कर लिये थे। वे अपनी प्रत्येक कलकत्ता यात्रा के दौरान मुझसे एक घंटे तक जानकारी लेते थे। ये जानकारी बैठकें मेरे फोर्ट विलियम स्थित ऑपरेशंस रूम (काररवाई कक्ष) में होती थीं। मैं उनसे अपनी कमान के चारों ओर एक चक्कर लगवाता था, ताकि वे हमारे सैनिकों के समक्ष आने वाली समस्याओं को महसूस कर सकें। हमने एक साथ मिलकर मिजोरम, त्रिपुरा, मणिपुर, नागालैंड, असम, अरुणाचल प्रदेश एवं सिक्किम का भ्रमण किया। एक बार 'से ला' की यात्रा के दौरान हम स्वर्गीय ब्रिगेडियर होशियार सिंह के स्मारक में उस गोली को देखने गए, जिसके लगने से काररवाई के दौरान वे शहीद हो गए थे। बंसी लाल मेरी ओर मुखातिब हुए और पूछा, "जनरल साहब, क्या आप इस बात से सहमत नहीं हैं कि जाट दुनिया के सर्वश्रेष्ठ सैनिक हैं?" कुछ पल की चुप्पी के बाद मैंने उत्तर दिया, "यदि अच्छा प्रशिक्षण और उत्साहवर्धन मिले तो कोई भी एक अच्छा सैनिक बन सकता है। वे अभी भी अपने प्रश्न का उत्तर पाने के लिए मेरी ओर देख रहे थे। उसके बाद मैंने उनसे कहा कि यदि आप मुझसे यह प्रश्न करें कि पूर्वी पाकिस्तान में काररवाइयों के दौरान किस इकाई ने सर्वोत्तम कार्य किया था तो मैं उन्हें बता सकता हूँ। उन्होंने पूछा, "किस इकाई ने?" मैंने उत्तर दिया, "बिहार रेजिमेंट।" मेरा उत्तर सुनकर वे गुर्राते हुए सैनिकों की कतार की ओर चल पड़े। कतार में खड़े एक सिपाही से उन्होंने पूछा, "कहाँ के रहने वाले हो?" उसने उत्तर दिया कि वह राँची का निवासी है। बंसी लाल ने अपना हाथ मेरे कंधे पर रखा और कहा, "जनरल साहब, यह आपके गृह नगर से आया है।"

बंसी लाल एक व्यवहारकुशल व्यक्ति थे और उन्हें भू-सैन्य परिवेश का अच्छा ज्ञान था। मैंने उन्हें विस्तार से बताया था कि मलक्का जलडमरूमध्य में आने और जाने वाले दोनों मार्गों पर नियंत्रण क्यों आवश्यक है! 1971 में अमेरिकी विमानवाहक पोत (समुद्री बेड़ा) 'एंटरप्राइज' मलक्का जलडमरूमध्य से होता हुआ सुमात्रा की ओर रवाना हुआ था और वहाँ से निकोबार द्वीप होते हुए हिंद महासागर में आना चाहता था। कैंपबेल की खाड़ी में डेरा डाले हमारी नौसेना उसकी इस गतिविधि से पूरी तरह अनभिज्ञ थी। मैंने उन्हें बताया कि मलक्का के स्ट्रेट्स पर इसलिए भी नियंत्रण जरूरी है, ताकि हम वहाँ 'इंदिरा पॉइंट क्षेत्र' में अपना एक वायु सैनिक अड्डा बना सकें। मेरे सुझाव से वे सहमत हो गए और सचिवों के एक समूह को प्रस्ताव के परीक्षण हेतु भेज दिया। अब तक वहाँ कोई प्रगति नहीं हुई थी। स्पष्ट था कि यदि हम वहाँ अपना अड्डा बनाते तो मलाया एवं इंडोनेशिया की ओर

से उसपर गंभीर प्रतिक्रियाएँ दी जातीं।

रक्षा मंत्री जगजीवन राम ने एक बार अपनी कलकत्ता यात्रा के दौरान मुझसे पूछा था कि मैं मानेकशॉ को उनकी कारोबार यात्रा (बिजनेस टूर) के दौरान वाहन क्यों उपलब्ध करा रहा था, और यह भी कि फील्ड मार्शल होने के नाते वे सरकारी वाहन का उपयोग करने के लिए अधिकृत नहीं थे? मैंने उत्तर दिया कि मैं उन्हें फील्ड मार्शल होने के नाते वाहन उपलब्ध नहीं करा रहा था, बल्कि मैं अपनी पूर्वी कमान के समस्त पूर्व कमांडरों को वाहन की सुविधा उपलब्ध करा रहा था और मानेकशॉ भी हमारे एक पूर्व आर्मी कमांडर थे।

हुगली नदी पर एक पुल बनाया जाने वाला था। पुल के निर्माण का रास्ता साफ करने के लिए नदी के तट पर बने प्रिंसेप घाट को तोड़ा जा रहा था। जेम्स प्रिंसेप एक अत्यंत प्रतिष्ठित विद्वान् थे, जिन्होंने उन अशोक स्तंभों पर खुदी लिपियों को पढ़ने में सफलता प्राप्त की थी, जो तब तक अबूझ पहेली बनी हुई थीं। घाट पर संगमरमर के दो सिंह उसकी शोभा बढ़ा रहे थे। उनमें से एक सिंह को सुप्तावस्था और दूसरे को जाग्रत् अवस्था में दिखाया गया था। मैंने मुख्यमंत्री ज्योति बसु से अनुरोध किया कि उन दोनों सिंहों की मूर्तियों को फोर्ट विलियम में सेना को दे दिया जाए। ज्योति बसु इसके लिए तत्काल राजी हो गए। आज वे दोनों सिंह पूर्वी कमान मुख्यालय स्थित अधिकारी भोजनालय (मेस) के प्रवेश-द्वार की शोभा बढ़ा रहे हैं।

भोजनालय को बड़े विरले ढंग से सजाया गया था। मैंने अपनी पारिवारिक भूरे रंग की भोज मेज (डाइनिंग टेबल) को उसकी कुरसियों के साथ भोजनालय को दान कर दिया था, जिसपर एक साथ 36 लोग बैठकर खाना खा सकते थे। इसके अतिरिक्त, मैंने शीशम की लकड़ी से बनी एक अन्य मेज भी दान कर दी थी, जिसपर एक साथ बारह लोग बैठकर भोजन कर सकते थे। उसके साथ-साथ मैंने एक संगमरमर की मेज, छह पुराने चीनी स्क्रॉल और कुछ आधुनिक कलाकृतियाँ (पेंटिंग्स) भी दान की थीं। मैंने अपने जीवन के सर्वाधिक महत्त्वपूर्ण वर्ष फोर्ट विलियम में बिताए थे, जहाँ मैं पहले आर्मी कमांडर और बाद में चीफ ऑफ स्टाफ रहा था। मैंने अपनी ओर से कमान को एक तुच्छ भेंट देने का प्रयास किया था, जिसका मैं अत्यंत ऋणी था।

मैंने सैनिकों के कल्याण हेतु ईडन गार्डन में एक 'टैटू कार्यक्रम' आयोजित किया, जिसमें सैनिकों, तोपों और टैंको को शामिल किया गया था। मेरे उस कार्यक्रम के आयोजन पर बड़ा हो-हल्ला मचा, क्योंकि अफवाह उड़ा दी गई थी कि मैं देश के विरुद्ध तख्तापलट की साजिश कर रहा था। कलकत्ता के पुलिस आयुक्त ने

बताया कि उसने वहाँ पाँच टैंकों की गिनती की थी। मैंने उसके साथ मजाक करते हुए कहा था कि उनमें से प्रत्येक को पाँच अलग-अलग चौराहों पर तैनात किया जाना था। हमारा 'टैटू कार्यक्रम' अत्यंत सफल रहा था और हम एक बड़ी धनराशि एकत्र करने में सफल हुए थे, जिसे हमने सैनिकों के कल्याण हेतु वितरित कर दिया था।

विदेशी सैन्य प्रतिनिधिमंडलों के साथ बैठकें

सन् 1977 के प्रारंभ में मुझे सूचित किया गया कि लगभग 20 वरिष्ठ अधिकारियों वाले एक ईरानी सैन्य प्रतिनिधिमंडल ने मुझसे मिलने का अनुरोध किया था और वह मुझसे पर्वतीय युद्ध-कला एवं सचल काररवाइयों से संबंधित जानकारी प्राप्त करना चाहता था। प्रतिनिधिमंडल का नेतृत्व ईरानी सेना के चीफ ऑफ स्टाफ जनरल अब्बासी घाराबागी कर रहे थे, जिनका दावा था कि उनके गुप्तचर संगठन 'सावाक' के साथ रिश्ते थे। वे शाह के बाद ईरान में सर्वाधिक शक्तिशाली व्यक्ति थे और उनके साथ उनकी युवा पत्नी भी आई थीं। मैंने उन्हें सचल काररवाइयों (मोबाइल ऑपरेशंस) के बारे में जानकारी दी।

हमने पर्वतीय युद्ध-कला के बारे में सिक्किम में प्रदर्शन एवं व्याख्यान आयोजित किए थे। वे सिक्किम के मनमोहक परिवेश और उसकी जनता की अद्भुत संस्कृति के प्रति अत्यंत मोहित थे। उन्होंने वहाँ अपना सर्वाधिक समय खरीदारी करने में बिताया, जिसमें उन्होंने आश्चर्यजनक रूप से सिक्किम में बने कालीनों की खरीदारी की थी!

प्रतिनिधिमंडल शीघ्रातिशीघ्र कलकत्ता लौटने का इच्छुक था, जहाँ वे कई बार गोल्डन स्लिपर नाइट क्लब एवं मनोरंजन के अन्य केंद्रों में गए थे। उन्होंने अपना ढेर सारा समय विभिन्न बुटीकों में जाकर खरीदारी करने में बिताया था, जिसमें महँगे आभूषण, रेशम एवं अन्य कीमती सामान शामिल थे।

ईरानी सेनाध्यक्ष अब्बासी ने जब मुझे बताया कि वे अपनी सेना एवं शाह के प्रति उसकी निष्ठा पर विश्वास नहीं करते तो मैं सन्न रह गया था। मैंने दिल्ली स्थित सेना मुख्यालय को इसकी जानकारी देने के साथ-साथ कलकत्ता में मौजूद कुछ मित्र देशों के कूटनीतिज्ञों को भी इस बारे में बताया था। लगभग दो सप्ताह बाद प्रतिनिधिमंडल कलकत्ता से वापस चला गया था। प्रतिनिधिमंडल ने पूर्वी कमान की किसी अन्य कमान का दौरा नहीं किया था। कुछ वर्षों बाद जनरल अब्बासी की निर्वासन के दौरान पेरिस में मृत्यु हो गई थी। उनकी मृत्यु के लगभग छह महीने बाद

जुलाई 1977 में मुझे दिल्ली से सेनाध्यक्ष का फोन मिला और उन्होंने बताया कि एक इराकी सैन्य प्रतिनिधिमंडल दिल्ली आया हुआ है और उसने मुझसे मिलने का अनुरोध किया है। मैंने उनसे पूछा कि वे किस विषय में मेरे साथ चर्चा करना चाहते हैं? सेनाध्यक्ष ने संकेत दिया कि वे मुझसे व्यक्तिगत तौर पर मिलने के इच्छुक हैं और मेरे साथ कोई निजी चर्चा करना चाहते हैं, परंतु उन्होंने उसका विवरण देने से इनकार कर दिया था। मेजर जनरल नजदत कासिम मकसूद के नेतृत्व में एक प्रतिनिधिमंडल और लगभग दस वरिष्ठ अधिकारी 9 जुलाई, 1977 को फोर्ट विलियम आए। कुछ औपचारिकताएँ पूरी करने के बाद जनरल मकसूद ने कहा कि उन्हें उस अभियान की जानकारी थी, जो मैंने पूर्वी पाकिस्तान में चलाया था। इसके साथ उन्होंने यह भी बताया कि वे इस बात को भी अच्छी तरह जानते थे कि मैंने द्वितीय विश्वयुद्ध के दौरान किस प्रकार द्विमार्गीय (जल एवं थल) काररवाइयाँ संचालित की थीं! वे इस बात से भलीभाँति परिचित थे कि मैंने 1942 में द्वितीय विश्वयुद्ध के दौरान कुछ समय तक इराक में अपनी सेवाएँ दी थीं। उन्हें यह भी ज्ञात था कि मेरे पूर्वज लगभग 200 वर्ष पूर्व इराक से आए थे और यह भी कि मैं एक यहूदी था।

उन्होंने जब मेरी मेज पर शत अल अरब का एक मानचित्र खोलकर रखा तो मैं उसे देखकर चकित रह गया। उसके बाद उन्होंने कहा कि उनकी सरकार मेरी सैन्य विशेषज्ञता से परिचित थी और इस विषय में मेरी सलाह लेना चाहती थी कि अल फा के जलडमरूमध्य में किस प्रकार संभावित द्विमार्गीय कारवाई को संचालित किया जाए? कुछ मिनट तक मानचित्र का अध्ययन करने के बाद मैंने विचार किया और कहा कि जहाँ तक मेरी जानकारी है, इराकियों के पास दोहरी कारवाई के लिए आवश्यक लैंडिंग की क्षमता नहीं है। इसके बाद उन्होंने कहा कि उसके लिए वे आवश्यक प्रबंध कर लेंगे और पूछा कि उन्हें कौन से रक्षात्मक उपाय अपनाने चाहिए। मैंने उन्हें ऐसी आकस्मिक स्थिति में कुछ मानदंडों की जानकारी दी और यह भी बताया कि यदि इराकी लोग वहाँ कोई आक्रामक कारवाई की योजना बना रहे थे, तो उन्हें दलदलों से होकर प्रवेश करना चाहिए। उन्होंने इसपर प्रश्न खड़े किए और जानना चाहा कि यह किस प्रकार हो सकता है? मैंने उत्तर दिया, "छोटी नौकाओं में बैठकर।" वे लोग मेरे सुझाव से सहमत नहीं हुए और कुछ समय बाद इराकी प्रतिनिधिमंडल इराक वापस लौट गया। कई वर्षों बाद इराक-ईरान युद्ध के अंतिम चरणों के दौरान ईरानियों ने दलदलों में छोटी नौकाओं का प्रयोग किया था।

31 जुलाई, 1978 को आर्मी कमांडर के रूप में अपने चार वर्षों के कार्यकाल की समाप्ति के बाद मैं सेना से रिटायर हो गया। मैं फोर्ट विलियम के पूर्वी द्वार से बाहर निकल आया और अपने साथ सन् 1941 की उन स्मृतियों को साथ लाया, जब मैं सेना में कमीशन प्राप्त करने के लिए होने वाले साक्षात्कार में भाग लेने हेतु प्लासी गेट से अंदर दाखिल हुआ था। मुझे वहाँ से आने का बहुत दुःख महसूस हुआ। मेरी सैनिक सेवा के 37 वर्षों का दुःखद अंत हो गया था।

□

12

अवकाश ग्रहण : गोवा और पंजाब

मैं कलिम्पोंग स्थित अपने घर चला गया। कलिम्पोंग अविश्वसनीय रूप से एक सुंदर और प्यारा नगर है। उद्यान में फूल बड़ी अच्छी तरह खिले हुए थे, अजेलिया और गुड़हल के फूलों पर रंगों की बहार थी। नाशपाती और एवोकाडो तथा आड़ू के वृक्षों में फल आने लगे थे। मैं स्वच्छ नीलगगन के नीचे हरी घास पर लेटकर वहाँ से गुजरने वाले रंगों को निहारता रहा। वह स्थान स्वर्ग के समान था। मैं कलकत्ता वापस लौट गया। वह ऐसा शहर था, जिसे मैं बहुत प्यार करता था। एक ऐसा शहर, जिसमें मैं बड़ा हुआ था, जिसके लोग उत्साही, मिलनसार और सुसंस्कृत थे। 1979 की बसंत ऋतु में मैंने वस्तुओं का कारोबार करने वाली एक कंपनी में चेयरमैन का पदभार ग्रहण किया। वहाँ हमारे दिल्ली कार्यालय में कर्मचारियों के बीच कुछ समस्याएँ थीं, इसलिए उन्हें हल करने के लिए मैं दिल्ली चला गया और उसके बाद वहीं रहने लगा।

दिल्ली शहर कलकत्ता से बिल्कुल भिन्न है, वह एक नौकरशाही वाला शहर है, जहाँ मैंने अपनी पूर्व नियुक्ति के दौरान शहर और छावनी दोनों स्थानों पर कार्य किया था और उसके साथ अच्छी तरह घुल-मिल गया था। मैं कारोबार की दुनिया में खुश नहीं था और न ही अपनी नौकरी से मुझे कोई संतोष मिल पाता था। दिल्ली पहुँचने के तत्काल बाद मुझे विदेश सचिव जगत मेहता का फोन मिला, जो उस समय कलकत्ता से बोल रहे थे। उन्होंने मुझे कलकत्ता आने और भूटान नरेश से मिलने का आमंत्रण दिया।

मैं भूटान नरेश एवं उनके दिवंगत पिता को भी जानता था और अकसर भूटान की यात्रा पर जाता रहता था। मुझे वहाँ अपनी इच्छानुसार कहीं भी मछली पकड़ने की स्वतंत्रता दी गई थी। लगभग 11,000 फीट की ऊँचाई पर एक पर्वतीय धारा

में मैंने 9 पाउंड की ट्राउट (एक प्रकार की मछली) पकड़ी थी, जो अपने आप में एक रिकॉर्ड था। नरेश ने उसे देखने की इच्छा व्यक्त की थी, इसलिए मैंने उसे उनके पास भेज दिया था।

भूटान नरेश के स्वर्गीय पिता मुझसे कहा करते थे कि मैं जब भी उनके पास अंतरराष्ट्रीय संबंधों, शासन संचालन और अन्य संबद्ध मामलों पर विचार-विमर्श करने आऊँ तो एक या दो घंटे का समय उनके नन्हे राजकुमार के साथ बिताया करूँ। मैंने भूटान में अनेक मित्र बना लिये थे। नरेश के साथ एक सुखद मुलाकात के बाद जगत मेहता ने मुझे बताया कि मुझे भूटान का राजदूत नियुक्त किया जाने वाला है। मैंने जगत मेहता से कहा कि यद्यपि मैं भूटान को बहुत पसंद करता हूँ, तथापि मैं इस नियुक्ति को स्वीकार करने का इच्छुक नहीं हूँ। उन्होंने मुझसे कहा कि वहाँ जाना मेरा कर्तव्य है। मैंने उनसे कहा कि आप यह बताने वाले कोई नहीं हैं कि मेरा कर्तव्य कहाँ निहित है? मैंने नरेश को नमस्कार किया और दिल्ली के लिए वापस चल पड़ा। तीन महीने बाद मेरे साथ विदेश मंत्रालय के जगदीश हिरेमथ की ओर से संपर्क किया गया और मुझसे राजदूत के रूप में भूटान जाने का आग्रह किया गया, किंतु मैंने पुन: अपना दु:ख व्यक्त कर दिया।

मैंने कारोबार को एक कठिन कार्य पाया, जिसमें अनेक प्रकार के दबाव थे, जिनके साथ मुझे असुविधा हो रही थी। मैंने 1989 में उसे छोड़ने का निर्णय लिया और अत्यंत कम कीमत चुकाकर अपना दायित्व कंपनी के कर्मचारियों को सौंप दिया।

सन् 1991 में मुझसे प्रोफेसर मनोहर सोंधी की ओर से बीजेपी में शामिल होने के लिए संपर्क किया गया। मैंने कुछ समय तक उनके प्रस्ताव पर विचार किया और तीन महीने बाद रक्षा एवं विदेशी मामलों में सलाह देने के लिए बीजेपी में शामिल होने के लिए राजी हो गया।

उस समय बीजेपी एक पार्टी के रूप में अपने अस्तित्व का विकास कर रही थी और 'एक अलग प्रकार की पार्टी' होने का दावा कर रही थी। उस अंतर को मैंने महसूस भी किया, किंतु समय बीतने के साथ उसका क्षरण होने लगा।

मैं पार्टी के अध्यक्ष कुशाभाऊ ठाकरे से अत्यंत प्रभावित था, जो एक सरल एवं ईमानदार व्यक्ति थे। जिस समय वे भाजपा मुख्यालय 11, अशोक रोड के क्वार्टरों में बने एक छोटे से कोठरीनुमा कमरे में कैंसर से मरणोन्मुख थे, मैं उनके पास नियमित रूप से मिलने जाता था। कैंसर से लंबी लड़ाई के बाद उन्होंने दम तोड़ दिया था। अपनी संपत्तियों के रूप में वे अपने पीछे चार जोड़ी कुरता-पाजामा और दो जोड़ी

चप्पलें छोड़ गए थे। वे ऐसे व्यक्ति थे, जिनकी मैं प्रशंसा करता था और उन्हें मैं कभी नहीं भूल पाऊँगा।

अटल बिहारी वाजपेयी अपने आप में ही खोए रहते थे और अधिकतर ब्रजेश मिश्र पर भरोसा किया करते थे, जिसके प्रति उन्होंने अपने विदेश मंत्री काल के दौरान अधिक स्नेह विकसित कर लिया था। ब्रजेश उन दिनों संयुक्त राष्ट्र में कार्यरत थे और वाजपेयी की अमेरिका-यात्रा के दौरान उनकी अच्छी देखभाल किया करते थे। वाजपेयी एक कुशल राजनीतिज्ञ, अद्‍भुत वक्ता एवं अत्यंत लोकप्रिय प्रधानमंत्री थे।

ठाकरे के विपरीत, वाजपेयी सुंदर चीजों को पसंद किया करते थे और जीवन की सुख-सुविधाओं को भोगते थे—उत्तम भोजन, उत्तम पेय (मद्य) एवं संगीत सुनना उन्हें अत्यंत प्रिय था। दुर्भाग्यवश, वह प्रमोद महाजन पर बहुत अधिक भरोसा किया करते थे, जिसे वे 'मुंडा' कहा करते थे और कहा जाता था कि महाजन के व्यापारिक सौदे संदेहास्पद होते थे।

एल.के. आडवाणी एक पसंद किए जाने योग्य व्यक्ति हैं, सुसंस्कृत एवं मृदुभाषी हैं। उन्हें पार्टी की ओर से 'लौह पुरुष' के रूप में प्रस्तुत किया गया था। उनके और उनके परिवार के साथ मेरी अच्छी निभती थी। उन्हें लोगों की बहुत अच्छी परख नहीं थी और अकसर वे संदिग्ध चरित्र वाले लोगों पर भरोसा कर लिया करते थे। वह एक अच्छे गृह मंत्री थे और यदि उन पर अतिरिक्त जिम्मेदारियों का भार न डाल दिया गया होता तो वे उत्तम परिणाम दे सकते थे। उनके अधीनस्थ कर्मचारी राष्ट्रीय सुरक्षा मामलों के अच्छे जानकार नहीं थे और आमतौर पर देश में कानून एवं व्यवस्था पर सकारात्मक प्रभाव डाल पाने में विफल थे। वे नक्सलियों तथा जम्मू एवं कश्मीर और पूर्वोत्तर क्षेत्र में उग्रवाद से निपटने में अक्षम थे। आतंकवाद एवं पाकिस्तान की आई.एस.आई. द्वारा प्रायोजित उग्रवाद से निपटने की चुनौतियाँ अत्यंत कठिन हैं। हमें अमेरिका के होमलैंड सिक्योरिटी विभाग के अनुभवों का लाभ उठाने और उसी की तरह उच्चस्तरीय सुरक्षा एजेंसियों का परिष्कार किए जाने की आवश्यकता है।

सन् 2008 में आडवाणी की पाकिस्तान-यात्रा के गंभीर परिणाम होने वाले थे। उनके द्वारा की गई जिन्ना की प्रशंसा का भारत में अच्छा प्रभाव नहीं पड़ा था। उनके विरुद्ध देश भर में व्यापक प्रदर्शन हुए थे। भारत लौटने के बाद उन्होंने पार्टी के अध्यक्ष पद से त्यागपत्र दे दिया था। मैंने उनसे फोन पर बात की और उन्हें सुझाव दिया कि वे अपना इस्तीफा वापस न लें। मैंने उन्हें नेहरू द्वारा जनरल थिमैया पर

अपना इस्तीफा वापस लेने के दबाव का संदर्भ दिया, उसके बाद जब वे मान गए तो नेहरू ने अगले ही दिन संसद् में बयान दिया, "सेनाध्यक्ष अत्यंत अविवेकी व्यक्ति थे, एक दिन वे त्यागपत्र देते हैं और दूसरे ही दिन उसे वापस भी ले लेते हैं।" उसके बाद मैंने मारकस आरेलियस का संदर्भ दिया, 'यदि आपको अपनी आत्मा जीवित बनाए रखनी है तो आप वही करें, जो आपको सही लगता है, बजाय इसके कि दुनिया की बात मानकर उसे तथास्तु कह दें! आडवाणी ने अपना त्यागपत्र वापस ले लिया, अपने बयान पर दुःख प्रकट किया और कराची में दिए गए अपने वक्तव्य को वापस ले लिया था।

डॉ. मुरली मनोहर जोशी एक निष्ठावान एवं सिद्धांतवादी व्यक्ति हैं, परंतु दुर्भाग्यवश, पार्टी में उनका विशेष प्रभाव नहीं है। मैंने उन्हें सदैव अत्यंत व्यावहारिक एवं उचित पाया था। जिस समय मैं चंडीगढ़ का प्रशासक था, मैंने उनसे अनुरोध किया था कि वे केंद्रशासित चंडीगढ़ में 500 शिक्षकों की कमी को पूरा कर दें, उन्होंने मेरी बात मानते हुए वह काम कर दिया और मंत्रालय के आई.ए.एस. 'बाबुओं' द्वारा किए जाने वाले विरोध को ठुकरा दिया था।

जैसाकि मैंने पहले भी कहा है, प्रमोद महाजन वाजपेयी के काफी निकट थे और पार्टी के लिए चंदा इकट्ठा किया करते थे। यद्यपि वे एक मध्यम परिवार से आते थे, फिर भी बड़ा भव्य जीवन बिताते थे और उन्होंने अनेक बड़े व्यापारिक घरानों के साथ अच्छे संबंध स्थापित कर लिये थे। जिस समय मैं गोवा का राज्यपाल था, उन्होंने मुझे फोन करके कोई ऐसा कार्य करने के लिए कहा, जो 'विधिसम्मत' नहीं था। मैंने उन्हें उसी समय फटकार दिया और कहा कि दोबारा मुझे किसी अनुचित कार्य के लिए फोन करने की आवश्यकता नहीं है। उसके बाद हम दोनों का जब भी कभी आमना-सामना हुआ, उन्होंने मेरे प्रति अपनी कटुता नहीं छिपाई। लोगों ने मुझे बताया था कि एक बार जब विश्व हिंदू परिषद् ने मुझे पार्टी का अध्यक्ष चुने जाने का प्रस्ताव दिया था तो प्रमोद महाजन ने मेरी उम्मीदवारी को विफल करने के लिए अपना पूरा जोर लगा दिया था। महाजन का भावी राजनीतिक भविष्य उस समय समाप्त हो गया, जब उनके छोटे भाई ने उनकी गोली मारकर हत्या कर दी थी।

अरुण जेटली बीजेपी के सबसे युवा एवं ऊर्जावान राजनीतिक नेताओं में से एक थे। वे अत्यंत बुद्धिमान व्यक्ति, एक अच्छे बहसकर्ता एवं वक्ता और मेधावी एवं सफल अधिवक्ता थे। उन्हें किसी के अधीन होकर काम करना पसंद नहीं था।

गोवा में अनुभव

19 अप्रैल, 1998 को मुझे गोवा का राज्यपाल नियुक्त किया गया था। गोवा एक सुंदर राज्य है और अपने खूबसूरत समुद्रतटों (बीच) तथा पश्चिमी घाट पर स्थित हरियाले जंगलों के लिए प्रसिद्ध है। मेरे बाल्यकाल से ही मैंने वनों, प्रवाहित जल, पर्वतीय चोटियों एवं हरियाली से प्यार करना प्रारंभ कर दिया था, जो विशाल हिमालय की सुवासित हवाओं से भरपूर थे। दुर्भाग्यवश, पहाड़ियों पर होने वाली बेतहाशा खुदाई के कारण पहाड़ों पर जगह-जगह गड्ढे बन गए हैं, जिससे पर्यावरण को भारी खतरा उत्पन्न हो गया है।

मैं राजभवन में चला गया। उसकी इमारत लगभग 350 वर्ष पुरानी है, जिसमें कभी एक कॉन्वेंट स्कूल चलता था और ऊँचाई वाले स्थान पर स्थित था। बहरहाल, एक बार पंजिम में हैजा फैल गया और पुर्तगाली वायसराय ने कॉन्वेंट को वहाँ से हटा दिया और एक अलग कॉन्वेंट बिल्डिंग में स्थानांतरित कर दिया था। राजभवन परिसर में एक प्यारा सा गिरजाघर (चर्च) भी था। जिस समय मैं राजभवन में पहुँचा था, उसका अंतरीप (प्रोमंट्री) समुद्र में समा गया था। हमने पहाड़ी को स्थिर करने और समुद्री लहरों के वेग को रोकने के लिए उसकी तलहटी में खुदाई करके उसे चौकोर पत्थरों से भर दिया था। भवन की छत से भी पानी रिस रहा था और मेरे लिए पूरी इमारत की मरम्मत कराना अनिवार्य हो गया था।

राजभवन के अंदर की यात्रा एक किलोमीटर लंबी थी। हमने मुख्य मार्ग से राजभवन तक जाने वाले रास्ते के दोनों ओर काली मिर्च की लताएँ और कटहल के पेड़ लगवा दिए थे। वह कैप्टन ब्लाई का कृत्य था कि वे अपने राजा के सेवकों से उपहार प्राप्त करने के लिए कटहल के पौधों को पानी की आपूर्ति कम करते थे। उन्हीं उपहारों की कमी राजभवन में होने वाली बगावत का प्रमुख कारण बन गई थी। पुर्तगाली अपने साथ गोवा में कटहल और मिर्च लेकर आए थे, जिसके कारण मेक्सिको की मिर्च पूरे उपमहाद्वीप में फैल गई थी।

गोवा में चालीस चुने हुए विधायक थे, उन सभी की इच्छा मंत्री बनने की होती थी और उनमें से कई लोग मुख्यमंत्री बनने की होड़ में शामिल होते थे। गोवा की राजनीति एक प्रकार से सांगीतिक कुरसियों (म्यूजिकल चेयर्स) के समान थी। वहाँ के विधायक वित्तीय लाभ अथवा मंत्री पद प्राप्त करने के लिए अकसर पाला बदलते रहते थे। प्रताप सिंह राणे को 16 दिसंबर, 1994 को मुख्यमंत्री पद की शपथ दिलाई गई थी। उनके मंत्रिमंडल में शामिल डॉ. विल्फ्रेड डिसूजा ने विद्रोह कर दिया और दस विधायकों के साथ अपना अलग गुट बना लिया था। 29 जुलाई, 1998 को

मैंने राणे को तलब किया और उनसे कहा कि आपने बहुमत खो दिया है, इसलिए आपको त्यागपत्र दे देना चाहिए। राणे ने प्रतिवाद करते हुए कहा कि विधानसभा अध्यक्ष ने अभी अलग हुए गुट को मान्यता नहीं दी है। मैंने उनसे कहा कि यदि आप स्वयं इस्तीफा नहीं देंगे तो मेरे पास आपको बरखास्त करने के अतिरिक्त अन्य कोई विकल्प नहीं होगा। इसके बाद उन्होंने मुझसे वैसा न करने का अनुरोध किया और वचन दिया कि वे अगली सुबह स्वयं त्यागपत्र दे देंगे। मेरे मन में कुछ संदेह था, परंतु मेरे स्टाफ ने कहा कि वे अपने वचन का पालन करेंगे। अगली सुबह जब उन्होंने त्यागपत्र नहीं दिया तो मैंने उन्हें फोन किया। उन्होंने उत्तर दिया कि वे त्यागपत्र नहीं देंगे।

उन दिनों विधानसभा का सत्र चल रहा था और वित्तीय विनियोग विधेयक पारित किया जाना था। मुझे फुरती से काम करने की जरूरत थी। मैंने विधानसभा अध्यक्ष को निर्देश दिया कि पहले वित्तीय विनियोग विधेयक पर विचार किया जाए और उसके बाद सदन में विश्वास मत प्राप्त करने की प्रक्रिया शुरू की जाए। वित्तीय विनियोग विधेयक पारित हो गया, लेकिन जैसे ही विश्वास मत की प्रक्रिया शुरू हुई, सदन में शोर-शराबा होने लगा और विधायक हाथापाई करने लगे। मुझे मुख्यमंत्री ने सूचित किया कि वे एक वोट से विश्वास मत जीत गए हैं। इसके बाद विधानसभा के अध्यक्ष (स्पीकर) ने एक पत्र भेजा, जिसमें कहा गया था कि सदन में मत विभाजन कराया गया, जिसमें राणे सरकार ने बहुमत प्राप्त कर लिया है और उन्होंने डिसूजा गुट के 10 वोटों को विश्वास मत में शामिल नहीं किया था। मेरे पास सदन की कारवाई के संबंध में राणे और स्पीकर के दो भिन्न मत थे।

सदन की कारवाई से स्पष्ट हो गया था कि राणे ने बहुमत खो दिया है। मैंने संविधान के अनुच्छेद 174 के अंतर्गत राणे के पास उन्हें बरखास्त करने वाला पत्र भेज दिया और डिसूजा को सरकार बनाने के लिए कहा तथा उन्हें यह निर्देश भी दे दिया कि उन्हें सात दिनों के अंदर अपना बहुमत सिद्ध करना होगा, जो उन्होंने कर दिया। संसद् का सत्र चल रहा था और वहाँ कांग्रेस की ओर से खूब हल्ला-गुल्ला किया गया। विगत 20 वर्षों से कांग्रेस की किसी भी सरकार को बरखास्त नहीं किया गया था। मेरे ऊपर दुर्भावना एवं संविधान के साथ बलात्कार करने का आरोप लगाया गया, किंतु पार्टी की ओर से मुझे अकेला छोड़ दिया गया तथा हमारे अपने बीजेपी सांसदों ने सदन में चुप्पी साध ली थी। राणे अदालत चले गए और बंबई उच्च न्यायालय की एक पीठ गठित की गई। राणे ने अपने पक्ष में अत्यंत मेधावी एवं सशक्त वकीलों की फौज खड़ी कर दी थी, जिसमें शामिल थे—परशुराम शर्मा,

कपिल सिब्बल और फली नरीमन। मेरे वकील के रूप में एकमात्र सांघी थे। मेरी न्यायालय में उपस्थित होने की कोई इच्छा नहीं थी, इसलिए मैंने अपने सचिव से कहा कि मेरी ओर से वह शपथपत्र देने के लिए कोर्ट में हाजिर हो जाए और केस तैयार करने में मेरे वकील की सहायता करे।

न्यायालय ने राणे की 'दुर्भावना' की दलील को रद्द कर दिया और स्पीकर के व्यवहार को लेकर कठोरतम आलोचना की। उसके बाद राणे ने उच्चतम न्यायालय से संपर्क किया, जिसमें कोई काररवाई नहीं हो सकी। विल्फ्रेड डिसूजा ने नवंबर 1998 के अंत में अपनी पत्नी के साथ लंदन जाने का निर्णय किया। उन्होंने वापस आने के बाद दोबारा सरकार पर नियंत्रण करने का प्रयास किया, लेकिन विफल हो गए। 26 नवंबर को मुझे सुबह 1 बजे जगाकर बताया गया कि डिसूजा अपना त्यागपत्र सौंपने के लिए मेरी प्रतीक्षा कर रहे थे, जिसे मैंने स्वीकार कर लिया था। उसके बाद मैंने लुजियानो फलेरियो से सरकार बनाने के लिए कहा, क्योंकि वे अपने पास सरकार बनाने के लिए बहुमत होने का दावा कर रहे थे। फरवरी के प्रारंभ में फलेरियो ने अपना बहुमत खो दिया और कोई अन्य पार्टी सरकार बनाने की स्थिति में नहीं थी। उसके बाद मैंने गोवा की सभी पार्टियों के नेताओं के साथ विचार-विमर्श किया, जो अपने सभी विधायकों द्वारा सत्यापित एक पत्र सौंपने के लिए राजी हो गए थे, जिसमें राज्य में राष्ट्रपति शासन लागू करने का अनुरोध किया गया था।

केंद्र सरकार के पास उच्च सदन अर्थात् राज्यसभा में बहुमत नहीं था और सभी विधायकों के अनुरोध के बिना राष्ट्रपति शासन लागू करना कठिन हो सकता था। 9 फरवरी, 1999 को किसी चर्चा के बिना राष्ट्रपति शासन लागू कर दिया गया, जिसे 9 जून, 1999 को उठा लिया गया। राष्ट्रपति शासन के अंत के बाद जो चुनाव हुए, उसमें कांग्रेस से टूटकर अलग हुए गुट ने फ्रांसिस्को सारदिन्हा के नेतृत्व में गोवा पीपल्स पार्टी बना ली थी। गोवा पीपल्स पार्टी ने बीजेपी के समर्थन से सरकार बनाने और बहुमत सिद्ध करने का दावा किया था। मैंने 24 नवंबर, 1999 को उन्हें शपथ दिला दी और उसके तत्काल बाद उसी दिन पंजाब के लिए रवाना हो गया, क्योंकि मेरे स्थानांतरण आदेश पहले ही आ चुके थे।

मेरे पास सलाहकार के रूप में कूटो और बूच को भेजा गया था। राष्ट्रपति शासन के पहले दिन मैं प्रातः 9 बजे सचिवालय पहुँच गया और वहाँ मुझे एक भी कर्मचारी अपनी सीट पर नहीं मिला था। 11 बजे के बाद उनमें से कुछ लोगों ने धीरे-धीरे टपकना शुरू किया। मैंने 'रॉयट एक्ट' लागू कर दिया, जिसके बाद सभी कर्मचारियों ने समय पर अपनी ड्यूटी पर आना शुरू कर दिया। मैंने पूरे राज्य में

कार्यालयों एवं शिक्षा संस्थानों का दौरा करना शुरू कर दिया, जिसमें अस्पताल, बस-सेवाएँ, पंचायतों से लेकर स्कूल एवं कॉलेज सभी शामिल थे। गोवा में चारों ओर भ्रष्टाचार का बोलबाला था, इसलिए मैंने उसपर अंकुश लगाने का प्रयास किया। पहले ड्राइवरों, वन रक्षकों एवं अन्य लोगों की नियुक्तियाँ मंत्रियों द्वारा की जाती थीं। ऐसा आरोप लगाया जाता था कि प्रत्येक नियुक्ति के लिए रिश्वत की दरें निर्धारित थीं। मैंने एक अवकाशप्राप्त आई.ए.एस. अधिकारी को राज्य लोक सेवा आयोग का अध्यक्ष नियुक्त कर दिया और एक रियर एडमिरल को उनका सहायक बना दिया और सभी प्रकार की नियुक्तियाँ करने का संपूर्ण अधिकार आयोग को सौंप दिया। राष्ट्रपति शासन की समाप्ति के अगले ही दिन सरकार ने आदेश जारी कर दिया कि सभी नियुक्तियाँ अब उसी प्रकार की जाएँगी, जैसे कि राष्ट्रपति शासन लागू होने से पूर्व की जाती थीं। लोक सेवा आयोग के अध्यक्ष एवं उपाध्यक्ष उसके तत्काल बाद रिटायर हो गए।

राज्य की वित्तीय स्थिति पर खतरे का लाल निशान लग गया था और ऊँची ब्याज दरों पर बाजार से ऋण लिये गए थे। मैंने केंद्र सरकार से अनुदान प्राप्त करने की व्यवस्था कर ली थी और खर्चों में कटौती के माध्यम से हम उच्च ब्याज दरों वाले ऋणों का भुगतान करने में सफल हो गए थे। जिस समय गोवा में राष्ट्रपति शासन समाप्त हुआ था, उस समय राज्य के कोषागार में पर्याप्त धनात्मक अवशेष था। फिर भी कोषागार की वह स्थिति केवल एक माह तक बनी रही थी, क्योंकि अगली चुनी हुई सरकार ने उसे ऋणात्मक स्थिति में पहुँचा दिया और सरकारी कोषागार पर एक बार फिर 'लाल' निशान लग गया था।

मैं गैर-जिम्मेदाराना ढंग से खुली खदान खनन से होने वाली पर्यावरणीय क्षति को देखकर अत्यंत व्यथित एवं चकित था। पश्चिमी घाटों पर खुदाई के गहरे दाग साफ दिखाई दे रहे थे और नदियों का जल लाल हो गया था। कुछ छोटे नदी-नाले तो पूरी तरह लुप्त हो गए थे। मुझे मेरे बचपन से ही पहाड़ियों, वनों एवं उनकी वनस्पतियों तथा हरीतिमा से अतिशय प्यार था। जिन उत्खनन कंपनियों ने पूर्ववर्ती पुर्तगाली सरकार से पट्टे प्राप्त किए थे, उन्होंने गड्ढों को भरने और वृक्षारोपण का वचन दिया था; परंतु उन्होंने दुर्भाग्यवश एक भी वादा पूरा नहीं किया।

म्हाडेल एवं नेत्रवती में निजी स्वामित्व वाले दो विशाल जंगल थे, जिनका क्षेत्रफल क्रमशः 208.59 वर्ग किमी. एवं 211.59 वर्ग किमी. था। राष्ट्रपति शासन के दौरान मैंने इन दोनों जंगलों को 'संरक्षित जंगलों' के रूप में अधिसूचित करने का निर्णय लिया था, ताकि पश्चिमी घाटों के जंगलों को एक सिरे से दूसरे सिरे तक

रक्षित किया जा सके। इसके साथ-साथ मैंने वहाँ के वन्य जीवों, विशेषतया जंगली भैंसों को बचाने का प्रयास किया था। गोवा की वनस्पतियाँ एवं हरियाली अद्भुत थी और यही स्थिति शल्कपंखी (लेपिडोपेट्रा) की भी थी। इस परियोजना में मेरी सहायता वन संरक्षक रिचर्ड डिसूजा के साथ-साथ बॉम्बे नेचुरल हिस्ट्री सोसाइटी (बी.एन.एच.एस.) द्वारा भी की गई थी। मैंने इस परियोजना से सभी गाँवों को अलग रखने का प्रयास किया था और अंत में केवल एक गाँव अधिसूचित किए जाने से बच गया था और उसके ग्रामीणों के हितों की सुरक्षा के उपाय किए गए थे। मेरे इस कार्य का उत्खनन कंपनियों की ओर से तीव्र विरोध किया गया था, जिन्होंने मेरे स्टाफ के कुछ अधिकारियों को भी अपने पक्ष में कर लिया था। राज्य में राष्ट्रपति शासन की समाप्ति से कुछ दिनों पूर्व मेरे द्वारा हस्ताक्षरित अध्यादेश अंततः जारी होने के लिए तैयार था। राज्य के मुख्य सचिव ने अध्यादेश को जारी होने से रोकने के लिए विलंबन की नीति अपनाई थी, फिर भी मैंने राष्ट्रपति शासन की समाप्ति से पहले बड़ी मुश्किल से फाइल मँगाई और उसपर अपने हस्ताक्षर कर दिए थे। सचमुच वह 'बड़ी बारीकी से की जाने वाली काररवाई थी।'

गोवा के राजनेताओं एवं उत्खनन कंपनियों ने आपस में हाथ मिला लिया था। उन्होंने अध्यादेश को निरस्त करने के लिए उच्चतम न्यायालय से भी संपर्क किया था, लेकिन उन्हें कोई सफलता नहीं मिली थी। कुछ वर्षों बाद भाजपा मुख्यमंत्री मनोहर पर्रिकर, जो पहले अध्यादेश जारी होने से प्रसन्न थे, बाद में उन्होंने भी उसे निरस्त कराने का प्रयास किया था। उन्होंने भी उच्चतम न्यायालय में दस्तक दी थी, परंतु कोई सफलता नहीं मिली। आशा की जानी चाहिए कि गोवा की वनस्पतियाँ, हरियाली, वन्य जीव एवं पर्यावरण आने वाले समय में सभी के लिए सुरक्षित रहेगा। अध्यादेश का प्रवर्तन शायद मेरे जीवन में किए गए सर्वाधिक महत्त्वपूर्ण योगदानों में से एक था। इन जंगलों में अब बाघों ने भी उन्मुक्त विचरण शुरू कर दिया है।

इस अवधि के दौरान मई 1999 में उत्तरी जम्मू एवं कश्मीर में कारगिल की नंगी पहाड़ियों पर कुछ घुसपैठें हुई थीं। पाकिस्तानियों ने अपनी हलके तौर पर हथियारों से सज्ज पाकिस्तानी नॉर्दर्न लाइट इन्फैंट्री की पाँच बटालियनों की उस क्षेत्र में चोरी-छिपे घुसपैठ करा दी थी। उनकी इस आकस्मिक घुसपैठ को देखकर हम हैरान रह गए थे। सेनाध्यक्ष उन दिनों यूरोप की यात्रा पर गए थे। उन्हें जब इस घटना की जानकारी दी गई तो उन्होंने अपनी यात्रा को आगे बढ़ाने का निर्णय ले लिया। एक सैनिक के रूप में मुझे वह वृत्तांत याद है, जब नेपोलियन ने अपने एक उच्चाधिकारी से यह सूक्ति कही थी, 'संदेह की स्थिति में तोपों की ध्वनि की दिशा में

आगे बढ़ो।' कारगिल में पाकिस्तानियों ने चार घुसपैठें की थीं, जिनमें से दो लगभग 5 से 15 किलोमीटर तक और दो घुसपैठें छोटी थीं, किंतु समग्रत: वे लगभग 140 किलोमीटर के सीमित मोरचे तक फैली हुई थीं।

सरकार की ओर से मुझे कारगिल जाने और लौटकर उन्हें रिपोर्ट देने के लिए कहा गया था। मैंने वहाँ दो दिन बिताए थे और मुझे हेलीपैड पर घटना की जानकारी दी गई थी, क्योंकि वहाँ अन्य गण्यमान्य व्यक्तियों के दौरे भी हो रहे थे। मैं अपनी तोप की अवस्थिति (लोकेशन) एवं अन्य अग्रिम अवस्थितियों तक गया। एक क्षेत्र में हमारी तोपें अपने लक्ष्यों को निशाना बना रही थीं। मैंने उनसे 155 एमएम बोफोर्स तोपें और 130 एमएम आर्टिलरी तोप दागने के लिए कहा। हमारे तोपची स्कार्दू में उन्हें उलझाना चाहते थे, परंतु वह स्थान हमारी बोफोर्स तोपों की मारक परिधि से दूर था। कारगिल एक प्रकार से तोपचियों द्वारा किया गया एक उत्तम युद्ध था और वह बोफोर्स तोप ही थी, जिसने एक महत्त्वपूर्ण भूमिका निभाते हुए लड़ाई के मैदान में अपनी बढ़त बना ली थी। हमने वहाँ अपनी 250 तोपें तैनात कर दीं, जिनसे लगभग 2,50,000 चक्र गोले दागे गए। दोनों ओर से होने वाली मौतें तोपखाने की गोलाबारी से हुई थीं। वहाँ मौजूद अधिकारियों ने मुझे बताया था कि उनके 155 एमएम तोप के गोले लगभग समाप्त हो चुके थे। उससे जुड़े हुए निकटवर्ती क्षेत्र में भारी गोलाबारी हो रही थी, जिसमें दो गोरखा जवान घायल हो गए थे। मैं उन्हें इलाज के लिए हेलीकॉप्टर में बैठाकर सेना के अस्पताल में ले गया। जे.सी.ओ. बुरी तरह घायल हो गया था, वह पूरे रास्ते में मेरा हाथ थामे हुए केवल यही कहता रहा, "साहब, मेहरबानी करके मेरा हाथ मत छोड़ो।" तीन दिनों तक चले कई ऑपरेशनों के बाद वह बच गया था। हमने वहाँ लगभग 30,000 नियमित सैनिक एवं अर्धसैनिक बल तैनात कर दिए थे और इनको हमारी वायुसेना का समर्थन एवं सहयोग मिल रहा था।

मैं श्री वाजपेयी से मिलने और जानकारी देने गया और उन्होंने मेरी बात सुनने के लिए जॉर्ज फर्नांडिस को भी बुला लिया। मैंने उन्हें बताया कि हमारी सेना पाकिस्तान के मुख्य आधार स्कार्दू पर बमबारी करना चाहती थी, जोकि हमारी रेंज से बाहर था। जो शस्त्र प्रणाली हमारी जरूरतों को पूरा कर सकती थी, वह थी रूसी 'स्मर्क' जिसकी रेंज 90 किलोमीटर थी। वे राजी हो गए और स्मर्क को सेना में शामिल करने की कारवाई शुरू कर दी गई। उस कार्य को पूरा करने में पाँच वर्ष लग गए, क्योंकि सरकार में बैठे 'बाबुओं' ने उसके प्रवेश को विलंबित करने के अनेक बहाने खोज लिये थे, एकल विक्रेता (सिंगल वेंडर) इत्यादि। सौभाग्यवश,

विलंब के बावजूद, स्मर्क आज सेवा में है। मैंने इस बात का उल्लेख किया कि हमारी 155 एमएम तोपों के गोले लगभग समाप्त हो गए थे। फर्नांडिस ने तत्काल कारवाई की और विमान द्वारा इजराइल से गोले मँगवा लिये गए। मुझे भी दबाव बनाने का अवसर मिल गया था, क्योंकि मैं वर्षों से हिमाचल प्रदेश से मनाली, रोहतांग एवं लेह होकर जाने वाले लद्दाख मार्ग को सुधारने की पैरवी करता रहा था। इस संबंध में मैंने अतीत में आडवाणी से चर्चा की थी, जिन्होंने मुझे बताया कि इस मामले में उन्होंने जम्मू एवं कश्मीर के मुख्यमंत्री फारूक अब्दुल्ला से चर्चा की थी, लेकिन उन्होंने मुझसे कहा था कि 'यह मार्ग आवश्यक नहीं है।' क्या अब्दुल्ला से उन्हें किसी अन्य उत्तर की आशा थी? वाजपेयी ने कहा कि वे रोहतांग दर्रे की सुरंग के निर्माण हेतु कार्य शुरू करने का आदेश जारी करेंगे।

मैंने वाजपेयी एवं फर्नांडिस को बताया था कि कारगिल में ठीक ढंग से कारवाइयों को निष्पादित नहीं किया गया था। वहाँ खुफिया सूचना, गश्त और निगरानी करने में सेना की विफलता दिखाई पड़ी थी और इसमें से ढेर सारा कार्य निगरानी हेतु पर्याप्त मात्रा में हेलीकॉप्टरों की अनुपलब्धता के कारण छोड़ दिया गया था। इसका कोई कारण नहीं था कि वायुसेना को अधिक आक्रामक ढंग से उपयोग में क्यों नहीं लाया गया था? यह तो हमारा सौभाग्य था कि अमेरिकी राष्ट्रपति बिल क्लिंटन ने पाकिस्तान पर अपनी सेनाएँ वापस बुलाने का दबाव बढ़ा दिया था। बीजेपी दावा करती थी कि वह एक युद्ध था, जिसे उसने जीत लिया था। मेरी दृष्टि में वह कोई युद्ध नहीं था, वहाँ बंजर पहाड़ों की चोटियों पर लगभग 140 किलोमीटर के क्षेत्र में पाकिस्तानी अर्धसैनिक बलों की 5 बटालियनों द्वारा की गई चार मामूली घुसपैठें थीं, जिन्हें किसी भी प्रकार से युद्ध एवं उसपर 'महान् विजय' के रूप में वर्गीकृत नहीं किया जा सकता था।

मैंने पहले भी उल्लेख किया था कि मैंने गोवा में एक नई सरकार स्थापित की थी और 24 नवंबर, 1999 को मैं गोवा छोड़कर पंजाब के राज्यपाल का पद सँभालने के लिए रवाना हो गया था। गोवा में मेरे तूफानी कार्यकाल की समाप्ति हो चुकी थी। मजेदार बात यह है कि गोवा से मेरे रवाना होने से ठीक पहले लोगों ने मुझसे यह अनुरोध करते हुए जुलूस निकाले थे कि वहाँ अब कोई चुनाव नहीं होने चाहिए और अनिश्चितकालीन राष्ट्रपति शासन लगा दिया जाना चाहिए। गोवा में बीजेपी राष्ट्रीय कार्यकारिणी की बैठक हो रही थी, जिसने प्रधानमंत्री, गृह मंत्री एवं चुनाव आयुक्त को याचिका दी कि वह चुनाव की माँग नहीं करती है, परंतु राष्ट्रपति शासन को नहीं उठाया जाना चाहिए। आडवाणी अकसर मजाक करते हुए कहते थे,

"जनरल जैकब लोकतंत्र के लिए ठीक नहीं हैं; लोगों को चुनाव नहीं चाहिए, परंतु जैकब का शासन अवश्य चाहिए।" (परिशिष्ट : गोवा संपादकीय)।

पंजाब का कार्यकाल

पंजाब के साथ मेरा लंबा एवं सुखद लगाव रहा था। मैंने वहाँ न केवल एक पंजाबी मुसलिम तोपखाने में नौकरी की थी, बल्कि द्वितीय विश्वयुद्ध के दौरान पाँच वर्षों तक उसकी कमान भी सँभाली थी। मैंने वहाँ सिख-पटियाला पर्वतीय तोपखाने में भी नौकरी की थी। मैंने 3 फील्ड रेजिमेंट की स्थापना की थी, जिसमें सभी सैनिक सिख थे। जब मैं छुट्टी पर होता था तो सैनिकों के गाँवों का दौरा किया करता था और उनके परिवारों के साथ समय बिताता था।

पंजाब का राजभवन एक बँगले में स्थित था, जिसका डिजाइन कारबूजियर के एक सहायक जेनारेट द्वारा तैयार किया गया था। जिस प्रकार के राजभवन के निर्माण की कल्पना की गई थी, उसके अनुसार उसका बनाया जाना अभी भी शेष था और कारबूजियर के प्रति यथोचित सम्मान व्यक्त करते हुए मैं कहना चाहूँगा कि वे बहुत घमंडी थे। मैं अत्यंत सौभाग्यशाली था कि मेरे पास एक सुयोग्य सचिव सुबोध अग्रवाल थे। राजभवन के कर्मचारी निष्ठावान एवं कार्यकुशल थे। किसी राज्य के प्रति राज्यपाल के दायित्व अत्यंत औपचारिक थे। वह जब भी आवश्यक महसूस करे, मुख्यमंत्री को अपनी राय दे सकता था।

जिस समय मैंने पंजाब के राज्यपाल का पद सँभाला था, उस समय अकाली दल के प्रकाश सिंह बादल मुख्यमंत्री थे। हम दोनों के बीच संबंध अत्यंत मधुर थे। उनका भतीजा मनप्रीत सिंह बादल एक बुद्धिजीवी था और हम दोनों के बीच लंबी चर्चाएँ होती थीं। मैंने पूरे राज्य में कस्बों, गाँवों, कॉलेजों एवं स्कूलों का दौरा किया और मुख्यमंत्री को अनेक सुझाव दिए थे।

पंजाब की अर्थव्यवस्था कृषि पर आधारित है, फिर भी वहाँ की भंडारण व्यवस्था का आधारभूत ढाँचा अपेक्षाकृत कम संतोषजनक है। वहाँ भंडारण की सुविधाएँ अत्यंत अपर्याप्त हैं और अनाज तिरपालों के नीचे पड़ा सड़ता रहता है। वहाँ शीतालयों (कोल्ड स्टोर) और खाद्य प्रसंस्करण इकाइयों की भी भारी कमी है और विपणन व्यवस्था अत्यंत शिथिल है।

राज्य में बिजली की गंभीर कमी है और सिंचाई के लिए पर्याप्त जल की आपूर्ति नहीं है। भूमिगत जल का स्तर बहुत नीचे चला गया है और अत्यंत खतरनाक स्तर तक नीचे है। पंजाब में पहले मुख्य फसल गेहूँ की होती थी, परंतु अब वहाँ

गेहूँ और धान दोनों की बुआई की जाती है। चावल की खेती के लिए पानी की आवश्यकता अधिक होती है, इसलिए वहाँ अन्य फसलों में विविधता लाने की तत्काल आवश्यकता है। वहाँ अनेक लघु स्तरीय उद्योग हैं, जो बड़े पैमाने पर लुधियाना के आसपास के क्षेत्रों में केंद्रित हैं।

पंजाब में बड़े पैमाने पर भ्रष्टाचार था। कहा जाता है कि वहाँ लोक सेवाओं में होने वाली नौकरियाँ बेची जाती थीं। लोक सेवा आयोग के तत्कालीन अध्यक्ष पर मुकदमा चलाया गया था। बादल के बाद वहाँ कांग्रेस पार्टी के कैप्टन अमरिंदर सिंह मुख्यमंत्री बने थे। हम दोनों के बीच अच्छे संबंध थे। अमरिंदर सिंह एक सक्षम एवं लोकप्रिय मुख्यमंत्री थे। फिर भी उनके निकटवर्ती सलाहकार उनकी सहायता के लिए कुछ विशेष नहीं करते थे।

पंजाब के राज्यपाल केंद्रशासित प्रदेश चंडीगढ़ के प्रशासक भी होते हैं, जो एक पूर्णकालिक नियुक्ति है। मेरे पूर्ववर्ती राज्यपाल प्रशासक के रूप में अपने दायित्वों का निर्वहन राजभवन में बैठकर किया करते थे।

मैं सचिवालय स्थित प्रशासक के कार्यालय में गया तो मैंने उसे अत्यंत जर्जर अवस्था में पाया था। वह मकड़ी के जालों से भरा हुआ था और फर्नीचरों पर धूल की मोटी परत जमी हुई थी। मैं वहाँ अपने कार्यालय के बाहर से अपना कार्य करता था।

गोवा की भाँति मैंने वहाँ भी कर्मचारियों की उपस्थिति पर धावा बोला और थानों, अग्निशमन सेवाओं, स्कूलों और कॉलेजों का दिन और रात दोनों में औचक निरीक्षण करने लगा। अग्निशमन केंद्र भयावह अवस्था में थे और आधे से भी कम अग्निशमन वाहन काम करने की स्थिति में थे।

मैं सौभाग्यशाली था कि मुझे खुफिया ब्यूरो की रेणुका मुट्टो और आई.जी. भीम बस्सी के साथ काम करने का अवसर मिला था। दोनों अत्यंत उत्कृष्ट अधिकारी थे। हमने चंडीगढ़ प्रशासन के स्वामित्व वाले 'सिटको' के अधीन चल रहे होटलों का कायाकल्प किया और अतिरिक्त कर्मचारियों को नए रेस्तराओं में नियुक्त कर दिया। कभी घाटे में चलने वाले 'सिटको' को अब अच्छी आय होने लगी थी।

हमारे पास चंडीगढ़ में 550 शिक्षकों की कमी थी। सौभाग्यवश, तत्कालीन मानव संसाधन विकास मंत्री (शिक्षा मंत्री) डॉ. मुरली मनोहर जोशी ने 550 शिक्षकों की नियुक्ति की स्वीकृति प्रदान कर दी और हमने सुनिश्चित किया कि उनकी नियुक्ति केवल लिखित परीक्षा एवं उसके बाद साक्षात्कार के आधार पर ही की जाए। हमने पहले से चल रहे इंजीनियरिंग कॉलेजों को मानिंद विश्वविद्यालयों

(डीम्ड यूनिवर्सिटी) के स्तर तक उन्नत किया और अनेक नए इंजीनियरिंग कॉलेजों का निर्माण किया।

झुग्गी बस्तियों में रहने वाले जिन बच्चों को अपने परिवार का पेट भरने के लिए दिन के समय विवश होकर काम करना पड़ता था, ऐसे सभी बच्चों के लिए मैंने सभी सरकारी विद्यालयों में रात्रिकालीन कक्षाएँ शुरू कीं। उनमें से कुछ मेधावी बच्चों को छात्रवृत्तियाँ भी प्रदान की गईं और वे उच्च शिक्षा प्राप्त करने भी गए। इनमें से चार स्कूलों को श्री अतुल खन्ना चलाते थे।

तेजी से बढ़ते स्लम (झुग्गी बस्तियाँ) हमारे लिए एक बड़ी समस्या थे। यू.पी., बिहार, राजस्थान और दक्षिण से भी बड़ी संख्या में मजदूर काम की तलाश में पंजाब आ जाते थे। हमने पंजाब की जर्जर जन सुविधाओं को परिष्कृत करने के लिए उन्हें स्वच्छ पेयजल उपलब्ध कराया, शौचालयों का निर्माण करवाया और अनेक दवाखाने (डिस्पेंसरियाँ) खुलवाए। पंजाब में टी.बी. की बीमारी बड़े पैमाने पर फैली हुई थी, इसलिए हमने रोगियों की बढ़ती संख्या को देखते हुए नए टी.बी. अस्पतालों का निर्माण कराया। हमने अस्पतालों, विशेषतया नवनिर्मित राजकीय मेडिकल कॉलेज में सुविधाओं का विस्तार भी कराया। मात्र तीन वर्षों की अल्पावधि में हम झुग्गियों में रहने वाले लोगों के लिए 2,000 कमरों का निर्माण करने में सफल हुए थे। वहाँ से मेरे आने के तत्काल बाद उन्हें आवंटित भी कर दिया गया था।

हमने वहाँ उत्तर भारत में मरणासन्न रोगियों का एकमात्र अस्पताल भी शुरू किया और एक समुचित वनस्पति उद्यान का निर्माण कराया, जिसमें बड़ी संख्या में भारतीय एवं विदेशी वृक्षारोपण किया गया था और उसमें औषधीय पौधों की भी एक शाखा थी। हमने निजी क्षेत्र के साथ मिलकर प्रयोगशालाओं के निर्माण की आशा की थी और चंडीगढ़ के बाहरी इलाके में स्थित 350 एकड़ के प्राकृतिक वन के साथ 180 एकड़ में बने बाँध को उससे जोड़ दिया था। पूरा परिसर अब लगभग 530 एकड़ भूमि पर फैल गया था।

मुझे पंजाब में मेरी नियुक्ति के समय की वह घटना याद है, जब लोग मजाक में कहा करते थे कि चंडीगढ़ तो ऐसा स्थान है 'जहाँ लोग शादियों और अंतिम संस्कार के लिए जाते हैं।' वह ऐसा शहर था, जहाँ अन्य गतिविधियाँ बहुत कम होती थीं। जिस समय मैं वहाँ पहुँचा था, तब चंडीगढ़ के रेस्तराँ एवं बार (मदिरालय) प्रात: 10 बजे ही बंद हो जाते थे। उसकी अवधि बढ़ाकर हमने अपराह्न 1 बजे तक कर दी। बाद में मैं चंडीगढ़ के पुलिस आयुक्त से मिला, जो मेरे आने से पूर्व इसके लिए उत्तरदायी थे। मुझे बताया गया कि इसका कारण युवाओं को नशीली दवाओं

(ड्रग्स) का सेवन करने से रोकना था। मैंने प्रतिवाद करते हुए कहा कि क्या इसका तात्पर्य यह है कि युवक दिन के समय ड्रग्स नहीं लेंगे, वे केवल रात दस बजे से प्रातः 1 बजे के बीच ही नशा करेंगे ? वह व्यक्ति मेरे कथन से प्रसन्न नहीं हुआ और झुँझलाता हुआ वहाँ से चला गया।

वहाँ रोजगार प्राप्त करने के साधन अत्यल्प थे, खासतौर से उन युवा स्नातकों के लिए, जो अनेक विद्यालयों एवं महाविद्यालयों से उत्तीर्ण होकर निकलते थे और शहर में विकास के लिए भी बहुत कम भूमि उपलब्ध थी। चंडीगढ़ के बाहरी किनारे पर 118 एकड़ की एक ऐसी भूमि थी, जिसे प्रदूषण फैलाने वाले बिजलीघर के लिए चिह्नित किया गया था। मैंने उस भूमि को एक आई.टी. पार्क के निर्माण हेतु आवंटित करने का निर्णय लिया। अधिकतर आई.टी. कंपनियाँ चंडीगढ़ आने के प्रति उदासीन थीं, इसलिए मैंने उन्हें आने के लिए सहमत करने हेतु बेंगलुरु, चेन्नई एवं हैदराबाद की दो बार यात्रा की। मैं वहाँ इंफोसिस, सत्यम एवं विप्रो के कार्यकारी अधिकारियों से मिला और इंफोसिस के नारायण मूर्ति को चंडीगढ़ में अपना परिसर स्थापित करने हेतु राजी करने में सफल हो गया। विप्रो एवं सत्यम ने मेरे प्रस्ताव को खारिज कर दिया था। इंफोसिस के मानव संसाधन प्रबंधक विनोद एवं चंडीगढ़ प्रशासन के वित्त सचिव करन अवतार सिंह द्वारा 15 नवंबर, 2002 को सहमति-पत्र (एम.ओ.यू.) पर हस्ताक्षर किए गए। वह समझौता पूरी तरह नारायण मूर्ति की व्यवहारकुशलता के कारण संभव हो पाया था, बावजूद इसके कि उनके कुछ अधीनस्थ लोगों ने चंडीगढ़ में व्यवसाय खोलने के प्रति अपनी असहमति जताई थी। मूर्ति ने उनसे साफ शब्दों में कह दिया कि "अब मैंने जनरल जैकब को वचन दे दिया है और हम उसका पालन अवश्य करेंगे।" आज इंफोसिस चंडीगढ़ में खूब पुष्पित एवं पल्लवित हो रहा है। इंफोसिस के आने के बाद अन्य आई.टी. कंपनियों ने भी चंडीगढ़ की ओर रुख किया और उसे एक आई.टी. हब बना दिया। चंडीगढ़ में संपत्तियों के दाम चढ़ गए और विद्यालयों एवं महाविद्यालयों से निकलने वाले युवा स्नातकों के लिए रोजगार के नए अवसर खुल गए।

अमेरिका, इंग्लैंड, रूस एवं फिलीपींस सहित दुनिया भर में अपनी यात्राओं के दौरान मैंने देखा था कि ये देश किस प्रकार अपने मृतकों का सम्मान करते थे। मैं लेनिनग्राद (सेंट पीटर्सबर्ग) में बने स्मारक से अत्यंत प्रभावित हुआ था।

1971 के युद्ध की समाप्ति के तत्काल बाद मानेकशॉ एक युद्ध स्मारक का निर्माण करने के इच्छुक थे। मैंने उन्हें इंडिया गेट पर बने प्रथम विश्वयुद्ध के स्मारक जैसा युद्ध स्मारक बनाने का सुझाव दिया और उसका एक रेखांकन एवं

एक राइफल तथा हेलमेट भेज दिया, जिसका संबंध एक ऐसे अज्ञात सिपाही से था, जिसने जेसोर की लड़ाई में अपनी जान गँवाई थी।

मैं भूतपूर्व पंजाब, हरियाणा, हिमाचल एवं चंडीगढ़ के शहीदों की स्मृति में एक स्मारक का निर्माण कराना चाहता था। उसके लिए भारी धनराशि की आवश्यकता थी, जिसे एकत्र कर पाने में मैं विफल रहा था, तभी मेरे एक पुराने मित्र एवं 'इंडियन एक्सप्रेस' के संपादक ने उस कार्य को पूरा करने का प्रस्ताव दिया। मैंने चंडीगढ़ स्थित वास्तुकला महाविद्यालय (आर्किटेक्चरल कॉलेज) के विद्यार्थियों से स्मारक का डिजाइन बनवाने के लिए संपर्क किया।

इस कार्य के लिए करीब 12 टीमें गठित की गईं। मैंने उन्हें कार्य शुरू करने के विषय में आधारभूत जानकारी दी। प्रस्तावित स्मारक की डिजाइनें चयन हेतु वयोवृद्ध सैनिकों के पास जमा करा दी गईं और अंत में एक डिजाइन का चयन किया गया, जिसे लड़कियों के एक समूह द्वारा तैयार किया गया था। स्मारक का उद्घाटन तत्कालीन राष्ट्रपति डॉ. ए.पी.जे. अब्दुल कलाम द्वारा 17 अगस्त, 2006 को किया गया। जिस समय मैं श्रोताओं को अपने सैनिकों द्वारा किए गए बलिदान के विषय में संबोधित कर रहा था, राज्यपाल ने राष्ट्रपति को अपनी बातों में उलझाना शुरू कर दिया और राष्ट्रपति भी उनका साथ देने लगे। वह हमारे युद्ध शहीदों के सम्मान में आयोजित एक पवित्र कार्यक्रम का अवसर था और मैं उन दोनों की उस बातचीत को अधिक समय तक सहन नहीं कर सका। मैं मंच से नीचे उतरकर राष्ट्रपति के पास गया और उनकी ओर घूरते हुए केवल दो शब्द 'राष्ट्रपति महोदय' कहे। वे मेरा संकेत समझ गए और अपना ध्यान मेरे संबोधन पर केंद्रित कर दिया। उस घटना का समाचार अखबारों ने व्यापक रूप से प्रकाशित किया था। मैंने स्मारक के उद्देश्य के रूप में अराकान की 26वीं भारतीय डिवीजन के सूत्र वाक्य 'शानदार यादगार' का चयन किया था। ये दो शब्द ऐसे प्रतिध्वनित होते थे कि इनका स्मारक के लिए चयन कर लिया गया था। मुझे आशा थी कि एक दिन कोई ऐसी सरकार सत्ता में आएगी, जो उन सभी शहीदों की स्मृति में एक राष्ट्रीय स्मारक का निर्माण करेगी, जिन्होंने भारत के लिए अपने प्राण न्योछावर कर दिए थे। मुझे उस प्राचीन समाधि लेख का स्मरण हो आया, जो 480 ईसा पूर्व स्पार्टा के राजा लियोनिडास द्वारा थर्मोप्ले के युद्ध के दौरान कहे गए थे—"हे निकट से गुजरने वाले अपरिचित, जाओ और स्पार्टा निवासियों को बता दो कि उनके कानूनों के प्रति आज्ञाकारी हम यहाँ लेटे हुए हैं।" (सियोज के सिमोनी, कवि 556-468 बीसी)।

जिस समय मैं गोवा का राज्यपाल नियुक्त किया गया था, मैंने उसी समय भाजपा से त्यागपत्र दे दिया था, क्योंकि मेरा मानना था कि एक राज्पाल को सदैव अराजनीतिक होना चाहिए। अधिकतर राज्यपाल अपने दलों से त्यागपत्र नहीं देते हैं। दुर्भाग्यपूर्ण रूप से, अनेक स्थानीय राजनीतिक नेता महसूस करते थे कि लीक से हटकर उनकी गतिविधियों में शामिल होना और उनकी सहायता करना मेरा दायित्व है। एक बार एक स्थानीय बीजेपी नेता मुझसे मिलने आया और उसने मुझसे यह कहने की धृष्टता की कि किसी नीति की घोषणा अथवा पहल करने से पूर्व मुझे उसे तीन दिन पूर्व अग्रिम सूचना देनी होगी और उस घोषणा का कारण समझाना होगा। मैंने उसके सामने अपने क्रोध को छिपाने का कोई प्रयास नहीं किया, जिसे देखकर वह उलटे पाँव लौट गया। बाद में उसने प्रधानमंत्री, गृह मंत्री एवं अन्य वरिष्ठ नेताओं से मेरी शिकायत की कि मैं पार्टी की सहायता नहीं कर रहा था, बल्कि प्रतिद्वंद्वियों को लाभ भी पहुँचा रहा था। इन महाशय ने उस पुरानी कहावत की याद दिला दी थी, 'राजनीति किसी बदमाश की अंतिम शरणस्थली है।'

मैं हमेशा गरीबों, शोषितों, वंचितों, झुग्गी-पटरी निवासियों और रिक्शा खींचने वालों की दशा के प्रति चिंतित रहता था। मैं रात के समय बाहर निकल जाता था और गरीबों को कंबल बाँटता था। खासतौर से नववर्ष की पूर्व संध्या पर, जिस समय अमीर लोग क्लबों, होटलों, रेस्तराओं और अपने घरों में पार्टियाँ कर रहे होते थे। पटरियों पर रहने वाले गरीब लोग मेरे हाथों से खाने के पैकेट और कंबल खींच लेते थे। अपनी इन यात्राओं के दौरान मैं अपने पीछे चिकित्सा टीमों, डॉक्टर्स और एंबुलेंस को लेकर चलता था। मेरी यात्राओं के दौरान टी.बी. के अनेक रोगियों को पहचानकर उनका उपचार किया गया और शेष इलाज के लिए उन्हें अस्पतालों में भेज दिया गया। ऐसे रोगियों की संख्या चौंकाने वाली थी। मेरी उन काररवाइयों का समर्थन करने के बजाय, एक अखबार के संपादक ने तो यह तक लिख दिया था कि 'ले. जनरल जैकब कानून तोड़ते हुए पटरियों पर अनधिकृत रूप से कब्जा जमाए हुए लोगों को कंबल बाँट रहे थे।'

मैं जब पीछे मुड़कर देखता हूँ तो मुझे मेरे चंडीगढ़ के कार्यकाल पर कुछ उपलब्धियों का बोध होता है। मेरे विचार से मेरी संभवतः सर्वोत्तम प्रशंसा तब की गई थी, जब मेरे अवकाश ग्रहण करने के छह महीने बाद कुछ अखबारों ने यह खबर प्रकाशित की थी कि उसके संवाददाताओं ने अस्पतालों की दीवारों पर यह नारा लिखा हुआ देखा था—'चूँकि अब जनरल जैकब यहाँ से चले गए हैं, गरीबों की देखभाल कौन करेगा ?' इससे अच्छे समर्थन की अपेक्षा कैसे की जा सकती है ?

संयुक्त राज्य (अमेरिका) की यात्रा

वर्ष 2007 में भारतीय अमेरिकी समुदाय ने '123 एग्रीमेंट' को आगे बढ़ाने के लिए मुझसे अमेरिका में एक व्याख्यान देने का अनुरोध किया था। मैंने 9 अमेरिकी शहरों में व्याख्यान दिए थे, जिनमें भारी संख्या में श्रोता शामिल हुए थे। भारतीय अमेरिकी समुदाय की जिज्ञासा बांग्लादेश को स्वतंत्र कराने के लिए की गई कारवाइयों के बारे में सुनने की थी।

'123 एग्रीमेंट' के लिए समर्थन जुटाने के क्रम में मैंने अनेक शक्तिशाली कांग्रेसी समितियों के अध्यक्षों के साथ मुलाकात करने की व्यवस्था स्वयं की थी। मैंने अमेरिकी कांग्रेस के दिवंगत सीनेटर टॉम लैंटोस के साथ एक घंटा लंबी बैठक की थी। प्रारंभ में वे संधि को लेकर अधिक उत्साहित नहीं थे, परंतु बैठक के बाद उन्होंने अपने समर्थन का वादा किया था। हॉवर्ड बेरमैन को राजी कर पाना बहुत कठिन था, किंतु उन्होंने भी अपना समर्थन देने की सहमति दे दी थी। मैंने इलियाना रॉस-लेहटीनेन के साथ दो अलग-अलग बैठकें की थीं, उन दोनों ने भी अपने समर्थन का वादा किया था। मैं कांग्रेसी सांसद एकरमैन से भी मिला था और उन्होंने भी सीनेटर जोय लीबरमैन की तरह अपने समर्थन का वचन दिया था। इन समस्त सीनेटरों में केवल इलेना रॉस-लेहटिनेन रिपब्लिकन थीं, जबकि शेष अन्य डेमोक्रेट थे। मुझे भारतीय दूतावास से कोई सहयोग नहीं मिला और मुझे बताया गया था कि वह हमारी बैठकों के प्रति अधिक उत्साहित भी नहीं था। मैं जिन लोगों से मिला, वे तत्काल मुझे मिलने का समय देने के लिए तैयार हो गए थे, परंतु मजेदार बात यह थी कि वे लोग हमारे दूतावास के सदस्यों अथवा आगंतुक राजनेताओं से मिलने के लिए आसानी से राजी नहीं होते थे।

मैं चार शहरों के 'अमेरिकी यहूदी समुदाय' (ए.जे.सी.) के शीर्षस्थ नेताओं से भी उनका समर्थन प्राप्त करने के लिए मिला था। ए.जे.सी. की अमेरिकी प्रशासन पर जबरदस्त पकड़ थी और उसने भी हमें अपना समर्थन देने का वादा किया था।

मैंने अमेरिकी सेना और विदेश विभाग के चुने हुए सदस्यों के समक्ष कैपिटल हिल में अपना व्याख्यान दिया। व्याख्यान का विषय था 'आतंकवाद एवं उग्रवाद' और उस व्याख्यान का सजीव प्रसारण भी किया गया था। नौसैनिक कोर के जनरल ने मुझसे मेरे व्याख्यान की एक प्रति माँगी और अनुरोध किया कि मैं उसे मेरे भाषण के कुछ अंशों को आतंकवाद एवं उग्रवादी संघर्षों पर बनाई जाने वाली नियमावली में शामिल करने की अनुमति प्रदान करूँ। स्वाभाविक रूप से मैं उसके लिए सहमत हो गया था।

बाद में, जब मैं प्रधानमंत्री से मिला तो यह जानकर थोड़ा चकित रह गया था कि उन्हें मेरे द्वारा किए गए प्रयासों की कोई जानकारी नहीं थी! संभवत: उन्हें मेरी यात्रा के बारे में दूतावास की ओर से कोई जानकारी नहीं दी गई थी, क्योंकि वह मेरी यात्रा से प्रसन्न नहीं था।

□

13

कुछ स्थायी प्रभाव

जब मैं अपनी जीवन-यात्रा में पीछे मुड़कर देखता हूँ तो पाता हूँ कि वह सचमुच तूफानी थी। मेरे स्कूली दिन अधिक सुखद नहीं थे, क्योंकि कुछ अंग्रेज अध्यापक यहूदीवाद-विरोधी सोच को पोषित कर रहे थे, परंतु मैं उससे निपटने में सक्षम था। दूसरी ओर, भारत में रहने वाले यहूदी समुदाय ने कभी भी अपने बंधु भारतीयों में यहूदीवाद-विरोध के कोई लक्षण नहीं देखे थे। भारत में रहने वाला यहूदी समुदाय लगभग 2000 वर्षों से समृद्ध होता आ रहा था। सेना में मेरा कार्यकाल अत्यंत घटनाप्रधान रहा था और मैं अपनी रेजिमेंट में अकेला भारतीय अधिकारी था, जबकि शेष अन्य अधिकारी ब्रिटिश थे। जिस समय मैंने रेजिमेंट में प्रवेश किया था, उस समय मेरे सामने कोई समस्या नहीं थी, क्योंकि उसके अन्य सभी अधिकारी ब्रिटिश समाज के उच्च वर्ग से आए थे और सचमुच अत्यंत सज्जन भी थे। मैं जैसे ही आगे बढ़ा, विभिन्न सामाजिक स्तरों वाले अधिकारियों ने सेना में प्रवेश करना प्रारंभ कर दिया। कालांतर में युद्ध की समाप्ति के चरण में कुछ भारतीय अधिकारी भी हमारी रेजिमेंट में शामिल हो गए थे। उनमें से एक अधिकारी शौकत रेजा था, जो हमारी कमान का दूसरे नंबर का अधिकारी था। बाद में उसने पूर्वी पाकिस्तान में 9 पाकिस्तानी इन्फैंट्री डिवीजन की कमान सँभाली थी। जिस समय शौकत से परिचय हुआ था, उस समय उसे मैंने अत्यंत शुभेच्छु अधिकारी के रूप में पाया था। सुप्रसिद्ध संवाददाता मास्कर्नहास ने आरोप लगाते हुए लिखा था कि पूर्वी पाकिस्तान में बंगाली मुसलमानों पर सर्वाधिक अत्याचार की जिम्मेदार शौकत की कमान वाली 9 इन्फैंट्री डिवीजन ही थी। अक्तूबर 1971 में शौकत पाकिस्तानी सेना की सैन्य काररवाई (मिलिटरी ऑपरेशंस) का महानिदेशक बनने के लिए जी.एच.क्यू. रावलपिंडी चला गया था। ब्रिटिश अधिकारियों के साथ काम करने का

अधिकांश अनुभव सौहार्दपूर्ण था। यदि आप अपने कर्तव्य को अच्छी तरह निभाते थे तो वे आपको उसका उचित पुरस्कार देने में कभी कोई कोताही नहीं करते थे। मुझे बर्मा में एक युवा कैप्टन के रूप में अपने बैटरी कमांडर डिक पीटर्स की याद आती है, जिन्होंने एक विशेष काररवाई के दौरान मेरी पीठ थपथपाते हुए कहा था, "जैको, तुम्हारा इनाम तुम्हें स्वर्ग में मिलेगा।"

मैं सौभाग्यशाली था कि मुझे अराकान में एक मेजर के रूप में ले. कर्नल करियप्पा, ले. कर्नल थिमैया, ले. कर्नल एल.पी. (बोगी) सेन, ले. कर्नल एस.पी. पी. थोराट और मेजर बिक्रम सिंह को जानने का अवसर मिला था। कालांतर में जब हम भारत वापस लौट आए, सन् 1956 तक मैं मेजर बना रहा था। अन्य लोग स्वाधीनता के बाद अपने कमीशन की तिथि से अपनी वरिष्ठता की गणना करते हुए जनरल ऑफिसर के पद तक पहुँच गए थे।

सेना का जीवन अत्यंत कठिन है। कई बार किसी को किसी आडंबरी एवं महत्त्वाकांक्षी बदमाशों के अधीन नौकरी करनी पड़ती है। उनमें से कुछ लोगों के साथ मुझे समस्याएँ थीं। कई बार व्यक्ति को बिना झुके सीधा खड़ा रहना पड़ता है। मेरी किस्मत खराब थी कि मुझे मेजर जनरल 'बिज्जी' कौल के अधीन 4 इन्फैंट्री डिवीजन में नौकरी करनी पड़ी थी। कौल को रक्षा मंत्री कृष्ण मेनन का राजनीतिक संरक्षण प्राप्त था। कौल ने एक बार मुझे उनके विश्वासपात्रों की 'मंडली' में शामिल करने का प्रयास किया था, ताकि वे अपनी सैन्य एवं संभवतः राजनीतिक महत्त्वाकांक्षाओं को आगे बढ़ा सकें।

मेरे ऊपर उनकी इच्छाओं के आगे नतमस्तक होने का भारी दबाव डाला गया था। एक समय तो ऐसा भी आ गया कि मैं नौकरी से इस्तीफा देने के बारे में सोचने लगा था। सौभाग्यवश, जनरल कुमारमंगलम ने इसके बारे में सुना तो उन्होंने मुझे कहीं अन्यत्र नियुक्त कर दिया। कुछ वर्षों बाद कौल ने मुझे स्टाफ कॉलेज में फोन किया और जनरल मानेकशॉ के विरुद्ध गवाही देने के लिए कहा, क्योंकि उनकी राष्ट्र-विरोधी गतिविधियों की जाँच के लिए एक जाँच समिति नियुक्त की गई थी। कौल ने मुझे धमकी दी थी कि यदि मैं उनकी इच्छानुसार सहयोग नहीं करूँगा तो मेरा भविष्य खतरे में पड़ जाएगा। मैंने तब भी उनकी बात मानने से इनकार कर दिया। अपनी बात को सच साबित करते हुए कौल ने पदोन्नति सूची में शीर्ष पर चल रहे मेरे नाम को अंतिम पंक्ति में लिख दिया था। कई वर्षों बाद जब 1962 के युद्ध को सही तरीके से संचालित न कर पाने के कारण उन्हें जबरन रिटायर कर दिया गया था, उस समय वे किसी भग्न हृदय एवं परित्यक्त व्यक्ति की भाँति दिल्ली में

अकेले थे। मैं उनसे मिलने गया। आँसू उनकी आँखों से छलककर गालों पर बह रहे थे। उन्होंने विलाप करते हुए कहा, "जैकब, इतने सारे लोगों में केवल तुम मुझसे मिलने आए हो।" मैंने कहा, "जनरल, एक बार आप मेरे जी.ओ.सी. रहे थे। यदि मैं आपकी कोई सहायता कर सकता हूँ तो कृपया अवश्य बताएँ।" ऐसी है जिंदगी! उन्होंने कोई उत्तर नहीं दिया तो मैं उन्हें रोता हुआ छोड़कर वहाँ से वापस चला आया। कालांतर में, जब मैं ब्रिगेडियर के रूप में आर्टिलरी स्कूल में कमांडेंट था, मुझे मेजर जनरल नरवणे के साथ कुछ समस्या हुई, जो कभी युद्धबंदी के रूप में कुमारमंगलम के साथी रहे थे। ऐसा कहा जाता था कि अनुभव ने उनके मानसिक संतुलन को प्रभावित कर दिया था। वे चाहते थे कि मैं उस 75 एमएम तोप को पास कर दूँ, जिसके वे परियोजना प्रभारी रहे थे और वही तोप मेरे पास योग्यता परीक्षण के लिए आई थी। उस तोप में 90 खामियाँ थीं, जिनमें से कुछ बहुत बड़ी थीं, इसलिए मैंने उनके अनुरोध को ठुकरा दिया। उन्होंने मुझे एक निम्न औसत वाली वार्षिक गोपनीय रिपोर्ट दी। उसके बावजूद भी मुझे एक डिवीजन की कमान सँभालने के लिए पदोन्नत कर दिया गया और खुशकिस्मती से मुझे ले. जनरल मोती सागर के अधीन सेवा करने का अवसर मिला, जो उस समय दक्षिणी सेना के कमांडर थे। मोती सागर कभी मेरे पलटन कमांडर रहे थे और इसी प्रकार जब मैं एक कैडेट था, उस समय वे मेरे तात्कालिक अधिकारी और प्रशिक्षक भी रहे थे। जिस 12 इन्फैंट्री डिवीजन की मैं कमान सँभाल रहा था, वह सीधे मोती सागर के अधीन आ गई थी और उन्होंने मुझे प्रोत्साहन के साथ फ्री हैंड (पूर्ण स्वतंत्रता) दे दिया था। वे आद्योपांत एक सज्जन व्यक्ति थे।

दुर्भाग्यवश, निजी प्रतिशोध की भावनाएँ बढ़ रही थीं। तत्कालीन सेनाध्यक्ष जनरल गोपाल बेवूर ने मुझे उस समय फोन किया था, जब मैं पूर्वी सेना का कमांडर था। उन्होंने मुझसे कहा था कि वे मेजर जनरल एस.के. सिन्हा को 23 इन्फैंट्री डिवीजन में नियुक्त कर रहे हैं और मुझे उन्हें किसी मामले में 'फँसाना' है। मैंने कोई उत्तर नहीं दिया। मानेकशॉ अपनी कंपनी के बोर्ड की बैठकों में भाग लेने के लिए अकसर कलकत्ता आते रहते थे। ऐसी ही एक यात्रा के दौरान वे मुझसे मिलने आए। उन्होंने मुझसे कहा कि मेरे खिलाफ जाँच करने के लिए सिन्हा जिम्मेदार था, क्योंकि उसी ने जनरल कौल को 1961 में मेरे विरुद्ध जाँच शुरू करने के लिए उनके कान भरे थे, इसलिए मैं उसे किसी झूठे मामले में 'फँसा' दूँ। मुझे ऐसी बातों को कहने या सुनने की आदत नहीं थी, जो मेरी दृष्टि में सही न हों। मैंने सुनिश्चित किया कि चूँकि सिन्हा को इरादतन किसी मामले में फँसाने का षड्यंत्र किया जा रहा था,

इसलिए मैं उसे अच्छी वार्षिक गोपनीय रिपोर्ट दूँगा। वह रिपोर्ट जब बेवूर को मिली तो उन्होंने मुझे फोन किया और पूछा कि मैंने सिन्हा को अच्छी रिपोर्ट क्यों दी थी, वह भी तब, जबकि सिन्हा ने मेरे अधीन काम करते हुए अभी एक वर्ष भी पूरा नहीं किया था? मैंने उत्तर दिया कि नियमानुसार कोई भी सैन्य कमांडर किसी अधिकारी के बारे में अपनी रिपोर्ट किसी भी समय दे सकता है। मैंने अपनी बात को आगे बढ़ाते हुए सेनाध्यक्ष बेवूर से यह भी कह दिया कि यदि आपने सिन्हा के विरुद्ध विपरीत टिप्पणियाँ लिखीं और यदि सिन्हा ने उसके विरुद्ध अपील की तो मैं आपके साथ हुए इस वार्त्तालाप को साक्ष्य के रूप में उद्धृत कर दूँगा। बाद में पदोन्नति के लिए सिन्हा को हरी झंडी दे दी गई थी।

अपने अधीनस्थ अधिकारियों को झूठे मामलों में फँसाने की इच्छा रखने वाले बेवूर अकेले जनरल नहीं थे, जनरल 'टैपी' रैना भी उन्हीं की तरह थे। रैना ने मुझे फोन करके ले.जन. स्टैन मैनेजेस को 'फँसाने' के लिए कहा था, जो उस समय मेरे अधीन 4 कोर की कमान सँभाल रहे थे। रैना ने कहा था कि मैनेजेस केवल स्टाफ के लिए सक्षम थे और किसी सेना की कमान सँभालने के लिए सक्षम नहीं थे, इसलिए मुझे उन्हें आर्मी कमांडर बनाने की सिफारिश नहीं करनी चाहिए। मैंने रैना से स्पष्ट शब्दों में कह दिया कि मैनेजेस एक सक्षम अधिकारी थे और यह भी कि मैं उस पद पर उनकी नियुक्ति की सिफारिश करने जा रहा हूँ। उसके बाद रैना ने प्रतिवाद करते हुए कहा था कि मैं उन्हें आर्मी कमांडर के लिए पास नहीं करूँगा, किंतु उन्हें कार्यालय में वाइस चीफ के पद पर नियुक्त किए जाने का अनुमोदन कर दूँगा, जो कि आर्मी कमांडर के पद के समकक्ष था। कालांतर में उन्होंने मुझे निकट अतीत में पदोन्नत हुए ले.जन. डब्ल्यू.ए.जी. पिंटो के संबंध में फोन किया और मुझसे कहा कि मुझे पिंटो को किसी मामले में फँसा देना चाहिए। मैंने उत्तर दिया कि मैंने आर्मी चीफ के रूप में ले. जनरल के पद के लिए पिंटो के नाम का अनुमोदन तभी कर दिया था, जब वे मेरे मिलिटरी ट्रेनिंग के निदेशक थे। मैंने उनसे स्पष्ट शब्दों में कह दिया कि मैं पिंटो को नहीं फँसाऊँगा; और यह भी कि मैं किसी के हाथों की कठपुतली बनने के लिए तैयार नहीं हूँ। आगे चलकर पिंटो के नाम को आर्मी कमांडर के पद के लिए हरी झंडी दे दी गई थी।

मैं जनरल कुमारमंगलम के प्रति अत्यंत आभारी हूँ। वे मुझे तभी से पसंद करने लगे थे, जब मैं आर्टिलरी स्कूल में कार्यरत था। वे मुझ पर पूर्ण विश्वास करते थे और उन्होंने मुझे काम करने की पूरी आजादी दी थी। जब मैंने अनेक नीतिगत निर्णय लिये

और नीतिगत पत्रों पर हस्ताक्षर किए तो ऑर्डिनेंस के तत्कालीन मास्टर जनरल संत सिंह उस समय मेरी बलि लेना चाहते थे, जब मैं स्टाफ कॉलेज में एक पाठ्यक्रम में भाग लेने के लिए प्रस्थान करने वाला था। उस अवसर पर कुमारमंगलम ने मेरा साथ दिया था और ले. जनरल संत सिंह मेरे विरुद्ध जो कारखाई किए जाने की माँग कर रहे थे, वह विफल हो गई थी। मैं वास्तव में कुमारमंगलम के प्रति अत्यंत ऋणी था और उनके निधन से मुझे बहुत दुःख पहुँचा था।

जिस सेना में मैंने सन् 1941 में प्रवेश किया था, वह अनेक वर्षों बाद नाटकीय रूप से काफी बदल गई थी। उन दिनों किसी भी सैन्य अधिकारी का बहुत सम्मान किया जाता था। एक उदाहरण के रूप में मैं उस घटना का वर्णन करना चाहूँगा, जब सन् 1943 में बर्मा से एक छोटी टुकड़ी के साथ मुझे अपनी रेजिमेंट के लिए आधुनिकतम मोर्टार (गोला-बारूद) लेने के लिए जबलपुर स्थित ऑर्डिनेंस फैक्टरी (आयुध कारखाना) भेजा गया था। मैंने शस्त्रास्त्र एकत्र किए और उन्हें लेकर रेलवे स्टेशन गया। मैंने स्टेशन मास्टर से मिलकर पूछा कि जबलपुर से कलकत्ता जाने वाली अगली गाड़ी किस समय प्रस्थान करेगी? उसने मुझे बताया कि अगली गाड़ी बस आने वाली है, किंतु वह 'कलकत्ता मेल' है, लेकिन उसमें इन आयुधों को रखने के लिए कोई जगह नहीं है, इसलिए मुझे अगले दिन सुबह तक एक धीमी गति वाली गाड़ी की प्रतीक्षा करनी होगी। मैंने उससे डाक गाड़ी के बारे में पूछा तो उसने बताया कि वह पूरी तरह भरी हुई है। मैंने कहा कि "क्या आप डाक को उतारकर उसे बाद में नहीं भेज सकते?" मैंने उसे प्रभावित करने के लिए कहा कि हमें इन शस्त्रास्त्रों की तत्काल आवश्यकता है। उसने हमदर्दी दिखाते हुए कहा कि मुझे ऐसा करने के लिए किसी अधिकारी की अनुमति चाहिए। मैंने उससे कहा कि आपको वह अधिकार-पत्र मैं दूँगा। उसने अपना पैड निकाला और मैंने उसपर लिख दिया, "मैं रॉयल इंडियन आर्टिलरी का कप्तान जेक जैकब, जबलपुर के स्टेशन मास्टर को अनुमति देता हूँ कि वह डाक को जबलपुर में उतार ले और उसके स्थान पर हमें हथियारों के परिवहन की छूट दे—हस्ताक्षरित, जेक जैकब, कप्तान।" जबलपुर में डाक को उतार लिया गया और उसके स्थान पर शस्त्रास्त्रों को चढ़ाकर रवाना कर दिया गया, जिससे उन्हें शीघ्रता से युद्ध के मोरचे तक पहुँचा दिया गया। यह इस बात का अनुपम उदाहरण था कि उन दिनों सैन्य अधिकारियों को कितना सम्मान दिया जाता था! सन् 1947 में आजादी मिलने के बाद के वर्षों में किसी सैन्य अधिकारी के साथ-साथ प्रशासनिक सेवा और पुलिस विभाग में उसके समकक्ष अधिकारियों की प्रतिष्ठा में काफी गिरावट आ गई थी। प्रशासनिक सेवा के अधिकारी भले ही

खुद को सरकार होने का दंभ पालें, परंतु वास्तविकता यह थी कि वे केवल सरकारी नौकर हैं। वे भले ही इस बात पर गर्व करें कि उनके द्वारा प्रयुक्त होने वाली मांट ब्लैंक लेखनी तलवार की अपेक्षा अधिक शक्तिशाली है। छठा वेतन आयोग आने के बाद से तीनों सेनाओं में असंतोष बना हुआ है। यद्यपि लोग आज गैर-युद्धक सेवाओं में जाने का विकल्प चुन रहे हैं, सेना में अधिकारियों की कमी गंभीर चिंता का विषय बनी हुई है।

इसमें कोई संदेह नहीं कि हमारे पास विश्व की सर्वोत्तम सेना है, लेकिन उसे सरकार एवं जनता के समर्थन और आधुनिकतम हथियारों की आवश्यकता है। आधुनिक शस्त्र प्रणालियाँ अत्यंत जटिल हैं और उन्हें आत्मसात् करने में अधिक समय लगता है, इसके साथ-साथ उसे आपूर्ति समर्थन की भी आवश्यकता है। हमारे पास तोपों की भारी कमी है। सेना में बोफोर्स तोप के आने के बाद एक भी 155 एमएम हावित्जर तोप नहीं खरीदी गई है। हमारे पास कल-पुरजों एवं आयुधों की भी भारी कमी है। उदाहरण के लिए, कारगिल घुसपैठ के दौरान जिस समय पाकिस्तानी लाइट इन्फैंट्री की पाँच से अधिक बटालियनें एक बंजर पहाड़ी पर कुछ किलोमीटर तक फैल गई थीं, उस समय हमारे पास 155 एमएम के गोलों की कमी पड़ गई थी, जिन्हें इजराइलियों द्वारा विमानों से पहुँचाया गया था।

हम अपने 'सकल घरेलू उत्पाद' (जी.डी.पी.) पर दृष्टि डालें तो रक्षा विभाग को आवंटित होने वाली धनराशि आनुपातिक तौर पर बहुत कम है। आवंटित की गई धनराशि योजनाओं के कार्यान्वयन में होने वाले अधिकाधिक विलंब के कारण पूरी तरह उपयोग में नहीं लाई जा पाती है, जिसके कारण उसे सरकार को वापस लौटाना पड़ता है। इस विलंब का मूल कारण तर्कहीन नियमावलियाँ हैं।

आज यदि आप लुटियंस दिल्ली के चारों ओर भ्रमण करेंगे तो देखेंगे कि सेना के जनरलों की कोठियों पर बड़ी संख्या में प्रहरी तैनात रहते हैं। ये गार्ड दावा करते हैं कि वे वहाँ सुरक्षा कारणों से तैनात किए गए हैं। जब तक भारत में सैन्य नियमावलियों में परिवर्तन करके एक स्थान पर केवल एक प्रहरी की व्यवस्था नहीं की जाएगी, तब तक सैन्यकर्मियों से असैन्य सेवाएँ ली जाती रहेंगी। यहाँ तक कि सन् 1979 में सेना के उपाध्यक्ष को भी अपने घर पर एक भी गार्ड रखने की अनुमति नहीं थी। बड़ी संख्या में सैनिकों को प्रहरियों के रूप में नियुक्त करने तथा उनसे घरेलू कार्य कराया जाना एक बुर्जवा संस्कृति है, वह भी ऐसे समय में, जबकि हमारी सक्रिय इकाइयों के पास मानव शक्ति की कमी है। समय आ गया है कि अब ऐसे सैनिकों को उन कार्यों के लिए वापस भेज दिया जाए, जिनके लिए उनकी नियुक्ति

की गई है। अविश्वसनीय रूप से सरकार ने समस्त सेवानिवृत्त सेनाध्यक्षों में प्रत्येक को अपने पास दो नौकर रखने की अनुमति दे दी है। विश्व में अन्यत्र कहीं भी इस प्रकार का प्रावधान मौजूद नहीं है।

कनिष्ठ एवं माध्यमिक स्तर के अधिकारियों की एक शिकायत यह भी है कि वरिष्ठ अधिकारी अत्यंत खर्चीली जीवन-शैली अपनाते हैं। यहाँ इंग्लैड का एक उदाहरण देना प्रासंगिक होगा। वहाँ सेनाध्यक्ष स्तर के अधिकारी, जो पहले फील्ड मार्शल अथवा उसके समकक्ष चार सितारा जनरलों की श्रेणी में आते थे, वे अब लंदन के केनिंग्स्टन नामक स्थान पर एक सरकारी फ्लैट में निवास करते हैं। वहाँ एक भी प्रहरी नहीं है (यह व्यवस्था उस समय भी लागू थी, जब आई.आर.ए—आयरिश रिपब्लिकन आर्मी—का आतंकवाद जारी था)। उस इमारत के गलियारे में केवल एक स्वागतकर्मी (रिसेप्शनिस्ट) नियुक्त है। उनमें से कुछ अधिकारियों से मैं अतीत में मिला था। वहाँ केवल एक नौकर था और अधिकारीगण अपना-अपना मद्य (ड्रिंक) स्वयं लेकर पीते थे।

मैं हमारे युवा अधिकारियों से अत्यंत प्रभावित हूँ। वे मेरी अपेक्षा बहुत अधिक प्रशिक्षित हैं और हमारी सेना पहले से अधिक शिक्षित सेना है। मुझे अपने सैनिकत्व का प्रशिक्षण युद्ध के मैदान में प्राप्त करना पड़ा था। हमारे मध्यम दर्जे के अधिकारी समर्पित एवं सक्षम हैं। करियप्पा, थिमैया, कुमारमंगलम एवं मानेकशॉ के बाद हमने कोई महान्, विशेष योग्यताप्राप्त सेनाध्यक्ष पैदा नहीं किया है। सौभाग्यवश, कई वर्षों बाद हमें सेनाध्यक्ष के रूप में जनरल वी.के. सिंह मिले, जो न केवल योग्य हैं, अपितु निष्ठा की अनुकरणीय मात्रा के स्वामी भी हैं।

आज हमारी सेनाओं में कमान की एक समानांतर श्रृंखला है। कमान की 'पत्नियों' की एक ऐसी श्रृंखला है, जो ऐसे मामलों को प्रभावित करती है, जिनमें उन्हें सुनवाई का कोई अधिकार नहीं होना चाहिए। मैंने अतीत में सेना अध्यक्ष रैना के साथ एक कमान अधिकारी को 24 घंटे की अवधि के लिए नियुक्त किए जाने के बारे में चर्चा की थी। उस विषय में पूछे जाने पर सेनाध्यक्ष ने मुझे बताया था कि कमान में दूसरे क्रम के अधिकारी की पत्नी ने इस विषय में उनकी पत्नी को लिखा था। मैंने उनसे पूछा कि सेना को वे चला रहे थे अथवा उनकी पत्नी? जिसका उन्होंने कोई उत्तर नहीं दिया। मैंने उनसे कहा कि उस अधिकारी की नियुक्ति के आदेश को तत्काल रद्द कर दिया जाना चाहिए, अन्यथा इस मामले को मैं रक्षा मंत्री के समक्ष उठाऊँगा। वे नियुक्ति आदेश को रद्द करने के लिए तत्काल आदेश जारी करने के लिए राजी हो गए (और उन्होंने किया भी)।

लॉर्ड लुईस माउंटबेटन ने वायसराय के रूप में निर्देश दिया था कि यदि किसी अधिकारी की नियुक्ति सेना कमांडर द्वारा की गई हो तो उसके बारे में कोई अन्य रिपोर्ट माँगने की कोई आवश्यकता नहीं है और रक्षा मंत्री द्वारा कमांडर की संस्तुति को मानना होगा। ऐसा उन्होंने आर्मी कमांडर की स्वतंत्रता को सुनिश्चित करने के लिए किया था, जो 'चीफ ऑफ आर्मी स्टाफ' के विपरीत, एक फील्ड कमांडर था। उन्होंने व्यवस्था दी थी कि एक सेनाध्यक्ष कमांडर-इन-चीफ नहीं है और उसकी नियुक्ति भी उन्हीं सेना कमांडरों के बीच में से की जाती है और उसे सामान्य परिस्थितियों में उनमें से वरिष्ठतम माना जा सकता है।

हमारे संगठनात्मक एवं नीतिगत सिद्धांतों को पुनर्निर्धारित एवं पुनर्परिभाषित किए जाने की आवश्यकता है। सेना प्रशिक्षण नियमावलियों में व्यवस्था दी गई है कि रक्षा युद्ध का आधारिक कार्य है। लेकिन ऐसा नहीं है। आधारिक काररवाई आक्रमण करना और दबाव बनाना है। हमारे संगठनों को इसी मनोस्थिति में गूँथा गया है। ब्रिटिश एवं कुछ राष्ट्रमंडल (कॉमनवेल्थ) देशों की इन्फैंट्री बटालियनों में चार राइफल कंपनियाँ हैं। यह दो विश्वयुद्धों से पूर्व एवं पश्चात् के ब्रिटिश चिंतनों पर आधारित है, जिसमें सर्वाधिक बल रक्षा पर दिया गया था। रूसी, अमेरिकी और अधिकतर अन्य सेनाओं में एक बटालियन में तीन राइफल कंपनियाँ होती हैं। आक्रामक काररवाइयों में किसी कमान अधिकारी के लिए तीन से अधिक कंपनियों को सँभाल पाना बहुत कठिन होता है। बर्मा में मेरी तैनाती के वर्षों के दौरान हमला करने वाली एक कंपनी के अतिरिक्त कभी कोई अन्य कंपनी नहीं देखी थी। उपर्युक्त तीन कंपनियों में से एक कंपनी आक्रमण के लिए, एक कंपनी आरक्षित एवं एक कंपनी स्थिर आधार का अंग होती थी। द्वितीय विश्वयुद्ध के बाद से जिस एकमात्र शाखा का पुनर्गठन किया गया, वह तोपखाना है। आठ तोपों वाली बटालियन को दो टुकड़ों में विभाजित किया गया था, जिसमें से एक टुकड़ी के पास दो और दूसरी में छह तोपें होती हैं।

सितंबर 1971 में पूर्वी कमान को दो बटालियनों के लिए पहियों वाले बख्तरबंद वाहन (ए.पी.सी.) उपलब्ध कराए गए थे। मुझे बटालियनों की स्थापना एवं उनके काररवाई नियमों को लिखने का दायित्व सौंपा गया था। सेना मुख्यालय में स्थित इन्फैंट्री एवं स्टाफ ड्यूटी निदेशालय मौजूदा संगठनों को बनाए रखना चाहता था और ए.पी.सी. में केवल इन्फैंट्री को बढ़ाना चाहता था; ऐसी ही स्थिति पुरानी वाहनीकृत बटालियनों की भी थी। हमने उन्हें आक्रमण इकाइयों के उद्देश्य से पुनर्गठित किया, उसमें तीन आक्रमण इकाइयों को शामिल किया। हमने सैन्य

संगठनों को पुन: संयोजित किया और अप्रासंगिक पलटनों को बाहर निकाल दिया। सौभाग्यवश, निदेशक, सैन्य काररवाई (डी.एम.ओ.) मेजर जनरल इंदर गिल ने मेरा समर्थन किया और पुनर्गठन कार्य को पूरा करने में मेरी सहायता की, जिसके कारण मैं संचालन पद्धतियों को लिखने में सफल हुआ। हमारे पास उनके प्रशिक्षण के लिए पर्याप्त समय नहीं था, इसलिए आगामी काररवाइयों में इन दोनों बटालियनों को उनकी पूर्ण क्षमता के साथ उपयोग में नहीं लाया जा सका।

बख्तरबंद डिवीजनों का भी पुनर्गठन किए जाने की आवश्यकता थी। हमारे पास एक स्क्वाड्रन में 14 टैंक होते हैं, अर्थात् तीन टैंकों के चार दल और दो टैंकों को मुख्यालय स्क्वाड्रन में रखा जाता है। यह व्यवस्था पुरानी युक्तियों पर आधारित है। रूसियों ने द्वितीय विश्वयुद्ध के दौरान टैंकों का प्रयोग अत्यंत प्रभावशाली ढंग से किया था। हजारों टी-34 टैंकों को युद्ध के दौरान इस्तेमाल किया गया था, जिनमें से 'कुरस्क' भी एक था। किसी रूसी कंपनी अथवा स्क्वाड्रन में केवल 10 टैंक होते थे, जिनमें से तीन टैंकों को तीन टुकड़ियों में तैनात किया जाता था और एक टैंक कमांडर के लिए होता था। हमें अपनी बख्तरबंद रेजिमेंट्स का भी पुनर्गठन करना होगा। अनेक देश डिवीजनों के बजाय ब्रिगेड समूह संगठनों को प्राथमिकता दे रहे हैं। बख्तरबंद डिवीजन को पहल करने के इरादे से प्रयोग किया जाता था, अर्थात् उनका उपयोग तब किया जाता था, जब शत्रु की रक्षा पंक्ति को भेद दिया गया होता था। उस स्थिति में डिवीजन को पीछे से हमला करने के लिए तैनात किया जाता था। हमारे युद्धों में बख्तरबंद डिवीजनों का प्रयोग अपेक्षा से कम किया गया था। बख्तरबंद ब्रिगेड समूह की तरलता को देखते हुए हमें अपनी बख्तरबंद स्थापनाओं का पुनर्गठन करने की आवश्यकता है, जिसमें सर्वाधिक बल उनके युद्ध कौशल एवं तरलता पर दिए जाने की आवश्यकता है।

आज हमारे लिए सबसे बड़ी सैन्य चुनौती चीन है। चीन अरुणाचल प्रदेश पर अपना दावा छोड़ने से इनकार करता है और वह तिब्बत में अपने रेल, सड़क एवं हवाई पट्टियों सहित अपने आधारभूत ढाँचे का निर्माण कर रहा है। चीन मात्र दो सप्ताहों की अवधि में अपनी 30 डिवीजनों को तिब्बत में तैनात कर सकता है। निश्चय ही चीन हिंद महासागर में भी अपना नियंत्रण स्थापित करने का प्रयास कर रहा है, क्योंकि उसने रामरी द्वीप एवं ओमान की खाड़ी में ग्वादर में अपने नौसैनिक अड्डे बना लिये हैं।

हमारा आधारभूत ढाँचा एवं सैन्य शक्ति पर्याप्त से भी कम है। हमारी पर्वतीय डिवीजनों को आधुनिक शस्त्र प्रणालियों की आवश्यकता है और उनमें सचलता,

विशेषतया सैन्य उपकरणों एवं हेलीकॉप्टर सचलता का अभाव है। तोपखाने को हलकी होवित्जर तोपों से लैस किया गया है। द्वितीय विश्वयुद्ध के दौरान अपने अनुभव के आधार पर मैं कह सकता हूँ कि पर्वतों पर केवल भारी गोले ही कारगर होते हैं। हमें भारी तोपों एवं अधिक हेलीकॉप्टरों के साथ अधिक डिवीजनों की आवश्यकता है।

हमारा वर्तमान भू-राजनीतिक एवं भू-सैन्य पर्यावरण आज अत्यधिक अस्थिर स्थिति में है। हमारे पश्चिम में पाकिस्तान है, जो आतंकवाद से प्रेरित है और अनेक अंतरराष्ट्रीय एवं घरेलू आतंकवादी संगठनों का सुरक्षित ठिकाना है। तालिबान पाकिस्तान के अधिकतर पश्चिमी भागों में अपना नियंत्रण बढ़ा रहा है और वह सिंध तथा दक्षिणी पंजाब में अपना नियंत्रण स्थापित करने का प्रयास कर रहा है। आई.एस.आई. अपनी आतंकवादी गतिविधियों को जम्मू एवं कश्मीर में बढ़ा रहा है और उसने भारत के कई भागों में अपने भूमिगत आतंकवादी प्रकोष्ठ भी स्थापित कर लिये हैं। वह नेपाल एवं बांग्लादेश को अपनी आतंकवादी गतिविधियों के लिए अपने स्थानापन्न अवतरण क्षेत्रों के रूप में प्रयोग कर रहा है। बांग्लादेश भी हमारे पूर्वोत्तर क्षेत्रों एवं भारत में कहीं भी आक्रामक आतंकवादी कारवाइयों की पृष्ठभूमि तैयार कर रहा है। अब नेपाल भी हमारे लिए चिंता का एक अन्य क्षेत्र बन गया है। उसका माओवादी शासन चीन के निकट जाने का प्रयास कर रहा है और उसके नक्सलवादियों के साथ भी संपर्क बनाए जा रहे हैं। दक्षिण की ओर श्रीलंका में यद्यपि लिट्टे के विरुद्ध अभियान अब समाप्त हो चुका है, फिर भी उसके कुछ बचे-खुचे समर्थक भारत के दक्षिणी राज्यों में फैल गए हैं।

ऐसी अस्थिर एवं संवेदनशील स्थिति में भारत को अपने प्राचीन सुरक्षा तंत्र को पुनर्गठित करने की आवश्यकता है। संयुक्त राज्य (अमेरिका) ने अपने यहाँ 'होमलैंड सिक्योरिटी' की स्थापना की और 9/11 के बाद से वहाँ एक भी आतंकवादी हमला नहीं किया जा सका। हमें भी अपने सुरक्षा तंत्र की पकड़ को मजबूत बनाने की आवश्यकता है। हमारे पास प्रतिक्रियात्मक (रिएक्शनरी) के बजाय आक्रामक (ऑफेंसिव) सुरक्षा नीति होनी चाहिए। हमें हमारी सुस्त एवं ढीली-ढाली प्रवृत्ति को हर हाल में बदलना होगा और उसके स्थान पर राष्ट्रीय सुरक्षा के लिए एक व्यावहारिक एवं कारगर नीति बनानी होगी। यदि हमारे पास शक्ति होगी, तभी हम शत्रु के साथ सौदा और कारवाई करने में सफल होंगे। (अमेरिकी राष्ट्रपति थियोडोर (टेड्डी) रूजवेल्ट के उस परामर्श को स्मरण कीजिए, 'बोलो भले ही नरमी से, किंतु आपकी लाठी हमेशा मजबूत होनी चाहिए')।

26/11 की घटना ने आई.एस.आई. द्वारा प्रायोजित आतंकवादी हमले से प्रभावशाली ढंग से निपटने में हमारी अकर्मण्यता को उजागर कर दिया था। हमारी प्रतिक्रिया विलंबित, बेअसर एवं पैदल थी, पूरा नाटक टेलीविजन के परदे पर खेला गया था। उसने हमारी पुलिस एवं अर्धसैनिक बलों की दयनीय दशा को प्रतिबिंबित कर दिया था।

अवकाश ग्रहण के बाद की गई यात्राएँ

रिटायर होने के बाद मैंने दक्षिण अफ्रीका में कई देशों की यात्राएँ की थीं। मैं नेल्सन मंडेला एवं चीफ बुथेलेजी से मिला था। मैंने लंदन के सेंट जेम्स पैलेस में इंग्लैंड की महारानी से भेंट की थी। उस समय वहाँ राजकुमार फिलिप एवं यूनान के भूतपूर्व राजा उपस्थित थे। अमेरिका में मैंने अमेरिकी कांग्रेस के अनेक सदस्यों एवं सीनेटरों से मुलाकात की थी। इन सभी मुलाकातों के दौरान मुझे अनेक क्षेत्रों में भारत के हितों के पक्ष-पोषण का अवसर मिला था।

प्रधानमंत्री इसहाक रॉबिन की ओर से मुझे यरुशलम की स्थापना की 3000वीं वर्षगाँठ पर इजराइल का दौरा करने के लिए आमंत्रित किया गया था। मैं वहाँ अपने पुराने मित्र जनरल मॉर्डेकाई गुर से भी मिला था। रॉबिन एवं गुर अनेक विषयों पर मेरे विचार जानने के इच्छुक थे और इन पर दो अलग सत्रों में चर्चा की गई थी।

वर्ष 2009 में मुझे तेल अवीव में हुए मक्काबियाई खेलों में भाग लेने के लिए आमंत्रित किया गया था। वहाँ मुझे राष्ट्रपति शिमोन पेरेज से भी मिलने का अवसर प्राप्त हुआ था, जिन्हें मैं विगत अनेक वर्षों से जानता था।

लंदन में मैंने लॉर्ड गैविले जेनर के साथ चर्चा की थी। जेनर ने मुझे 1980 के दशक में 'राष्ट्रमंडल यहूदी काउंसिल' का संरक्षक बनने के लिए भी आमंत्रित किया था। जेनर ने इंग्लैंड के अनेक निर्णयकर्ताओं के साथ मेरी बैठकें आयोजित की थीं। मैंने लंदन के 'इंस्टीट्यूट ऑफ स्ट्रेटजिक स्टडीज' में अनेक परिचर्चाओं में भाग लिया था और मुझे प्रधानमंत्री टोनी ब्लेयर से मिलने और उनके साथ भोजन करने का अवसर भी मिला था।

मैं अपने देश के प्राधिकारियों से इस बात की वकालत करता रहा था कि वे हमारे सुरक्षात्मक आधारभूत ढाँचे का निर्माण 'अमेरिकी होमलैंड सिक्योरिटी' का उदाहरण सामने रखकर करें। अमेरिका में 9/11 के बाद से एक भी आतंकवादी हमला नहीं हुआ था।

माओवादी हमारे देश के अधिकाधिक क्षेत्रों पर अपना नियंत्रण स्थापित करते जा रहे हैं और राज्य सरकारें उनका मुकाबला करने में असफल सिद्ध हो रही हैं। वे खुद को नेपाल, उत्तर-पूर्व एवं बांग्लादेश में भारत-विरोधी तत्त्वों के साथ भी जोड़ रहे हैं। 1969 में इंदिरा गांधी ने पश्चिम बंगाल में सेना को नक्सलियों से निपटने का आदेश दिया था और 1971 के मध्य तक नक्सलवादियों को पश्चिम बंगाल से बाहर खदेड़ दिया गया था। इंदिरा गांधी व्यावहारिक दृष्टिकोण रखने वाली महिला थीं। यदि 1969 से 1971 के बीच नक्सलियों को कुचलने के लिए सेना का उपयोग किया जा सकता था तो हमारी वर्तमान सरकार उसका उपयोग करने में क्यों संकोच कर रही है? अभी हाल ही में (मार्च-अप्रैल, 2020) हमारे अर्धसैनिक बलों एवं नागरिकों पर संदिग्ध माओवादियों को देखते हुए भारत सरकार ने उस विभीषिका से निपटने के लिए प्रशिक्षित सैन्यबलों का उपयोग करने के बारे में गंभीरतापूर्वक विचार करना प्रारंभ कर दिया है। 6 अप्रैल को दंतेवाड़ा (छत्तीसगढ़) में नक्सलियों द्वारा घात लगाकर किए गए हमले में अर्धसैनिक बलों के लगभग 77 सिपाही मारे गए थे। उसके बाद माओवादियों के अलग हुए समूह ने झारग्राम (पश्चिम बंगाल के पश्चिमी मिदनापुर जिले में) के निकट मुंबई जाने वाली एक रेलगाड़ी को पटरी से उतार दिया था, जिसमें 60 निर्दोष नागरिक मारे गए थे और 200 से अधिक यात्री घायल हो गए थे। उस घटना को लेकर अखबारों से लेकर संसद् तक भारी हो-हल्ला मचा था। हमें आशा करनी चाहिए कि स्थिति के पूरी तरह नियंत्रण से बाहर होने से पूर्व कोई समुचित निर्णय अवश्य लिया जाएगा।

अंततोगत्वा मेरी पारी अब समाप्त होने के निकट है। वह अत्यंत उथल-पुथल भरी यात्रा रही थी। मैंने एक सैनिक के रूप में अपना सर्वोत्तम कर्तव्य निभाने का प्रयास किया। एक राज्यपाल के रूप में मैंने दबावों के बावजूद अराजनीतिक एवं निष्पक्ष बने रहने का प्रयास किया। मुझे गेरार्ड मैनली हॉपकिन्स द्वारा लिखित कविता की कुछ पंक्तियाँ याद आती है—

क्योंकि मैं उन खेतों में रहना चाहता हूँ, जहाँ झरने नहीं गिरते,
जहाँ मक्खियाँ गहराई में और किनारे वाले ओले न हों,
और कुछ गेंदें उड़ती हैं।
वे खेत पास में पड़े हैं और इशारा करते हैं।
यह मस्ती का अंत है।

□

परिशिष्ट-1

लेखक को लिखे गए पत्रों के अंश

जनरल कुमारमंगलम (रि.) तमिलनाडु

1 अगस्त, 1978

मैं आशा करता हूँ कि आपने सेना के लिए जो कुछ किया है, उसे इतिहास के पृष्ठों पर अंकित किया जाएगा। आपने बांग्लादेश में अपनी कारवाइयों की गति एवं उसकी योजनाओं के बारे में मुझे अवगत कराने की कृपा की और उन्हें आपकी योजनाओं के अनुसार ही कार्यान्वित भी किया गया था। उस समय गति (स्पीड) अत्यंत अनिवार्य थी और आपने ऊपर से आने वाले आदेशों के बावजूद उसे तीव्र गति से पूरा किया। कारवाइयों (ऑपरेशंस) के दौरान सीखे गए सबक के आधार पर मैं आशा करता हूँ कि सेना इस तथ्य को समझेगी कि सचलता (मोबाइलिटी) युद्ध का एक महत्त्वपूर्ण सिद्धांत है—मैंने सदैव यही महसूस किया कि मोंटी (मानेकशॉ) गलत था। उसने सचलता के युद्ध के इस सिद्धांत का विकल्प खोजने एवं उसमें शिथिलता लाने का प्रयास किया था। निश्चय ही भारतीय सेना को सचलता पर अधिक ध्यान देना चाहिए।

राज्यपाल, असम, राजभवन, शिलांग

10 अगस्त, 1978

आपको अपने अवकाश ग्रहण के अवसर पर यह सोचने का पूरा अधिकार है कि आपने देश के उत्तर-पूर्वी भागों में पहले बहाली और तत्पश्चात् शांति की स्थापना में उत्कृष्ट योगदान किए थे, जो दीर्घकाल से उग्रवाद से पीड़ित थे। यह केवल ज्ञान, उच्च योग्यता एवं पहचान के असाधारण सम्मिश्रण द्वारा ही संभव हो सका था, क्योंकि यह देश के व्यापक हित में था। सेना अथवा नागरिक प्रशासन में

उच्च पदों पर बैठे अनेक लोग आमतौर पर कोई पहल करने और जोखिम उठाने के बजाय, कार्यों को किसी तरह चलाते रहने का प्रयास करते हैं।

रानो शाइजा, संसद् सदस्य
लोकसभा
नई दिल्ली, 30 दिसंबर, 1977

मैं संसद् में जिस नगा जनता का प्रतिनिधित्व करती हूँ, उसकी ओर से इस बात का उल्लेख करना चाहूँगी कि आपने हमारी प्रवृत्ति में जो परिवर्तन किया है, मैं उसकी सराहना करती हूँ। आप नागालैंड में सेना लाने में सफल हुए। मैं जानती हूँ कि आपने किसी भी अन्य व्यक्ति की अपेक्षा अपना सर्वोत्तम प्रयास किया और सुरक्षा बलों को शांति के वास्तविक पुरोधाओं के रूप में प्रस्तुत किया, जो अपने उस राज्य की जनता के कल्याण के प्रति भी इच्छुक थे, जहाँ वे नियुक्त थे। अत: आप पाएँगे कि नगा जनता अब आरोप लगाने के संबंध में न्यूनतम एवं आपके द्वारा किए गए प्रयासों की सराहना करने के बारे में अधिकतम विचार करती है। आप देश के इस छोटे से कोने में अच्छाई के जो कार्य करते रहे हैं, उनके लिए मैं एक बार पुन: आपको अपना धन्यवाद प्रेषित करती हूँ।

मेजर जनरल डी.के. पालित, वीर चक्र
नई दिल्ली, 5 मई, 2007

दिल्ली में यह सामान्य धारणा थी (संभवत: सेना मुख्यालय में बैठे सैम मानेकशॉ के कार्यों से प्रभावित होकर) कि वह केवल सैम मानेकशॉ ही थे, जो श्रीमती इंदिरा गांधी एवं मंत्रिमंडल के उस दबाव का विरोध कर रहे थे, जिसके अंतर्गत उन्हें बांग्लादेश में तत्काल आक्रामक कारवाई करने के लिए कहा जा रहा था। मैंने 'हिंदू' नामक अखबार में प्रकाशित उनके साक्षात्कार को पढ़ा था कि दिल्ली की अवधारणा के विपरीत, सैम बांग्लादेश में सीमित लक्ष्यों के साथ एक अपरिपक्व आक्रामक कारवाई करने के इच्छुक थे। वह तो केवल आप ही थे, जिसने अंकुश अपने हाथ में लिया और तभी आक्रामक कारवाई करने के बारे में विचार किया, जब रणनीतिक, युक्तिक एवं आपूर्ति संबंधी सभी कारक (एवं अंतरराष्ट्रीय वातावरण) भारतीयों के पक्ष में अधिकाधिक अनुकूल स्थितियाँ उत्पन्न करें। सैम के ब्रिटिश समर्थक एवं भारत-विरोधी चरित्र की बखिया उधेड़ने वाले एकमात्र व्यक्ति आप थे, जिसकी सोच मेरे इस दृष्टिकोण से पूरी तरह मेल खाती

थी (केवल एक उदाहरण देना चाहूँगा, उन्होंने खुद को 'सैम बहादुर' की उपाधि से विभूषित कर लिया था और लगातार गोरखाओं के बारे में बातें करते रहते थे, किंतु नग्न वास्तविकता यह थी कि उन्होंने कभी किसी गोरखा रेजिमेंट में नौकरी ही नहीं की थी)···

डायरेक्टर, मिलिटरी ऑपरेशंस (निदेशक सैन्य काररवाइयाँ) के रूप में मेरे कार्यकाल के दौरान मानेकशॉ स्टाफ कॉलेज में कमांडेंट थे। उन्हें सेना मुख्यालय की ओर से उनके उस भारत-विरोधी भावनाओं वाले वक्तव्य के विरुद्ध एक न्यायिक जाँच का सामना करने के लिए पेश होने हेतु कहा गया था, जो उन्होंने स्टाफ कॉलेज में ब्रिटिश एवं अन्य विदेशी विद्यार्थियों के समक्ष दिया था। ले.जन. दौलत सिंह जाँच आयोग के अध्यक्ष थे और उन्होंने मानेकशॉ को आसानी से बरी कर दिया था—बिज्जी कौल सी.जी.एस. थे और उन्होंने ही जाँच गठित की थी (और दौलत सही रूप में बिज्जी कौल के प्रशंसक भी नहीं थे!)

आपका शुभचिंतक

—डी.के. पालित

जनरल के.वी. कृष्ण राव, पी.वी.एस.एम. (रि.)
सिकंदराबाद-500094
जुलाई 2005

मैंने आपकी पुस्तक को आदि से अंत तक पढ़ा है और मैं आपको यह पत्र लिखने के लिए खुद को विवश महसूस कर रहा हूँ।

मैं व्यक्तिगत तौर पर महसूस करता हूँ कि यह उस युद्ध का एक व्यापक, स्पष्टवादी एवं सत्यपरक विवरण प्रस्तुत करती है, जिसमें आपने भाग लिया था। उस दौरान अनेक चीजें हुई थीं, जिनके बारे में हम सही तरह नहीं जानते, विशेषतया आत्मसमर्पण कार्यक्रम से पूर्व आपने जिस दृढ़ता एवं युक्ति कौशल के साथ नियाजी को सँभाला था। आपने युद्ध से पूर्व एवं उसके दौरान जिन अत्यंत कठिन स्थितियों में युद्ध का संचालन किया, वह आपकी मौलिकता, नैतिक साहस एवं आपके द्वारा प्रदर्शित राष्ट्रीय रणनीतिक प्रतिबद्धता का प्रदर्शन करती है। इस उत्कृष्टतम प्रयास के लिए आपको मेरी हार्दिक बधाई!

मेरे विचार से आपने 1971 के युद्ध में हमारी गौरवाशाली विजय में अत्यंत महत्त्वपूर्ण भूमिका निभाई थी। वास्तव में आपने अपेक्षा से परे जाकर अपने लिए अद्वितीय सम्मान अर्जित किया था, जिसके लिए मैं आपके प्रति अपना आदर व्यक्त करता हूँ।

ईश्वर आपकी रक्षा करें और आपके प्रति अतिशय सम्मान के साथ,

—कृष्ण राव

ले.जन. मोती सागर, पी.वी.एस.एम.
महानिदेशक, नागरिक सुरक्षा, गृह मंत्रालय
17 दिसंबर, 1971

प्रिय जेक,

युद्ध में शत्रु पराजित हो चुका था और उसने आत्मसमर्पण कर दिया था; हमारी सेनाओं ने बड़ी तेजी से आगे बढ़ते हुए शत्रु को चारों ओर से पूरी तरह घेर लिया था। उसका सारा श्रेय व्यापक रूप से तुम्हारे अनुपम नियोजन एवं उत्कृष्ट सैन्य कौशल को जाता है। तुमने अपनी काररवाई को सफल बनाने के लिए अत्यंत धैर्य एवं शांतिपूर्वक अनवरत कार्य किया था। अनेक बाधाओं के बावजूद तुमने अपनी शांत एवं अप्रतिम कार्यकुशलता से स्थापना कमांडरों एवं अन्य सैनिकों का खूब मनोबल बढ़ाया और तुम उनके प्रेरणास्रोत बने।

तुम्हारा शुभेच्छु

—मोती सागर

जनरल कैंडेथ का संदेश, जो केवल मुझे संबोधित था, अरोड़ा को नहीं

जनरल कैंडेथ उस समय पश्चिमी सेना के कमांडर थे और 1971 के युद्ध की घटनाओं से निकटता से जुड़े हुए थे।

व्यक्तिगत

कैंडेथ की ओर से मेजर जनरल जैकब के लिए,

'तुम्हारी विजय एवं शत्रु को आत्मसमर्पण करने के लिए की गई सौदेबाजी में तुम्हारी भूमिका के लिए हार्दिक बधाइयाँ!'

ले.जन. आई.एस. गिल (रि.)
साउथ बैंक रोड, मद्रास-600028, 18 मई, 1997

मेरे प्रिय जेक,

जब मैंने कमीशन प्राप्त करने के लिए गैबर्डीन वरदीधारी अधिकारियों के समक्ष तुम्हारे पहले इंटरव्यू (साक्षात्कार) के बारे में पढ़ा तो मंद-मंद मुसकराने लगा, क्योंकि मुझे तत्काल मध्य-पूर्व की वह घटना याद आ गई थी, जब हम

जीएचक्यू के नियमित कर्मचारियों, अधिकारियों को 'गैबर्डीन स्वाइन' (हरी वरदी वाले गैबर्डीन सूअर) कहकर बुलाते थे।

तुम्हें बधाइयाँ जेक! तुमने एक उत्तम एवं पठनीय पुस्तक लिखी है (जो आम जनता के लिए अत्यंत महत्त्वपूर्ण है), क्योंकि तुमने उन बिंदुओं पर पर्याप्त बल दिया है, जिन्हें तुम बल दिए जाने योग्य एवं उचित मानते हो। मैं सोचता हूँ कि तुमने बिना किसी भय अथवा पक्षपात के उन सभी रिक्तियों की पूर्ति कर दी है।

तुम्हारा शुभचिंतक

—आई.एस. गिल

□

परिशिष्ट–2

मीडिया एवं अन्य दस्तावेजों के अंश

हेराल्ड
पंजिम, 30 नवंबर, 1989
जनरल जैकब को एक श्रद्धांजलि

ले.जन. जैकब केंद्र में भाजपानीत गठबंधन सरकार द्वारा मनोनीत गोवा के राज्यपाल थे, जिन्होंने उस समय राज्य के भाग्य का निर्धारण किया, जब गोवा अपने राजनीतिक इतिहास के अत्यंत अस्थिर दौर से गुजर रहा था। ले.जन. जैकब का कार्यकाल बार–बार होने वाले दल–बदल की महामारी से दूषित हो गया था, जिसके कारण अनेक अल्पजीवी सरकारें सत्ता में आई थीं। उसकी शुरुआत प्रताप सिंह राणे की आगुवाई वाली कांग्रेसी सरकार के पतन के साथ तब हुई थी, जब डॉ. विल्फ्रेड डिसूजा ने विद्रोह कर दिया था और जिसकी परिणति फ्रांसिस्को सारदिन्हा के नेतृत्व में कांग्रेस–भारतीय जनता पार्टी की गठबंधन सरकार के रूप में हुई थी। अपना पद छोड़ने से पूर्व ले.जन. जैकब द्वारा राज्यपाल के रूप में निभाया गया वह अंतिम संवैधानिक कर्तव्य था। गोवा को हिलाकर रख देने वाली उस संपूर्ण राजनीतिक उथल–पुथल के बीच भी राज्यपाल जैकब ने राज्य के सभी राजनीतिक गुटों के बीच अपनी कठोर निष्पक्षता के कारण सम्मान अर्जित किया। राज्यपाल ले.जन. जैकब संविधान द्वारा स्थापित नियमों एवं कानूनों का कठोरतापूर्वक पालन करते थे। जब यह पूर्णरूपेण स्पष्ट हो गया कि कोई भी पार्टी सरकार बनाने की स्थिति में नहीं है, तो इस वर्ष के प्रारंभ में राज्य में राष्ट्रपति शासन लागू कर दिया गया।

राष्ट्रपति शासनकाल के दौरान ले.जन. जैकब ने न केवल सत्ता की बागडोर अपने हाथ में ली, बल्कि उन्होंने राज्य के राज्यपाल के रूप में उसपर शासन भी

किया, जो उनके कार्यकाल का शिखर बिंदु था। ले.जन. जैकब ने न केवल इस तथ्य का प्रदर्शन एवं अभिनय भी किया कि राज्य के संचालन के लिए किसी भीमकाय मंत्रिमंडल की आवश्यकता नहीं थी और राज्य के प्रशासन को केवल तीन सदस्यों की एक टीम के साथ भी कुशलतापूर्वक चलाया जा सकता था। इस टीम में राज्यपाल की सहायता के लिए दो सलाहकार नियुक्त किए गए थे। जिस समय ले.जन. जैकब ने राज्य के प्रशासक का पद सँभाला, उस समय राज्य की अर्थव्यवस्था खँडहर हो चुकी थी और राज्य वस्तुतः दिवालिया बन चुका था। इससे भी अधिक शोचनीय स्थिति यह थी कि राज्य में राष्ट्रपति शासन लागू होने से पूर्व जितनी भी लोकप्रिय सरकारें बनी थीं, उन्होंने अत्यंत गैर-जिम्मेदाराना ढंग से व्यवहार किया था और उन्होंने आर्थिक विकास निगम एवं सहकारी बैंकों से अत्यंत ऊँची ब्याज दरों पर विशाल ऋण लिये हुए थे। राज्य में राजनीतिक अस्थिरता के कारण एक के बाद दूसरी सरकारें बनती रहीं, जिससे उत्तरदायित्व के अभाव में राज्य का प्रशासन वस्तुतः ठहर गया था।

ले.जन. जैकब अपने समक्ष आई चुनौतियों का सामना करने के लिए सीना तानकर खड़े हो गए। ले.जन. जैकब ने शासन की हाथोहाथ काम करने की रीति अपनाई, जिसमें पूर्ण प्रतिबद्धता के साथ सर्वाधिक बल राज्य के सामान्य नागरिकों के हितों की रक्षा पर दिया गया था। ले.जन. जैकब ने स्वयं अपना उदाहरण प्रस्तुत करते हुए राज्य के प्रशासन में अनुशासन लागू किया। प्रशासक के रूप में अपने कार्यकाल के दौरान ले.जन. जैकब 'आदिल शाह पैलेस' में स्थित सचिवालय में समय पर अथवा उससे थोड़ा पहले ही अपने कार्यालय में पहुँच जाते थे, जिसके कारण वरिष्ठ एवं कनिष्ठ नौकरशाहों को समय पर कार्यालय पहुँचने के लिए विवश होना पड़ता था। ले.जन. जैकब ने प्रशासन की गति सुधारने के उद्देश्य से उत्तर एवं दक्षिण गोवा मंडलों के कार्यालयों और यहाँ तक कि गोवा मेडिकल कॉलेज और पंजिम के कदंबा बस अड्डे का भी औचक निरीक्षण किया। प्रशासक के रूप में ऐसी व्यवस्था की कि कोई भी सामान्य नागरिक उनके सचिवालय स्थित कार्यालय में उनसे स्वतंत्र रूप से मिल सकता था और उन्होंने सुनिश्चित किया कि नौकरशाह नागरिकों के कष्टों का शीघ्र निवारण करें। प्रशासक के रूप में ले.जन. जैकब के कार्यकाल के दौरान भ्रष्टाचार को जड़ से मिटा दिया गया था। उनकी बड़ी उपलब्धियों में एक यह तथ्य भी शामिल था कि प्रकृति-प्रेमी होने के नाते उन्होंने निरर्थक खर्चों में निर्दयतापूर्ण कटौती करते हुए राज्य में दो अतिरिक्त अभयारण्यों का सृजन भी कर दिया था।

ले.जन. जैकब ने राज्य की वित्तीय स्थिति को इस सीमा तक सुदृढ़ कर दिया था कि अतीत में ऊँची ब्याज दरों पर लिये गए कुछ ऋणों को भी अदा कर दिया गया था। राज्यपाल ने राज्य के प्रशासन को मजबूत करने हेतु भारतीय जनता पार्टी के वरिष्ठ नेताओं के साथ अपने संपर्कों का उपयोग करते हुए पचास करोड़ रुपए का अतिरिक्त अनुदान भी प्राप्त कर लिया था। ले.जन. जैकब ने बिजली, जलापूर्ति, परिवहन एवं गोवा मेडिकल कॉलेज में चिकित्सा सुविधाएँ सुधारने जैसी विभिन्न आधारभूत ढाँचात्मक सुविधाओं के लिए विशेष रूप से धन आवंटित किया था। राज्य में पर्यटन उद्योग को बढ़ावा देने के लिए उठने वाली माँगों को पूरा करने हेतु राज्यपाल ने तत्कालीन रक्षा मंत्री जॉर्ज फर्नांडिस से सफलतापूर्वक संवाद स्थापित करके नौसेना के नियंत्रण वाले दाबोलिम हवाई अड्डे पर रात्रिकालीन अवतरण (लैंडिंग) की अनुमति भी प्राप्त कर ली थी। इससे गोवा में भाड़े के (चार्टर्ड) अधिक विमानों को उतारने में सहायता मिली। राज्यपाल ने गोवा के ऐतिहासिक स्मारकों एवं विरासत के संरक्षण में भी अपनी अत्यधिक रुचि का प्रदर्शन किया। ले.जन. जैकब अत्यंत सादगीपूर्ण जीवन व्यतीत करते थे और अनावश्यक खर्चों में कटौती करने के प्रति सदैव सचेत रहते थे। उन्होंने राष्ट्रमंडल द्वारा प्रायोजित गैर-सरकारी संस्थाओं की बैठक में भाग लेते समय भी ऐसा ही किया था। उन्होंने अपना किराया स्वयं अदा किया था और अपने आवास एवं भोजन की व्यवस्था अपने व्यय पर की थी और राज्य के ऊपर अपनी लंदन यात्रा का कोई भार नहीं डाला था।

राज्यपाल के रूप में ले.जन. जैकब के कार्यकाल का सर्वाधिक उल्लेखनीय पक्ष यह था कि उन्होंने अपने कार्यकाल के दौरान उत्पन्न हुए विभिन्न राजनीतिक संकटों का समाधान पूर्णतया एक गैर-दलगत तरीके से किया था। राज्यपाल महोदय ने राज्य में विभिन्न राजनीतिक दलों की ओर से किए जाने वाले दावों और प्रति-दावों से निपटते समय सख्ती से संविधान का पालन किया था। राज्य में राष्ट्रपति शासन की संक्षिप्त अवधि के दौरान उन्होंने सिद्ध कर दिया था कि वे एक योग्य एवं कार्य-कुशल प्रशासक थे। वास्तव में, राज्य के सामान्य नागरिक इतने अधिक प्रसन्न थे कि वे राष्ट्रपति शासन को विस्तारित किए जाने की माँग करने लगे थे। लेकिन एक प्रखर लोकतांत्रिक व्यक्ति होने के नाते राज्यपाल राज्य में चुनाव होने और एक नई सरकार के सत्ता में आने के बाद वापस अपने पद पर लौट गए थे। अब तक गोवा में जितने भी राज्यपालों ने अपनी सेवाएँ दी थीं, उनमें ले.जन. जैकब सभी मानदंडों पर सर्वोत्तम सिद्ध हुए थे। गोवा की

जनता ले.जन. जैकब की इस बात के लिए ऋणी थी और उनके प्रति कृतज्ञता ज्ञापित करती थी कि उन्होंने गोवा के लोगों के प्रति अपनी वास्तविक वचनबद्धता एवं समर्पण का परिचय दिया था।

शुजा नवाज की पुस्तक 'क्रॉस्ड स्वड्‌र्स, ऑक्सफोर्ड पब्लिशर्स, 2008 के संक्षिप्त अंश

कालांतर में युद्ध के संबंध में किए गए राष्ट्रीय सुरक्षा अध्ययन के अनुसार, भारतीयों ने पूर्वी पाकिस्तान में किए गए आक्रमण को एक पाठ्य-पुस्तक की तरह नियोजित एवं कार्यान्वित किया था। वह समग्र नियोजन, सूक्ष्म समन्वय एवं सशक्त कार्यान्वयन का एक शास्त्रीय उदाहरण था। इसका पूरा श्रेय स्पष्टतया जनरल जैकब को जाता है, जिन्होंने भारत की पूर्वी कमान में उसकी अत्यंत सावधानी से तैयारियाँ की थीं और उनका कार्यान्वयन पश्चिम बंगाल में टैपी रैना जैसे उनके कोर कमांडरों द्वारा किया गया था, जिन्होंने रणभूमि में अपने कार्य-प्रदर्शन में सुधार किया और अपनी सेना के मनोबल को बनाए रखा था।...वे पाकिस्तानी रक्षकों को क्रमशः उनके क्षेत्रों में अलग-थलग करने में सफल रहे थे और उन्होंने मुश्किल लक्ष्यों को अनदेखा (बाईपास) करते हुए उनके ऊपर पीछे से प्रहार किया था।

□

परिशिष्ट-3

कलकत्ता में अमेरिका के महावाणिज्य दूत हिचकॉक द्वारा अमेरिकी विदेश विभाग को सौंपा गया वार्त्तालाप का स्मरण-पत्र : 15 अक्तूबर, 1966

पूर्वी कमान के जी.ओ.सी.-इन-सी ले.जन. एस.एच.एफ.जे. मानेकशॉ एवं कलकत्ता में अमेरिका के महावाणिज्य दूत श्री हिचकॉक के मध्य 12 अक्तूबर को हुए वार्त्तालाप के संक्षिप्त अंश।

वार्त्तालाप का स्मरण-पत्र (मेमोरेंडम)

12 अक्तूबर की रात में इंडियन एयरलाइंस की उड़ान से नई दिल्ली से कलकत्ता वापस लौटते समय मुझे जनरल मानेकशॉ के साथ दो घंटे की निर्बाध बातचीत का अवसर मिला। वे मुझे विगत दो वर्षों के दौरान हुए अनेक वार्त्तालापों की अपेक्षा इस बार कम रक्षित दिखाई दिए थे।

1. **भारत एवं पाकिस्तान :** जैसाकि उन्होंने एक माह पूर्व राजदूत बावेल्स के साथ बातचीत में कहा था, जनरल ने अपनी इस मान्यता पर बल दिया था कि भारत-पाक मतभेदों का समाधान दोनों देशों के बीच केंद्रीय चुनौती बना हुआ है। इसके समाधान की कुंजी कश्मीर में थी और वे आशान्वित थे कि इस समस्या के पुनर्निरीक्षण के कदम फरवरी 1967 में होने वाले आम चुनावों के तत्काल पश्चात् उठाए जा सकते हैं। भारत-पाक मतभेदों की निरंतरता प्रत्येक देश को अपने अपेक्षाकृत सीमित संसाधनों को किसी

संभावित खुले संघर्ष की स्थिति में पर्याप्त सुरक्षा बनाए रखने के लिए व्यय करना पड़ता है। भारत-पाक सीमाओं को अधिकतर अमेरिकी-कनाडियाई सीमाओं की भाँति होना चाहिए और दोनों देशों की रक्षा नीतियाँ एक-दूसरे की विरोधी होने के बजाय सहयोगपूर्ण होनी चाहिए। दोनों देशों को किसी अन्य देश की सहायता लिये बिना, एक साथ मिलकर चीन के विरुद्ध आवश्यक रक्षा सेनाएँ तैनात करनी चाहिए। वे इस बात से आश्वस्त बने रहे थे कि अयूब को चीन के बारे में कुछ भ्रम था, लेकिन वे खुद को एक ऐसे राजनीतिक दायरे में कैद पाते थे, जो अपनी जनता के समक्ष अपने विचारों को अभिव्यक्त कर सकने में असमर्थ था। कश्मीर पर किसी सौदेबाजी का फॉर्मूला तैयार करने के संबंध में मानेकशॉ मानते हैं कि अब भारतीय सेना एवं प्रशासनिक अधिकारी एक साथ मिलकर अतीत की अपेक्षा अधिक महत्त्वपूर्ण योगदान कर सकते हैं। अभी तक भारत की स्थिति बार-बार होने वाले घरेलू चुनावों को ध्यान में रखकर निर्धारित होती रही है और दोनों देशों की रणनीतिक वास्तविकताएँ एशिया में एक-दूसरे की विरोधी रही हैं।

2. **सितंबर 1965 का भारत-पाक युद्ध :** यद्यपि उन्होंने कहा कि वे महसूस करते हैं कि अब पीछे मुड़कर देखने का कोई लाभ नहीं है, उन्होंने जुगाली करते हुए अनुमान लगाया कि यदि सितंबर में शुरू हुआ युद्ध दो-तीन महीने और जारी रहता तो दोनों देशों के दीर्घकालिक लाभ के लिए कुछ आधारभूत समस्याओं का समाधान निकल सकता था। उन्होंने कहा कि उस समय वे भारतीय सेनाध्यक्ष जनरल चौधरी के साथ दैनंदिन संपर्क में थे और भारत के इस संकोच के विरुद्ध सशक्त तर्क देते थे कि कहीं युद्ध में चीन का हस्तक्षेप न हो जाए! अपनी इसी आशंका के चलते वे ऐसा कोई कदम नहीं उठाना चाहते थे, जिससे चीन को युद्ध में शामिल होने का अवसर मिले। मानेकशॉ ने जनरल चौधरी से कहा था कि उन्हें नहीं लगता कि चीनी आगे बढ़ेंगे; लेकिन यदि चीन आक्रमण करता है तो वे उसका दिल खोलकर स्वागत करेंगे, क्योंकि उसके ऐसा करने से भारतीयों के मन में चीन की अपराजेयता का जो 'भ्रम' बना हुआ है, उसका बम एक झटके में फूट जाएगा। उन्होंने कहा कि यह कहना अत्यंत बेतुका लगता है कि चीन उनकी कमान के अधीन 3,00,000 सैनिकों को एक झटके में परास्त कर देगा (यह पहला अवसर था, जब मानेकशॉ ने मेरे समक्ष अपने सैनिकों की संख्या का उल्लेख किया था, यह बात अलग है कि वह हमारे पूर्ववर्ती अनुमानों से

मेल खाती थी)! वे जनरल चौधरी के युद्ध संचालन के तौर-तरीकों के तीव्र आलोचक थे और कहते थे कि हमारे सेनाध्यक्ष संख्या क्रीड़ा (नंबर गेम) के शिकार थे और इस बात के प्रति अत्यंत सचेत रहते थे कि उन्होंने पिछली मुठभेड़ में दुश्मन के कितने पैटन टैंकों को नष्ट किया था, बिना यह जाने कि वे प्रथम दृष्ट्या उन्हें नष्ट क्यों कर रहे थे? वे भारतीय एवं विदेशी, दोनों प्रेस के प्रति भारत के गोपनीय रवैये का भी विरोध करते थे। उनका कहना था कि केवल कुछ ही देशों के पास विश्व के समक्ष खुद को लाभप्रद प्रकाश में प्रस्तुत करने की भारत की अपेक्षा बहुत सीमित क्षमता है।

3. **भारतीय सेना 1962-66 :** इस अंतिम बिंदु ने मुझे मानेकशॉ से यह प्रश्न करने के लिए प्रेरित किया था कि भारत विश्व के समाचार जगत् को वह सूचना क्यों नहीं उपलब्ध कराता है कि उसकी वर्तमान शक्ति एवं 1962 की दुर्बलता के मध्य इतना नाटकीय विरोधाभास क्यों है, खासतौर से इसलिए, क्योंकि इससे उपमहाद्वीप के परिप्रेक्ष्य में दुर्निवार रूप से किसी भी चीनी परिकलन पर महत्त्वपूर्ण प्रभाव पड़ता है? भारत की यह बृहत्तर अनुभूति, कि वह चीन के विरुद्ध सदैव प्रतिबद्ध है, उसे ऐसा ही वास्तविकतापूर्ण दृष्टिकोण अपनी ओर से वियतनाम के प्रति भी रखना चाहिए। उन्होंने उत्तर दिया कि काश! आप मुझसे यह प्रश्न एक माह पूर्व करते अर्थात् उस समय करते, जब वे भारतीय सेनाध्यक्ष की मॉस्को-यात्रा के दौरान उनका विकल्प बनने हेतु दिल्ली गए थे! जिस समय मानेकशॉ दिल्ली में थे, उस दौरान उन्हें रक्षा मंत्री चव्हाण के साथ खुलकर बातचीत करने का अवसर मिला था और वे उनके समक्ष ऐसी कार्यनीति की वकालत करने के लिए अत्यंत प्रसन्न हुए होंगे। फिर भी अब उन्हें पूर्व सेनाध्यक्ष के माध्यम से ही आगे बढ़ना होगा, क्योंकि वे महसूस करते हैं कि किसी कार्यनीति पर भारत के राजनीतिक नेतृत्व पर दबाव बढ़ा पाना कठिन होगा। उन्होंने कहा कि इसके बावजूद वे इस प्रश्न पर विचार करने के लिए तैयार थे।

4. मैंने उनसे प्रश्न किया कि क्या उनके मन में कोई अन्य विचार है कि वे अमेरिका आसानी से जा सकते हैं? (मैंने और मेरे अन्य साथियों ने उनके समक्ष इस प्रस्ताव को खुला रखा था और अतीत में इस विषय में उनके साथ कई बार बातचीत की थी, लेकिन उन्होंने हर बार यह कहकर हमारा मुँह बंद कर दिया था कि वे संभवत: एक वांछित अवधि तक अपनी कमान को नहीं छोड़ सकते थे) इसी प्रश्न पर इस बार दिया गया उनका उत्तर अत्यंत रोचक

था—"यदि वे (सरकार) इस बार चीफ ऑफ स्टाफ के रूप में मेरा चयन करते हैं (उनके स्वर से प्रतीत हुआ कि ऐसा होने वाला था) तो मुझे उस पद पर जाने में प्रसन्नता होगी।" उन्होंने कहा कि उन्हें इस बात को लेकर गहरी चिंता थी कि भारत अपनी सैन्य आवश्यकताओं के लिए सोवियत उपकरणों पर निर्भर होता जा रहा है! यह निर्भरता उन प्रबंधों के कारण विकसित हुई थी, जो जनरल चौधरी और निकट अतीत में कुमारमंगलम की मॉस्को में सोवियतों के साथ वार्त्ताओं के दौरान किए गए थे। उन्होंने जिन वार्त्ताओं की चर्चा की, उसके कारण सोवियत संघ भारत के लिए ढेर सारे उपकरणों का उत्पादन करने लगा था। वे मानते थे कि यदि वह अभी अमेरिका जाएँगे तो उसके परिणाम होंगे (1) यह कि उन्हें पश्चिम के पक्षपाती के रूप में पहचाना जाएगा (जो निश्चित तौर पर वे थे भी), (2) यह कि इस प्रकार की पहचान उनके चीफ ऑफ स्टाफ के पद पर पदोन्नति को अवरुद्ध कर सकती थी, और (3) यह कि सेनाध्यक्ष न बन पाने की स्थिति में वे भारतीय सैन्य चिंतन को कारगर ढंग से सोवियत संघ से दूर ले जाने में विफल हो जाएँगे। मैंने कहा कि ये सारी बातें अत्यंत रोचक लगीं। मैंने महसूस किया कि मुझे उन्हें इस बात के लिए आश्वस्त करना चाहिए था कि वे जब भी अनुकूल समझें, अमेरिका जा सकते हैं और वहाँ उनका हार्दिक स्वागत किया जाएगा।

□

परिशिष्ट–4

अमेरिका ने बांग्लादेश कार्यावली जारी की : 15 अगस्त, 1975

दैनिक समाचार निगरानी सेवा

15 अगस्त, 1975 को 'बंग बंधु' शेख मुजीबुर्रहमान की हत्या के बाद खांडोकर मुश्ताक अहमद की सरकार बांग्लादेश में संभावित भारतीय सैन्य हस्तक्षेप के बारे में चिंतित थी। कलकत्ता में नियुक्त अमेरिकी महावाणिज्य दूत को अमेरिकी विदेश मंत्री हेनरी किसिंगर द्वारा निर्देश दिया गया था कि वे भारत की पूर्वी कमान के चीफ ऑफ स्टाफ जनरल जैकब पर निगरानी रखें। ढाका में अमेरिका के राजदूत डेविस बूस्टर ने कहा था कि कलकत्ता आधारित महावाणिज्य दूत डेविड कॉर्न को इस संबंध में अच्छी तरह समझा दिया गया था। (दि न्यू नेशन)

अमेरिकी विदेश मंत्रालय की ओर से अभी हाल में ही जारी की गई 'बांग्लादेश कार्यसूची' में रहस्योद्घाटन किया गया कि 16 अगस्त, 1976 को कलकत्ता में हुई एक बैठक के दौरान अमेरिकी महावाणिज्य दूत कॉर्न से पूछा गया था कि आपके पास बांग्लादेश के संबंध में और क्या जानकारी है ? कॉर्न ने उत्तर दिया कि बांग्लादेश में भारत की सैन्य काररवाई सफल रही है। जनरल जैकब ने प्रतिवाद करते हुए कहा कि उन्हें तो सूचना मिली थी कि ढाका के बाहर कुछ उपद्रव हो रहा है ! जैकब ने कहा कि बांग्लादेश में शांति स्थापित होने की संभावना बहुत क्षीण है और उन्होंने अपनी बात को आगे बढ़ाते हुए कहा कि एक और तख्तापलट की संभावना अभी भी बनी हुई है। उन्होंने बांग्लादेश को एक इसलामी गणतंत्र राष्ट्र घोषित किए जाने पर भी अपनी चिंता व्यक्त की थी। जब जनरल जैकब से पूछा गया कि क्या बांग्लादेश से अल्पसंख्यक हिंदुओं का भारी पलायन हो रहा है, तो वे

प्रश्न को चबा गए और बोले कि वे स्थिति पर दृष्टि बनाए हुए हैं। डेविड कॉर्न ने कहा था कि वे फोर्ट विलियम स्थित पूर्वी कमान के मुख्यालय में 24 अगस्त को जैकब से दोबारा मिले थे···

जैकब ने कॉर्न को बताया था कि तत्कालीन बांग्लादेशी राष्ट्रपति खांडोकर मुश्ताक को भारत में पाकिस्तान–समर्थक एवं चीन–समर्थक के रूप में जाना जाता था।

□

परिशिष्ट–5

नक्सलवाद का उदय

भारत में नक्सलवाड़ी आंदोलन का जन्म 1967 के आसपास उत्तरी बंगाल के कच्चे मकानों वाले नक्सलवाड़ी नामक छोटे से गाँव में हुआ था। देखते–ही–देखते आंदोलन तेजी से फैल गया और राज्य में शासन के लिए गंभीर चुनौती बन गया। चूँकि पुलिस उस स्थिति को नहीं सँभाल पाई थी, इसलिए तत्कालीन प्रधानमंत्री श्रीमती इंदिरा गांधी ने अक्तूबर 1969 में सेना को प्रयोग करने का एक व्यावहारिक निर्णय लिया।

सेनाध्यक्ष सैम मानेकशॉ और सरकार के सचिव गोविंद नारायण मुझसे फोर्ट विलियम स्थित पूर्वी कमान के मुख्यालय में मिले। उन्होंने मुझसे कहा कि चूँकि पुलिस नक्सलियों से निपट पाने में असमर्थ है, इसलिए वह कार्य अब सेना को करना होगा। मैंने मानेकशॉ से कहा कि यह सेना का काम नहीं है और यह भी कि पुलिस को और अधिक सख्ती से काररवाई करनी चाहिए।

मानेकशॉ ने इसके बाद कहा कि पुलिस स्थिति से निपटने में असमर्थ है, इसलिए श्रीमती गांधी ने निर्देश दिया है कि यह कार्य अब सेना को सौंप दिया जाना चाहिए और यह भी कि मुझे सैन्य काररवाइयों का प्रभारी बनाया गया है।

इसके बाद मैंने मानेकशॉ को सूचित किया कि यद्यपि हमारे पास नक्सलवाड़ी के निकट 20 इन्फैंट्री डिवीजन थी, किंतु हमारे पास गंगा के दक्षिण में पर्याप्त सेना नहीं थी। मैंने उनसे दो अन्य डिवीजनें उपलब्ध कराने का अनुरोध किया। मानेकशॉ ने कहा कि आपको दो अतिरिक्त डिवीजनें दी जाएँगी और उन्होंने मुझसे यह भी कहा कि तुम्हारी भलाई के लिए तुम्हें 50 पैरा ब्रिगेड भी उपलब्ध कराई जाएगी। तत्पश्चात् मैंने उनसे लिखित आदेश देने की माँग की। मानेकशॉ ने उत्तर दिया कि लिखित में कुछ भी नहीं होगा; न तो इसका कोई प्रचार किया

जाएगा और न ही कोई रिकॉर्ड रखा जाएगा। गोविंद नारायण ने भी उनके कथन से सहमति जताई।

1969 के अंत तक 4 एवं 9 इन्फैंट्री डिवीजनों और 50 पैरा ब्रिगेड को पश्चिम बंगाल में भेज दिया गया था।

हम सौभाग्यशाली थे कि नक्सली आंदोलन अभी अपनी शैशवावस्था में ही था और उसके कैडरों के पास अधिक शस्त्रास्त्र भी नहीं थे। हमारी सबसे बड़ी चिंता यह थी कि कहीं नक्सली आंदोलन की ओर से वामपंथी मजदूर यूनियनों में घुसपैठ करने का प्रयास न किया जाए! हमने निरोधात्मक काररवाई करते हुए अपने सैनिकों को संवेदनशील कारखाना क्षेत्रों में तैनात कर दिया और उन्हें ग्रामीण बस्ती वाले क्षेत्रों में भी नियुक्त कर दिया।

दुर्भाग्यवश, आंदोलन के संस्थापकों में से एक चारू मजूमदार, जो समझौता वार्त्ता की मेज तक पहुँचने वाले थे, उनकी जुलाई 1972 में पुलिस हिरासत में मृत्यु हो गई थी।

सघन सैन्य काररवाइयाँ संचालित की गईं और मध्य-1971 तक नक्सलियों को पश्चिम बंगाल से बाहर खदेड़ दिया गया था। इस अवधि के दौरान दो चुनाव कराए गए थे और स्वतंत्र एवं निष्पक्ष चुनाव कराने के लिए सेना को मतदान केंद्रों तक तैनात कर दिया गया था।

आज नक्सल उग्रवाद तराई घाट से नीचे दक्षिण की ओर तक फैल गया है और उसने देश की एक चौड़ी पट्टी को अपनी गिरफ्त में ले लिया है। राज्य सरकारें अपनी पुलिस और अर्धसैनिक बलों के साथ उनसे निपट पाने में विफल रही हैं। विभिन्न राज्यों के मध्य पर्याप्त समन्वय भी नहीं है। उग्रवाद गति पकड़ रहा है और स्थिति गंभीर चिंता का विषय बनी हुई है।

उग्रवाद जंगलों और ग्रामीण क्षेत्रों से निकलकर आदिवासी क्षेत्रों से होता हुआ छोटे शहरी इलाकों तक फैल गया है और शीघ्र ही उसके कस्बों एवं शहरों तक फैल जाने की संभावना है। कुछ क्षेत्रों में नक्सलियों ने सरकारी संस्थाओं में भी घुसपैठ कर ली है। उनके शस्त्रास्त्रों का आधुनिकीकरण, उनका सघन प्रशिक्षण, उनकी खुफिया सूचना एकत्रण क्षमता तेजी से विकसित हो रही है। उनके नेपाल एवं भूटान जैसे देशों और उत्तर-पूर्व में माओवादियों एवं अन्य उग्रवादियों से संपर्क बन गए हैं। पाकिस्तान की आई.एस.आई. भी, यदि उसे रोका न गया तो, उनके साथ सहयोग करने का कोई अवसर नहीं गँवाएगी।

नक्सल काररवाइयों का तरीका भी अब परिवर्तित हो गया है और उन्होंने ग्रामीण क्षेत्रों से निकलकर उद्योगों एव शहरी परिसरों तक अपनी घुसपैठ कर ली

है। वे मजदूर यूनियनों एवं सरकारी संस्थानों में पहले ही घुसपैठ करते आ रहे हैं। संभव है कि वे निकट भविष्य में हमारे आधारभूत ढाँचा तंत्र (इंफ्रास्ट्रक्चर) को अपना निशाना बनाएँ! उनके संभावित निशाने पर विद्युत् वितरण प्रणाली (खंभे और ट्रांसफार्मर इत्यादि), पथ एवं रेल संचार, टेलीफोन और आकाशवाणी केंद्र, मोबाइल फोन टावर और सरकारी प्रतिष्ठान हो सकते हैं। वे प्रमुख राजनेताओं एवं अधिकारियों को पहले से ही अपना निशाना बनाते आ रहे हैं।

1920 के दशक में 'मोपला विद्रोह' से निपटने के लिए सेना और वायुसेना का प्रयोग किया गया था। अंग्रेजों द्वारा 1940 में सिंध में ई.पी. के फकीर के विरुद्ध वायुसेना का प्रयोग किया गया था और उन्होंने मिजो विद्रोही शिविरों पर भी बमबारी की थी, जबकि सेना का प्रयोग पश्चिम बंगाल में नक्सलियों के विरुद्ध किया गया था।

वर्तमान में सेना जम्मू एवं कश्मीर तथा उत्तर-पूर्व में उग्रवाद-विरोधी काररवाइयों में लिप्त है। अतीत में नक्सल विरोधी काररवाइयों में सेना एवं वायुसेना का इस्तेमाल किए जाने के ये पूर्ववर्ती उदाहरण हैं।

उग्रवाद को मजबूत करने में दो कारकों की आवश्यकता होती है—आधार शिविर एवं हथियार तथा गोला-बारूद खरीदने के लिए धन की आपूर्ति रेखाएँ। उनके मजबूत ठिकाने जंगलों और ग्रामीण क्षेत्रों में हैं और अब वे कस्बों तक फैल रहे हैं। कुछ क्षेत्रों में तो नक्सली समानांतर सरकारें चला रहे हैं और 'कर' (टैक्स) भी एकत्र कर रहे हैं। वे अपने शस्त्रास्त्र पुलिसकर्मियों एवं अर्धसैनिक बलों के सिपाहियों को कैद करके अथवा उनकी हत्या करके प्राप्त करते हैं और गोला-बारूद की प्राप्ति उन्हें खदानों से होती है। वित्तीय स्रोतों, शस्त्रों, विस्फोटकों तक उनकी पहुँच के साथ उग्रवाद में वृद्धि होनी जारी रहेगी।

इन सबके होते हुए भी सरकार (केंद्र एवं राज्य दोनों स्तरों पर) के साथ-साथ सशस्त्र सेनाएँ भी नक्सलियों को रोकने के लिए सेना का प्रयोग करने के पक्ष में नहीं हैं; परंतु क्या हम इस स्थिति को और अधिक गंभीर होने देने के लिए तैयार हैं?

शेक्सपियर का 'हैमलेट' नाटक एक टालमटोल की त्रासदी है। हैमलेट को भलीभाँति पता था कि उसे क्या करना है, लेकिन वह उसे विलंबित करता रहा। हमें अपनी भावी पीढ़ियों को यह कहने का अवसर नहीं देना चाहिए कि 'हम लोग अपने युग के हैमलेट हैं।' (इससे पूर्व इसे थोड़ा भिन्न रूप में sifi.com द्वारा प्रकाशित किया गया था।

□

परिशिष्ट–6

जॉर्ज ग्रिफिन श्रृंखला : जासूस, जो विफल हो गया!

जॉर्ज बी. ग्रिफिन सन् 1971 में कलकत्ता स्थित अमेरिकी वाणिज्य दूतावास में एक राजनीतिक अधिकारी था। 30 अप्रैल, 2002 को स्टुअर्ट चार्ल्स केनेडी द्वारा उसका साक्षात्कार लिया गया था और इस सिलसिले में उसने अपने उन कठिन दिनों को स्मरण किया था, जब उसे एक दूत एवं रिपोर्टर के रूप में काम करते हुए नई दिल्ली एवं इस्लामाबाद स्थित अमेरिकी दूतावासों के मध्य तनाव को हल करने का प्रयास करना था। उस साक्षात्कार को अभी हाल ही में अमेरिकी विदेश विभाग की ओर से 'कूटनीतिज्ञों का शिक्षण' शीर्षक से जारी किया गया था। नीचे उस साक्षात्कार के अंश दिए गए हैं, जिसमें वह मेरे साथ अपनी बातचीत के बारे में बात करता है और उसमें खासतौर से उस शाम की चर्चा करता है, जब वह मेरे घर भोजन करने के लिए आया था।

ग्रिफिन : हमारे दृष्टिकोण के अनुसार, विभाग, नई दिल्ली दूतावास एवं इस्लामाबाद दूतावास इस प्रश्न को लेकर आपस में विवाद कर रहे थे कि हमारा रवैया क्या होना चाहिए? दोनों राजदूत फारलैंड (इस्लामाबाद में) और पूर्व सीनेटर केनेथ कीटिंग (नई दिल्ली में) हमें एक-दूसरे पर गुर्राते हुए दिखाई दिए थे। हमने अपने अधिकारियों को यह मुफ्त सलाह देना जारी रखा था कि हम सबको आपस में सहयोग करना चाहिए, क्योंकि हम एक ही टीम के सदस्य थे। एक शाम मेरी पत्नी एवं मुझे भारत की पूर्वी कमान के उप-कमान अधिकारी एवं अत्यंत सज्जन मेजर जनरल जे.एफ.आर. जैकब की ओर से रात्रिभोज पर आमंत्रित किया गया था। युद्ध के बाद उन्हें पदोन्नत कर दिया गया था और वे भारतीय सेना के अब तक के सर्वोच्च पदस्थ यहूदी अधिकारी बन गए थे, एक ऐसा कार्य, जिसके लिए उन्हें गर्वोन्वित भी होना चाहिए था। दो-चार मिथ्या

आख्यानों के बाद जैकी और मैं थोड़ा नजदीक आ गए थे। रात्रिभोज के दौरान उन्होंने मुझे अपनी कुछ कीमती चीनी कलात्मक वस्तुएँ दिखाईं और हम दोनों ने कला के बारे में ढेर सारी बातें कीं। अंत में उन्होंने मुझसे पूछा, "आपको बाथरूम तो नहीं जाना है?" मुझे उनकी बात समझने में कुछ पल लगे, किंतु एक बार उनके शयनकक्ष में पहुँचने के बाद मैंने उनकी दीवार पर लगा उस अंचल का एक विशाल मानचित्र देखा!

प्रश्न : मानचित्र काफी बड़ा है न?

ग्रिफिन : ...जिसके ऊपर सभी भारतीय सैन्य स्थापनाओं (फॉर्मेशंस) को सावधानीपूर्वक अंकित किया गया था। उस समय मेरे पास कोई कैमरा नहीं था, किंतु मेरी स्मृति थोड़ी अच्छी थी। मैंने यथाशक्ति मानचित्र का अध्ययन किया और जैकब के घर से निकलकर सीधे अपने वाणिज्य दूतावास की ओर दौड़ पड़ा। मैंने अपनी रिपोर्ट में लिखा कि वहाँ ऐसे स्थानों पर भी सेनाएँ मौजूद थीं, जिन स्थानों पर हमें सेनाओं के होने की कोई जानकारी नहीं थी। इससे भी बड़ी बात यह कि वहाँ हमें ज्ञात संख्या से अधिक संख्या में सेनाएँ तैनात थीं। जैकब प्रसिद्ध जर्मन जनरल हेंज गुडेरियन का शिष्य था, जिसने द्वितीय विश्वयुद्ध के दौरान अपनी बख्तरबंद युद्ध-कला से तहलका मचा दिया था और भारतीयों ने जो कुछ किया था, वह कोई कम उल्लेखनीय नहीं था। उन्होंने एक भी गोला दागे बिना पूर्वी पाकिस्तान पर अपना अधिकार कर लिया था। वे ऐसा करने में इसलिए सफल हुए थे कि वे अपनी समूची डिवीजन को टैंकों द्वारा ब्रह्मपुत्र नदी के पार ले गए थे। उनके पास ऐसे टैंक थे, जो पानी में तैर सकते थे। सोवियत टैंक! यह काम उन्होंने अत्यंत गोपनीय ढंग से किया था। कोई भी उन्हें देख नहीं पाया था। मेरा अनुमान है कि उन दिनों हमारे पास चित्र खींचने वाली कोई अचूक सैटेलाइट नहीं थी, और मैंने जितनी देर मानचित्र को देखा था, उसमें उसे पहचान नहीं पाया था। मानचित्र में एक संपूर्ण डिवीजन को ब्रह्मपुत्र नदी के पूर्व में दरशाया गया था, जिसकी हमें कोई जानकारी नहीं थी। वे केवल एक दिन में धड़धड़ाते हुए ढाका पहुँच सकते थे और वैसा हुआ भी। पाकिस्तानियों ने या तो आत्मसमर्पण कर दिया था या उनकी सेनाएँ विभिन्न मार्गों से भाग खड़ी हुई थीं। भारतीयों ने उनमें से कई लोगों को बिना गोली मारे जीवित बचकर निकल जाने दिया था, परंतु उनमें से अधिकतर को पश्चिमी शाखा में भेज दिया गया था, क्योंकि उन्हें उससे पहले ही जहाज अथवा विमान के जरिए वापस बुला लिया गया था।

अब इस घटना के संबंध में मुझे अपना पक्ष रखने की अनुमति दीजिए। ग्रिफिन एक मिलनसार एवं मित्र सरीखा व्यक्ति था। मैंने उसके साथ नजदीकी बढ़ा ली थी, यद्यपि मैं जानता था कि वह विदेश विभाग में अपने स्वामियों के लिए कार्य कर

रहा था। उसे पता था कि कलकत्ता की पुलिस उसकी गतिविधियों को तालिकाबद्ध कर रही थी और उसपर निगरानी भी बनाए हुए थी, फिर भी उसने भारतीय प्रशासन में अनेक लोगों के साथ मित्रवत् संबंध बनाए रखा था। फिर भी मुझे इस बात की जानकारी थी कि जॉर्ज ग्रिफिन इस सूचना को अपने स्वामियों के पास भेजेगा और वे उसे अपने मित्र पाकिस्तान को पहुँचा देंगे।

नवंबर 1971 में घटनाक्रम बड़ी तेजी से घूमने लगा था और पाकिस्तान के साथ युद्ध अनिवार्य होता दिखाई देने लगा था। मैंने ग्रिफिन एवं उसकी पत्नी को अपने घर पर रात्रिभोज (डिनर) के लिए आमंत्रित किया। मैं चाहता था कि हमारी तैनातियों के संबंध में पाकिस्तान को गलत जानकारी भेजी जाए। उसी के अनुसार मेरे शयनकक्ष में लगे मानचित्र में तैनातियों को परिवर्तित कर दिया गया था। मेरा इरादा उस सूचना को पाकिस्तान तक पहुँचाने का था और उसी के अनुसार मैंने अपने घर के परिदृश्य को तैयार कर दिया था। ग्रिफिन ने मेरे डिनर के निमंत्रण को स्वीकार कर लिया था। ग्रिफिन बाथरूम जाने के प्रति अत्यंत उदासीन था। मैंने उसे अपने शयनकक्ष से होकर बाथरूम जाने के लिए प्रोत्साहित किया था, जहाँ उसे देखने के लिए एक उपयुक्ततः अंकित मानचित्र पहले से लगा दिया गया था। मेरे छलावे ने काम किया। उसने उसे समग्रतः आत्मसात् कर लिया। मानचित्र में ब्रह्मपुत्र नदी के पूर्वी किनारे पर टैंकों के साथ एक भी डिवीजन को नहीं दिखाया गया था। अन्य डिवीजनों को भी मैंने अपनी योजना के अनुसार दिखा दिया था। अनुमानित तौर पर उन सूचनाओं को ग्रिफिन द्वारा अपने अमेरिकी स्वामियों के पास पहुँचा दिया गया था और उसके बाद उन्हें उनके द्वारा अपने पाकिस्तानी मित्रों के पास भेज दिया गया था। ब्रह्मपुत्र नदी के उस पार ऐसा एक भी टैंक नहीं था, जो तैरकर उसे पार कर सके और वास्तविकता यह थी कि हमारे पास वैसा कर पाने में सक्षम कोई टैंक था भी नहीं। मैंने ग्रिफिन को 'इस्तेमाल' किया था, न कि उसने मुझे। जैसाकि आप अच्छी तरह जानते हैं, खुफिया जानकारी एकत्र करना एक बहुआयामी कार्य है और यह कोई सुखद कार्य नहीं है। मैंने ग्रिफिन को मिलनसार, पसंद किए जाने योग्य एवं सहयोगपूर्ण पाया था। कालांतर में भारत सरकार ने नई दिल्ली में उसके दस्तावेजों को इस आधार पर स्वीकार करने से इनकार कर दिया था कि वह सी.आई.ए. का वैयक्तिक एजेंट था, जोकि वास्तव में वह नहीं था; वह विदेश विभाग में कार्यरत था। मैंने इस संबंध में विदेश मंत्रालय को स्पष्टीकरण देने का प्रयास किया था, किंतु कोई लाभ नहीं हुआ। (कलकत्ता में जो व्यक्ति सी.आई.ए. के लिए काम कर रहा था, उसका नाम टर्को था)।

□□□

अनुवादक-परिचय

रमाशंकर सिंह 'दिव्यदृष्टि', नवभारत टाइम्स, दिल्ली से विगत 30 वर्षों से जुड़े हैं। मूलतः कवि। दो दशक से क्रमशः नवभारत टाइम्स (दिल्ली) तथा नवभारतटाइम्स.कॉम में व्यंग्य-काव्य स्तंभ (कुंडलिया छंद) 'तीखी नजर' का प्रकाशन एवं ऑनलाइन प्रसारण। अनेक रचनाएँ हिंदी की पाठ्य पुस्तकों में संकलित। दैनिक जनसत्ता (दिल्ली), हिंट डेली (गाजियाबाद) तथा सेंटिनल (गुवाहाटी) जैसे दैनिक अखबारों में व्यंग्य (कुंडलियाँ) लेखन। उम्र के दूसरे दौर में इग्नू से स्नातकोत्तर उपाधि ली।